기록의 역사

기록의 역사

한국의 국가기록관리와 아카이브즈

이 승 일 지음

혜안

한국적 기록관리학을 위하여

이 책은 1948년 한국정부 수립 이후부터 현재까지 한국의 국가기록관리가 어떻게 수행되었는지를 역사적으로 분석하고 있다. 이 연구를 통해서 한국의 주요 국가사료(archives)가 어떻게 생산되었고 어떻게 선별 보존되었는지를 구조적으로 파악하려고 했다. 필자가 한국의 국가기록관리체제의 연혁을 분석하게 된 이유는 1990년대까지 한국의 국가기록관리의 전반적 부실이 어디에서 비롯되었는지에 대한 의문 때문이었다. 종전까지 기록관리학계에서는 기록문화의 후진성과 기록관리 인식의 낙후 등을 주요 요인으로 설명하였다. 이 같은 설명은 한국 기록관리의 문제점을 '의식'과 '문화'의 측면에서는 잘 지적한 것으로 볼 수 있으나 한국 기록관리체제가 작동하기 시작한 1960년대 이후를 설명하기에는 무엇인가 충분치 못한 측면이 있다.

예컨대, 한국정부가 1960년대에 국가기록물에 대한 전면적 조사와 함께 공공기록의 국가적 차원의 분류체제 및 평가체제의 수립, 이관의 강제, 영구기록물관리기관의 설치(정부기록보존소) 등을 법령으로 제도화했음에도 불구하고 한국의 기록관리법규는 제대로 작동하지 않았다. 결과적으로 1969년 정부기록보존소 설립 이후 1990년대까지 한국의 국가기록관리시스템은 실패하고 말았는데, 한국정부가 독자적으로 개발한 국가기록관리시스템이 왜 제대로 작동하지 않았는지에 대한 객관적 요인을 분석할 필요가 있다.

1990년대까지 한국의 국가기록관리가 부실화될 수밖에 없었던 객관적 이유는 첫째, 기록관리 인프라의 문제였다. 1960년대 초반에 정비된 국가기록관리체제는 주기적으로 방대한 영구보존기록물을 생산했고 영구보존기록을 전문기록물관리기관에서 보존하도록 법제화했다. 그러나 1990년대까지도 정부기록보존소는 공공부문에서 생산된 영구보존기록을 처리할 수 있는 능력(기록보존시설 및 장비, 전문인력)을 제대로 갖추지 못했다. 기록생산기관에서 기록을 이관하려고 해도 정부기록보존소의 처리능력이 제한되어 있었기 때문에 많은 중요기록들이 일선 생산기관에 방치되고 있었던 것이다.

둘째, 1990년대까지 한국에서는 공공행정의 객관적 파생물인 기록을 과학적으로 분석하고 관리해야 한다는 인식이 없었으며 기록생산자(업무수행자)가 사무행정의 일환으로 수행했을 뿐이었다. 국가기록물의 중요성에 비례하여 해당 기록물을 보존 관리하는 기법도 학문적으로 뒷받침되어야 했으나 한국에서 기록관리학이 본격적으로 도입된 것은 1999년 기록관리법의 제정 이후였다. 정부기록보존소가 1979년에 ICA에 가입하면서 기록관리 국제동향을 파악하고 기록관리의 전문성에 대한 이해도 높아졌으나 이 같은 인식은 정부기록보존소 내부에 국한되었을 뿐이었다. 도서를 과학적으로 관리하기 위하여 도서관학(문헌정보학)이 일찍 한국에 도입되고 사서인력의 전문성이 인정된 것에 비하면 기록관리의 독자성과 전문성에 대한 사회적 합의는 상당히 늦은 편이다.

따라서 종전 한국 국가기록관리체제를 변혁하기 위해서는 이 두 가지 측면에 대한 보완이 이루어져야 했다. 1999년 기록관리법은 이 두 가지 문제점을 일거에 해결했다고 볼 수 있다. 기록관리법 제정 이후 불과 10년만에 기록관리 인프라(기록보존 시설 및 장비, 전문인력)가 대폭 확충되었고 기록관리 업무의 전문성도 매우 높아졌다고 평가할 수 있다. 특히, 기록관리학이 본격 도입되어 공공부문의 기록관리를 위한 학문적 기초를 제공하는 등 많은 발전을 이룩했다.

다만, 기록관리의 개선이 한국인의 전통과 개성을 창출하는 차원으로까지 이루어지지 못한 점이 아쉬움이다. 지금까지 기록관리학계에서는 주로 외국의 기록관리제도를 소개하거나 1999년 기록관리법에서 규정한 국가기록관리제도를 분석하고 개선방안을 모색하는 것에 관심을 기울여 왔다. 기록관리학계의 학문적·실천적 활동으로 인하여 한국의 기록관리가 크게 개선되었다고 평가할 수 있으나 다른 한편으로는 한국의 현실과 개성이 반영된 독창적이고 주체적인 기록관리학의 창출로까지는 이어지지 못하고 있는 실정이다.

이는 1999년에 제정된 기록관리법이 과거 한국 국가기록관리의 제도와 관행에 대한 반성에서 비롯되었음에도 불구하고 학문적으로는 해방 이후 한국의 국가기록관리가 어떻게 수행되었는지에 대해서는 충분히 연구되지 못한 것과도 밀접한 관련이 있다. 조선의 왕조실록과 등록류가 조선인들의 기록 및 기록관리에 대한 관념과 특징을 잘 보여주듯이 해방 이후 한국정부가 생산한 국가기록은 한국인의 기록관리의 인식과 그 특징을 잘 보여주고 있음에도 불구하고 한국 기록관리학계는 한국의 과거 기록과 기록관리에 대한 연구를 제대로 수행하지 못했다.

기록관리학이 일찍부터 발달한 서구 유럽의 각국들이 대체로 각 나라의 사회와 전통, 문화에 기반하여 기록관리제도를 운영하고 있다는 점을 고려한다면, 한국 기록관리학계에서도 한국의 독특한 기록 생산방식과 특징을 역사적으로 연구할 필요가 있으며 특히, 아카이브즈(영구보존기록)의 분석과 해석에 기반한 연구들이 더 많이 나와야 하지 않을까 생각한다. 아카이브즈를 다루는 기록관리학계가 아카이브즈를 활용한 연구를 수행하지 못하고 중요 국가기록물관리기관에 대한 기초적인 조사와 연구조차 없다는 점은 한국 기록관리학계가 보완해야 할 부분이다.

그러나 일부 한계가 있음에도 불구하고 1999년 기록관리법의 제정 이후에 한국사회는 많은 변화가 있었다. 1990년대 이후 한국 민주주의의 발전과 국민주권이라는 헌법적 가치의 확산은 기록관리의 중요성을 제고하는 중요한 계기가 되었다. 공공부문에서 기록이 철저히 보존 관리되도록 법률의 힘으로 강제함으로써 행정의 투명성과 책임성이 획기적으로 높아질 수 있게 되었다. 또한, 기록관리가 대한민국 국민의 권리를 입증하고 보호하며 국민주권에 입각한 국정감시를 통해서 국가의 건전한 발전에 기여하는 사회적 실천행위로서 인식될 수 있는 제도적 기반을 마련했다. 국민의 권리 중의 하나로서 기록관리가 중요하다는 인식이 일반화된 것이다.

더 나아가 한국인의 전통과 문화, 정체성, 역사를 이해할 수 있는 풍부한 문화적 자산을 가질 수 있게 되었다. 이제 특정 시기 한국인들의 주요 일상들이 기록으로 획득됨으로써 한국인들을 지배했던 시대정신은 무엇이며 한국인들이 정력적으로 쏟아부었던 활동은 무엇인지 등에 대해 소상히 후세에게 전달할 수 있는 기반을 마련했다. 그리고 기록화된 한국인들의 활동상은 역사학 등의 주요 학문의 발전을 가속화하고 문화유산으로서 한국인들의 생활을 풍부히 하는데 크게 기여할 수 있을 것이다.

이 책은 한국의 독자적인 기록관리학의 발전을 위해 필요한 기초적인 조사를 수행하는 데 주된 목적이 있다. 현대 한국의 기록관리의 변화과정을 쉽게 이해할 수 있도록 2개부로 구성하였다. 제1부에서는 1948년 한국정부 수립 직후부터 현재까지 한국의 국가기록관리체제가 어떻게 수립되었고 한국의 독자적인 기록관리기법이 어떠한 과정을 거쳐서 형성되었으며 그 특징은 무엇인지를 역사적으로 분석하였다. 특히, 1960년대에 한국의 주요 영구보존 기록물을 선별, 이관, 보존하는 체제가 수립되었고 영구기록물관리기관(정부기록보존소)이 설립되었음에도 불구하고 한국의 기록관리체제가 제대로 작동하지 못한 원인을 구조적으로 분석했으며 1970~1990년대에 어떻게 변화했는지를 조사했다. 이를 통해서 기록관리법 시행 이전 한국 국가기록관리의 문제점이 현행 국가기록관리체제 하에서는 어떻게 개선되었는지를 살펴보았고 앞으로 국가기록관리를 어떻게 정비해야 하는지에 대한 대안을 모색하였다.

　제2부에서는 한국의 주요 영구기록물관리기관의 역사와 그 활동을 분석하였다. 지금까지 한국의 주요 기록물관리기관의 역사와 그 활동에 대해서는 거의 알려지지 못했다. 1969년에 설립된 정부기록보존소뿐만 아니라 국회, 법원 등에서 기록물관리기관이 어떻게 설립되었고 기록관리를 어떻게 수행했는지 등 기본적인 연구가 전혀 수행되지 못한 실정이다. 한국적 기록관리는 주요 국가기관들이 기록관리를 어떻게 수행해 왔는지를 역사적으로 분석하는 것을 통해서 획득할 수 있다는 관점 하에서 한국을 대표하는 국가기록물관리기관들이 어떠한 배경 하에서 설립되었고 기록관리법 제정에는 어떻게 대응하였는지를 분석하였다.

　한편, 국가기록물관리기관에 의하여 수행되는 기록관리의 한계도 인식할 필요가 있다. 국가에 의해서 설치·운영되는 기록물관리기관은 국가의 관점에서 역사를 기록하게 된다. 예컨대, 현대 이후 주요 사료(영구보존기록)는 우연의 산물로서 우리에게 전승된 것이 아니라 철저히 계획된 국가 활동의 결과로서 주어졌다. 한국에서는 1960년대 초반에 국가기록관리체제가 수립된 이후에 생산된 모든 기록물은 국가에 의해서 승인된 기록만이 영구기록으로 선별적으로 보존되었으며 그 나머지는 모두 폐기과정을 거쳐서 우리의 기억에서 사라졌다.

　따라서 국가가 어떠한 선별(평가) 프로그램을 실행하는가에 따라서 한국의 역사는 다르게 기록될 것이다. 더 정확히 말한다면 국가에 의해서 선별된 사건만이 국가에 의해서 보존되는 역사로 남게 될 것이다. 한국 국가기록관리 체계에 대한 정확한 이해는 영구보존기록의 유형과 그 배경정보를 획득할 수 있으며 국가가 기억하고 싶어 하는 역사상도 간접적으로 파악할 수 있게 된다.

　국가 주도의 다큐멘테이션(기록화)을 일부나마 보완하기 위해서는 기록관리에 다양한 사회집단의 적극적 참여가 필요하다. 시민단체, 기록학계, 역사학계, 정치학계, 주요 이익단체 등의 자발적인 참여가 필수적이다. 특히, 기록을 '사료'로서 취급하는 역사학계에서는 주어진 사료의 해석을 통해서 당대의 사회상을 복원하는 것에 주력해 왔으나 앞으로는 국가가 한국사회의 다양한 측면을 기록하고 남길 수 있도록 적극적으로 기록의 생산과 보존과정에 개입할 필요가 있다. 이 같은 역사학자들의 활동은 후세에 편향된 기록이 아니라 한국인들의 다양한 모습을 남기는데 조금이나마 기여할 수 있을 것이다.

그리고 기록관리가 좀 더 발전하기 위해서는 제도와 의식의 양 측면이 모두 개선되어야 한다. 2000년 이후 기록관리학계가 노력했듯이, 외국의 기록관리 사례를 적극적으로 검토 수용하고 기록관리에 관한 국제적 표준을 가급적 준수하는 방향으로 한국의 국가기록관리체제를 정비할 필요가 있다. 다만, 외국의 제도를 수용하는 한편으로 한국의 특성에 맞는 관리체제를 수립하도록 여러 측면에서 한국의 행정환경과 기록생산 및 관리의 특징도 적극 연구해야 한다. 앞으로 더 많은 연구들이 나오기를 기대한다.

이 책이 세상에 나오기까지 많은 분들의 도움이 있었다. 명지대학교 기록관리학과의 김익한, 이승휘 선생님께서는 한국에서 기록관리학을 몸소 개척하시면서 필자가 기록관리학을 연구할 수 있도록 이끌어 주셨으며 한국외국어대학교의 이영학 선생님과 한양대학교 박찬승 선생님께서는 필자가 기록관리학과 역사학의 연구에서 한걸음 진전할 수 있도록 이끌어 주시고 항상 격려를 아끼지 않으시면서 용기를 북돋아주셨다. 부산대학교의 설문원 선생님께서는 한국국가기록연구원에서 함께 근무하면서 여러모로 조언을 해주시고 기록관리학 이론의 중요성도 깨닫게 해주셨다. 그리고 국가기록원의 박성진·이승억 선생님께서는 풍부한 기록관리 실무경험과 높은 이론적 혜안으로 필자의 주장을 다듬어 주셨다.

이와 함께 한국외국어대학교 기록관리학과를 졸업한 이상훈, 김진성 씨께는 각별히 고마움을 전하고 싶다. 이상훈·김진성 씨와는 수업을 함께 하기도 했고 약 1년 동안 한국의 기록관리에 대한 세미나를 함께 진행하면서 서로에게 도움을 주었던 사이이기도 하다. 한양대학교 기록관리학과의 김유현, 주현우 씨는 책의 복잡한 그림과 도표를 공들여서 작성해주는 등 많은 도움을 주었다.

무엇보다도 연세대학교 근대 한국학 연구소장님을 비롯하여 연세대학교 여러 선생님들께서 많은 관심과 격려를 해주셨다. 특히, 역사문화학과의 왕현종 선생님과는 오랜 인연을 이어오고 있다. 한국역사연구회에서 근대사 분과 활동을 함께 하면서 한국의 근대사에 관해서 많은 가르침을 받았고 실무적으로 부족한 필자를 이끌어주셨으며 이 책을 발간할 수 있도록 앞장서 주셨다. 여러 선생님들께 항상 감사히 느끼고 있는데 제대로 표현을 못하고 있다. 이 자리를 빌어 모든 분들께 감사의 말씀을 전하고 싶다. 특히 이 책에 포함된 난삽한 표와 그림 등을 편집하고 깔끔하게 출판해 주신 도서출판 혜안의 오일주 사장님을 비롯한 김태규, 김현숙, 오현아 선생님께도 감사드린다.

개인적으로는 기록관리학에 입문한 지 10여 년 만에 한국의 기록관리에 대한 종합적인 책을 펴내게 되어서 기쁘게 생각한다. 이 책이 외국의 기록관리 제도를 참고하는 수준에서 벗어나 한국의 전통과 행정환경에 부합하는 기록관리체제의 구축을 위한 기초도서가 되기를 바란다. 또한 국가주도의 기록관리가 낳은 편향성과 정치성을 극복하기 위한 방안을 이제부터 본격적으로 모색해야 하지 않을까 생각한다. 최근 국무총리실과 행정안전부를 중심으로 행정효율화를 명목으로 기록관리 공동체가 이루어낸 소중한 성과를 후퇴시키는 조치들이 추진되고 있는데 과거 기록관리의 실패가 어디에서 비롯되었는지를 되돌아본다면 시대의 흐름에 역행한다는 것을 스스로 깨닫게 되지 않을까 생각한다.

목 차

제1부
한국 국가기록관리체제의 수립과 역사적 변동

제1장 한국정부의 수립과
1950년대 기록관리

1. 머리말

한국은 1945년에 일제의 식민지 지배로부터 해방되어 국민국가를 수립할
수 있게 되었다. 다만, 미국을 중심으로 한 주요 열강들의 협의에 따라서
즉각 국가를 수립하지 못한 채 약 3년간 미군정의 통치를 받고 행정부, 입법부,
사법부 등이 조직되었다. 1948년에 국회와 행정부를 비롯한 한국의 주요
국가기관이 설립되었으나 국가기관을 운용하는 사무관리기법은 독립국가에
걸맞는 제도를 만들지 못한 채 조선총독부의 사무관리제도를 거의 그대로
활용했다.

당시 한국정부의 관료들은 공문서를 체계적으로 관리했던 경험이 그리
많지 않았고 선진 외국의 사례를 참고하여 관리체제를 수립하는 데에도
관심이 없었다. 국민국가 건설만이 최대의 목표였으며 대한민국을 건국하고
운영하는 과정에서 계속된 정치적 혼란과 한국전쟁 등은 정부공문서 관리의
필요성을 인식하는데 걸림돌로 작용했다.

이에 반하여 한국 육군은 창군 직후부터 미국 육군의 군사교육을 체계적으
로 받으면서 미국식 사무관리제도를 접했다. 특히, 한국군은 한국전쟁을
거치면서 60만 명으로 크게 증가하였고, 군사교육과 함께 방대한 인력과

조직을 효율적으로 관리할 필요성이 강력히 제기되었다. 한국 육군은 미국 육사를 비롯한 미국 육군과의 긴밀한 군사교류와 교육협력을 통하여 일찍부터 미국 육군의 행정관리 기법과 기록관리제도를 도입했다.

1950년대는 한국정부가 운용하고 있던 식민지적 사무관리제도(≒기록관리제도)와 한국 육군이 운용하고 있던 미국식 사무관리제도가 공존했던 시기라고 볼 수 있다. 한국정부는 1949~50년 사이에 조선총독부의 주요 규정들을 준용한 「정부처무규정」과 「공문서규정」 등을 제정하여 공문서의 서식, 작성방법, 유통 및 보존에 관한 사항을 규정했으나 1950년대 초반에 한국 육군은 이 규정들과는 다른 법령을 제정하기 시작했다.

즉, 한국 육군은 미국 육군의 「육군공문서규정」을 참고하여 1953년에 독자적인 「육군공문서규정(육규1-8)」을 제정했다. 「육군공문서규정(육규1-8)」은 공문서의 서식체계와 구성요소, 작성절차 및 작성방법 등에서 조선총독부 공문서와는 크게 다른 내용으로 구성되었다. 또한, 1953년 11월 19일에는 종전의 문서분류제도를 개선한다는 명목으로 주제(기능)별 분류 및 부호화를 특징으로 하는 십진분류 원칙을 최초로 채택했다. 이후 1955년 「기록문서십진분류법(육규345-3)」과 「기록문서분류정리법(육규345-4)」 등을 잇달아 제정하여 한국 육군의 기록문서를 통일적으로 분류할 수 있는 수단을 마련했다. 이 같은 공문서 생산 및 분류(정리)방식은 조선총독부 하에서는 운용되지 않던 전혀 새로운 것이었다.

1950년대 한국 육군의 사무관리제도는 미국식 사무관리제도를 모방하여 수립되었고 1961년 군사쿠데타를 계기로 국가행정의 전분야로까지 확산되었다는 점에서 한국 국가기록관리체제의 역사적 이해를 위해서는 매우 중요한 연구주제이다. 그러나 지금까지 한국기록학계에서는 1950년대를 식민지적 관리체제의 연장상태라고만 파악하고 있을 뿐 한국 육군의 변화상에 대해서는 제대로 파악하지 못하고 있으며[1] 1999년 「공공기관의기록물관리에관한법률」(이하 "기록관리법"이라 한다) 제정 이전의 기록관리 실태와 그 문제점에 대해서도 역사적인 분석이 결여되어 있다.

최근, 이상훈이 1950년대 한국정부와 한국 육군의 사무관리제도의 양상을 구체적으로 비교 연구를 수행했는데, 이 연구는 1950년대 한국정부의 사무관리제도의 특징을 분석하고 한국 육군이 미국 육군의 행정관리 기법을 도입하여 새로운 기록관리제도를 운용하였다는 점을 밝히는 등 기록관리제도사 연구에서 주목할 만한 연구라고 평가할 수 있다.[2]

이 장에서는 1950년대를 한국정부 중심의 식민지적 관리체제와 한국 육군 중심의 미국식 관리체제가 공존하는 시대로 파악하고 한국 육군의 사무관리제도 및 기록관리제도가 미국식 관리체제로 개편되는 과정과 그 특징을 살펴보기로 한다.

2. 1948년~1950년대 한국정부의 기록관리제도

1) 한국정부의 수립과 식민지적 사무관리제도

한국은 1945년에 해방되었으나 곧바로 국민국가를 설립하지 못하고 약 3년간의 미군정을 거쳐서 1948년에야 비로소 국가기관을 설치할 수 있었다. 1948년 5월 31일에 국회를 개원하여 대한민국의 헌법[3]을 제정하고 국가조직의 구성과 정체 등을 규정했으며 1948~49년에는 「정부조직법」, 「국회법」, 「법원조직법」 등을 제정하여 주요 국가기관을 설치했다.

---

1) 이경용, 「한국의 公記錄管理制度(Ⅰ)」『기록보존』 15, 2002 ; 곽건홍, 『한국 국가기록 관리의 이론과 실제』, 역사비평사, 2003 ; 김세경, 「우리나라 공공기록물 관리에 관한 법규의 변천」『한국기록관리학회지』 7-1, 2007 ; 최정태 · 이주연, 「한국 공문서 분류의 변천과 기록물분류기준표」『기록보존』 16, 2003.

2) 이상훈, 「한국정부 수립 이후 행정체제의 변동과 국가기록관리체제의 개편(1948~64 년)」『기록학연구』 21, 2009.

3) 「대한민국 헌법(헌법 제1호, 1948.7.17)」.

1948년부터 국가기관들이 차례로 설치된 이후 해당기관들은 행정업무를 체계적으로 운영하기 위하여 공적인 의사표시의 방법과 절차, 그리고 효력발생의 요건 등을 정할 필요가 있었다. 특히, 공공행정에서 가장 기초가 되는 것은 공적 행위를 실현하는 수단인 공문서의 종류, 서식, 생산 및 유통절차를 확정하는 것이었다.

그러나 당시 한국정부는 공문서의 처리방법과 절차에 관한 별도의 규정을 제정하지 못했다.[4] 한국정부의 관료들은 국가기구를 운영하기 위한 독자적인 제도를 창출하지 아니하고 조선총독부의 제도에서 대안을 찾으려 했다. 즉, 한국정부는 국가기구를 신속히 운영하기 위하여 비판적 검토 없이 조선총독부의 사무관리제도를 그대로 활용했던 것이다.[5]

이러한 사실을 잘 보여주는 것이 한국정부가 제정한 「공문서규정」[6]과 「정부처무규정」[7]이다. 「공문서규정」은 국가기관간의 공적행위를 표현하고 의사전달에 필요한 공문서의 종류와 그 작성절차 등을 정의하였고 「정부처무규정」은 행정부의 각 처리과에서 수행해야 할 표준적 업무를 규정하고 그 수행방식을 정의하고 있다. 특히, 공문서의 생산, 유통, 등록, 분류, 편찬, 이관, 보존 등 각 처리과에서 공통적으로 수행해야 할 기본업무를 포괄적으로 규정하고 있는 점이 특징이다.[8] 그러나 이 법령들은 모두 「조선총독부처무규정」과 「조선총독부공문서규정」을 거의 그대로 베낀 것이었다. 「정부처무규정」과 「조선총독부처무규정」을 간략히 비교하면 아래와 같다.

---

4) 법원에서는 「법원조직법」 제정 이후에도 1958년까지 조선총독부법원의 기록관리 법령의 법적 효력을 그대로 인정했다.

5) 조선총독부 공문서제도에 대해서는 다음의 저서 참고. 박성진·이승일, 『조선총독부 공문서』, 역사비평사, 2007.

6) 「공문서규정(대통령훈령 제3호, 1950.3.6)」.

7) 「정부처무규정(대통령훈령 제1호, 1949.7.15)」.

8) 정부처무규정 제68조에서 분류·편찬(문서의 편찬구분 및 보존종별)은 따로 정하도록 명시하고 있다.

<표 1-1> 정부처무규정과 조선총독부처무규정의 비교

*정부처무규정과 조선총독부처무규정의 구성 비교

구분	조선총독부처무규정(1940)	정부처무규정(1949)
제1장	국부장회의(제1조~제3조)	총칙(제1조~제2조)
제2장	문서의 취급(제4조~제45조)	사무대결(제4조~제6조)
제3장	인쇄물 및 도서의 취급(제46조~제59조)	문서처리(제7조~제77조)
제4장	복무(제60조~제70조)	인쇄물 및 도서의 취급(제78조~제59조)
제5장	숙직(제71조~제81조)	복무(제91조~제113조)
제6장	회계사무(제82조~제86)	회계사무(제114조~118조)
제7장	화재의 예방, 조치 및 위생(제87조~제93조)	청사내단속, 화재의 예방조치 및 위생(제119조~제126조)
제8장	잡칙(제94~제96조)	잡칙(제127조~제129조)

*문서관리에 관한 내용 비교

구분	조선총독부처무규정 (제2장 문서의 취급)	정부처무규정(제3장 문서처리)
제1절	총칙(제4조~제9조)	통칙(제7조~제11조)
제2절	收受 및 배부(제10조~제17조)	접수 및 배부(제12조~제29조)
제3절	성안 및 決議(제17조~제25조)	성안 및 결재(제30조~제57조)
제4절	성안의 시행(제26조~제31조)	성안의 시행(제58조~제66조)
제5절	편찬 및 보존(제32조~제45조)	편찬 및 보존(제67조~제77조)

출처 : 이상훈, 「한국정부 수립 이후 행정체제의 변동과 국가기록관리체제의 개편(1948~64년)」『기록학연구』21, 2009, 180쪽.

위의 표에서 확인할 수 있듯이 「정부처무규정」과 「조선총독부처무규정」은 구성과 내용에서 거의 차이가 없다. 특히, 문서의 이관과 편철, 보존방법 및 편찬 등 법령을 구성하는 주요 내용이 유사하다. 구체적으로 살펴보면, 「정부처무규정」에서 공문서는 법령에서 따로 규정하는 것을 제외하고는 법령문, 일반공문, 특수공문 등 대략 3종으로 구분했고 공문서의 구체적인 서식은 총리훈령으로 위임했다. 공문서는 한국정부가 공인한 기안용지를 사용하도록 했는데 이 같은 서식체계는 정부기관의 의사표시의 통일성과 공문서의 원본성 보장 등을 위한 수단이었다. 「정부처무규정」에서 규정한 기안문의 서식을 조선총독부 공문서와 비교하면 다음과 같다.

<그림 1> 1950년대 한국정부의 기안용지와 조선총독부 기안용지의 비교

[조선총독부 공문서의 기안용지]

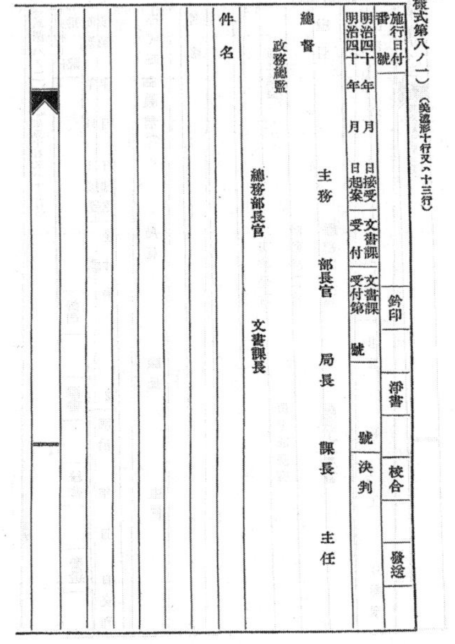
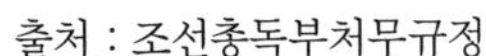

출처 : 조선총독부처무규정

[한국정부 공문서의 기안용지]

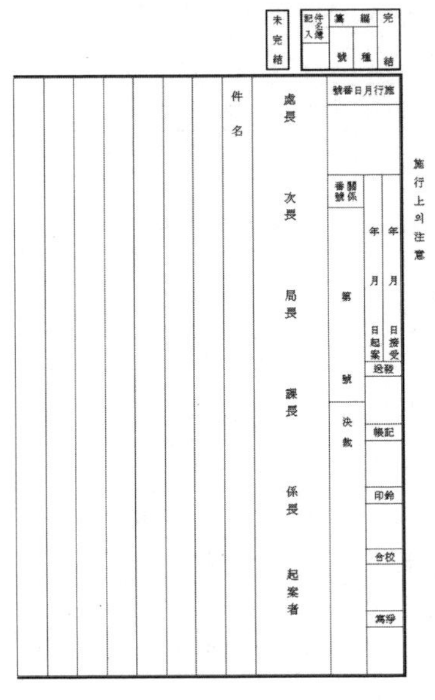

출처 : 이상훈, 「한국정부 수립 이후 행정
체제의 변동과 국가기록관리체제의 개
편(1948~64년)」『기록학연구』21, 2009

공문서의 기안용지를 보면 한국정부와 조선총독부 간에는 거의 차이가 없다는 것을 알 수 있다. 뿐만 아니라 공문서를 결재권자에 따라서 구분하는 방식도 유사하다. 「정부처무규정」에서 공문서는 국무회의의 의결 또는 대통령, 국무총리의 결재를 거치는 문서는 '특류'로 하고, 장관이 전결할 문서는 '갑류', 차관 및 국장이 전결할 문서는 '을류', 기타는 '병류'로 구분하도록 했다.9) 이때의 '특류', '갑류', '을류', '병류'는 보존기간을 의미하는 것이 아니라 공문서의 유통과정에서 처리해야 하는 방법을 구분하기 위한 것이었다.

그리고 각 기관의 총무과장(법무부 및 감찰위원회, 고시위원회는 서무과장, 총무처, 기획처, 외무부 및 심계원은 문서과장)은 배부한 갑류 및 을류문서 중에서 처리를 마치지 못한 것에 대하여는 20일마다 일정한 양식의 연체문서표를 局別로 작성하여 주무국에 회부한 후 연체의 이유를 기입하고 그 적부를 심사한 후 장관에게 공람시키도록 했다. 특류문서는 총무과장이 각 기관별로 연체문서표를 작성한 후 국무총리에게 공람시키도록 했다.

공문서의 접수 및 발송방법과 절차에 대해서도 규정하고 있는데 이 규정도 모두 「조선총독부처무규정」과 유사하다. 예컨대, 각 기관에 도착하는 문서는 모두 그 기관의 총무과에서 접수하여 개봉한 후 일정한 양식의 日字印을 찍어 주관국별로 구분한 후 문서건명부에 등록하여 접수번호를 기입하고 주무국에 배부하여 그 국 문서주임의 수령인을 받도록 했다. 다만, 병류문서는 문서건명부의 등록을 생략할 수 있었는데 「조선총독부처무규정」도 이와 동일한 규정이 있다.

그리고 공문서의 작성방법도 조선총독부와 거의 동일하다. 다만, 한국정부 수립이라는 행정체제의 변화에 맞게 그 내용의 일부를 수정했을 뿐이다. 첫째, 공문서를 구성하는 요소와 그 구성체계가 거의 동일했다. 공문서의 작성은 세로쓰기가 원칙이었는데 세로쓰기는 일본 공문서에서 보편적으로 사용되었던 방식이었다. 둘째, 본문의 전개방식이 '서술식'이었으며 문서의 기안은 해서체 또는 행서체로 명료하게 기재하여 문장을 간결하고 명확하게 작성하도록 하였다. 셋째, 공문서의 작성 언어는 주로 한자였다. 즉, 조사를 제외하고는 한자를 사용했으며, 날짜표기를 비롯한 본문에서의 숫자표기 역시 한자를 사용하였다.10)

---

9) 「정부처무규정」 제8조.

이상과 같이 한국정부의 공문서의 구성요소와 서식체계, 주요 공문서의 종류, 공문서의 작성절차와 방법 등을 규정한 「공문서규정」과 「정부처무규정」은 모두 「조선총독부공문서규정」과 「조선총독부처무규정」의 번역이었다고 평가해도 과언이 아닐 정도로 비슷했다. 이 같은 공문서 관련 법규는 1950년대 일부 개정을 거쳐서 1961년까지 한국정부 내에서 활용되었다.

2) 1950년대 한국정부의 기록관리제도

1950년대까지 한국정부는 「정부처무규정」에 의해서 문서를 정리·보존하였으나 「정부처무규정」은 문서의 서식과 작성 방법, 행정업무를 표준화하는 것이 주된 내용이었을 뿐 문서의 분류와 보존에 관해서는 세부 규정이 거의 없었다. 그리고 「정부처무규정」에서는 공공업무의 법적 효력과 그 증거를 확보하기 위한 절차와 방법 등은 세부적으로 규정되었으나 공적 업무가 종료된 문서에 관한 규정은 제대로 규정되어 있지 못한 편이다.

보존문서의 처리에 관한 「정부처무규정」의 내용을 살펴보면, 완결문서는 날짜에 따라서 曆年으로 편찬하도록 했다. 단, 회계에 속하는 것은 그 연도구분에 의하도록 했다. 문서의 편찬구분 및 보존종별은 따로 이를 정하도록 했으나 1960년대 초반까지 한국정부는 공문서의 분류 및 보존기간 책정에 관한 별도의 기준을 제정하지 못했다.

완결문서는 주무과에서 일정한 양식에 따라 편철한 후에 다음해 3월말까지 문서보존인계부를 첨부하여 총무과에 인계하도록 했다. 그러나 그 기관에 충분한 서고가 없는 경우에는 총무과를 거쳐 총무처에 인계하도록 했으며 주무과에서 필요한 편찬문서와 관보, 기타 공보류는 주무과에서 보존하도록 하였다.

---

10) 이상훈, 「한국정부 수립 이후 행정체제의 변동과 국가기록관리체제의 개편(1948~64년)」 『기록학연구』 21, 2009.

그리고 모든 문서는 그 편찬구분, 보존종별마다 완결월일순으로 일정한 양식의 건명목록을 붙여 편찬하되 表紙背面에 일정한 표기를 하도록 했다. 단, 정종의 문서는 건명목록을 생략할 수 있었다. 문서철의 부피는 7.5리를 표준으로 했으며 문서보존인계부는 보존종별마다 따로 기록했다. 이때 문서를 편철하는 방법이 중요한데 이 방법도 「조선총독부처무규정」과 거의 동일했다. 우선, 문서는 1사건마다 관계서류 전부를 합철하고 앞 장에 색인번호를 붉은 글씨로 작성(朱書)하도록 했다. 만약, 본책에 합철하기 어려운 것은 별책으로 편찬하되 본책의 목록에 그것을 부기하도록 했다. 그리고 문서가 서로 관련이 있는 것은 가장 관계깊은 類目에 원본을 철하고 다른 유목에는 건명만 붉은 글씨로 기록(朱記)한 후 원본의 소재를 附記하도록 했다. 시행 또는 완결 후 비밀을 요하는 문서는 따로 편찬하고 背紙에 (秘)의 기호를 표기하여 특별한 상자(函匣)에 보존하도록 했다.

완결된 문서철에는 완결여부, 편찬분류 및 보존종별이 표시되었고, 이를 문서건명부에도 등록하여 그 기호 및 편찬부책, 보존종별을 기입하였다. 그리고 특별히 규정한 것을 제외하고는 보존기간을 갑종(영구보존), 을종(10년보존), 병종(5년보존), 정종(1년보존) 등 4종으로 구분하였다.

총무과에서 문서의 인계를 받은 때에는 일정한 양식의 기록대장에 기입하여 일정한 서가에 藏置함으로써 보존되었다. 기록대장은 소장기록철의 목록을 의미했는데 편찬문서의 서가위치, 편찬 및 보존정보 등이 기입되었다. 문서의 보존 및 폐기는 총무과에서 담당했는데 문서의 보존연한이 경과한 때에는 총무과장이 주무국장과 합의하여 그 폐기를 결정하였는데 폐기문서는 건명목록을 떼고 표지에 '폐기'의 印을 찍어 회계사무를 담당하는 과에 보내도록 하였다.

이상에서 살펴보았듯이, 정부수립 당시 기록관리는 조선총독부의 제도를 그대로 차용하여 수행되었다.[11] 한국정부의 기록관리에 관한 표준적 법령인

「정부처무규정」이 「조선총독부처무규정」의 번역에 가까울 정도로 내용상으로 유사하다.

한국정부의 기록관리에 대한 표준적 지침은 「정부처무규정」으로 볼 수 있으나 「정부처무규정」이 훈령의 형식으로 제정된 관계로 각급 지방행정기관 등은 「정부처무규정」을 참고하여 관련 법령을 제정했다. 따라서 각 기관들은 공문서의 생산과 유통 절차 및 방법 등에서 약간의 차이가 있었다. 특히, 「정부처무규정」은 '문서의 편찬구분 및 보존종별'에 대해서는 어떤 기준도 제시하지 않아 각 기관이 독자적으로 운용할 수밖에 없었다. 당시 한국정부의 기록관리체제는 국가 차원의 일원적이고 통일적인 체제는 아니었다.

3. 1950년대 한국 육군의 미군 기록관리제도의 도입

1) 한국 육군의 미국식 사무관리제도 도입

한국정부는 조선총독부의 사무관리제도를 준용하여 행정관리체제를 수립했고 기록관리도 역시 조선총독부 기록관리체제의 연장선상에 있었다. 한국 육군도 창군 초기에는 한국정부의 사무관리 및 기록관리 법규를 참고하여 관련 제도를 운영했다. 다만, 군대의 특성상 지휘·명령체계를 상대적으로 강하게 통제하려 했을 뿐, 창군 초부터 일반행정업무의 일환으로 문서수발 및 기록문서의 보관관리 등을 수행했다.

한국 육군은 1949년 1월 20일에 '회보제도'를 최초로 제정하여 제반지시, 참고, 공지사항 등을 각 중대단위까지 배포하도록 했고, 1949년 3월 31일에 「공문서취급예규」를 제정하여 공문서의 간소화 및 규정위반 내용시정 등 문서통제업무를 강화했다. 또한 문서의 신속 정확한 순환을 위하여 문서취급

---

11) 조선총독부 기록관리에 대해서는 다음의 저서 참조. 박성진·이승일, 『조선총독부 공문서 : 일제시대 기록관리와 식민지배』, 역사비평사, 2007.

소를 행정과 내에 설치·운용했는데, 이러한 사실들은 군대의 특성을 반영하는 것을 제외하고는 당시 한국정부의 기록관리제도와 거의 유사하다. 예컨대, 문서취급소는 한국정부의 총무과(문서과) 기능에 해당하는 것이었다.[12]

그러나 한국 육군은 1950년대 초반에 식민지적 사무관리제도에서 탈피하여 새로운 제도를 운용하기 시작했다. 한국 육군이 새로운 사무관리제도를 운용하게 된 결정적인 요인은 미국 육군의 군사교육과 군사교류를 꼽을 수 있다.[13]

1945년 해방 이후 한국 육군은 주한미군사고문단과 미국 육군 등에 의하여 미국식의 교육과 훈련을 받으면서 종전과는 다른 새로운 행정관리 기법을 습득할 수 있었다. 특히, 1950년 6월 25일에 발발한 한국전쟁을 거치면서 한국 육군이 비약적으로 팽창하면서 체계적인 조직 및 행정관리 기법이 필요하게 되었다. 해방 이후 한국전쟁 직전까지 10여만 명에 불과하였던 한국군이 한국전쟁 이후에는 약 60여만 명에 달하는 대규모 조직으로 성장했기 때문이다. 한국군의 대폭적인 증가에 의하여 군 수뇌부는 군인들을 효과적으로 통제하고 통일적인 지휘체제를 확립하기 위하여 선진적 사무관리기법을 요구했다.

이에 따라서 한국 육군은 선진적 군사교육을 받을 수 있도록 젊은 장교들을 미국 육사에 정기적으로 파견했으며 미국의 군사교육을 받은 한국 장교들에 의하여 미국식 사무관리제도가 수용되었다. 그 결과 한국군은 1950년대 다른 어느 사회집단보다도 선진제도를 많이 수용한 가장 근대화한 집단으로 성장할 수 있었다.[14]

---

12) 육군본부 부관감실, 『부관역사』 제1집, 1965, 40~41쪽(이상훈, 「한국정부 수립 이후 행정체제의 변동과 국가기록관리체제의 개편(1948~64년)」 『기록학연구』 21, 2009, 197쪽. 재인용).

13) 군사교육에는 전투병과의 교육만이 아니라 군인을 합리적으로 지휘 통제 관리하는 행정관리 기법도 포함되어 있었다.

14) 도진순·노영기, 「군부엘리트의 등장과 지배양식의 변화」, 『1960년대 한국의 근대화

한국 육군은 미국 육군의 선진적 행정관리 기법을 적극적으로 수용하였고, 그 과정에서 한국 육군의 사무관리제도와 기록관리제도가 크게 개편되었다. 주요한 변화는 효율적 행정관리 기법을 실현하는 수단이라고 할 수 있는 공문서의 서식체계와 그 운용 방식의 변화부터 나타났다. 1950년대 초반 한국정부와 한국 육군의 기안문의 서식체계를 비교하면 아래와 같다.

<그림 2> 한국정부와 한국 육군의 기안문과 시행문 비교

<한국정부의 기안문>   <한국 육군의 新기안문>

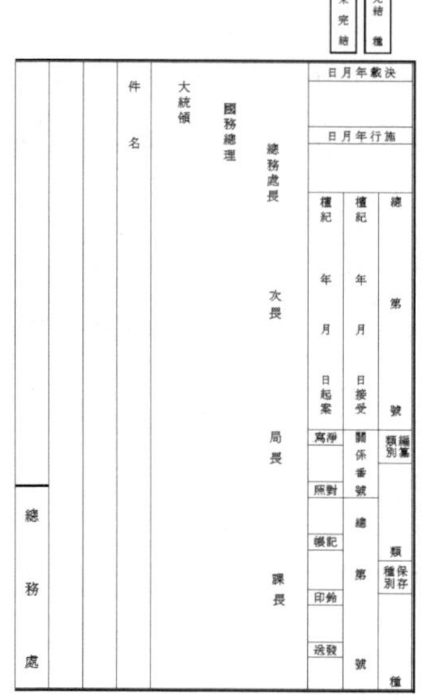

와 지식인』, 선인, 2004, 65~66쪽.

<한국육군의 舊시행문>　　　　<한국 육군의 新시행문>

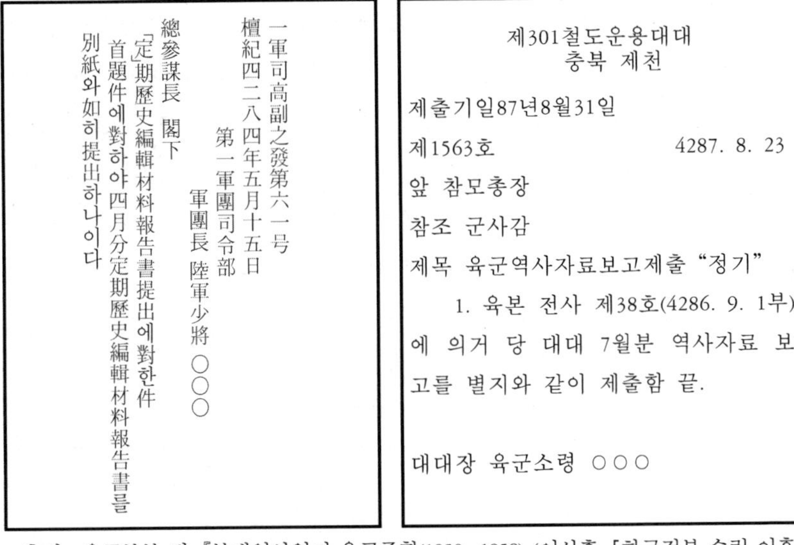

위에서 알 수 있듯이 1950년대 한국 육군에서 사용하는 공문서의 구성요소와 그 서식체계가 한국정부와는 근본적으로 다르다는 것을 알 수 있다. 우선, 당시 한국정부의 공문서의 구성요소는 편찬류별, 보존종별, 기안일, 시행일, 발송일(접수일), 발송, 관계번호, 결재, 정서, 교합, 기장, 완결 등이었으나 한국 육군의 공문서는 기안일, 시행일, 보존연한, 분류기호, 통제, 종결여부, 경유, 발신자 등으로 구성요소를 크게 줄였다.

또한, 공문서의 서식구조를 한글에 적합하도록 개편하였는데, 이에 따라서 공문서 본문의 작성방법도 세로쓰기에서 가로쓰기 방식으로 변화되었다. 한국 육군은 1952년 1월 1일에 전 육군의 공문서 작성법을 횡서로 전환하였다. 더 나아가 1953년 9월 1일에는 문서 작성의 신속과 업무의 능률을 향상시키기 위하여 공문서 작성에 있어서 한글을 일제히 전용하도록 하였다.[15] 공문서가 한글전용으로 전환됨에 따라서 한글의 특성에 맞게 띄어쓰기도 사용하였는데 이는 문서를 신속하게 작성하고 의사 전달력을 향상시키기 위한 것이었다.

그리고 공문서의 내용을 기술하는 방식이 '서술식'에서 '개조식'으로 전환되었다. 개조식 본문은 서술식과는 달리 내용을 압축적으로 정리하여 내용의 착오를 막고 시간을 절약한다는 장점이 있다. 또한 상대방에게 강조하는 사항을 시각적으로도 인상 깊게 전달할 수 있어 업무관계자의 공문서 이해력을 향상시키는 방법이었다.[16]

<그림 3> 개조식 방식에 따른 본문의 항목구분

```
(본문)
     1. ……
       가. ……
         1. ……
           a. ……
             ㄱ. ……
```

출처 : 『부대역사일지 육군종합(1954~1958)』에서 1954年 8月 23日字로 생산된 문서(이상훈, 「한국정부 수립 이후 행정체제의 변동과 국가기록관리체제의 개편(1948~64년)」, 『기록학연구』 21, 2009. 재인용).

그리고 날짜표기 및 숫자표기에 아라비아숫자가 사용되었고 연도표기는 檀紀를 기본으로 하였으며 본문이 끝나면 마지막에 '끝'자를 붙여 끝났음을 표시하는 등 많은 변화가 나타났다.

이와 같은 여러 특징들은 공문서를 간단명료하게 작성하고 전달력을 높여 업무처리에 있어서 신속성, 정확성, 용이성, 경제성 등을 달성하기 위한 과학적

---

15) 이상훈, 「한국정부 수립 이후 행정체제의 변동과 국가기록관리체제의 개편(1948~64년)」, 『기록학연구』 21, 2009.
16) 이상훈, 「한국정부 수립 이후 행정체제의 변동과 국가기록관리체제의 개편(1948~64년)」, 『기록학연구』 21, 2009.

관리방식의 일환이었다. 이 같은 공문서 서식체계 및 작성방식의 변화는 1953년 9월 4일에 「육군공문서규정(육규1-8)」이 제정되면서 제도화되었다. 「육군공문서규정」은 현대행정에 따른 공문서의 작성 요령을 간편하고 실용성 있게 개선하여 공문서 작성의 서법과 양식을 통일하고 최대한의 업무 간소화를 달성하는 것이 목적이었다. 「육군공문서규정」은 미 육군공문서규정을 차용한 것이었다.[17]

1950년대 초반 한국 육군 공문서의 서식체계와 작성방법은 식민지적 관리체계 하에서 운용 중이던 한국정부와는 크게 다른 것이었고 1961년 군사쿠데타를 계기로 한국정부로까지 확산되었다. 따라서 1961년 군사쿠데타는 군부세력에 의한 정권 탈취에서 그치지 아니하고 군사적 행정관리 기법이 국가행정으로 확산되는 계기가 되었다.

2) 한국 육군의 미국식 기록관리 도입

한국 육군은 공문서의 서식체계와 작성절차를 중심으로 하는 기록생산방식의 개편에 그치지 아니하고 완결된 공문서의 관리체제까지 개편하여 종전의 조선총독부 방식과는 크게 다른 관리체제를 수립하였다. 그 대표적인 것이 "종합문서보관소" 설립과 미국 육군에서 사용하던 "십진파일링시스템"을 도입한 것이다.

한국 육군은 「육군공문서규정」의 제정에 이어 1953년 11월 19일에 종전의 문서분류제도를 개선하기 위해서 주제(기능)별 분류 및 부호화를 특징으로 하는 십진분류원칙을 최초로 채택하여 공문서 관리에 적용하기 시작하였다. 그리고 1955년에는 「기록문서십진분류법」을 제정하여 10월 1일부터 시행하였으며, 이 십진분류법에 의거 정리된 기록문서를 균일적이고 효과적으로

---

17) 이상훈, 「한국정부 수립 이후 행정체제의 변동과 국가기록관리체제의 개편(1948~64년)」 『기록학연구』 21, 2009.

관리할 수 있도록 「기록문서분류정리법」[18]을 제정하여 역시 10월 1일부터 시행했다. 이 두 규정은 육군기록의 과학적인 분류 및 보관에 관한 업무를 현대화하기 위해서 미 육군이 운용하고 있던 십진파일링시스템을 도입한 것이었다.[19]

원래, 미국에서 십진파일링시스템은 당시 왕복문서를 보존함에 있어서 현대적·경제적·실용적·진보적인 수단으로 평가받았다. 십진파일링시스템은 각종 첨부물 및 복제본, 레코드카드와 인덱스카드의 대부분을 제거함으로써 불필요한 기록물을 효과적으로 감축하고, 하나의 주제와 관련한 모든 왕복문서를 한 곳으로 모아 서류의 검색 및 신속한 처리가 가능했다. 그리고 무엇보다도 십진시스템을 운영하는데 필요한 시간, 공간, 직원, 업무, 노력의 측면에서 뛰어난 경제성을 지닌다는 장점이 있는 것으로 평가받았다.[20]

미국 육군의 매뉴얼 및 분류표는 「기록문서십진분류법」과 「기록문서분류정리법」에 큰 영향을 미쳤다. 예컨대, 십진분류의 적용범위, 분류번호 읽는

---

18) 「기록문서분류정리법(육규 345-4, 1955.9.15)」.

19) 미 육군의 십진파일링시스템은 1873년에 개발된 듀이의 십진시스템(The Dewey Decimal System)에 기반을 두고 있다. 듀이(Melvil Dewey)의 십진시스템은 인간의 모든 지식과 그 지식에 관한 도서들을 10개 이하의 주요 부문으로 나누고, 0에서 9까지의 아라비아 숫자에 의해 표시된다. 이 10개의 주요부문은 각각 차례로 10개 이하의 그 하위부문으로 세분된다. 그리하여 생성된 100개의 하위부문은 또 10개 이내의 부분으로 나누어진다. 이런 식으로 계속해서 확장될 수 있다. The Adjutant General of Army. *War Department Decimal File System. Washington ; US Government Printing Office*, 1943, p.iii. 이런 듀이의 십진시스템은 도서의 주제내용에 십진수를 적용하고 알파벳순의 상관색인에 의해 이를 보완하는 것으로 그 대상은 도서와 팸플릿에 국한되어 있었다. 하지만 20세기 들어와서 이 시스템은 도서와 팸플릿 뿐만 아니라 모든 종류의 문헌물(literary matter)을 다루기 위해 확장되기 시작하였고, 이는 도서국(Library Bureau)에 의해 처음 시도되었다. 이상훈, 「한국정부 수립 이후 행정체제의 변동과 국가기록관리체제의 개편(1948~64년)」 『기록학연구』 21, 2009.

20) The Secretary of War. *War Department Correspondence File, Washington ; US Government Printing Office*, 1917, pp.3~4(이상훈, 「한국정부 수립 이후 행정체제의 변동과 국가기록관리체제의 개편(1948~64년)」 『기록학연구』 21, 2009. 재인용).

방법, 신번호의 추가금지, 세분정리법(지리명·인명·주제명 등)의 필요 및 요령, 비부여 주제목의 정리, 분류관리원칙, 색인표의 사용법, 라벨과 안내카드의 사용, 파일링 절차 등의 내용과 거의 동일하다. 특히 분류표는 기본번호의 최상위에서 세분번호의 최하위에 이르기까지 그 분류번호와 내용이 완전히 일치한다.[21]

아래 표를 보면 알 수 있듯이, 한국 육군의 「기록문서십진분류법」 분류표는 미국 육군 십진파일시스템의 분류표를 단순히 번역한 것에 지나지 않았다. 한국 육군의 문서 분류표는 기본번호 뿐만 아니라 세분번호의 부여방식까지 미국 육군과 완전히 동일했다. 한국 육군에서 활용했던 기록의 새로운 분류 및 정리방법은 사실상 미국 육군에서 활용했던 방법이라고도 할 수 있다.

<표 1-2> 대분류의 구성 및 내용 비교

기록문서십진분류법 주 제 목(건 명)	기본번호 : General Class	Decimal File system[22] Subject content
총론	000	General.
재정회계	100	Finance and accounting.
인사	200	Personal.
행정	300	Administration.
보급 및 장비	400	Supplies, service, and equipment.
수송	500	Transportation.
건축	600	Buildings and grounds.
의무 및 위생	700	Medicine, hygiene, and sanitation.
항만 하천 및 수도시설	800	Rivers, Harbors, and waterway
기타	900	

---

21) 이상훈, 「한국정부 수립 이후 행정체제의 변동과 국가기록관리체제의 개편(1948~64년)」, 『기록학연구』 21, 2009.

22) 십진파일링시스템과 관련하여 미 육군성(War Department) 소속의 분류위원회는 1914년 1월에 최초로 *War Department Correspondence File : A Subjective Decimal Classification With Relative Index for Arranging and Filing War Department Correspondence*를 출판하였다. 그 후 1915년 6월과 1917년 7월에 각각 재 출판하였고, 그해 9월에 축약본(abridged edition)을 출판하였다. 이때 도서국(島嶼局, Insular Bureau)을 제외한 육군성 소속의 모든 부서와 국에서 십진시스템의 사용이 의무(mandatory)로 명시되었다. 1918년에

<표 1-3> 세분분류의 구성 및 내용 비교

기록문서십진분류법(한국 육군)		
분류번호		주 제 목(건 명)
기본번호	세분번호	
458		선박 및 수송에 관한 장비 보급품 기구
458	1	부분품과 부속품
458	11	흉체와 갑판
458	111	대소가옥
458	112	침출조 격벽 격실 사관 및 과잉류
458	12	기계류(발동기 연동기 등)

Decimal File system(미국 육군)	
Class number	Subject content
458	Equipment, supplies and apparatus for vessels and transports.
458.1	Parts and accessories.
458.11	Hulls and decks.
458.111	Houses and cabins.
458.112	Hoppers, bulkheads, compartments, chutes, and overflows.
458.12	Machinery(engines, gear, etc.).

출처 : 이상훈, 「한국정부 수립 이후 행정체제의 변동과 국가기록관리체제의 개편(1948~64년)」『기록학연구』 21, 2009.

「기록문서십진분류법(육군규정 345-3)」은 육군본부가 1955년에 육군기록문서에 관한 과학적인 분류를 수행하고 보관 및 열람의 편의성과 기록의 유지를 목적으로 제정한 것이다.[23] 기록문서를 다루는 관리장교는 이 규정에 따라서 기록문서의 정확한 분류 정리 및 서류보존을 수행해야 했다.

우선, 십진분류법은 육군에서 생산되는 기록문서를 모두 10개 항목으로 대분류하고 각 대분류 항목의 하위에도 십진식으로 항목을 세분하는 방식이

개정판(revised edition)이 만들어진 이후부터는 1942년까지 유지되었다가 1943년 초에 개정하여 새로운 매뉴얼인 *War Department Decimal File System : A Subjective Decimal Classification With A Complete Alphabetical Index For Use of The War Department And The United States Army*가 출판되었으며 이때 비로소 모든 부서와 국에서 의무가 되었다. 이상훈, 「한국정부 수립 이후 행정체제의 변동과 국가기록관리체제의 개편(1948~64년)」『기록학연구』 21, 2009, 205쪽.

23) 「기록문서십진분류법(육규 345-3, 1955.5.1)」, 제1조.

었다.

<표 1-4> 대분류 및 중분류 현황

대분류	중분류
총론(000)	000 (총론) 일반, 010 법령, 020 육군본부(행정기구), 030 대한민국정부, 040 대한민국(행정부), 050 통계, 060 도표 지도 사진, 070 발명, 080 사회단체, 090 지리 및 정치
재정회계(100)	100 재정회계, 110 보충령(충당금), 적자예산에대한보충관계지시, 120 긴급지불금, 130 기금 및 금액회기, 140 부동산 저장품 보급품에 대한 회계, 150 결산 회계, 160 계약
인사(200)	200 인사, 210 장교및준사관및조종사, 220 사병, 230 군속, 240 보급 및 수당, 250 군기, 260 은급금, 270 280 290 기타
행정(300)	300 행정, 310 업무방법및절차, 320 군평성, 330 군관리(일보환자명부), 340 보충, 350 교육, 360 항공및항공학, 370 부대의 사용운영 및 이동, 380 전쟁과 평화
보급 및 장비(400)	400 보급근무 및 장비, 410자료기계 및 철물, 420 의복 및 장구, 430 급양 필수품, 440의무 외가 수의기재 보급 및 장비, 450수송을 위한 보금 및 장비 항공보급 포강보급 및 가축, 460 기타보급, 470 탄약병기 및 동종의 물품, 480 개인용이 아닌 사용료 및 영선
수송(500)	500 수송, 510 인원의 수송, 520 재산 및 보금품의 수송, 530 육상수송, 540 해상수송, 550 수송계산 계약 등급 운임 승차(선권등), 560 육군 수송업무 수송기관 및 선박 기선, 570 580 공중소송 590
건축(600)	600 건물 및 토지, 610 배수, 620 숙사, 630 영사, 640 650 소건물, 660 축성, 670 시설 및 방법, 680 군용지
의무 및 위생(700)	700 의약위생시설, 710 질병 상해 등 및 그에 대한 구제책, 720 건강유지 및 질병예방, 730 특수임무 및 치료 및 의학교, 740 해부학 및 생리학
항만 하천 및 수도시설(800)	800 하천 항만 및 운하, 810 자연분할 및 부대물, 820 인공분할 및 부대물
기타(900)	-

출처 :「기록문서십진분류법(육규 345-3, 1955.5.1)」

각 항목의 고유번호는 기본번호와 세분번호로 구분하였는데 기본번호의 부호는 3행으로 구성되어 광범위한 분류를 표시하도록 했다. 세분번호는 1행부터 4행으로 표시하며 기본번호와 구별하기 위하여 기본번호 사이에 [.]을 찍어 표시하도록 했다.[24)

그리고 각 보관문서를 용이하게 찾기 위하여 보관철에 '지구별' '인명별' '정부기관별' '상업기관별' 등으로 구분하도록 했다. 각 보관철 각각에서의 지침은 제목 보관을 제외하고는 한글자모순으로 정리하며 제목별 보관은 여러 가지 제목을 나타내는 십진분류번호에 의해 번호순으로 정리하도록 했다. 그리고 모든 공문서의 보관에 대해서는 기록문서 행정장교가 책임을 지고 그 문서는 완결되기 이전에 보관해서는 안되는 것으로 규정되었다.[25]

「기록문서분류정리법(육군규정 345-4)」은 「기록문서십진분류법」에 의하여 정리된 기록문서의 분류 정리법을 규정함으로써 십진분류법에 의한 균일적이며 효과적인 서류 보존을 목적으로 제정한 것이다.

우선, 모든 군부대에서는 해당 부대의 사무 및 직능의 크기와 보관실 설비 및 보관철의 용적에 따라서 기록문서 보관철을 중앙집중비치와 분산비치 방법 중에서 선택하여 운용하도록 했다.[26] 중앙집중비치 방식은 단위부대의 전 보관철을 1개소에 집중 비치하는 방법으로서 장소 및 보관철의 비치시설 및 노력을 감소시키기 때문에 통상적으로 소기관(연대급 이하)에서 적용하는 것이 효과적이고 대규모의 기관(사단급 이상)에는 적용되지 않는다. 분산비치 방식은 단위 부대의 각 부처가 각각 보관실을 가지고 있으며 쉽게 참조 이용할 수 있는 곳이 설치되었을 때에 적용된다. 분산비치는 서류의 이중보관을 제거하고 업무의 필요성과 일치되도록 정리할 수 있으며 사무가 급속히 처리되는 많은 장소와 설비가 필요하기 때문에 통상 사단급 이상의 대기관(부대)에서 적용된다.

또한, 십진분류법은 소기관(연대급 이하)에서 좁은 범위 내에서 적용되도록 축소할 수 있으며 광범위한 주제목의 분류가 요구되는 대기관(사단급 이상)에서는 세분된 분류를 할 수 있도록 확장도 가능하다. 즉 십진분류제도는 참조의

---

24) 「기록문서십진분류법(육규 345-3, 1955.5.1)」, 제3조.
25) 「기록문서십진분류법(육규 345-3, 1955.5.1)」, 제10조.
26) 「기록문서분류정리법(육규 345-4, 1955.9.15)」, 제3조.

필요성과 특수한 사무활동의 주제목 범위에 의하여 축소하거나 확장이 가능하므로 행정 및 관리장교[27]가 보관실의 시설 등을 분석 검토하여 관계 업무수행에 가장 적합한 분류 제도를 선택하도록 했다.[28]

그리고 십진보관철은 서류평가를 통하여 영구보관철과 임시보관철로 나누어 관리했다. 영구보존할 가치가 있는 문서는 극소수이기 때문에 많은 보관철을 유지하는 불필요성을 제거하기 위하여 초기단체부터 영구적 보관철과 임시적 보관철로 분리하도록 했던 것이다. 영구 보관철과 임시 보관철의 구분과 정리방식에 관해서는 <표 1-5>와 같은 기준을 제시하였다.[29]

<표 1-5> 영구보관철과 임시보관철의 구분 및 정리방식

보관철 종류		내 용	정리 방식
영구적 보관철	방책 및 예규서류	● 부대(기관)의 직능과 행정활동을 설명 또는 규정한 것으로서 장래에 대한 지식을 부여하고 역사를 만드는 기초되는 서류.	십진법에 의한 주제목.
임시적 보관철	일일사무활동	● 방책 및 예규 서류에 의거한 일일 업무 수행의 결과로서 축적되고 임시적 보존 가치는 있으나 정기적으로 폐기되어야 하는 서류.	십진법의 주제목 또는 각 서류에 대한 참조를 위한 자모순으로 번호 순 지역별 등

출처 : 「기록문서분류정리법」, 제8조(이상훈, 「한국정부 수립 이후 행정체제의 변동과 국가 기록관리체제의 개편(1948~64년)」 『기록학연구』 21, 2009. 재인용).

이상과 같은 방법으로 기록문서를 효과적으로 관리하기 위하여 현대화된 파일링 장비들이 지급되었다. 일반 장비로는 수직 편철이 가능하도록 규격화된 서류서랍 및 보관철, 파일 케이스(겉표지), 클립 등이 있었으며, 특수 장비로는 책상분류기(100부~500부), 칸막이 상자 분류기(500부~3,000부), 기계분

---

27) 당시 육군에서는 행정 및 관리장교가 공문서의 관리를 담당하도록 했던 것으로 보인다.
28) 「기록문서분류정리법(육규 345-4, 1955.9.15)」, 제4조.
29) 「기록문서분류정리법(육규 345-4, 1955.9.15)」, 제8조.

류기(500부~10,000부), 칸막이 선반 분류기(10,000부 이상) 등이 있었다.

그리고 現行되지 않는 서류를 현행 보관철로부터 정기적으로 인출하여 삭제하는 것은 문서처리를 수행하는 일반적인 절차로 규정되었다. 이러한 절차는 보관철의 양이 적은 곳에서는 효과적인 것으로 평가받았다. 더 나아가 대규모로 서류를 보관하는 하는 곳에서는 더욱 효과적이고 경제적인 절차가 필요하므로 보관철 삭제와 처리를 완전한 집단으로 하는 분리기술을 채택할 것을 권고했다. 구체적으로는 특정기간(통상 매년말)에 정기적으로 보관철을 삭제하여 새로운 보관철을 작성하고 삭제된 서류는 처리기준에 의하도록 했다.[30]

그리고 각 부처에서 처리가 완료된 기록문서는 하루에 2회 이상(오전과 오후) 보관실로 집합하도록 했다. 이 같이 서류의 빈번한 집합을 규정한 이유는 처리되지 않거나 보관되지 않는 서류의 발견과 회수를 쉽게 하기 위해서였다.[31]

이와 함께 보관철 업무에 종사하는 서기의 훈련과 배치도 규정했는데, 보관철 업무에 종사하는 서기에 대한 훈련과 배치는 모두 보관실 책임관의 책임이었고, 소규모의 기관에서는 한 서기에게 분류 및 보관에 대한 각종 업무를 3개월 내지 6개월간 교류 배치함으로써 전체 업무를 잘 알 수 있도록 했다. 다만, 대규모 기구에서는 각기 특별한 기능을 발휘할 수 있도록 하나의 업무에 영구적인 배치를 하도록 했다.[32] 이 같은 규정은 대규모 조직의 기록관리업무인력은 고정적으로 배치하여 전문적인 능력을 발휘할 수 있도록 했음을 보여주는 것이다.

한국 육군은 일찍이 기록문서 보관·관리업무를 효율적으로 수행하고 견고한 시설을 마련하여 문서보관에 만전을 기하기 위해서 전 육군차원의

---

30) 「기록문서분류정리법(육규 345-4, 1955.9.15)」, 제9조.
31) 「기록문서분류정리법(육규 345-4, 1955.9.15)」, 제24조.
32) 「기록문서분류정리법(육규 345-4, 1955.9.15)」, 제42조.

종합문서보관소를 설립하였다. 1951년 3월 15일 대구 삼덕 초등학교 내에 문서보관창고를 설치하였으며, 1951년 4월 10일 대구시 북성로 소재 민간창고로 이동하였다. 1951년 5월 20일에는 부산 소재 구일본군 해안포 대지에 종합문서보관소를 창설하여 전 육군의 기록문서를 보관·관리하도록 하였다.[33]

이 종합문서보관소는 전 육군의 통일적인 기록관리를 위하여 설치된 최초의 기록물관리기구로 평가할 수 있다. 당시 한국정부의 기록보존시스템은 기록을 생산한 기관에서 영구보존기록물도 함께 관리하는 방식이었으나 한국 육군은 기록물을 집중 보존하는 기록관리기구를 설치하려 했다는 점에서 큰 차이가 있었다. 육군종합문서보관소는 각급 행정단위부대의 문서보관소(사단급이상)-지구문서보관소(지역사령부)-종합문서보관소의 3단계 이관 체계를 구축한다는 점에서 주목할 만한 것이었다.[34]

4. 맺음말 : 1950년대 기록관리의 특징과 한계

1948년 한국정부 수립부터 1950년대까지 한국정부의 사무관리 및 기록관리제도는 「조선총독부처무규정」의 연장선상에 있었다. 공문서의 구성요소와 서식체계, 작성절차, 유통방법 등 거의 모든 측면에서 식민지적 잔재가 유지되었으며 완결된 문서를 보존 관리하는 방식까지도 조선총독부 관리체제를

---

33) 이상훈, 「한국정부 수립 이후 행정체제의 변동과 국가기록관리체제의 개편(1948~64년)」, 『기록학연구』 21, 2009.

34) 1964년 6월 15일 육규 345-24 기록문서 관리 및 절차규정에 의거 각급 행정단위부대에서 1년 이상 보관을 요하는 문서는 자대 문서보관소까지(사단급 부대), 이송하게 되며 자대 문서보관소에서는 이를 지구 문서보관소로 이관하고 지구 문서보관소에서는 각 부대의 이관된 4년 이상 보관을 요하는 서류를 종합문서보관소로 이관하고 있다. 김재해, 「문서의 보관 가치에 따른 양식의 색채 인쇄와 지질의 구분」, 『부관』 제10호, 1966, 40쪽(이상훈, 「한국정부 수립 이후 행정체제의 변동과 국가기록관리체제의 개편(1948~64년)」, 『기록학연구』 21, 2009. 재인용).

그대로 차용하고 있었다. 한국정부 수립 직후에 정치적으로는 친일파 청산을 비롯한 과거청산 문제가 핵심적 과제로 대두되었으나 공공행정을 운용하는 기법 등은 종전의 체제를 그대로 활용했던 것이다.

그러나 약 3년간의 미군정과 한국전쟁을 계기로 한국에 대한 미국 육군의 영향력이 증대되면서 미국식 사무관리제도가 한국에 도입되었다. 미국식 사무관리제도의 도입에 가장 적극적이었던 집단은 한국 육군이었다. 미국 군사고문단 및 미국 육사의 군사교육 과정에서 한국 육군은 군사기술 뿐만 아니라 군대조직과 인력을 운용하는 행정관리 기법까지도 폭넓게 수용했던 것이다.

특히, 한국 육군은 미국 육군으로부터 「육군공문서규정」과 십진파일링시스템을 도입하여 1953년에 한국 육군의 독자적인 「육군공문서규정」을 제정했다. 「육군공문서규정」을 통하여 공문서의 서식체계와 구성요소, 작성절차 및 작성방법 등에서 조선총독부적 공문서 체제에서 벗어났다.

1955년에는 「기록문서십진분류법(육규345-3)」과 「기록문서분류정리법(육규345-4)」 등을 제정하여 한국 육군의 기록문서를 분류하는 분류법을 개발했다. 이 문서분류법은 한국 육군에서 생산되는 모든 문서를 10개 주제를 중심으로 구분 정리하도록 했는데, 궁극적으로는 각각의 문서철을 영구보관철과 임시보관철로 구분하여 관리하는 방식과 연결되어 있었다.

한국 육군은 공문서의 주제목이 결정될 때부터 각 기록물에 주제별 분류번호를 할당함으로써 생산된 모든 공문서에 일정한 파일링의 기준을 제공하였으며,[35] 관련 기록물과의 상호연계를 중심으로 조직화함으로써 업무참조를 위한 검색의 기능을 강화시키는 특징이 있었다. 또한 현대적 사무장비를 이용하여 기록물이 차지하는 물리적 공간을 최소화하는 동시에 보존의 효율성을 높였다. 이는 당시 한국 육군의 팽창으로 비롯된 기록물의 대량생산체제

---

35) 「기록문서십진분류법(육규 345-3, 1955.9.15)」, 제9조.

하에서 기록물에 대한 지적·물리적 통제를 강화하기 위한 효과적인 방법이었다.[36]

그러나 한국 육군의 「기록문서십진분류법」은 미국 육군의 십진파일링시스템의 분류표를 단순 번역한 것에 지나지 않았다. 「기록문서십진분류법」은 한국 육군의 조직적 특성 등을 반영하여 새롭게 창조하지 못하고 미국 육군의 십진파일링시스템을 그대로 이식한 초보적 수준의 것이었다.

미 육군 십진파일링시스템의 도입이 단순이식에 그쳤음에도 불구하고 한국 육군의 이 같은 시도는 의미가 있었다. 그것은 첫째, 한국정부가 광범위하게 채택하고 있었던 식민지적 사무관리제도에서 탈피하였다는 점이다. 둘째, 한국에서는 처음으로 공문서 분류에 주제에 기반한 십진분류 및 파일링체계를 도입하였다.[37] 셋째, 한국 육군의 사무관리 및 기록관리제도는 1960년대 초반 한국정부의 국가기록분류체계에 직접적인 영향을 미쳤다.

이상에서 파악했듯이, 한국 육군이 일찍부터 기록의 생산과 보존체계를 새롭게 확립하게 된 배경으로는 미국 육군의 영향도 있었으나 각종 군사정보의 효과적인 생산과 전달 및 그 보존의 필요성을 다른 어떠한 집단보다도 강하게 느꼈던 것으로 보인다. 한국 육군은 선진적인 미국 육군의 영향과 함께 통일적인 지휘체계 확립 및 전달을 위하여 기록의 생산과 관리체제 개편에 적극적이었다. 그리고 1961년에 박정희가 주도했던 군사쿠데타는 한국 육군의 사무관리제도가 국가행정 전반으로 확산되는 계기가 되었다.

---

36) 이상훈, 「한국정부 수립 이후 행정체제의 변동과 국가기록관리체제의 개편(1948~64년)」, 『기록학연구』 21, 2009.

37) 한국에서 DDC가 공식적으로 도입되어 십진분류가 채택된 것은 한국도서관협회에서 1964년에 『한국십진분류법』 초판을 간행한 것에서 유래한다. 그러나 이에 앞서 한국 육군은 1950년대에 행정문서의 정리를 위해 주제별 십진분류 방식을 채택했다.

제2장 보존문서정리작업과 1960년대 국가기록관리체제의 수립

1. 머리말

한국정부의 국가기록관리체제는 1960년대 초반 국가조직이 전면 개편되고 업무수행방식의 효율화를 강조하는 행정관리 기법이 공공행정에 도입되면서 새롭게 수립되었다. 한국정부 수립 직후부터 1950년대까지 공공기관은 조선총독부 공문서제도를 일부 변형하여 운용하였을 뿐, 행정환경의 변화에 맞게 공문서의 생산 및 관리 방식을 발전시키는 것에는 관심을 크게 기울이지 않았다. 이 시기 공공기관의 일반행정에서 기록관리 영역과 사무관리 영역이 법령상 서로 구분되지 못한 채 기록관리 업무가 부수적으로 수행되었다.

그러나 박정희를 중심으로 한 군부세력은 1961년 군사쿠데타 이후 민주당 정부의 업무수행 방식이 비효율적이고 공무원의 역량을 국가목표에 동원하는 데 효과적이지 못하다고 비판하는 등 기존의 행정업무 처리에 대하여 강한 불만을 가지고 있었다. 군부세력은 '경제개발'을 최대의 국가 목표로 정하고[1]

---

1) 군사정부에서는 과학적 관리를 이론적 기반으로 하는 국가재건론을 전면에 내걸었다. 미국에서 시작된 과학적 관리는 원래 공장의 생산성 극대화를 목적으로 하는 테일러 시스템을 의미하였으나, 미국은 한국을 포함하여 원조를 제공받는 국가에 과학적 관리를 보급하려 하였고 과학적 관리는 제2차 세계대전 이후부터 국가행정에도 파급되어 1960년대 전반기에 효율적 행정을 주도하였다. 국가재건론도 경제개발론과 마찬가지로 국가주도의 경제개발계획을 핵심으로 삼았으나 논의가 경제에만

이를 공공부문에서 효과적으로 지원하기 위하여 행정조직을 개편하였으며 공무원의 업무수행 방식을 개혁하려 하였다. 이때 일반행정 부문에서 가장 먼저 착수한 것이 업무 수행의 수단인 공문서의 생산과 관리 방식을 효율화하는 것이었다. 이 과정에서 행정조직의 효율화와 공무원의 업무수행능력을 향상시키기 위한 다양한 '행정관리' 기법이 공공부문에도 도입되었다.

1961년 7월 내각사무처 내에 행정관리를 총괄 담당하는 부서로서 행정관리국을 설치한 것은 국가체제 개편을 포함하여 공무원의 업무 수행방식을 '선진화'하기 위한 국가적 노력의 산물이라고 할 수 있다. 행정관리국에서는 공무원들이 업무를 효과적으로 수행할 수 있도록, 공문서의 작성 방법을 개선하고 서식의 간소화와 표준화를 추진하였다. 이 작업을 통하여 행정부서에서 사용하는 공문서의 종류를 대폭 줄이고 비용 및 인력을 감소시킴으로써, 행정기관 간의 의사소통을 원활히 하고 행정업무의 부담을 줄일 수 있는 제도적 기반을 마련할 수 있었다.

또한 각 행정부서에 쌓여 있는 방대한 양의 공문서가 업무의 효율적 추진에 장애가 된다는 것을 인식하면서 기록관리의 체계화 필요성도 증가하고 있었다. 1948년 한국정부 수립 이후부터 1961년까지는 정부 차원에서 기록물을 어떻게 처리할 것인가에 대하여 결정한 적이 없었다. 따라서 미결문서 뿐만 아니라 완결문서도 사실상 표준화된 방법에 의하여 처리되지 못하고 그대로 방치된 상태였다. 군부세력은 행정체제의 개편을 수행하면서 보존문서정리작업이라는 이름으로 각 행정부서에 쌓여 있는 막대한 양의 공문서를 감축하였으며 이 과정에서 최초로 정부가 승인한 평가와 폐기결정이 이루어졌다.

국한되지 않고 국가로까지 확장되었다는 점이 다르다. 국가재건론이 확산되면서 국가행정체계도 크게 개편되었다. 군사정부는 국가기획제도를 도입하여 경제개발계획 집행체계를 구축하였고 사무관리제도를 적용하여 경제개발의 효율적 뒷받침을 위한 행정체계를 운영하였다. 이영남, 「1950~60년대 국가행정체계의 재편과 성격」, 서강대 박사학위논문, 2005.

그리고 1962년에 추진된 보존문서정리작업은 과거에 생산된 공문서의 보존과 폐기에 그친 것이 아니라 향후 생산될 공문서의 효과적 감축과 관리 방법의 개발로까지 연결되었다. 이 과정에서 한국정부의 독특한 기록물 처리 방식인 기능분류와 문서기능에 기반하여 보존연한을 책정하는 평가체제가 개발되었다. 그리고 현용문서를 물리적으로 관리하기 위하여 편철 방법을 표준화하고 각종 사무관리 기구를 대량 공급하는 등의 후속조치가 취해졌다.

1960년대 초반에 수립된 국가기록관리체제는 이후 약 40년간 한국정부의 기록물 관리방식을 규정하였으며 식민지적 기록관리에서 벗어나 한국형 기록관리체제를 구축한 최초의 시도였다. 또, 이 시기에 확립된 기록관리체제가 현행 국가기록관리체제의 토대가 되었다는 점에서도 중요한 연구 대상이라고 할 수 있다.

그러나 지금까지 1962~64년 사이에 형성된 국가기록관리체제의 특징과 그 의의에 관해서는 거의 연구가 이루어지지 않은 상황이다. 기록관리법 제정 이전의 한국기록관리제도를 검토하면서 보존문서정리작업만을 일부 소개하는 연구가 있을 뿐이다.[2] 이 연구는 한국기록관리제도의 문제점을 지적하고는 있으나, 1960년대 초반에 수립된 국가기록관리체제의 제도적 특징과 그 변화양상에 대해서는 제대로 분석하지 못하는 한계가 있다.

한국기록관리의 역사에서 1960년대 초반에 주목해야 하는 사건은 보존문서정리작업과 함께 1962년에 추진된 '문서 십진분류법 제정에 관한 작업'과 '공문서의 보존기간 책정기준에 관한 작업'이다. 왜냐하면, 보존문서정리작업은 과거에 생산된 문서들을 정리하는 것에 그쳤다면, 문서십진분류법 및 보존기간책정기준에 관한 작업은 현행 및 미래에 생산될 문서의 효과적인 관리방법(국가기록분류체계 및 기록물처리일정표)의 구축까지도 포함하는 것이기 때문이다. 종전의 연구들은 이 같은 작업들을 주목하지 않은 관계로

---

2) 이경용, 「한국의 公記錄管理制度(Ⅰ)」『기록보존』 15, 2002.

한국의 국가기록관리체제의 역사적 형성과정과 그 특징을 파악하지 못하였다.

이 장에서는 1999년에 새롭게 형성된 국가기록관리체제의 의미를 제대로 이해하기 위해서도 행정체계의 역사적 변동 속에서 1960년대 국가기록관리체제의 성격과 그 내용을 분석해야 한다는 관점을 유지하고 있다. 한국기록관리체제를 구성하는 양대 축인 국가적 차원의 기록물 분류시스템과 평가체제가 어떠한 행정적 배경 하에서 도출되었고, 그 특징은 무엇인지를 중심으로 살펴보도록 하겠다. 특히 한국형 국가기록물 처리방식의 특징이라고 할 수 있는 기록물의 분류와 평가의 통합적 관리 기법이 어떠한 과정을 거쳐서 창출되었는가를 살펴보도록 하겠다.

2. 1961년 군부세력의 집권과 사무관리제도의 변화

박정희는 1961년 5월 16일에 군사쿠데타로 정권을 장악한 후, 장면 정부의 총사직과 국회해산을 단행하고 주요 정당 및 사회단체를 해산시켰다. 그리고 행정·입법·사법의 3권을 완전히 장악한 '군사혁명위원회'를 구성하고 5월 19일에는 이를 '국가재건최고회의(이하 "최고회의"라고 한다)'로 개칭하여 6월 10일에 법률로 공포하였다.[3] 최고회의는 현역 군인들로 구성되었고, 최고회의의 지시와 통제에 의해 임명되고 행정을 담당하는 내각을 두었다. 이러한 임시 정부조직과 아울러 소위 '반국가적, 반민족적 부정행위 또는 반혁명적 행위를 범한 자'를 처벌하기 위하여 혁명재판소와 혁명검찰부를 설치하였다.[4]

이처럼 3권을 장악한 최고회의의 구성과 운영은 장면 정부 때의 민주적

---

3) 「국가재건최고회의법(1961.6.10 법률 제618호)」.
4) 이강로, 「정치사적 맥락에서 본 박정희, 전두환의 쿠데타와 집권과정 비교」『사회과학논총』 19·1, 전주대학교사회과학종합연구소, 2003, 180쪽.

통치기제를 부정한 권위주의적 국가기구의 개편으로 이어졌다. 국가기구의 변화 중에서 가장 두드러진 것은 권력을 보호하고 반대세력을 제거할 기관으로 중앙정보부를 설치하고 6월 1일에 수도방위사령부를 조직한 것이었다. 그 외에 정부조직상의 구체적인 변화로는 국무총리가 행정수반이었던 제2공화국의 행정기구를 "합리적이고 능률적인 행정수행"을 위하여 "관리" 개념을 도입한 새로운 정부조직법을 공포하여 행정기구 개편을 완료한 점을 들 수 있다.[5]

군부세력은 민주당 정권을 부패하고 무능한 세력으로 규정하고 경제개발, 부패추방, 舊惡 일소 등의 국가 비전을 제시하면서 국민으로부터 통치의 정당성을 확보하려 하였다. 그리고 이와 같은 통치이념을 효과적으로 달성하기 위하여 국가행정조직의 개편에 집중하여 행정부서의 통폐합, 사무관청에 기업적 관리체제의 도입, 정원의 재조정 등을 목표로 하여 관료기구의 변화를 시도하였다.[6]

일반행정 분야에서 군사정부의 주요 사업 방향은 행정제도의 개선과 효율화에 있었다. 당시 내각사무처장이었던 김병삼은 행정간소화가 행정의 능률화와 직결되어 있다고 지적하면서 강력히 행정효율화를 단행할 것을 천명하였다.[7] 군사정부가 행정효율화를 추진하게 된 배경은 과거 민주당 정부의 업무수행 방식이 매우 심각한 문제라고 진단하였기 때문이다.

1961년 행정관리국 신설을 위한 건의문에는 당시 한국정부의 비효율성과 인력 및 예산 낭비의 주요 요인이 무엇인가를 지적하고 있다. 여기에서는 ① 서류의 작성방법과 처리절차가 복잡하여 업무의 신속한 처리가 곤란하다는 점, ② 각종 서식의 표준화가 이루어지지 않아서 이로 인한 낭비가 심하다는 점, ③ 업무분담과 업무배정의 한계가 불명확하고 통제나 지도체계가 없어

---

5) 군사혁명사편찬위원회, 『5·16군사혁명의 전모』, 1964, 377쪽.
6) 군사혁명사편찬위원회, 『5·16군사혁명의 전모』, 1964, 378쪽.
7) 김병삼, 「행정간소화의 새로운 방향」 『최고회의보』 15, 1962.

업무진행상 통일적 발전을 기할 수 없다는 점, ④ 정부조직의 비합리성과 기능의 중복·분산 및 행정의 비통일성, 그리고 졸렬한 관리방법 등이 책임관계를 모호하게 하고 능률적인 사무집행을 방해하고 있다는 점 등을 대표적으로 언급하고 있다.[8]

이상에서 열거된 업무수행상의 문제점을 해결하기 위하여 강조된 것이 행정조직과 업무의 현대화였다.[9] 최고회의는 쿠데타 직후 행정기관의 행정을 관리, 통제 및 발전시킬 수 있는 항구적 기구를 설치하라는 지시를 하달하였고 미 대외원조처(U.S. Operations Mission. 이하 유솜이라고 한다)에서도 동일한 건의가 제출되자, 내각사무처는 1961년 6월 15일에 행정관리 문제를 전문적으로 다루는 기관으로서 행정관리연구위원회를 신설하기로 하였다.[10]

군사정부가 행정관리연구위원회를 신설한 이유는 방대하고 복잡한 행정을 관리하는데 있어서 과거 구정권이 능률의 기본원칙을 무시하고 기구개혁이나 입법조치로만 해결하려 하였으며 행정관리의 개선으로 해결하는데 소홀하였기 때문이라고 밝혔다. 따라서 행정을 쇄신하고 근대화함과 아울러 '혁명과업'을 성공적으로 완수하기 위하여 학계 권위자와 행정실무자로 행정관리연구위원회를 조직하여 소기의 목적을 달성할 것임을 천명하였다.[11]

이 위원회에서는 첫째, 인사행정 전반에 관한 연구 조사 둘째, 인사제도의 개선 셋째, 공무원의 질적 향상을 도모하는 훈련 넷째, 사무관리의 합리화에 관한 사항을 연구하고 개선안을 제안하는 업무를 수행하였다.[12] 행정관리연구위원회의 조직은 <표 2-1>과 같으며 실무자회의는 각 중앙관서의 총무과

---

8) 李相助, 『行政學研究』, 英文社, 1963, 236~237쪽.
9) 이석제, 「혁명이년간의 업적개요(내각사무처)」 『최고회의보』 22, 1963, 11쪽.
10) 한국군사혁명사편찬위원회, 『한국군사혁명사 제1집』, 1963, 663쪽.
11) 총무처, 「행정관리연구위원회규정(안)(제18회)」 『각의상정안건철(제12회~제21회)(BA0084264)』.
12) 「행정관리연구위원회규정(각령 제15호, 1961.6.15)」 『관보(2883호)(BA0188622)』; 李相助, 『事務管理論』, 동아서적, 1962, 112쪽.

장으로 구성하고 위원장의 명에 따라 위원회 활동에 필요한 자료의 제출과
실무수습생에 대한 지도협조를 맡도록 하였다.

<표 2-1> 행정관리연구위원회 조직표

위원장	내각사무처장(김병삼)
부위원장	사무처 행정차장 이상조(서울대 법대교수)
인사제도 분과위원회	노융희(서울대 행정대학원교수), 서원우(서울대 행정대학원교수), 유근국(육군대령), 김동원(국립공무원훈련원 하감), 박상렬(사무처 인사국 인사과장)
행정 분과위원회	김해동(서울대 행정대학원교수), 조석준(서울대 행정대학원교수), 윤기열(육군중령), 조은철(사무처 총무국 총무과장), 김하승(육군중령)
간사장 및 간사	간사장 김영준(사무처 인사국장), 간사 안영기(사무처 인사국 기획과장)

출처 : 「행정관리연구위원회규정(안)」, 『각의상정안건철(BA0084264)』

위 표에서 알 수 있듯이, 행정관리연구위원회는 학계인사(민간)와 실무자
(현직 공무원), 군인 등 '軍官民' 합동체제로 조직되었는데 군인과 학계전문가
는 모두 미국에서 행정학을 전공하였으며 '과학적 행정관리 계열'에 속했던
인물들이었다. 한국군 장교들은 이미 미 육군을 통하여 새로운 행정관리
기법을 실무적으로 경험하였으며,[13] 행정학 교수들은 1950년대에는 존재하
지 않았던 행정학 분야에서 전문가로 등장하였다.[14] 또 기존의 일부 관료들도

---

13) 군부세력은 해방 이후 미 군사고문단의 지원을 받으면서 미국식 행정관리 기법을
처음 접하였으며, 1950년 한국전쟁 이후에는 대규모 원조와 함께 거대조직을 운용하
는데 필요한 행정관리 기법도 미 육군으로부터 전수받아 당시로서는 한국의 어느
사회집단보다도 상대적으로 근대화된 집단으로 성장할 수 있었다. 또한 군사쿠데타
이후에는 미 육군의 행정관리 기법을 일반공공행정 분야에도 도입함으로써 효율화된
정부통제를 수행하였다. 韓國行政問題硏究所編, 『韓國行政의 歷史的 分析(1948-
1967)』, 1969, 32~33쪽. 한편, 한국사회와 한국군 내부에서 친미 엘리트가 형성되는
과정에 대해서는 다음의 논문 참조. 박동찬, 「한국전쟁기 한국군의 증강문제와 군대
교육의 강화」, 『한국학논집』 33, 한양대, 1999 ; 임대식, 「1950년대 미국의 교육원조와
친미 엘리트의 형성」, 『1950년대 남북한의 선택과 굴절』, 역사비평사, 1998.
14) 행정관리연구위원회 부위원장이었던 이상조는 미국 미네소타주립대학 대학원에서

새로운 행정관리 도입의 필요성을 주장하는 등 문제의식을 지니고 있었다.[15]

행정관리연구위원회 설치를 계기로 최고회의는 행정조직의 개편과 업무수행방식의 변경을 추진하였고, 이의 일환으로 각종 공문서 관련 규정과 제도가 신설되기에 이르렀다.[16] 특히 1961년 6월 16일에 설치된 행정분과위원회는 공문서의 서식 간소화를 위하여 7월 5일부터 8월 31일까지 중앙관서에서 사용 중이던 모든 공문서류를 종류별로 수집·분류하고 통합 및 표준화 방안을 작성하여 「양식관리의 건의안」을 정부에 제출하였다.[17]

이 건의안은 행정기관에서 사용하고 있는 공문서 서식을 기능에 따라 분류하고 사무의 지표가 되는 서식을 표준화함으로써 불필요한 경비나 인력의 낭비를 제거하고 행정의 효율화를 달성할 것을 제안하였다. 서식 표준화의 주요 방향은 모든 서식을 업무수행에 지장이 없는 범위 내에서 통일하고, 공통된 양식은 단일기관에서 각 부처별로 정리하되 승인 또는 비승인제로 하기로 하였다.

서식간소화 및 규격통일안을 제정하는 과정은 '공문서식의 수집→서식의 분류→각 부처 공통서식의 결정→신양식의 고안→「정부공문서규정」 개정→공청회→예산통합→인쇄소요량 결정→인쇄작업→인쇄물 공급→훈련→각부별 고정양식정리' 등의 순서로 진행하기로 하였다. 이 서식 간소화 작업을 통해서 약 73,267,072환이 절약될 것으로 예상되었고 인건비는 중앙행정기관은 5,151,930환 지방기관은 22,213,330환 등 총 100,470,502환이 절약될 것으로 조사되었다. 이와 함께 사무능률 향상은 아래와 같이 예상되었다.

행정학을 연구하고 행정의 능률화 문제를 행정관리의 측면에서 연구한 서울대학 교수였다. 이상조는 미국식 사무관리제도를 한국에 소개하는데 결정적인 역할을 하였고 1961년에 진행된 일련의 한국정부의 사무관리제도 개선 작업을 주도하였다.
15) 이영남, 「1950~60년대 국가행정체계의 재편과 성격」, 서강대 박사학위논문, 2005, 159~160쪽.
16) 한국군사혁명사편찬위원회편, 『한국군사혁명사 제1집』, 1963, 662~663쪽.
17) 李相助, 『事務管理論』, 동아서적, 1962, 216쪽.

<표 2-2> 서식 표준화에 따른 능률향상도 예상표

신속화	서비스화	정확도	서식통제	협력촉진
18%	11%	12%	46%	13%

출처 : 李相助, 『事務管理論』, 동아서적, 1962, 219쪽.

이와 같은 계획 하에서 동 위원회는 내각사무처 행정관리국[18] 심사분석과, 서울대학교 행정대학원생 14명, 각 부처에서 파견된 실무자 14명과 공동으로 서식간소화 및 통일안의 작성에 착수하였다. 행정관리연구위원회는 정부에서 사용되는 모든 공문서를 조사·수집하는 것으로부터 활동을 시작하였다.

정부에서 사용하는 공문서의 종류와 수량을 체계적으로 파악한 것은 1948년 정부수립 이후 초유의 일로서 구정권에서는 중앙관서에서 사용되는 서류의 종류와 수량조차 파악하지 못한 상태였다. 당시 미국의 연방공무원 225만 명이 사용하는 공문서가 500개 정도로 표준화되어 있었던 것에 비하여 한국정부에서는 중앙관서 2만 명 미만의 공무원이 4,553종류나 사용하는 등 매우 비효율적이었다는 점이 지적되었다.[19]

행정관리연구위원회는 중앙관서 각 부처에서 수집된 4,553종의 문서를 종류·용도·성질별로 분류하였다. 이 중에서 특수문서(대외관계) 2,362종을 제외한 일반문서 2,191종을 일반행정, 인사행정, 재무행정 등으로 분류하고 제1차, 제2차, 제3차의 서식수로 통합·개정·특수·원안·폐기 등으로 구분하여 288종류로 축소 개정하는 안을 작성하였다. 동안은 다시 실무자와 합동

---

18) 행정관리연구위원회는 항구적인 정부조직이 아니었으므로 지속적이고 안정적으로 행정관리를 담당하기에는 한계가 있었다. 행정관리연구위원회에서 제안한 행정관리 기법을 한국정부에 보급하기 위하여 1961년 7월 12일에 내각사무처에 행정관리국을 설치하였다. 행정관리국은 정부의 각 행정기관 및 국영기업체의 행정관리제도를 쇄신하고 행정의 능률화 및 경제화를 촉진할 수 있는 상설기관으로 설치되었는데, 이와 같은 관리사무를 전담하는 부서를 설치한 것은 한국행정기구 개혁사상 획기적인 조치로 평가받았다. 李相助, 『行政學硏究』, 英文社, 1963 ; 「정부조직법(법률 제655호, 1961.7.12)」.

19) 李相助, 『事務管理論』, 동아서적, 1962, 223쪽.

회의 및 공청회를 거쳐서 305종으로 완결되어 그 결과를 보고하였다.[20]

<표 2-3> 공문서 서식 간소화 내용 (1961. 8. 1 현재)

	제1차 서식수	제2차 서식수	제3차 서식수	처리내용						존속할 서식수
				통합	개정	특수	원안	폐안	계	
일반행정	640	180	106	29	13	18	11	35	106	71
인사행정	448	137	152	30	27	12	33	50	152	102
재무행정	1,103	903	128	85	5	25	-	13	128	115
합계	2,191	1,220	386	144	45	55	44	98	386	288

출처 : 李相助, 『事務管理論』, 동아서적, 1962, 223쪽.

이 당시 제안된 표준안은 미국 표준화협회 및 유솜(USOM)에서 차용한 미국 공문서처리규정 등을 참고하여 작성된 것이었다. 이 건의안에 대해서 행정 실무자의 의견을 수렴하는 과정이 있었으나, 또한 각종 공문서에 대한 구 서식의 처리과정을 충분히 조사 분석 검토하지 못하였고 인원, 경비, 시일 등 여러 가지의 어려운 점이 있어서 2000여 종의 특수문서와 더불어 후일의 연구자료로 남기고 행정관리연구위원회를 해체하였다.[21]

이상과 같은 서식 표준화 작업은 「정부공문서규정」의 개정으로까지 연결되었다. 행정관리연구위원회는 새로운 공문서식에 맞게 새로운 정부공문서규정(안)을 제안하였고,[22] 이때 제안된 정부공문서규정(안)은 일부 수정되어 1961년 9월 13일에 각령 제137호로 공포되었다.[23] 서식 표준안이 미국의

---

20) 李相助, 『事務管理論』, 동아서적, 1962, 223쪽.
21) 행정관리연구위원회는 1961년 10월 10일에 폐지되었다. 「행정관리연구위원회 규정 폐지에 관한 건 공포의 건」, 『행정관리연구위원회 규정 폐지에 관한 건 공포의 건 (DA0001155)』; 李相助, 『事務管理論』, 동아서적, 1962, 222~224쪽.
22) 李相助, 『事務管理論』, 동아서적, 1962, 231쪽.
23) 서식 표준화 작업은 행정기관에 사용하는 약 4,500여 종의 서식을 대폭 간소화하여 97종의 정부승인양식을 제정하고 각 기관에서 공통적으로 필요한 서식을 표준화하였다. 이와 함께 민원서류를 간소화하고, 각종 보고문서를 대폭 간소화하였다. 김병삼, 「행정간소화의 새로운 방향」, 『최고회의보』 15, 1962.

표준안을 참고로 작성되었듯이, 새로운 「정부공문서규정」도 미국 육군문서작성 참고철 및 육군공문서규정에 근거하여 제정되었다.[24)]

1961년 서식 표준화 작업과 「정부공문서규정」의 공포를 통한 사무관리제도의 변화는 기존의 조선총독부적 공문서제도 및 처무규정과는 다른 새로운 차원의 제도 도입을 의미하는 것이었다. 그것은 미국의 과학적 행정관리제도를 도입하여 한국의 행정환경에 맞는 체제로의 전환을 의미하는 것이었고 이와 함께 미국식 사무관리 기법과 절차가 수용되는 등의 변화들이 일어났다.

3. 1962년 보존문서정리작업과 공문서 감축

1) 보존문서정리작업의 추진 배경

1961년의 행정간소화 작업은 서식 표준화와 「정부공문서규정」 개정으로 완결되었다. 당시 정부는 문서행정의 효율화를 통하여 공무원의 행정업무를 통제하려고 하였고 이를 통하여 문서생산과 사무관리의 측면에서는 비용과 인력을 감축할 수 있는 계기가 마련되었다.[25)]

이와 같은 행정간소화와 효율화를 위하여 추진한 사무관리제도 개선 작업

---

24) 李相助, 『事務管理論』, 동아서적, 1962, 223쪽.

25) 「정부공문서규정」을 개정하여 공문서 작성의 표준화를 달성하고 동시에 양식제정절차규정을 제정하여 양식을 통제함으로써 연간 인건비와 인쇄비를 합하여 1,700만 원의 예산을 절감하였다. 또한 무질서한 보고제도를 쇄신하고 각종 정기 및 수시 보고서식을 간소화하기 위하여 보고통제규정을 제정 공포하였다. 1962년 1월 16일부터 4월 17일까지 보고서식 간소화심의회를 개최하여 불필요한 서식의 폐지 중복서식의 정리 등의 간소화 작업을 실시하고 1,528건의 보고를 폐지 또는 통합하여 11,700만 원의 경비를 절약하였다. 민원행정의 능률화와 대민봉사의 고양을 목적으로 민원서류 간소화 계획을 세우고 중앙 17개, 지방 78개 및 총 95개의 표본기관을 선정하여 민원서류 간소의 제1차 시안을 작성하였다. 이후 여론과 실무자의 의견을 종합한 것을 토대로 관계기관 실무자로 구성된 민원서류 간소화 심의위원회에서 최종안을 작성하여 1962년 5월 1일부터 시행하여 연간 약 6억 원의 국가예산을 절약할 수 있었다. 大韓民國政府, 『行政白書』, 1962, 94쪽.

은 기록관리 영역으로까지 확대되었다. 행정효율화 작업이 기록관리 영역으로까지 확산된 이유는 한국정부가 수립된 이후부터 1950년대까지 정부기관에서 생산하여 관리하고 있는 문서를 대상으로 체계적으로 정리한 적이 없었기 때문이다. 따라서 각 행정기관에는 완결문서들이 표준적 관리방법으로 관리되지 못한 채 그대로 쌓여 있는 실정이었다.

1950년대까지 한국정부는 「정부처무규정」에 의해서 문서를 정리·보존할 것을 규정했으나 「정부처무규정」은 문서의 서식과 작성 방법, 행정업무를 표준화하는 것에 관심이 일부 있었을 뿐 문서의 분류와 관리에 관해서는 세부 규정이 거의 없었다.26) 영구보존기록의 이관, 보존방법 및 절차 등은 「조선총독부처무규정」을 내용상으로 거의 그대로 수용하였다. 여기에서는 문서의 처리에서 가장 필수적인 조항만을 간략하게 규정하였을 뿐이었다.

당시까지 한국정부 내에서는 미결문서의 이관, 보관 및 분류가 전혀 수행되지 않았고 완결문서도 전체 행정기관에서 공통적으로 사용할 수 있는 통일된 기준이 없이 각 기관들은 독자적으로 분류·편철했다. 뿐만 아니라 동일한 기관 내에서도 보조기관마다 다른 방법으로 분류·편철함으로써 필요한 문서의 검색에 어려움이 있었다.27)

정부 공통의 편철 방법이나 평가기준이 마련되지 않았기 때문에, 각 처리부서에는 임의로 기록을 폐기하거나 다른 한편으로는 문서폐기를 하지 못하고 그대로 쌓아두는 실정이었다.28) 그리고 보존연한 책정을 총리훈령에 위임하였음에도 불구하고 구체적인 후속 법령도 공포하지 않은 상황이었다.

---

26) 1961년 군사쿠데타 이전까지 한국정부의 공문서 관리에 관한 기본 법령은 「정부처무규정」이었다. 「정부처무규정」은 1949년에 처음 공포된 이래 약간의 변화만 있었을 뿐, 식민지 시기의 「조선총독부처무규정」과 매우 흡사하다. 한국정부는 큰 변화없이 기왕의 처무규정을 준용하였던 것이다.

27) 김원중, 「政府公文書分類에 對한 解說」『경찰』 2-3, 1963, 57쪽.

28) 이와 같이 문서분류와 보존연한 책정의 각 기관으로의 위임은 국가행정을 체계적으로 통제하려 하였던 군사쿠데타 세력에게는 불합리한 체제로 인식되었을 것이다.

이상과 같은 관리체계 하에서는 미결문서 뿐만 아니라 완결문서의 검색이 거의 불가능하였다. 따라서 행정기관의 입장에서는 기왕에 축적된 행정경험을 신속하게 활용하기 위해서는 공문서의 보존과 검색 방법의 개발이 필요하였다. 군부세력은 행정의 장악을 위하여 기존 정부가 수행한 업무정보를 접수하고 업무의 연속성과 원활한 업무승계를 위해서 범 정부차원의 관리체계 구축의 필요성을 느끼게 되었다.

2) 보존문서정리작업의 추진과 공문서 감축

범 정부차원의 기록관리체제를 구축하기 위해 1962년에 내각사무처 행정관리국은 최고회의의 지시를 받아서 정부기관에서 보관하고 있던 문서들을 정리할 계획을 수립하였다. 이 계획은 "시효가 경과된 채 누적되어 있는 각 행정기관의 잡다한 각종 보존문서를 정리하고 그 보존방법과 관리를 통일성 있게 규정함으로써 보존문서의 활용성"을 높이고자 추진되었다.[29]

이 정리작업은 각 행정부서에서 보관하고 있던 문서를 전량 조사하여 문서의 보존방법과 관리방법을 표준화하고 궁극적으로는 행정담당자들이 업무상 필요가 있을 때 신속하게 검색하여 활용하기 위하여 추진되었다.[30] 한국정부는 행정효율화와 행정경험의 신속한 활용을 위하여 보존문서정리계획을 추진하였던 것이다. 보존문서정리계획은 1962년 1월 13일 중앙관서 총무과장 회의에서 토의되었고 1월 17일에 내각사무처장이 내각에 보고하였다.

보존문서정리계획에서는 첫째, 1961년 9월 30일 「정부공문서규정」 시행

---

29) 여기에서의 보존문서는 영구보존문서를 의미하는 것이 아니라 완결되어 보관되어 있는 상태에 있는 문서를 의미하였다.

30) 이 당시까지는 기록생산자들의 업무상의 필요와 참고를 위한 목적이 특히 강하였음을 알 수 있다. 따라서 국민들에 대한 기록정보 서비스 측면에서는 매우 취약하였고 그 표현은 기록물 공개와 목록시스템의 부실이라는 형태로 드러났다.

전에 완결된 문서를 대상으로 정리하기로 하고 「정부공문서규정」 시행 이후 (1961.10.1)의 문서는 '문서편찬보존규정(가칭)'이 제정될 때까지 각 기관별로 보존하도록 하였다.[31)

둘째, 보존문서정리작업에서는 이미 정리 보존 중인 문서에 대한 재작업을 피하기 위하여 1961년에 개정된 「정부공문서규정」에 저촉되지 않는 것은 「정부처무규정」의 내용에 따르기로 하였다.[32) 「정부처무규정」을 준용하기로 했던 것은 1961년 9월 30일의 「정부공문서규정」에 문서의 편철, 보존, 분류에 대한 규정이 없었기 때문이다.

셋째, 정리된 문서 중에서 1년과 3년 보존문서는 각 기관에서 보존하고 10년과 영구보존문서는 중앙문서창고[33)에 이관 보존하기로 하되 별도 조치가 있을 때까지는 자체기관에서 집중 보존하도록 하였다. '중앙문서창고'의 설립 구상은 행정기관의 모든 영구보존문서를 하나의 기관에서 집중 보존하는 것을 의미하는 것으로 당시로서는 새로운 관리방법이었다.

보존문서정리작업은 성격을 달리하는 두 과정으로 이루어졌다. 하나는 보존문서의 분류 작업이고 또 다른 하나는 문서의 보존연한을 책정하는 작업이다. 일반계획을 살펴보면 1962년 1월 22일부터 4월 7일까지 76일간 정리하기로 하고 중앙문서창고의 보존문서는 내각사무처 총무국이 담당하도록 하였으며, 각급 행정기관의 보존문서는 기관장 책임 하에 문서담당 주무국 혹은 주무과에서 맡기로 하였다.

---

31) 총무처 의정국 의사과, 「보존문서정리계획(1962.1.17 내사행 제242호)」 『국회참의원 회의속기록철(BA0085308)』.

32) 정부처무규정은 1963년 11월 20일 대통령훈령 제1645호에 의하여 폐지되었다.

33) 이 당시의 중앙문서창고 설립은 1960년대 행정관리에서 주요 사업 중의 하나였다. 중앙문서창고는 지적원도 및 국유임야의 경계도, 일제시대의 각종 중요문서를 촬영 보존하는 한편 영구보존문서 센터와 같은 기구를 설립하여 각 부처가 보유하고 있는 정부 수립 이후의 중요문서를 마이크로필름화하여 보존함으로써 인력과 예산을 절약하고 화재나 비상사태에 대비하여 각 대학도서관과 지방에 분산 보존하는 작업 을 진행하는 것을 내용으로 하고 있었다. 대한민국정부, 『행정백서』, 1965, 405쪽.

<표 2-4> 보존문서정리작업 일정표

일 정	작업 내용
1.22~1.25	작업요령 작성
1.25~2.27	문서분류
2.27~3.14	문서편찬(중간검열 보고)
3.14~3.17	편찬문서 인계인수
3.17~3.21	기록대장 기재
3.21~3.27	보존시설 정비
3.27~4.1	서고 藏置
4.1~4.7	폐기문서정리
4.7~4.14	정리결과 보고

출처 : 「보존문서정리계획(1962.1.17)」

보존문서정리계획에서 주목할 것은 문서를 어떻게 정리·분류하는가 하는 점이다. 당시에는 보조기관34)별 분류(조직별 분류), 보존연한별 분류, 기능별 분류 등의 기준을 설정하였다. 이 당시 분류기준으로서의 기능분류는 일반행정관계, 인사행정관계, 재무행정관계, 예규관계, 기타 특수행정관계 등 5종류였다. '보존문서정리계획'에서 정부의 보존문서를 5종류로 구분한 것은 당시의 문서분류가 행정업무를 수행하면서 관행적으로 수행한 개략적인 분류에 불과하였다는 점과 한국정부 내에서는 문서분류에 대한 체계적인 경험과 이론틀이 없었다는 것을 의미하는 것이다.

이와 함께 보존문서정리작업에서는 보존연한을 책정하는 작업도 병행하였다. 보존연한 책정은 법령에서 보존연한이 정해진 경우에는 법령에 따라 처리하였고, 법령에서 규정하지 않은 문서는 다음의 표에 근거하여 책정하였다.

---

34) 보조기관은 기관의 설립 목표를 달성하기 위하여 설치한 기관 내부의 부서를 의미한다. 예컨대 국, 실, 과 등을 일반적으로 보조기관이라고 부른다.

<표 2-5> 보존문서정리작업 당시 보존연한 책정기준[35]

	중앙기관	제1차기관 (서울특별시, 각도 및 局課의 보조 기관을 가진기관)	제2차기관 (시, 군 및 과의 보조기관을 가진 기관)	제3차기관 (읍, 면 및 과가 없는 기관)
영구	① 각의 의결 또는 대통령, 내각수반의 결재를 거친 문서 ② 법령에 준하는 예규 ③ 사적연구자료 또는 행정참고자료로서 특히 중요한 문서	① 중앙기관의 ②③항의 문서 ② 기관장 전결문서 중 특히 영구보존이 필요한 문서	① 중앙기관 ②③항의 문서	① 중앙기관 ②③항의 문서
10년	① 장관전결서 중 10년 보존이 필요한 문서	① 기관장 결재문서 중 10년 보존이 필요한 문서	① 기관장 결재문서 중 10년 보존이 필요한 문서	
3년	① 장관전결문서 중 10년 보존 이외의 문서 ② 차관 국장 전결문서 중 3년보존이 필요한 문서	① 기관장 결재문서 중 영구와 10년보존 이외의 문서 ② 국장 전결문서 중 3년보존이 필요한 문서	① 기관장 결재문서 중 3년보존이 필요한 문서	① 기관장 전결문서 중 3년보존이 필요한 문서
1년	① 차관, 국장 전결문서중 3년 보존 이외의 문서 ② 기타 문서	① 국장 전결문서 중 3년 보존 외의 문서 ② 기타 문서	① 기관장 결재문서 중 10년과 3년 보존 이외의 문서 ② 기타 문서	① 기관장 결재문서 중 3년 보존 이외의 문서 ② 기타 문서

비고 : ① 보존할 문서(10년, 3년, 1년) 중 단순한 지시, 통첩이나 사무연락 등으로서 시기적으로 보존가치가 없는 문서는 폐기문서로 분류.
② 5·16 이후 보존가치를 상실한 문서는 폐기문서로 함.
③ 보존연한이 경과되어 폐기할 문서 중 소송 징계사건 및 審計 등에 관련된 문서로서 증거상 보존이 필요한 문서는 별도로 보존한다.

한국정부가 어떠한 이유에서 위와 같은 방법으로 보존연한을 책정하였는가에 대해서는 명확하지 않다. 그러나 기관의 조직위상에 따른 평가를 수행하

---

35) 총무처 의정국 의사과, 「보존문서 정리계획(내사행 제242호, 1962.1.17)」『국회참의원 회의속기록철(BA0085308)』.

고 있음을 알 수 있다. 즉 중앙행정기관→제1차 기관→제2차 기관→제3차 기관 등의 순서로 서열화하여 평가기준의 대강을 설정하였고, 그 내부에서는 결재권자의 위계에 따른 평가를 수행하였다.

이와 함께 보존연한 책정 기준을 보면 법령에 준하는 예규, 사적연구자료 또는 행정참고자료로서 특히 중요한 문서 등이 영구보존문서로 취급될 가능성이 높았다. 이 중에서도 비교적 적용이 가능한 객관적 요소들은 '법령에 준하는 예규' '행정참고자료로서 특히 중요한 문서' 등의 표현이다. 결론적으로 중앙행정기관의 경우만을 생각한다면 각의의 의결안건 또는 대통령 결재를 받는 문서, 법령, 예규 등의 기록들이 영구 보존될 수 있었다. 그리고 소송 징계 등 행정증거와 관련된 문서도 중요하게 평가되었음을 알 수 있다.

또, 당시의 시대적 상황을 반영하는 평가기준도 보이는데, 그것은 "5·16이후 보존가치를 상실한 문서는 폐기문서로 한다"는 표현이다. 군사쿠데타 이후 보존가치를 상실한 문서가 무엇인지는 구체적으로 파악할 수 없지만, 쿠데타로 인하여 필요없게 된 이전 정권의 문서 일부를 의미하는 것으로 생각된다.

위와 같은 방법은 보존연한 책정기준으로서는 매우 대략적인 원칙에 불과하였다. 그럼에도 불구하고 위와 같은 방식은 매우 짧은 시간에 다량의 문서를 처리할 수 있는 측면도 있었다.

이상과 같은 분류를 마치면 편찬작업을 시행했다. 문서 편찬은 보조기관별로 하되 완결된 일자에 의하여 曆年 편찬을 하기로 하였고 예규문서는 누년편찬을 원칙으로 하였다.[36] 문서철 부피는 7.5센티미터로 표준화하였다. 이와 함께 기관별로 문서취급 주무국 및 주무과에서 편찬문서의 일괄 보존을 담당하기로 하였다. 각 보조기관은 정리된 편찬문서를 문서보존인계부에 기재한 후에 인계하였다. 그리고 인계받은 보존문서의 기록대장에 기재하도

---

36) 비밀문서는 비밀보호 규정에 의거하여 별도 편찬하기로 하였다.

록 하였다. 이후 문서편찬이 완료되면 보조기관별·보존연한별·문서기능별로 해당서고·函·架에 구분하여 藏置하기로 하였다.

폐기문서는 소각 처분함을 원칙으로 하되 재생 처분할 수 있도록 하였다. 폐기문서는 건명목록을 작성하고, 폐기처리 결재를 받도록 하였다. 그러나 2월 22일에는 최고회의의 지시에 따라서 폐기문서는 재생 처분을 원칙으로 하되 기밀에 속하거나 기타 특수한 문서에 한하여 소각 처분할 수 있도록 하였다.[37]

이상의 작업계획은 단순히 계획만으로 끝난 것이 아니라 실제 문서정리작업의 방법과 절차 등을 그대로 보여주고 있는 것이다. 그리고 보존문서정리작업의 결과는 기록관리적 측면에서 시사하는 바가 크다. 그것은 당시까지 각 처리과에서 생산하여 보관하고 있던 기록물의 총량과 보존연한 책정비율을 가늠할 수 있기 때문이다. 보존문서정리는 중앙의 경우에 21개 기관, 지방(도 단위) 10개 기관 등 총 31개 기관이 완료하였다.[38]

<표 2-6> 보존문서정리 총수 : 1,791,113권(제주도 제외) (단위 : 권)

	1년	3년	10년	영구	계
중앙	133,656	107,383	246,848	297,337	785,224
도	58,028	240,774	525,667	181,420	1,005,889
계	191,684	348,157	772,515	478,757	1,791,113

출처 : 「보존문서 정리에 따르는 폐기문서 처리 완결방안(1962.5.3)」

1962년 보존문서정리작업 당시 1961년 9월 30일 「정부공문서규정」이 실시되기 이전에 완결된 보존문서철이 모두 1,791,113권으로 조사되었고 그 중에

---

37) 대검찰청 대구고등검찰청 대구지방검찰청 영덕지청, 「보존문서 정리계획에 대한 추가(법총 제333호, 1962.2.22)」 『예규(BA0155476)』.

38) 「보존문서 정리에 따르는 폐기문서 처리 완결방안(제33회)」 『국무회의록(제33회~55회)』 ; 「보존문서 정리에 따르는 폐기문서 처리 완결방안(제33회)」 『차관회의록(제1회~46회)』 ; 「보존문서 정리에 따르는 폐기문서 처리 완결방안(내사행 제2785호 1962.5.3 의안 제823호)」 『각의상정안건철(BA0587752)』.

서 영구보존문서로 분류된 것은 478,757권이었다. 약 26.7%가 영구보존기록으로 평가되었음을 알 수 있다.[39] 중앙기관의 경우 영구보존문서로 분류된 비율이 37.8%였고 도는 18%였다. 보존문서정리작업에서 영구보존문서를 26.7%로 분류한 것은 상당히 높은 비율이라고 말할 수 있다.

그러나 이 통계는 양적인 측면에서는 일정한 의미가 있으나, 영구보존으로 분류된 기록물이 과연 한국정부의 핵심적 활동을 반영하고 있는가에 대해서는 좀 더 신중한 연구가 필요하다. 왜냐하면 당시 문서정리가 매우 짧은 기간에 이루어졌고 기록의 역사적 가치를 판단하는데 도움을 줄 수 있는 관련 연구자의 참여가 없었기 때문이다.[40] 좀 더 정확한 연구를 위해서는 영구보존문서로 분류된 기록물들의 유형을 분석할 필요가 있다.

이상과 같은 한계에도 불구하고 1962년 보존문서정리작업은 당시까지 국가에 의해 승인받지 못한 기록의 폐기를 공식화하였다는 의의도 있다. 또, 보존문서정리작업은 문서폐기에 그치지 않고 후속작업을 통하여 국가적 차원의 공기록관리 시스템의 창출로까지 발전하였다. 예컨대, 보존문서정리 작업에서는 기록의 분류가 일반행정관계, 인사행정관계, 재무행정관계, 예규관계, 기타 특수행정관계 등의 단순한 분류에 그쳤으나, 이후 전 정부차원의 계층적 분류체계를 수립하였을 뿐만 아니라 분류와 평가, 폐기를 연동 관리하는 체제를 만드는 방향으로 발전하였던 것이다.

---

39) 1962년 『행정백서』에서는 보존문서를 1,812,644건, 폐기문서는 577,420건으로 분류하였다. 대한민국정부, 『행정백서』, 1962, 94~95쪽. 『행정백서』와 「보존문서 정리에 따르는 폐기문서 처리 완결방안(제33회)」의 통계수치가 약간의 차이가 있다. 『행정백서』의 통계 수치는 제주도를 포함한 결과가 아닌가 추정된다.

40) 보존문서정리작업의 일환으로 수행된 기록의 평가와 폐기 결정이 기관의 공무원들에 의하여 단기간에 수행되었다는 점에서 심각한 문제가 있었다. 1960년대 한국에서 공공기록을 평가할 수 있는 자는 극히 제한되어 있었을 것으로 생각되지만 풍부한 행정경험을 가진 재직자 및 퇴직자와 함께 역사학자 등 관련 분야 전문가들의 조직적 참여가 없었다. 이와 같이 관련 공무원 중심으로 기록물을 처리했던 이유는 당시 한국정부가 장기적 계획 속에서 기록물을 처리했던 것이 아니라 효율성과 신속성만을 강조한 결과이기도 하였다.

4. 한국 국가기록관리체제의 수립과 제도적 특징

1) 국가적 차원의 기능분류체제 창출

내각사무처는 보존문서정리작업을 추진하면서 보존하고 있던 공문서를 정리하는 것에 그치지 아니하고, 국가기관 전체의 현용 문서를 합리적으로 통제할 수 있는 국가기록관리체제의 창출을 계획하였다. 이와 같은 계획은 보존문서정리작업이 종료된 직후인 1962년 5월 18일에 보고된 '문서 십진분류법 제정에 관한 작업계획'으로 드러났다.[41] 보존문서정리가 과거에 생산된 문서들을 정리하기 위한 것이었다면 이 작업은 현행 및 미래에 생산될 문서의 관리체제를 구축하는 것이었다.

내각사무처가 5월 18일에 보고한 문서분류법은 단순히 문서분류에 그치는 것이 아니라 평가체제와 연동해서 관리되는 매우 독특한 방식이었다. 즉 "각 행정기관의 문서를 십진분류의 원칙에 따라 기능별로 분류하는 효율적인 문서십진분류법을 제정하여 이를 전 행정기관에 적용케 함으로써 행정기관의 문서분류, 보관 및 보존체제를 확립"[42]하려는 목적을 갖고 있었다. 이 작업에서는 문서의 편철 및 분류를 보존연한과 연동시킴으로써 막대한 인력, 시간, 예산을 절약할 수 있는 체제를 구축할 것을 계획하였다.[43]

정부가 문서분류법을 제정하기로 한 것은 이 당시에는 각종 문서들이 완결된 이후의 관리 방법 즉, 편철·이관·보관·보존 절차가 표준화되어 있지 않았기 때문이다. 당시 문서 담당자들은 문서관리제도의 문제점을 세

---

41) 「문서 10진분류법 제정에 관한 작업계획 보고(내사행 제3083호, 1962.5.18)」, 『각의상정안건철(BA0084317)』 ; 「문서 10진분류법 제정에 관한 작업계획」, 『국무회의록(제33회~제55회)(BA0085237)』.

42) 「문서 10진분류법 제정에 관한 작업계획 보고(내사행 제3083호, 1962.5.18)」, 『각의상정안건철(BA0084317)』 ; 「문서 10진분류법 제정에 관한 작업계획」, 『국무회의록(제33회~제55회)(BA0085237)』.

43) 김원중, 「政府公文書分類에 對한 解說」 『경찰』 2-3, 1963, 57쪽.

가지로 요약하고 있는데 첫째, 문서분류의 무원칙을 지적하였다. 한국정부 수립 이후 당시까지 통일된 기준이 없이 각 기관에 따라 분류 방법이 다르고, 동일한 기관 내에서도 보조기관 별로 또는 보조기관 내의 업무담당자마다 각각 다르게 임의로 분류하고 있기 때문에 필요한 문서의 검색에 어려움을 초래한다는 것이다. 둘째, 문서보관의 무질서를 지적하고 있다. 대체로 일정한 기준이나 장소 또는 서류함을 정하지 않고 업무담당자별로 각자의 편의에 따라 임의로 보관되는 상황이므로 필요한 문서를 인출할 때에 그 소재가 분명치 않아서 불필요한 지연을 초래한다는 것이다. 셋째, 문서보존절차의 복잡성을 지적하고 있다. 문서의 현용관리 단계에서 명확한 기능구분이 되지 못한 채 과대분류한 문서철을 보관하고 있기 때문에 서고에 藏置케 되는 보존단계에서 다시 전체 문서를 성질별, 보존연한별로 재편철하여 막대한 인력, 시간 및 예산이 낭비된다는 것이다.[44] 이와 같은 언급은 문서를 초기에 적절히 분류하여 현용단계부터 보존단계까지 연속적 관점에서 문서를 분류 보존하려 하였음을 보여주는 것이다.

내각사무처는 문서의 표준적 관리를 위하여 첫째, 전 행정기관의 문서처리 에 통일적으로 적용될 수 있는 문서분류표(십진식 분류, 각 분류기능의 부호화) 를 제정하기로 하였다. 이와 같은 구상은 당시로서는 매우 혁신적인 것이었다. 종전까지 전 행정기관의 문서에 공통적으로 적용할 수 있는 분류체계를 개발한 적이 없었으며 또한 분류단위에 고유한 관리번호를 부여한 사례도 없었으나 분류기능의 기호화를 추진하면서 새로운 관리 방법을 주장한 것이 었다. 둘째, 문서분류표 적용에 따른 파일링 보관방법을 확립하기로 하였다. 셋째, 파일링된 보관문서를 서고에 장치(藏置)하는 보존단계와 직결시키기 위하여 '보존문서편찬규정'(가칭)을 제정·시행하기로 하였다.[45]

---

44) 「정부문서 분류표에 대한 제정 건의(내사행 제7578호, 1962.11.21)」 『각의상정안건철 (BA0084345)』.

45) 「정부문서 분류표에 대한 제정 건의(내사행 제7578호, 1962.11.21)」 『각의상정안건철

내각사무처는 보존문서정리작업을 시작한 초기부터 분류와 평가체제를 연동하여 관리하는 방식을 염두에 두고 있었음을 알 수 있다. 문서분류에 관한 작업은 다음과 같이 수행할 것을 계획하였다.

<표 2-7> 문서분류계획표

일 정	작업 내용
5.14	작업계획 통보
5.17	실무자회의 및 교육(사무처)
5.17~5.20	부호화 분류안 검토 및 자체계획
5.18~5.24	공통기능에 대한 자료(사무처)
5.20~5.31	각 소위원회 작업(각 소위원회 각자 작업)
5.24~5.31	공통기능분류작업(사무처)
5.31~6.5	각 소위원회 분류검토(사무처)
6.5~6.20	기능별 공동작업실시(사무처)
6.20~6.27	종합심의회 개최
6.27~6.30	종합안 油印

출처 : 「문서십진분류법제정에 관한 작업계획보고(1962.5.18)」

문서분류법 제정에 앞서서 고려해야 할 사항으로는 다음과 같은 것을 들고 있다. 첫째, 전 행정기관에서 생산되는 문서기능 전부를 파악해야 하고 둘째, 해당 문서들을 성질별 또는 발생빈도별로 구분해야 하며 셋째, 문서기능을 어떻게 세분 분류할 것인가 등의 문제점을 해결해야 하였다. 분류표 작업에 앞서서 행정기관의 모든 문서들을 조사 정리하여 기능별로 구분하였음을 알 수 있다.

작업 방법으로는 우선 자료조사를 세밀히 하고, 각 기능별로 직접 해당 기능을 다루는 실무자와 긴밀히 협조하여, 각 문서기능별로 그것을 전담하는 실무자로 구성한 위원회를 운영하기로 하였다. 작업은 공동작업을 위주로 하기로 하였다. 그것은 1~2명의 인원이 전체 행정기관의 문서기능을 파악할

(BA0084345)」.

수 없었기 때문이다.

<표 2-8> 정부공문서분류표의 제정 과정

자료 수집	초안작성	제2차작업계획	문서분류 교육	분류소위원회
중앙행정기관별 십진식 기능분류 수행	초안작성 (125개 기관)	각의 보고	각 부처 총무과장 문서담당관 대상	중앙기관별로 운영

<표 2-9> 분류작업 일정표

작업단계	일 정	작업 내용
제1차 작업	62.3.10~4.30	자료수집 및 초안 작성(중앙 및 지방 125개 기관)
제2차 작업	62.5.24	제2차 작업 계획 각의 보고(제36회 각의)
		문서분류 교육(각 부처 총무과장 및 문서담당관 대상)
	62.5.28~6.20	중앙기관별 분류소위원회 운영
	62.6.25~7.14	내각사무처에 분류심의회 구성 및 운영
	62.7.23~8.30	종합분류표를 각 부처별로 배포 및 재조정하여 최종안 작성
	62.10.19~11.15	분류표 교육 및 각 부처별 의견 청취

위 작업은 크게 2단계로 수행되었다. 제1차 작업에서는 자료수집과 초안을 작성하였다. 자료수집은 중앙행정기관과 그 소속기관이 보조기관 단위로 십진분류의 원칙에 따라 문서를 기능별로 분류하고 각 행정기관별로 분류한 자료를 취합하는 방식을 취하였다. 그리고 해당 자료를 토대로 하여 중앙행정 기관의 기능을 모두 20개로 대분류하고, 그 하위의 기능은 십진식 분류원칙에 따라 분류하고 개별 분류단위에 대한 부호화까지 완료하였다. 제1차 작업은 3월 10일부터 4월 30일까지 진행되었고 표본기관(중앙 및 지방 125개 기관)을 선정하여 기능별 분류표 초안을 작성하였다.[46]

제2차 작업은 각 기관이 작업한 분류표를 취합하여 재검토하고 이를 다시

---

46) 「정부문서 분류표에 대한 제정 건의(내사행 제7578호, 1962.11.21)」, 『각의상정안건철 (BA0084345)』.

각 소속기관을 포함한 전 행정기관에 통용할 수 있는 문서십진분류표를 제정하는 것이 내용이었다. 제2차 작업에서 제시된 분류의 원칙은 첫째, 분류가 업무내용과 절차에 완전히 부합해야 한다. 문서는 특정 업무를 그대로 반영하기 때문에 문서분류도 업무와 정확히 부합해야 하였기 때문이다. 둘째, 업무기능별로 세분화되어야 하기 때문에 각 기관의 실무자와의 협조가 강조되었다. 문서분류의 기초가 되는 업무기능은 업무담당자가 가장 잘 알고 있기 때문에 각 기관의 실무자와의 협조를 중시하였다. 셋째, 다양한 업무기능을 중복됨이 없이 정확히 분류하고 이를 다시 총괄하도록 하였다.

각 중앙기관이 자체 작성한 초안을 재검토하고 소속기관의 문서분류 작업을 전담하기 위하여 해당 기관의 전체 및 자체 통제관으로 구성하는 각 중앙행정기관별 분류소위원회를 설치 운영하였다. 그 다음에는 분류소위원회 작업결과를 종합적으로 검토하기 위하여 내각사무처에 각 기관실무자로 구성한 기능별 공동작업반을 편성하였다. 그리고 각 분류소위원회의 작업결과를 심의하기 위하여 각 기관의 분류소위원회의 장으로 구성한 분류심의회를 내각사무처에 두었다. 아래의 도표는 각 위원회의 주요 업무를 소개한 것이다.

<표 2-10> 기능분류에 참여한 부서와 업무

	기능별 분류소위원회	기능별 공동작업반	분류심의회
조직 편성	중앙기관의 전체 및 자체 통제관(4~6명)	내각사무처 (각 중앙기관의 자체통제관)	내각사무처 (각 중앙기관의 전체통제관)
주요 업무	1. 局, 課 단위로 된 분류안의 類·綱·目을 부처 내 전반적인 업무 면에서 재조정 2. 소속기관에서도 통용할 수 있도록 세부 분류 실행 3. 고유업무에 한하여 분류	1. 분류소위원회안의 체계상의 모순 제거 2. 중복 분류에 대한 재조정 3. 기능별, 분류 註解 제정 4. 공통기능에 대한 재조정	1. 분류의 전반적 심의 2. 최종안의 결정

출처 : 「문서십진분류법제정에 관한 작업계획보고(1962.5.18)」

분류는 고유기능과 공통기능으로 구분하여 진행되었다. 고유업무의 분류
는 기능별 분류소위원회가 작성하였고 공통기능은 내각사무처가 분류하였다.
분류심의회는 공통 및 고유업무의 분류체계를 최종적으로 심의하여 결정하는
역할을 맡았다. 이렇게 하여 대강의 분류표가 1962년 11월경에 최종 확정되어
내각에 보고되었다.

이 당시에는 정부 전체 기능을 20개로 구분하고 그 하위 계층을 최대
6차까지 분류하는 방식을 선택하였다. 도서를 분류하는데 이용하는 일반적인
십진분류 방식은 아니었으나, 해당 기능을 계층적으로 전개하는 방식에서
십진식 전개 방식을 취한 것이었다. 따라서 분류는 도서관식 혹은 주제별
분류라기보다는 당시 행정업무에 기반한 기능분류라고 파악하는 것이 정확할
것이다.[47) 20개 대기능만을 소개하면 다음과 같다.

<표 2-11> 정부공문서분류표의 대기능

분류번호	기능명칭	분류번호	기능명칭
100	총기	1100	농림
200	인사	1200	재무
300	경제기획	1300	상공
400	국토건설	1400	보건사회
500	조달	1500	교통
600	원자력	1600	체신
700	외무	1700	공보
800	법무	1800	원호
900	국방	1900	전매
1000	문교	2000	공안

위 표에서 주요 기능 명칭은 당시 「政府組織法(1962.6.18 법률 제1092호)」
상의 중앙행정기관의 부서명과 거의 일치한다. 단, 중앙행정기관 중에서

---

47) 이 당시 한국정부 내에는 기록물 분류에 대한 체계적인 이론과 경험을 가진 사람이
없었다. 따라서 도서분류의 기법을 일부 차용하기도 하였는데 예컨대 십진식 전개방
식, 분류번호의 채택 등이 대표적이라고 할 수 있다.

내무부, 총무처, 법제처가 수행한 업무는 공통기능으로 묶였고 감사원의 업무도 공통기능에 속하여 총기(100)와 인사(200)으로 분류되었다. 다만 총기(100)와 인사(200)에 속한 것 외의 기능이면서도 여러 기관에 공통적인 일부의 기능은 아래와 같이 단일부호로 통합하였다.

대분류에서 특수한 것은 공안기능의 분류이다. 공안기능 하위에는 경찰과 소방, 對共 업무 등이 분류되어 있다. 공안기능은 원래 내무부가 수행하던 업무였고 내무기능은 총기로 분류되었으나 내무부 업무 중에서 공안기능은 다른 기능에 비하여 중요하다고 판단하여 당시 분류에서는 독자단위로 설정하였던 것으로 추정된다. 그리고 경제기획원과 재무부의 산하 기관이었던 조달청과 전매청은 경제기획 및 재무 산하에 분류된 것이 아니라 20개 대기능으로 각각 상향 설치되었다. 조달과 전매기능은 당시 한국정부가 경제개발을 강력히 추진하면서 외자도입, 정부조달업무 및 정부의 재정수입 확대 업무를 중시한 시대적 상황을 반영하는 것이라고 할 수 있다.

<표 2-12> 기관 공통기능의 분류번호

분류번호	공통기능	공통기능의 내용	분류번호	공통기능	공통기능의 내용
340	기술관리	해외파견훈련, 기술진흥, 기술협조와 도입, 기술용역, 기술조사에 관한 일체 기능	1210	예산회계	예산회계법 및 이와 관련된 기업회계법, 물품관리법의 집행에 관련된 예산 및 회계처리에 관한 기능
350	조사통계	통계업무를 전담하는 기능에 사용되도록 통합. 이 이외의 통계는 통계의 기능내용에 따라 분류	1250	귀속재산	귀속재산의 대부 매각과 국공유화, 주식매각, 재산분석 및 감사, 재산감정에 관한 기능
510	조달	물품, 자재구매 조달 물품검사 검사관리, 시설공사계약에 관한 일체 기능	1260	국유재산	국유재산에 관한 일체의 기능
710	儀典	典禮, 의식, 의전에 관한 일체 기능	1470	이민	이민정책관리에 관한 일체 기능
820	검찰	검찰수사에 관한 기능	1620	통신	통신업무에 관한 일체 기능
930	병무	병사업무에 관한 기능			

출처 : 「정부공문서분류표」

<표 2-13> 공문서 분류 구조[48]

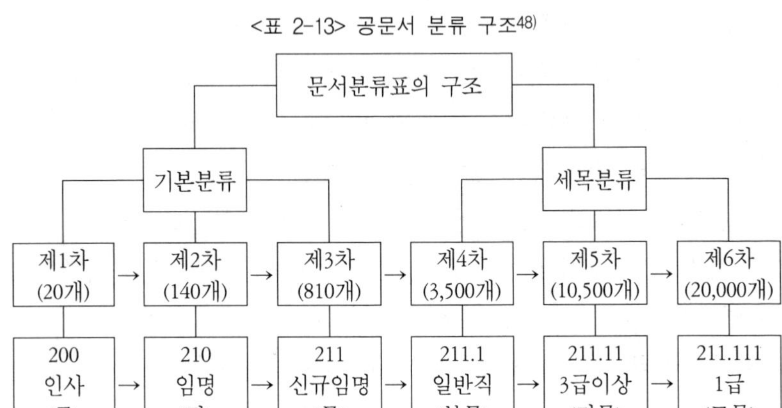

문서분류표는 기본분류와 세목분류로 나뉘어 있었다. 중앙행정부처에서 생산된 문서는 모두 20개 대기능에 편입되고 그 하위로 계층적으로 세분되는 양상으로 조직되었다. 상위기능과 하위기능은 서로 유기적 연관관계로 구성되어 있으며 파생적으로 분류되도록 하였다.

이미 언급했듯이, 제1차분류는 정부조직법상의 중앙행정기관 차원에서 수행하는 기능을 단위로 묶었으며 그 명칭은 대개 중앙행정기관의 부서명을 차용하였다. 그러나 이 당시에는 제2차와 제3차분류단위의 기준이 명확히 설정되지 않았다. 다만, 중앙행정기관의 보조기관(국/실/과) 수준으로 분장된 기능을 기능의 포괄 정도에 따라서 각 기관에서 제2차와 제3차 단위로 각각 나누어 정의하였다. 따라서 중앙행정부처마다 제2차와 제3차분류의 단위가 서로 차이가 있을 수 있었다. 그리고 세목분류는 제3차분류의 단위기능이 복잡하여 더 세분할 필요가 있는 경우에 한하여 수행하였다.[49]

---

48) 「정부문서 분류표에 대한 제정 건의(내사행 제7578호, 1962.11.21)」『각의상정안건철 (BA0084345)』.

49) 정부공문서에 대한 계층별 분류기준이 법령에 처음으로 제시된 것은 「정부공문서분류번호및보존기간책정기준등에관한규칙(총리령 제290호, 1984.12.31)」이 공포되면서부터이다.

이렇게 분류된 모든 기능은 일련의 아라비아 숫자로 부호화하여 각 개별기능을 문자로 표시하는 것이 아니라 숫자로 표시하는 분류번호 방식을 최초로 도입하였다. 앞으로 모든 문서에는 분류번호를 사용하도록 하였다.[50] 이와 함께 기본분류와 세목분류를 구별하기 위하여 세목분류 단계는 소수점으로 표시하였다.[51] 이렇게 하여 당시 한국정부의 전체 업무기능이 2만여 개로 분류되었던 것이다.

분류번호를 사용하는데 있어서 기본원칙은 문서기능과 일치되는 기능의 분류번호를 사용하도록 하였다. 만약 해당 문서가 일치되는 기능이 없을 경우에는 해당 문서와 가장 관련있는 상위기능의 분류번호를 사용하도록 하였다. 그리고 문서량과 기관의 규모 등으로 세분된 하위기능의 분류번호를 사용하는 것이 적절하지 않은 경우에는 상위기능의 분류번호를 사용하도록 하였다. 또한 분류번호가 기재되지 않은 외래문서는 주관보조기관에서 분류하도록 하였다. 분류번호의 기재는 기안문에는 분류번호란에, 시행문에는 기관기호 다음에 기재하도록 하였고 보관철의 조견표에는 문서분류번호·기능명칭·부제목·보존기간·보존기간완료일자를 기재하도록 하였다. 또한 전 기관공통기능인 총기·인사는 100과 200을 사용하도록 하였고 부분적 공통기능은 그 기능의 상위기능을 찾아서 분류번호를 사용하도록 하였다.[52]

정부공문서분류표는 1963년 1월 1일부터 시행되었다. 공문서 분류제도는 파일링 시스템이라고도 불렸다. 문서분류제도(filing system)는 "업무상 필요한 문서를 신속히 대출할 수 있도록 조직적인 정리 보관[53] 보존을 하며 보존[54]기

---

50) 「정부공문서분류표해설」『정부공문서분류표』.

51) 분류표에서 확정한 분류번호 외에 새로운 번호를 부여하거나 개폐하여야 할 필요가 있는 경우에는 내각사무처장의 승인을 받아야 했다.

52) 「정부문서 분류표에 대한 제정 건의(내사행 제7578호, 1962.11.21)」『각의상정안건철(BA0084345)』.

53) "보관"은 문서가 소정의 서고에 입고하기 이전의 상태를 말하며 "보관기간"은 문서가 발생하면서 처리 완료한 일자에 속하는 연도의 다음연도 말까지를 말한다.

간이 끝난 문서를 속히 폐기할 수 있는 제도"라고 정의하고 있다. 이와 같은 파일링 시스템은 이관·폐기 처분을 위한 제도라고 할 만큼 이관과 폐기가 중요한 제도였으며,[55] 과거보다는 체계적인 이관을 강조한 것이었다.[56] 아래의 표는 이관 및 보존 절차를 표시한 것이다.

<표 2-14> 이관 및 보존 프로세스

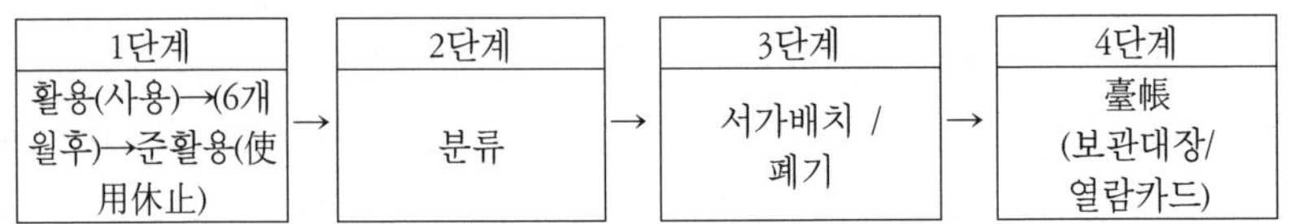

1단계		2단계		3단계		4단계
활용(사용)→(6개 월후)→준활용(使 用休止)	→	분류	→	서가배치 / 폐기	→	臺帳 (보관대장/ 열람카드)

이 당시의 이관 프로세스는 활용(사용 중)과 준활용(使用休止)을 거쳐서 보존단계로 이관하는 것이었다. 각 처리과에서는 정부공문서표를 활용하여 문서의 생산과 동시에 분류체계에 편입될 수 있도록 하였다. 이때 활용되는 분류표는 현용 및 준현용 기록을 대상으로 하였으나 결과적으로는 영구보존을 위한 분류표로도 활용될 수 있었다.

정부공문서분류표가 1963년 1월 1일부터 실시되면서 정부는 문서분류표 사용에 대한 전반적 교육을 실시하였고 특히 이관·보관을 위하여 각종 정리 도구들을 각 부서로 보급하였다. 예컨대 서류함(파일 캐비닛), 보관철(휠터) 등을 보급하였고 현존서류함을 개조하는 작업도 하였다. 그리고 각 보조기관 별 문서보관주무자 선정하여 문서의 보관과 이관을 책임지도록 하는 등 제도를 정비하고 기록관리용품 및 관리책임자 선정 등의 준비를 하였다.

---

54) "보존"은 서류가 매분기말 소정의 서고에 입고 보존되면서부터 폐기처분 상태까지를 말하며 "보존기간"은 문서가 서고에 보존되는 연도말 익일(즉, 익년초)부터 폐기할 일자까지를 말한다.

55) 「문서분류 정리제도에 의한 서류정리요령(1963.3.8 경기내서 123-1045)」『일반예규철 (BA0199961)』.

56) 분류정리제도의 대상서류는 「정부공문서규정」 제3조에 정한 서류를 말한다. 서류보관의 단위는 課로 하고 1개소에 집중 정리 보관한다.

2) 정부기능에 기반한 평가체제의 수립

1963년 1월 1일부터 사용된 공문서분류표는 보존연한이 책정되지 않은 순수한 문서분류표이다. 정부는 이러한 문서분류표를 기초로 하여 해당 문서기능의 보존연한을 책정하는 작업도 동시에 수행하였다. 정부의 문서보존연한 책정 과정에 관해서는 관련 기록을 확보하지 못한 상태이므로 자세한 과정의 소개가 현재는 불가능하다. 하지만 관련 법령과 법무부 기록 일부를 통하여 보존연한 책정 방식과 그 과정을 일부 확인할 수 있다.

정부공문서분류표가 시행된 직후인 1963년 2월 25일에 작성된 법무부 총무과 문서 중에서 '문서 편철 및 보존기간 설정'이라는 문서가 있다.[57] 이 문서는 정부문서분류표에 의한 편철 내용 및 보존기간 설정에 대해서 법무부 총무과가 각 처리과로 송부한 것으로, 해당 분류표를 분석하여 누락 및 착오된 점이 있으면 정리하여 3월 5일까지 보고할 것을 주문하는 내용으로 되어 있다.[58] 이 문서가 중요한 것은 1963년 1월 1일부터 시행된 정부공문서분류표를 기준으로 하여 보존연한을 책정하였다는 점과 각 처리과에서 보존연한을 책정하는 방식을 알 수 있기 때문이다. 이 중에서 일부만을 소개하면 다음과 같다.

이 표는 법무부 각 부서에서 문서분류기호 부여 및 보존연한의 책정, 보관철 부책 비치의 통일을 기하기 위하여 작성한 것이었다. 우선은 800단위만 작성하고 기타 공통기능에 대해서는 추후 하달하겠다는 내용을 고시하였다.[59] 그리고 보존연한은 3개월, 6개월, 1, 2, 3, 4, 5, 7, 10, 15, 20년, 영구 등 모두 12종으로 구분하였다.

---

57) 수원지방검찰청 사무국 서무과, 「문서 편철 및 보존기간 설정(1963.2.25)」 『예규철(BA0155118)』.

58) 이 문서는 내각사무처 행정관리국에서 동일한 제목과 내용으로 각 기관으로 보낸 문서를 토대로 하여 법무부 총무과가 각 처리과로 발송한 것으로 추정된다.

59) 수원지방검찰청 사무국 서무과, 「문서 편철 및 보존기간 설정(1963.2.25)」 『예규철(BA0155118)』.

<표 2-15> 문서분류 및 보존연한표(안)

분류 번호	분류 기능	부제목	보존 연한	편철내용 및 보존구분
810	법무 운영	법령자문회답	영구	중앙행정부처로부터 법령해석적용에 관한 의의에 대한 응신문서철임
		법령자문반려	1	중앙행정부처,개인 및 단체 등의 법령자문에 대한 반려 및 기타 문서철임
		법령의견	영구	법령 등에 대한 의견건의 및 기타 문서철임
		법무자료	2	집필자의 선정 계약 및 번역관계문서철임
		도서관리	2	법무에 관한 도서의 구입, 기증, 수증에 대한 문서 및 도서대장이며, 대장은 영구보존함
811	행정 소송	공민권	영구	반민주행위자 공민권제한법 제4조 및 제5조 해당자 공고에 관한 문서 및 기타 문서철임
			5	소송에 대한 일반적 사항으로서 지시취급요령 및 피소응소보고, 결과 등의 보고문서철임
		배상금	3	행정소송에 대한 종심판결에 의하여 배상금지급의 뢰통지서동의및 청구서등의 문서철임
826.24	형집행 정지		3	형집행에 대한 시찰조회서 및 보고서, 소재수사지휘 및보고서와 잔형집행을 위한 구속영장 및 보고서로서 형집행정지의 사유가 종료시까지 보존함

출처 : 「문서 편철 및 보존기간 설정(1963.2.25)」

　이 표는 법무부에서 수행하는 모든 기능을 표준화하고 해당 기능의 내용 설명과 함께 보존연한 책정의 근거를 구체적으로 표시하고 있다는 점이 중요하다. 예컨대, 분류번호 813의 변호사 기능의 하위 제목인 변호사회에 관한 기능은 영구로 분류하면서 "대한변호사협회 및 각 변호사회의 관리 운영에 관한 지시, 보고, 기타 문서철로서 예규문서 및 운영계획 외의 문서는 3년 보존"할 것을 제안하고 있다. 일반적으로는 해당 기능의 내용을 요약하고 보존연한 책정의 근거를 개략적으로 설명하고 있다.

　대개 법무부 문서는 대한민국 국민의 법적인 권리와 의무, 개인신상에 관한 정보 등을 포함하고 있는 경우가 많다. 그리고 법무 문서는 다른 법령에서 해당 기록의 보존연한을 특별히 규정하고 있는 경우가 많기 때문에 해당 기능의 보존연한 책정을 관련 법규에서 차용하는 경우가 있다. 또한 분류번호

826.24의 '형집행정지'에서 볼 수 있듯이 보존연한을 3년으로 책정하였음에도 불구하고 해당기능의 사유가 종료할 때까지 보존할 것을 명기하는 등 다양한 방식을 보여주고 있다.

법무부 각 처리과에서는 위 표를 작성 검토한 후에 아래와 같은 내용을 확인 후 다시 총무과로 제출하였다.

① 주제목 및 부제목에 의한 현 보관철 및 관계부책의 누락여부
② 보존연한 적합 여부
③ 편철 내용에 관계기능 명칭(문서명)의 누락여부
④ 보관철 내의 문서 중 보존연한을 더 구분할 필요의 여부
⑤ 기타 참고사항(공통기능 중 현재 사용하고 있는 문서철)

<표 2-16> 각 처리과에서 보고할 시의 서식

분류번호	부제목	보존기간	편철내용 및 보존구분	수정 및 누락사항

출처 : 「문서 편철 및 보존기간 설정(1963.2.25)」

위 도표들은 모두 법무부 내부에서 작성하여 검토한 것이다. 법무부에서는 이와 같은 보존연한 책정표를 각 부서별로 작성하였고 총무과는 법무부 모든 부서의 초안을 취합, 정리하여 내각사무처로 송부하였다. 내각사무처는 각 기관에서 보낸 자료를 토대로 하여 보존연한을 최종적으로 책정하였는데, 공문서분류표의 책정과 유사하게 공통업무와 고유업무를 분리하여 책정하였을 것으로 추정된다.

한편, 부서의 의견이 보존연한표에 어느 정도 반영되었는가를 살펴보는 것도 의미가 있을 것이다. 실제로 1964년에 총리령 제44호로 공포된 「공문서

보존기간종별책정기준에관한건」의 별표와 <표 2-17>을 비교하면 그와 같은 사실을 확인할 수 있다.

이 도표는 법무부에서 제출한 의견서를 거의 대부분 수용하고 있다. 다만 분류에서 형집행 하위에 세부 항목을 추가하였다는 점과 '배상금'을 '국가배상금'으로 항목을 변경하고 보존연한도 3년에서 영구로 변경 조정한 것이 차이라고 할 수 있다. 이와 같은 보존연한의 변경은 내각사무처에서 영구보존으로 책정해야 한다고 판단하였기 때문이다.

<표 2-17> 별표 「문서의종별보존기간의책정기준」

분류 번호	기능 명칭	세부기능	기능종별	보존 기간	비고
810	법무 운영	법령자문회답	중앙행정부처로부터 법령해석적용에 대한 응신문서	영구	
		법령자문반려	각 부처,개인 및 단체 등의 법령자문에 대한 반려, 기타 문서철임	1	
		법령의견	법령 등에 대한 의견건의 및 기타 문서	영구	
		법무자료	집필자의 선정 계약 및 번역관계문서	1	
		도서관리(삭제)	(삭제)	(삭제)	
811	행정 소송	공민권	반민주행위자 공민권제한에 대한 공고 문서, 기타 문서	영구	
			행정소송의 지위감독 및 피소 응소에 대한 결과 문서	3	
		국가배상금	국가배상금청구서,심의조서,심의보고서,지급결정서,지급신청,지급의뢰 등 문서	영구	
826	형집 행	형집행정지	형집행정지서에 대한 시찰조회 및 소재수사지휘보고서	3	

비고 : 이 도표는 법무 기능 중에서 일부만을 소개한 것이다.

이상에서 소개한 '문서의종별보존기간의책정기준(이하 '책정기준'이라고 한다)'은 정부의 업무기능에 기초하여 작성되었다. 그것은 정부공문서분류표 제정 과정에서 조사·분류된 업무기능(기본분류번호 및 기능명칭)이 '책정기준'의 분류번호와 기능명칭으로 그대로 승계되는 것을 통해 알 수 있다.

'책정기준'은 정부공문서분류표에서 정한 분류번호 중에서 기본분류번호(제1차~제3차분류)는 그대로 수용하고 기본분류 이하의 세목분류(제4차~제6차분류)는 생략하였다. 이에 따라서 '책정기준'의 분류번호와 기능명칭은 정부공문서분류표의 기본분류(류-강-목)의 분류번호 및 기능명칭과 일치하였고, 기능명칭 이하의 세부기능은 기능종별로 병렬하여 기능종별에 보존연한을 책정하는 방식으로 '책정기준'이 구성되었다. 다만, 정부공문서분류표의 세목분류는 삭제되어 소멸된 것이 아니라 '책정기준'의 기능종별로 해체, 통합, 승계되었다.

원래 정부공문서분류표는 공문서 개별 '건'의 고유번호(혹은 문서분류번호)를 지정[60]하기 위하여 작성된 것이기 때문에 기능을 매우 세분화하였으나, '책정기준'은 기능종별을 대상으로 보존연한을 책정하는 것이 주된 목적이었기 때문에 기능을 세분할 필요는 없었다. 따라서 1963년 정부공문서분류표의 기능이 2만여 개로 조사되었으나 '책정기준'의 기능종별은 약 4,700여 개로 축소되었던 것이다.

위와 같은 문서의 보존기간 책정기준표는 「공문서보관·보존규정(각령 제1759호, 1963.12.16)」에 법적인 기반을 두고 있다. 「공문서보관·보존규정」은 「정부공문서규정」에 의하여 작성된 문서의 편철 및 보관 보존의 방법과 절차를 정하는 것을 목적하고 있었다. 여기에서는 문서의 보존기간을 영구보존, 10년보존, 5년보존, 3년보존, 1년보존, 6개월보존 등 6종류로 하였고 문서보존기간의 종별책정 기준은 제4조 제2항에서 총리령으로 정할 것을 위임하였다.

---

60) 공문서는 頭部, 본문, 結部로 구성되었다. 頭部는 기관명, 분류기호 또는 문서일련번호, 시행일과 수신란으로 구성되었는데 분류기호는 기관기호와 문서분류번호로 구성하도록 하였다. 기관기호는 국과별 보조기관을 단위로 정하고 문서분류번호는 기능별분류와 십진분류방법에 따라 정하도록 하였으며 문서일련번호는 연별 또는 누년 일련번호로 정하도록 하였다. 「政府公文書規程(각령 제1645호, 1963.11.20)」 제17조 및 제18조.

<표 2-18> 정부공문서분류표와 문서의종별보존기간의책정기준의 비교

정부공문서분류표		문서의 종별 보존기간의 책정기준			
분류번호	기능명칭	분류번호	기능명칭	기능종별	보존기간
261	교무	261	교무	피교육자차출	1년
261.1	교육훈련			학급편성	1년
261.11	학급편성			교관 및 강사	1년
261.12	교육과정			교재	1년
261.13	교재			교육기재	1년
261.2	교관 및 강사			교육결과보고	1년
261.3	성적			교육평가	1년

「공문서보존기간종별책정기준에관한건(총리령 제44호, 1964.4.22)」에서는 문서의 보존기간은 기본적으로 별표 '문서의종별보존기간의책정기준'에서 상세히 표시하였으나 제2조에서 예외조항을 설치하여 다음 사항에 해당하는 문서는 연말에 폐기할 수 있도록 하였다.

① 법규문서에 관한 주무과의 초안
② 상급기관의 결정을 받은 사항으로써 하급기관에서 경유시에 단순히 보관한 副本
③ 소관이 아닌 문서, 다만 계속 참고하여야 할 문서는 1년간 보존할 수 있다.

또한 회계관계 문서 중 지출증빙서류의 副本은 별표의 기준에도 불구하고 5년간 보존하도록 하였다. 다만 사업이 계속 중이거나 감사시에 위법 또는 부당하다고 지적된 경우에는 5년이 경과한 후에도 당해 사업 또는 감사결과처리의 완결시까지 관계문서를 보존하도록 하였다.

그리고 이 총리령에서 규정되지 않은 문서의 보존기간책정기준은 이 영에 규정된 문서와 유사한 종별에 준하고, 유사한 종별이 없는 문서의 보존기간은 기관의 장이 정할 수 있도록 하였다. 보존연한 책정 과정을 도표로 표시하면 다음과 같다.

<표 2-19> 보존연한 책정 과정

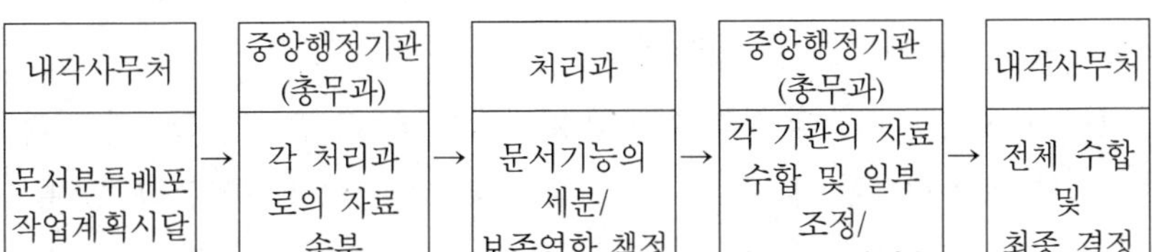

「공문서보관·보존규정」은 「정부공문서규정」에 의하여 생산 및 접수된 문서의 편철 및 보관 보존의 방법과 절차를 정하여 문서처리의 신속과 정확을 기하기 위한 것으로 이 규정의 적용범위는 행정기관의 모든 문서의 편철, 보관, 보존에 관한 사항이었다. 특히 용어정의에서도 보존관리에 따른 집중관리[61]와 분산관리,[62] 보관, 보존, 이관[63] 등의 용어를 제한적인 의미로 사용하고 있다.

그리고 보존기한에 대한 논란의 여지를 없애기 위하여 "보존기간은 문서의 처리가 완결된 익년 1월 1일부터 기산"하도록 하였고 문서관리의 기준을 정하였다. 이 규정 제2장에서는 문서의 편철 보관에 관한 사항을 두고 있는데 기능별 십진분류방법에 따른 분류기준을 총리령으로 정하도록 하였다. 그리고 문서분류 기준으로는 기능별, 보존기간별로 정하고 편철방법, 조견표, 색인목록, 장수표시, 부제목의 설정요령, 특수문서의 보관, 보고자료의 처리, 문서참조표, 미결문서의 보관 등에 관해 13개 조항을 두었다. 제3장에서는 문서의 인계 및 이관 사항으로 집중관리기관과 분산관리기관의 인계 및 목록의 작성요령을, 제4장에서는 보존에 따른 보관철을 연도별, 분류번호별,

---

61) "집중관리"는 처리 완결된 모든 문서를 기관 단위로 문서주관과에서 일괄 집중하여 보관·보존하는 것을 말한다. 「공문서보관·보존규정(1963.12.16)」, 제3조 제3호.
62) "분산관리"는 과 또는 계 단위로 문서주무과에서 처리 완결된 모든 문서를 일괄하여 보관·보존하는 것을 말한다. 「공문서보관·보존규정(1963.12.16)」, 제3조 제4호.
63) "이관"은 보관 중의 문서를 처리하여 보존의 필요가 있는 것을 소정의 보존주관처에 인계하는 것을 말한다. 「공문서보관·보존규정(1963.12.16)」, 제3조 제7호.

보존기간별로 보존하도록 하고 보존문서기록대장의 기록과 비치점검 및 소독 방법 등을 구체적으로 정하였다.[64]

한편, 1960년대 이후의 보존연한 책정 방식을 좀 더 언급할 필요가 있다. 「정부공문서규정(각령 제137호, 1961.9.13)」과 「공문서보관·보존규정」에는 각각 보존연한 책정에 관한 규정이 있다. 「정부공문서규정」 서식 제12호에는 기안용지의 규격을 확정하였는데, 여기에 기안문 작성시 기재사항으로 '보존연한' 항목이 있다. 그러나 이 당시에는 보존연한 책정기준이 공표되지 않았기 때문에 1964년 「공문서보존기간종별책정기준에관한건」이 공표된 이후에 비로소 현실화될 수 있었다. 이와 함께 「공문서보관·보존규정」 제11조에서 "보관철의 설정은 문서분류의 기준으로서의 기능별 보존기간별"로 하도록 하고, 제9조에서 문서는 매 "안건"마다 그 발생, 경과, 완결에 관계되는 문서를 일괄하여 "1건"으로 합철하도록 하였다. 그리고 1건철이 된 문서를 보관할 때에는 약 200매를 기준으로 하여 보관철(폴더)을 사용하도록 하여,[65] 보관철에도 보존연한을 책정하도록 하였다.

이상과 같은 표현들은 문서보존연한 책정 단위가 '件'이었는지 '綴'이었는지 혼란스럽게 하는 것이다. 이러한 혼란은 1968년 보존문서정리작업에서 명확한 원칙이 성립하면서 해소되었다. 즉, 1968년 보존문서정리작업 세부지침에 "문서의 보존기간은 개개의 문서에 따라 정하는 것이 아니고 안건에 따라 그 발생, 경과 및 완결에 관계되는 문서 1건을 총괄하여 그 一件文書 전체의 성질을 검토하여 보존기간을 정하게 되는 것이므로 一個 문서가 기안부터 결재, 시행문 작성, 발송의 제절차를 밟았다 하여 즉시 보존기간을 정할 수 있는 것이 아니다" 라는 표현이 있다. 특히 재분류지침에서는 "문서의

---

64) 한국행정연구원, 『韓國行政史料集(2)』, 1996, 368~369쪽.
65) 이 당시 편철 단위로 사용된 '건'은 'item'을 의미하는 것이 아니라 '1사건' 혹은 '1안건'의 줄임말로서 200매의 문서를 묶은 편철의 단위이자 보존연한이 표시되는 단위이기도 하였다.

재분류는 一件主義 원칙에 따라 一件文書 전체를 동일한 보존기간"으로 분류하도록 하였다.[66] 이를 통하여 기안문 서식에 보존연한을 책정하는 항목이 있었다 할지라도 사실상 1건철이 보존연한을 책정하는 단위였다고 판단할 수 있다.

그리고 기관 내에서 왕복하는 문서는 주무과에서 원본만을 보존하고 시행문을 배부받은 국·과에서 처리를 완결한 후 폐기하도록 하였고, 예외적으로 주무과의 원본문서 중에서 보관할 가치가 없는 것도 폐기할 수 있도록 하였다.[67] 이 당시 기록폐기의 특징 중의 하나는 기록생산기관의 재량을 폭넓게 인정하였다는 점이다. 예컨대, 각 문서관리 단위의 보존책임자는 주무처와 함께 매 분기말 문서를 검토하고, 정세의 변화가 있을 때, 기관장의 승인을 얻어서 보존기간을 변경하거나 폐기할 수 있도록 하였다.[68]

「정부공문서분류표(1963.1.1)」, 「공문서보관·보존규정」, 「공문서보존기간종별책정기준에관한건(1964.4.22)」은 국가기록관리의 측면에서 볼 때 획기적이라고 평가할 수 있다. 왜냐하면, 「공문서보관·보존규정」 등의 법령이 제정됨으로써 국가적 통일성을 갖춘 표준적 지침에 의하여 관리되기 시작하였고 「공문서보관·보존규정」과 연계된 「정부공문서분류표(1963)」와 「공문서보존기간종별책정기준표(1964)」가 개발됨으로써 한국정부는 전 세계에서도 비슷한 사례를 찾아보기 어려운 독자적인 기록분류표와 기록물처리일정표를 보유하게 되었기 때문이다.

이로써 첫째, 정부공문서를 지적·물리적으로 통제하기 위한 범 정부차원의 편철, 분류, 이관, 보존, 평가 및 폐기에 관한 기본지침이 확립되었다. 둘째, 현용 및 준현용 단계의 기록물을 분류하기 위하여 정부기능 전체를

---

66) 수원지방검찰청 사무국 서무과, 「보존문서정리작업 세부지침 추가(1968.6.7)」 『예규철(BA0155126)』.

67) 「공문서보관·보존규정(1963.12.16)」, 제31조.

68) 「공문서보관·보존규정(1963.12.16)」, 제5조.

포괄하는 십진식 기능분류가 채택·시행되었다. 셋째, 1948년 한국정부 수립 이후 최초로 전체 정부공문서를 대상으로 행정적 가치의 존속기간과 역사적 가치 유무를 판단하는 평가기준이 개발되었다. 넷째, 한국정부는 기록물의 분류와 평가 업무에 소요되는 비용과 인력을 크게 감축하는 방법으로서 기록물의 기능분류와 보존기간 책정을 연동하여 관리하는 방식을 채택하였다. 이 방식은 비교적 단기간에 많은 기록물을 처리할 수 있는 측면도 있었다.[69]

5. 맺음말 : 1960년대 기록관리의 특징과 한계

한국의 국가기록관리체제는 1961년 5월 16일 군사쿠데타 이후 군부세력이 위로부터 공공행정을 장악하고 행정조직을 재편하는 과정에서 형성되었다. 1961년 군사쿠데타 세력은 행정효율화의 달성을 목적으로 미국식 사무관리제도를 도입하고 문서의 대량 생산 및 처리를 위한 새로운 행정관리체제를 수립하였다. 이때 수행된 서식표준화 작업은 한국정부 역사상 최초로 공문서의 종류를 조사하고 표준화된 서식을 새롭게 개발하였다는 점에서 의미가 있었다. 이 작업은 당시까지 유지되어 온 식민지적 사무관리제도(「조선총독부공문서규정」 및 「조선총독부처무규정」)를 부정한 새로운 「정부공문서규정」의 공포로 완결되었다.

한국정부는 서식을 표준화하고 「정부공문서규정」을 정비하여 기록관리의 기초적 제도를 완비하고 보존문서정리작업을 추진하여 본격적으로 기록관리체제의 개혁을 추진하였다. 한국정부가 보존문서정리작업을 추진한 것은 1948년 한국정부 수립 이후 1961년까지 각 행정기관에서 보관하고 있던 방대한 양의 공문서가 조직적으로 처리되지 못한 채 각 행정기관에 적체되어

---

69) 이승일, 「1960년대 초반 한국 국가기록관리체제의 수립과정과 제도적 특징」, 『한국기록관리학회지』 7-2, 2007.

있었기 때문이다. 1962년 보존문서정리작업은 당시 한국정부가 보관하고 있던 문서 전체를 대상으로 조사·분류·정리하였다는 점에서 의미가 있다. 이 작업을 계기로 각 행정부서가 보유하고 있던 기록물의 양을 처음으로 알 수 있게 되었고 평가 작업을 통해서 보존연한별 기록물의 양도 측정할 수 있게 되었으며 보존연한이 만료된 기록물은 국가가 승인하는 방식의 폐기가 최초로 이루어졌다.

1962년의 보존문서정리작업으로부터 시작된 국가기록관리체제 구축 노력은 과거에 생산된 문서 뿐 아니라 현행 및 미래에 생산될 공문서의 효과적 감축을 위한 관리방법을 제정하는 것으로까지 확대되었으며, 그 구체적인 내용은 「공문서보관·보존규정」, 「정부공문서분류표」 및 「공문서보존기간 종별책정기준에관한건」으로 드러났다. 그리고 기록물의 물리적 관리 뿐만 아니라 사전에 계획된 지적인 통제를 통하여 기록물의 이관, 보존, 검색, 활용 등이 가능하도록 체계적인 관리로까지 이어졌다.

이 당시에 출현한 국가기록관리체제의 특징을 네 가지로 요약하면 다음과 같다. 첫째, 공공기록을 지적·합리적으로 통제하기 위한 전 정부 차원의 노력이 반영되었다는 점이다. 1962년까지 국가기록을 대상으로 하는 분류시스템이 없었으나 한국정부는 전 정부차원의 분류체계를 만들었다. 이 당시에 도입된 분류는 정부기능 전체를 포괄하는 기능분류를 지향하였다. 이때 제정된 정부공문서분류표는 철저한 기록통제의 관점에서 비롯된 것이라 할 수 있으며 한국행정의 통제력이 강화되는 측면을 반영하는 것이다.

둘째, 1948년 한국정부가 수립된 이후 최초로 전체 정부 공문서를 대상으로 하는 평가지침(처리일정모델)이 개발되었다. 이 과정에서 한국정부는 기록의 기능분류와 보존연한(처리일정)을 연동 관리하는 방식을 선택하였다. 이 방식은 비교적 단시간에 많은 기록을 처리할 수 있는 장점이 있었다. 왜냐하면 분류작업을 통하여 문서의 유형이 확정되면 동일 유형의 문서가 자동적으로 보존연한이 책정될 수 있기 때문이다.

셋째, 이 시기부터 단순히 행정행위를 수행하는 수단의 측면 뿐만 아니라 행정경험을 후속 담당자에게 신속히 전달함으로써 업무수행의 시간과 비용을 절감한다는 국가적 차원에서의 문서관리라는 시각 하에서 공문서를 다루기 시작하였다. 1962~63년 사이에 확립된 기능 기반의 분류와 평가체제는 이후 약 40년간 한국기록관리체제를 규정하였고, 이와 같은 관리시스템은 법령에도 채택되어 기록관리 표준으로 정착하였다.

넷째, 영구보존문서를 집중적으로 관리하기 위한 보존시설의 설립이 계획되었다. 종전까지 영구보존문서는 각 행정기관에서 자체적으로 관리하고 있었으나 1962~64년 국가기록관리체제를 정비하면서 정부의 모든 영구보존문서를 하나의 기관에서 관리하려는 계획이 수립되었다.

이상과 같은 1960년대 초반 한국의 국가기록관리체제는 행정관리의 일환으로 수립되었다. 그러나 군사정부는 행정효율화만을 편향적으로 추구한 결과 역사기록의 관리에 대해서는 상대적으로 관심이 적었다. 이 당시 국기기록관리는 과중한 문서관리 업무로부터 행정담당자들을 벗어나도록 하기 위하여 적절한 이관 및 보관, 보존 체제를 마련하는 것을 주요 내용으로 하고 있었기 때문에, 한국정부는 업무의 효율화에 장애가 되는 방대한 양의 공문서를 신속히 감축하는 것에 매우 관대하였다. 따라서 중요기록들이 행정환경의 변화에 따라 쉽게 파기되거나 행정적 필요성이 소멸되면 소홀히 관리되는 현상이 나타나기도 하였던 것이다.

이 같은 현상은 보존문서정리작업의 결과로 설립된 정부기록보존소[70]에 대한 국가적인 무관심으로 연결되었다. 정부기록보존소는 1962년 보존문서정리작업과 1963년에 제정된 「공문서보관·보존규정」에 근거하여 1969년에

---

70) 정부기록보존소는 2004년에 국가기록원으로 명칭이 변경되었다. 이 책에서는 1969~2003년까지는 정부기록보존소로, 2004년 이후에는 국가기록원으로 칭하고, 양 기간을 통칭하는 경우에는 국가기록원으로 기술했다.

설립된 영구기록물관리기관이었으나 정부기록보존소는 영구보존문서를 체계적으로 관리할 수 있는 최소한의 기록관리 인프라조차 제공되지 못하였다. 정부기록보존소는 보존서고, 보존시설, 장비, 전문인력 등을 보유하지 못했다. 따라서 1962~64년까지 수행된 기록관리 프로세스의 정비만으로는 기록관리가 제대로 이루어질 수 없었다.

또한, 공공행정에 대한 국가의 설명 책임, 국민의 국가기록 이용권 천명, 기록물의 합리적 공개 절차 마련 등과 같은 민주적 가치도 도외시되었고 역사기록의 합리적 선별을 통한 후세 전승과 보존이라는 과제에도 소홀히 하는 등의 문제점도 동시에 가지고 있었다.

군사정부에 의해서 일방적으로 구축된 행정효율화 중심의 기록관리체제는 1990년대 시민사회의 성장과 한국사회의 민주화가 성숙되면서 점차 극복되었다. 1999년 기록관리법[71]의 제정은 행정효율화 중심의 기록관리에서 비로소 공공행정 부문에서도 역사적 기록유산의 선별·보존과 활용의 논리가 결합되기 시작하였음을 보여주는 것이라고 평가할 수 있다.

---

71) 이 법률은 2006년에 「공공기록물 관리에 관한 법률」로 개정되었다(2006.10.4 법률 제8025호 공포, 2007.4.5 시행).

제3장 정부소산계획과 1970년대
기록관리의 변동

1. 머리말

1948년 한국정부 수립 이후에 생산된 정부공문서는 1960년대 초반에 국가 기록관리체제가 수립되면서 비로소 보존, 전승을 위한 제도적 기반이 마련되었다. 다만, 국가기록관리체제가 작동하면서 영구보존문서가 주기적으로 생산되었으나 영구보존문서의 체계적 관리를 위한 보존시설, 장비, 관리 인력의 충원 등의 후속조치는 제대로 이루어지지 않았다. 1970년대에도 역사적 가치가 있는 행정문서를 국가적 기록유산으로서 관리하고 장기적 관점 하에서 보존 및 활용계획을 수립하는 것에는 상대적으로 소홀하였다.

1960년대말~1970년대에 한국의 기록관리체제에 가장 큰 영향을 미친 변수는 남북관계였다. 남한과 북한의 군사적 긴장상태는 한국 민주주의의 발전에 장애가 되기도 했는데 기록관리에도 큰 영향을 미쳤다. 그 대표적인 것이 1968년 남북간의 군사적 긴장 사태를 계기로 수립된 한국정부의 소산계획이었다. 정부소산계획은 1968년에 발생한 '청와대 습격사건'과 '푸에블로호 납치사건'을 계기로 수립되었는데, 주요 내용은 국가 비상사태에 대비하여 한국의 주요 국가기관을 신속히 후방으로 이동하는 것이었다. 그리고 한국정부의 소산계획에는 주요 정부기관의 공문서를 후방으로 이동시키는 보존문서

정리작업이 포함되어 있었다.[1]

원래, 정부소산계획은 국가적 차원에서 수립된 비상계획의 일환이었으나, 총무처가 소산계획을 수립하면서 각 행정기관에서 보존하고 있던 영구보존문서의 감축도 동시에 추진하였다. 그 이유는 각 정부기관이 소장하고 있는 영구보존문서가 지나치게 많아서 한국정부의 신속한 후방 이동에 방해가 된다고 판단했기 때문이다. 이 과정에서 한국정부는 1964년 공문서보존기간종별책정기준에 따라서 영구보존으로 책정된 일부의 공문서를 유한보존문서로 하향 조정하는 등 기존의 국가기록관리시스템을 스스로 부정하는 모순된 정책결정을 내렸다.

그리고 1968년 보존문서정리작업을 계기로 1969년에 「공문서보관·보존규정」이 개정되어 영구보존기록물을 '갑'과 '을'로 구분하고 '준영구보존'이라는 보존연한이 새롭게 출현하였다.[2] 영구보존문서 '을종'과 '준영구보존'의 출현은 기록물의 신속한 소개를 위한 수단이었으며 영구기록물의 증가에 따른 관련비용과 인력을 제어하는 수단으로도 활용될 수 있었다.

한국정부는 여기에서 그치지 아니하고 영구보존문서의 생성을 구조적으로 억제하는 방향으로 국가기록관리체제의 개편을 추진하였다. 즉, 1978~79년 사이에 공문서분류 및 공문서보존기간종별책정기준을 개정하는 작업을 수행하였던 것이다. 1964년에는 영구보존으로 분류된 기능종별이 약 15%였으나

---

1) 1968년의 보존문서정리작업은 1962년의 보존문서정리작업과는 본질적으로 그 성격이 다르다. 1962년 보존문서정리작업은 과거에 생산된 공문서의 분류, 정리 등을 통하여 영구보존문서를 선별하고 보존연한이 만료된 문서를 폐기하는 것이 주된 내용이었다. 그러나 1968년의 보존문서정리작업은 이미 영구보존문서로 선별된 문서를 기록물의 신속한 후방 이동을 위하여 유한보존문서로 격하시키고 그 일부를 폐기하는 작업이었다.

2) 한국의 독특한 보존기간의 종류로서 나타난 '준영구보존'은 보존기록의 장기보존을 목적으로 설치된 것이 아니라 국가 비상사태에 대비하기 위하여 영구보존문서를 감축하기 위한 방법이었다. 그러다가 1999년 기록관리법이 제정되면서 '준영구보존'은 50년 보존 후 평가심의회를 거쳐서 폐기하는 장기보존의 성격을 띠게 되었다.

1979년에 공문서보존기간종별책정기준표를 개정하면서 영구보존으로 분류된 기능을 2.75%로 대폭 축소하였고 그 대신에 10년 이상 보존하되 재평가하여 폐기가 가능한 준영구보존 기능은 12.6%로 분류되는 변화가 나타났다. 이 같은 변화는 증가하는 관리대상 기록물에 대하여 한국정부가 영구보존을 위한 시설 및 인력을 충원하는 것을 통하여 해결한 것이 아니라 영구보존기록물을 감축하는 쪽으로 해결하려 하였음을 의미한다. 이 같은 정책결정은 경제개발 과정에서 필연적으로 수반된 국가기능의 증가에 따른 행정기록의 증가에 비례하여 국가기록 관리를 위한 비용을 지불하지 않으려는 자세에서 비롯되었다.

이상과 같은 보존문서정리작업은 행정적 요구에 의하여 국가기록물 관리체제가 변동되었음을 보여주는 좋은 사례이지만, 지금까지 1960~70년대 국가기록관리체제의 변동에 대한 실증적·분석적 연구가 충분히 수행되지 못하고 있는 실정이다. 일부 연구자에 의하여 보존문서정리작업에 대해서는 소개가 이루어진 바가 있으나 기록물의 폐기만을 단편적으로 강조한 결과 1968년과 1975년에 수행된 보존문서정리작업에 의하여 변동된 기록관리체계의 양상과 그 성격을 전혀 분석하지 못하고 있다.[3]

이 장에서는 1968년 및 1975년 보존문서정리작업이 국가기록관리체제에 어떻게 영향을 미쳤고, 특히 1979년의 정부공문서분류표 및 공문서보존기간종별책정기준표의 개정 작업을 통하여 국가기록관리체제는 어떻게 변화했는지를 중심으로 살펴보도록 하겠다.

---

3) 이경용, 「한국의 公記錄管理制度(Ⅰ)」『기록보존』15, 2002 ; 이경용, 「한국기록관리체제 성립과정과 구조―정부기록보존소를 중심으로」『기록학연구』8, 2003.

2. 정부소산계획과 보존문서정리작업의 추진

1) 1968년 보존문서정리작업과 보존문서 소산

1963년「공문서보관·보존규정」및 1964년「공문서보존기간종별책정기준에관한건」이 제정됨으로써 한국정부는 국가기록물을 체계적으로 관리할 수 있는 통일적인 편철·분류·이관·평가·보존 체제를 갖출 수 있게 되었다. 이 당시에는 업무가 종료된 행정문서가 신규업무 추진에 방해가 되지 않도록 관리대상 기록물을 감축하고 현용 및 준현용 기록물의 신속한 검색과 활용을 위하여 관리체계가 구축되었다는 점에 주목할 필요가 있다.[4]

따라서 현용 및 준현용 단계에서의 관리체계는 상대적으로 잘 정비되었으나 영구보존관리체계의 수립을 위한 비용 지출과 인력의 충원에는 소극적이었다. 1960년대 초반부터 국립문서보존소 설립을 계획하였으나 1969년에야 정부기록보존소가 설치되었으며 보존서고와 같은 시설 및 장비도 제대로 지급되지 않았다. 요컨대 대량의 보존문서가 발생하고 이에 따른 이관 및 보존체제를 확립하였으나 그에 따른 인프라는 전혀 갖추어지지 못하였던 것이다. 1963년 및 1964년에는 각 처리과에서 필요한 사무관리 용품을 중심으로 표준화하고 지급되었던 것이다. 이에 따라서 국가기록관리체계의 수립 이후에도 유한보존문서 뿐만 아니라 영구보존문서도 행정기관에서 자체적으로 관리하는 문제점은 여전히 남아 있었다.

이 같은 상황에서 1968년에 발생한 군사적 위기 상황은 국가기록물관리체계에 큰 영향을 끼쳤다. 1968년 1월 21일 북한이 파견한 특수부대원들이 청와대를 습격하려다가 청와대 앞에서 저지되는 사건이 발생하였고, 1월 23일에는 동해안 원산 앞바다에서 미국 첩보선 푸에블로호가 북한에 나포되는 사태가 발생하였다.[5] 이 사건들을 계기로 미국은 북한 침공을 포함하는

---

4) 이승일,「1960년대 초반 한국의 국가기록관리체제의 수립과정과 제도적 특징」,『한국기록관리학회지』7-2, 2007.

다양한 압박작전을 계획하는 등 한반도가 매우 위험한 상황에 처해졌다. 한국정부도 향토예비군 창설을 비롯한 국가비상 상황에 대비한 대대적인 전시 대비 방안의 마련에 착수하였다.

이 방안의 일환으로서 1968년에 총무처는 국무총리 지시 제2호에 의하여 "각급 행정기관 및 지방자치단체에서 보유하고 있는 1968년 4월 1일 현재 보존문서를 일제히 재정리함으로써 화재 등 기타 비상시에 대비"할 것을 목적으로 보존문서정리작업을 추진하였다.[6] 이 지시에 따라서 각 중앙행정기관(단, 국방부, 중앙정보부, 선거관리위원회 제외) 및 동 산하기관을 비롯하여 각급 지방자치단체와 시·도 교육위원회 및 그 산하기관을 대상으로 1968년 4월 1일부터 5월 31일까지 약 2달간 보존문서를 정리하기로 하였다.

당시까지 정부공문서는 「공문서보관·보존규정」 및 「공문서보존기간종별 책정기준에관한건」을 통하여 보존연한을 세부기능에 따라서 구체적으로 규정하고 완결된 문서의 분류, 이관, 보존 및 폐기를 규정하였음에도 불구하고 한국정부는 이 같은 법규를 스스로 부정하고 "모든 문서는 최하보존기간으로 엄격히 재분류하여 장기보존문서를 최소한도"로 줄이는 등 영구보존기록물의 감축을 위한 별도의 수단을 추진하였던 것이다.[7]

국무총리가 지시한 보존문서정리는 원칙적으로 「공문서보관·보존규정」

---

5) 홍석률, 「위기 속의 정전협정-푸에블로 사건과 '판문점 도끼살해' 사건」 『역사비평』 63, 2003.

6) 수원지방검찰청 사무국 서무과. 「(법무총127.1-6703) 보존문서정리작업 계획 시달 (1968.4.1)」 『예규철(BA0155126)』. 이 문서는 국무총리 지시를 총무처→법무부→수원 지방검찰청의 순서로 하달한 문서이다. 이하 1968년 보존문서정리작업의 구체적인 내용에 관하여는 이 문서를 인용하였음.

7) 한국정부는 일찍부터 마이크로필름작업과 분산보존을 지향하였다. 한국의 지적원도 및 국유임야의 경계도, 이조시대 문서, 일제시대의 각종 중요문서를 축사촬영보존하는 한편 영구보존문서센터와 같은 기구를 설립하여 현재 각 부처가 보유하고 있는 정부수립 이후의 각종 중요 도서를 마이크로필름화시켜 보존함으로써 인력과 예산을 절약하는 동시에 화재나 전쟁 등 비상사태에 대비하여 각 대학도서관과 지방에 분산, 보존시키는 작업을 계획하였다. 총무처, 『행정백서』, 1965, 405쪽.

및 「공문서보존기간종별책정기준에관한건」에 따르되 정리 목적을 위하여 일반 방침의 범주 내에서 중앙행정기관장, 서울특별시장의 자유재량을 인정하는 방식으로 추진되었다. 그러나 이 같은 방침은 원칙에 불과하였고 기록물의 신속한 후방 소개를 위하여 보존 및 보관문서 전량을 대상으로 보존연한을 다시 책정하고 영구보존문서를 최소한으로 감축하는 것이 주요 내용이었다.

우선, 문서의 감축은 사본의 보존을 크게 제한하는 방식으로 진행되었다. 예컨대, 기관 상호 간의 왕복문서로서 완결된 것은 원칙적으로 그 사안을 발생케 한 주무부처의 문서를 보존대상으로 하였고[8] 회의록(국무회의, 차관회의, 기타 각종 위원회 등 회의)은 원칙적으로 회의를 주관하는 부처의 문서를 보존대상으로 하였다. 관보는 공보부 원본과 원안을 영구보존문서로 하고 관보의뢰서 및 부본은 완결 즉시 폐기대상으로 하였으며 각 부처에 배포된 관보는 도서류 보존방법에 따라 재분류하도록 하였다.

이외의 보존문서는 법적 증거의 지속기간을 기준으로 하여 보존연한을 조정하도록 하였다. 법인, 조합, 단체설립 감독 등 관계문서는 해당 법인 해산 후 청산이 완료일부터 15년, 자연인 신상에 관한 문서는 사망일부터 통상 10년 보존문서로 하였다. 그리고 민사 및 형사책임이 내포되어 있는 문서는 20년, 회계책임이 내포되어 있는 문서는 6년으로 재분류하도록 하였다.

이 지침에 따라서 각 기관은 보존하고 있는 문서와 각 국·과에서 보관중인 유한보존문서를 별도로 시달하는 세부지침을 참조하여 엄격히 재분류하고 파일링 작업을 실시하였다. 이 작업에서는 영구보존으로 책정된 문서 뿐만 아니라 보관 중인 공문서도 그 대상이었으며 다음과 같은 요령으로 재분류하였다.

---

8) 기안문 중심의 보존 관리를 의미한다.

<영구보존문서의 재분류 지침>

(1) 현행 「공문서보관·보존규정」상 영구보존문서이지만 그 내용이 사실상 영구보존할 가치가 없는 것은 보존 기한을 재분류하고 "공통서식 1-17 (색인목록)"에 의거 재분류 문서목록표를 작성한다. 유기문서도 또한 같다.

(2) 전항 작업에 의하여 유기문서로 재분류된 문서는 「공문서보관·보존규정」에 따라 처리한다. 모든 폐기대상문서는 총무처에 인계하여 총무처장관이 재검토후 폐기한다. 유기로 재분류된 문서도 또한 같다.

(3) 영구보존문서로 계속분류된 공문서는 다음의 3종으로 구분편철하고 "공통서식 1-17 (색인목록)"에 의거 영구보존문서 목록표를 각각 작성한다.
· 마이크로필림 (MICRO-FILM)으로 촬영하고 문서원본은 소각하여도 될 문서.
· 마이크로필림 (MICRO-FILM)으로 촬영하더라도 문서원본을 계속 보관해야 할 문서.
· 10년 이상 보존의 가치는 있으나 영구보존할 필요 없는 문서로서 개개문서의 성질에 따라 보존기한을 별도 정할 준영구보존문서.

이 지침은 「공문서보존기간종별책정기준에관한건」에서 영구보존으로 분류한 문서를 재평가하여 그 내용이 사실상 영구보존할 가치가 없는 것은 보존연한을 하향 조정하고 유한보존문서는 「공문서보관·보존규정」에 따라서 처리하되 폐기문서는 총무처로 이관하여 폐기하도록 했다.

이와 함께 공문서의 분류와 처리방법에서 중요한 변화가 발생하였다. 1963년 「공문서보관·보존규정」에서는 공문서의 보존연한을 영구문서, 10년, 5년, 3년, 1년, 6개월 등으로 구분하였으나 여기에서는 '준영구보존'이 추가되었다. 준영구보존문서는 10년 이상 보존할 가치가 있으나 영구보존할 필요가 없는 문서로서 개별 문서에 따라 보존연한을 별도로 정한다는 의미가 있었다.

한국정부가 준영구보존을 새롭게 설치한 이유는 영구보존문서의 물리적 수량을 감축하는 수단이 될 수 있었기 때문이다. 준영구보존문서는 10년 이상 보존의무를 명시하였을 뿐, 10년 경과 후에는 보존연한을 별도로 정할 수 있도록 하여 보존기관의 처분 재량권을 매우 폭넓게 인정한 것이었다. 당시에는 준영구문서에 대한 분류기준이 없었으므로 해당 생산기관에서 판단하는 수밖에 없었으며 결과적으로 준영구보존문서의 출현은 10년 보존 이후에 합법적으로 폐기할 수 있는 수단을 마련해 준 것이었다.

이와 함께 영구보존문서의 물리적 수량을 대폭 감축하는 방법으로서 MF 촬영이 주목받았다. 즉, 총무처는 모든 각종 資格原簿 중에서 영구보존으로 재분류된 문서는 마이크로필름 촬영 후 그 원본을 검토대상이 되도록 하였다. 이에 따라 영구보존문서를 마이크로필름으로 촬영하고 문서원본은 소각하여도 될 을종문서와 마이크로필름으로 촬영하더라도 문서원본을 계속 보관해야 할 갑종문서로 나누었다. 한국정부가 영구보존문서 원본을 일부 소각하고 마이크로필름만을 보존하기로 결정한 것은 기록물의 신속한 소개와 증가하는 공문서의 보존비용 및 관리인력을 조절하기 위한 측면이 강하였다.9) 영구보존문서에 기록된 정보의 장기보존과 보존 과정에서 발생할 수 있는 예기치 못한 원본 훼손에 대비하기 위하여 마이크로필름 촬영을 수행한 것이라기보다는 행정가치의 유지, 비용의 절감과 신속한 소개를 위해서 선택한 측면이 강했다고 볼 수 있다.10)

한국정부는 모든 영구보존문서에 대하여 마이크로필름 촬영을 계획하였으나 당시 마이크로필름에 대한 법적 증거력에 대한 어떠한 규정이 없었다. 공문서는 완결 이후에도 일정한 기간 동안에 정보의 증거력을 유지하는 경우가 많았다. 보존문서정리작업 과정에서 마이크로필름 촬영 후 원본을

---

9) 1969년에는 정부 문서 등의 행정가치를 보존하기 위하여 그 정리방법을 개선하고 영구보존문서는 계속 마이크로필름에 지속적으로 수록할 것을 계획하였다. 총무처, 『행정백서』, 1969, 577쪽.

10) 촬영 후 소각대상 영구보존문서는 별도 총무처에서 작성되는 마이크로필름 촬영계획에 의거 총무처에 인계하고 총무처에 인계된 문서는 촬영 완료되는 즉시 양화 1통(필름 및 약품은 당해기관부담)을 당해 기관에 인계하고 원본은 총무처 책임 하에 폐기하도록 하였다.

폐기하고자 하였으면 후속조치로서 마이크로필름의 법적 효력을 인정하는 등의 조치가 뒤따라야 하였으나 1968년 보존문서정리작업에서는 이 같은 조치가 결여되어 있었다.

원본도 보존하는 갑종의 보존문서는 장차 총무처에서 작성되는 영구보존문서 보존계획에 따라서 가칭 '국립문서보존소'[11]에 인계될 때까지 당해 기관에서 임시 보존하도록 하였다. 그리고 각 기관장은 재분류된 보존문서를 문서 주무과(각 국·과) 단위로 보존함을 억제하고 문서주관과(총무과)에 집중 보존하여 문서보존책임자와 반출책임자를 지정하고 반출 순위를 결정한 자체비상반출계획을 수립하도록 하였다.[12] 1968년 단계에서는 각 처리과에서 보존하지 말고 문서주무과(총무과, 문서과) 등에서 집중 보존할 것을 지시하고 있는데 이와 같은 집중관리 중심의 보존은 비상시 신속한 소개를 위하여 하나의 선택이었다고 볼 수 있다.

이 당시에 수립된 소개분류의 순위는 보존연한의 순위와 일치하였다. 즉, 영구보존문서로 재분류된 문서는 소개 제1순위로 분류하고 10년이상 보존문서 및 선택된 미결문서는 제2위로 분류하도록 하였다.[13] 5년 결재문서는 소개 우선순위 제3위로 분류하되 1년 및 3년 보존문서는 원칙적으로 폐기대상으로 하도록 하였다.[14]

각 기관은 이 계획에 의한 문서재분류를 1968년 5월 31일까지 완료하고

---

11) 당시까지 모든 문서는 해당 공공기관에서 생산하고 보존 관리하였으나 국립문서보존소 설립을 통하여 영구보존문서는 전문적인 관리기관으로의 이관을 계획하였다.
12) 1963년 「공문서보관·보존규정」에서는 집중보존과 분산보존을 모두 인정하였다.
13) 소개 우선순위의 표시를 다음 양식에 의하여 보존상자 및 운반용구 삼면에 붙이도록 하였으며 우선순위 1위는 赤色(종이색), 우선순위 2위는 黃色(〃), 우선순위 3위는 靑色(〃), 기타는 白色으로 하도록 하였다.
14) 위 일반기준에 불구하고 문서성질(보안취급구분에 따른 것)에 따른 소개 또는 폐기의 우선순위는 현행 보안규정의 테두리 안에서 기관장이 처리하도록 하였으며 각급 기관장은 소개 우선순위에 따른 문서보존함의 준비와 운반용구를 구비하도록 하였다.

대구 및 부산지구의 자체소속하급기관에 1968년 6월 30일까지 임시영구보존문서 창고시설을 갖추어 영구보존문서를 후송하도록 하였다. 그리고 목표기일까지 재분류작업이 끝나지 않는 기관은 전 보존문서를 임시영구보존문서창고로 1968년 6월 30일까지 후송하여 작업을 계속하도록 하였다.

각 기관장은 이 계획에 의한 작업이 완료되는 즉시 폐기할 문서는 공통서식 保存文書引繼移管書를 2부 작성하여 1부는 자체기관에서 보유하고 1부는 인계이관될 문서와 함께 총무처장관에게 이관하고 총무처장관은 1968년 6월 30일 이내에 마이크로필름 촬영계획을 수립하여 관계기관에 통보하도록 하였다.

총무처는 이상과 같은 보존문서정리작업을 지원하기 위하여 국무총리 명의의 보존문서정리작업 세부지침을 시달하여 작업수행의 기준으로 삼도록 하였다.[15] 이 지침에서는 국무총리 지시 제2호에 따라서 실시하고 있는 보존문서정리작업에 의한 폐기문서 처리 지침을 추가하고 문서의 유첨물 또는 간행물로서 도서류로 취급보관하고 있는 것 또는 일반도서 중에서 실제로 사용가치가 없어 폐기하여야 할 것은 폐기문서 처리지침에 따라 폐기하도록 하였다.

그리고 총무처는 <표 3-1>과 같이 각 기능종별에 보존기간을 직접 재책정하여 각 부서로 내려 보냈다. 1968년 보존문서정리작업에서는 각 부서에 보존연한 책정의 권한을 완전히 양도한 것은 아니었고 총무처 차원에서 보존연한의 세부지침을 내려보냈던 것이다. 각 부서에서는 이 지침에 따라서 기록물을 재분류하고 이 지침에 없는 문서는 각 부서가 직접 재분류하였던 것으로 생각된다.

---

15) 수원지방검찰청 사무국 서무과, 「(총무127-7821)보존문서정리작업 세부지침(1968.
   4.22)」『예규철(BA0155127)』. 이 문서는 국무총리 지시를 총무처→법무부→수원지방
   검찰청의 순서로 하달한 문서이다. 이하 1968년 보존문서정리작업의 재분류 및
   폐기과정에 대하여는 이 문서를 인용하였음.

<표 3-1> 보존연한 세부지침

분류번호	세부기능	기능종별	보존기간
121	보고통제	① 정기보고서식부의 활용기간 중	과비치보관문서[16]
		② 정기보고서식부의 폐지	연말 폐기
(중간 생략)	(중간 생략)	(중간 생략)	(중간 생략)
131	행사	① 정부수립 및 대통령취임식관계문서	영구(을)
		② 의전에 관한 규범	과비치보관문서
		③ 폐지 변경된 구 규범	일반문서의보존연한에 준함
133	국무회의	의안대장, 의안, 의사일정, 회의록	영구(갑)
	차관회의	의안, 의사일정, 회의록	영구(갑)
(이하 생략)	(이하 생략)	(이하 생략)	(이하 생략)

출처 : 수원지방검찰청 사무국 서무과. 「총무127-7821 보존문서정리작업 세부지침 (1968.4.22)」『예규철(BA0155127)』

보존연한을 책정할 때에 모든 문서는 특별한 모순이 발견되지 아니하는 한「공문서보존기간종별책정기준에관한건」에서 정한 보존기간 보다 장기간 보존문서로 재분류할 수 없도록 하였다. 그리고 지방자치단체의 고유사무에 대한 보존기한은 내무부장관이 정하였다. 그리고 주문서와 유첨자료가 분리 되어 별도 보관된 경우 어느 일방의 보존가치가 없는 때는 보존가치 있는 쪽만 보관대상으로 하고 가치 없는 쪽은 폐기대상으로 한다.

한편, 역사기록물에 대한 취급방침이 확정되었다. 여기에서는 "각 기관이 보유하고 있는 李朝時代, 日政時代, 美軍政時代 및 南朝鮮過渡政府 문서는 일단 영구보존문서로 분류하여 보존"하도록 하였다. 이에 따라서 조선총독부 가 보유하고 있던 기록물 중에서 한국정부로 이관된 기록물은 1968년에 공식적으로 영구기록물로 천명되었다.[17] 한국정부는 총무처가 보존 중인 조선총독부 공문서를 일괄적으로 영구기록으로 선언하였음에도 불구하고

---

16) 당시에는 簿冊 帳票로서 현재 사용되고 있거나 장차 계속 사용될 것은 과 비치 보관문서로 분류하였다.

17) 수원지방검찰청 사무국 서무과, 「(총무127-7821) 보존문서정리작업 세부지침 (1968.4.22)」『예규철(BA0155127)』.

일부 기록에 대해서는 재분류하여 선별적으로 폐기하였다. 이때의 폐기 방침을 살펴보면 역사적 가치에 대한 판단보다는 행정적 측면에서 고려된 측면이 강하였음을 알 수 있다.

가. 鑛務관계문서는 현행규정에 준하여 처리

나. 林政관계문서중 拂下 및 대부관계서류는 임야대장 및 토지대장과 대조후 일치되는 것에 한하여 폐기하고 불일치한 것은 사건해결 후 별도 정한다.

다. 토지개량관계문서는 해당 토지개량조합과 대조 후 일치되는 것은 폐기하고 불일치한 것은 사건해결 후 별도 정한다.

라. 토목관계문서는 토지개량관계문서에 준한다.

마. 지방관계문서는 다음과 같이 재분류한다.

  (1) 남한 읍, 면 예산 결산관계서류철은 폐기

  (2) 도, 시, 군, 예산 및 결산관계문서는 해당 지방자치단체의 도지 군지 발간에 참고로 하는 경우를 제외하고 폐기(도, 시, 군 관계서류철도 동일함)

  (3) 학교비 예산 결산관계문서는 폐기

  (4) 읍면 기채(起債)관계철은 폐기

  (5) 학교비 기채관계철은 폐기

  (6) 학교비 특별부과금관계철은 폐기

바. 위생관계문서 중 기록은 분리하여 현존 대장과 대조 후 합치부분은 폐기

사. 부동산관계문서는 현존기록과 대조 후 처리

부동산, 위생, 토지개량관계 문서와 임정관계 문서 중에서 불하 및 대부관계 서류는 현존하는 문서와 비교하여 일치하는 경우에 폐기한다는 원칙 하에서 폐기 결정이 이루어졌다. 이 문서들은 국민의 권리와 밀접한 관계가 있는 문서라서 영구보존문서로 분류될 가능성이 있었으나 현존하는 문서와 내용상 중복되는 경우로 판단하여 폐기하기로 결정한 것으로 보인다. 광무관계문서는 현행 분류기준에 따라 재분류하여 처리하도록 하였다. 이외에 지방자치단

체의 예·결산 관계문서, 학교비 예·결산문서 등은 일괄적으로 폐기하기로 결정하였다.[18]

일단, 모든 폐기문서는 국가행정기관, 지방자치단체 및 교육위원회와 동산하기관을 막론하고 총무처에 인계하도록 하였다. 그리고 각 기관의 폐기문서는 시·군단위로 개설되는 蒐集所에 이관하고 수집된 문서는 총무처장관이 별도로 지정하는 장소까지 총무처장관이 위임하는 공무원의 책임하에 운반(운반은 낙찰업자 부담)하여 총무처 직원에게 인계하도록 하였다. 총무처는 폐기문서를 재검토후 회계절차에 따라 公賣處分하여 국립문서보존소(가칭) 설치를 위한 재원으로 하기 위하여 歲入豫算에 拂込하도록 하였다.[19]

각 수집소는 1968년 5월 31일부터 개설하는데 국가행정기관 지방자치단체 및 교육위원회와 그 산하기관은 보존문서 인계이관서목록(목록이라 함은 문서철목록을 말함) 2部를 작성하여 1부는 자체기관에서 보유하고 1부는 해당 기관소재지 管轄蒐集所에 이관문서와 함께 1968년 6월 7일부터 6월 17일 사이에 인계하도록 하였다[20]. 폐기절차를 도표로 정리하면 <표 3-2>와 같다.

1968년 보존문서정리작업은 1969년 「공문서보관·보존규정(대통령령 제3924호, 1969.5.3)」의 전부 개정(안)에 일부 반영되었다. 우선, 1969년에는 「공문서보관·보존규정」의 적용범위를 확대하였다. 제2조에서 "행정기관에

---

18) 총무처가 조선총독부 공문서를 재평가하여 폐기한 행위의 적절성 여부는 신중히 검토하여야 할 사안이지만, 폐기 결정이 행정적·현재적 기준으로 수행된 점이 아쉽다. 조선총독부 본부 문서과가 관리하다가 한국정부가 접수한 기록물이 약 14,000여 권에 불과하다는 점을 고려하면 역사적인 가치와 희귀성, 유일본으로서의 성격도 함께 고려될 필요가 있었다고 판단된다.

19) 수집소의 개설과 운영에 대해서는 각 시 군 수집소는 당해 市廳 및 군청에 개설하며 郡守가 운영하고, 도청소재지 시 수집소는 해 도청에 개설하고 道知事가 운영하며 서울특별시 수집소 개설과 운영에 관하여는 따로 정하도록 하였다.

20) 수원지방검찰청 사무국 서무과, 「(총무127-7821) 보존문서정리작업 세부지침 (1968.4.22)」 『예규철(BA0155127)』.

서의 모든 문서의 편철·보관·보존은 다른 법령에 특별한 규정이 있는 것을 제외하고는 이 영의 정하는 바"에 따를 것을 명시하였다. 1963년에는 법규문서, 훈령, 일일명령, 예규 및 회보는 적용대상이 아니었으나 1969년에는 적용대상이 되었다.

<표 3-2> 폐기문서 처리절차

그리고 영구보존문서를 생산기관이 아니라 문서보존을 전문적으로 수행하는 기관에서 보존할 것을 분명히 하였다. 즉, 제3조 제8호 "문서보존 주관처"를 신설하여 문서보존만을 전담하기 위한 기관 설립을 명확히 하였다.[21] 이 결과로서 1969년에 영구보존을 전담하는 정부기록보존소가 비로소 설치되었다.[22]

---

21) 1969년에 영구보존을 전담하는 정부기록보존소가 설치되었으나 영구보존을 위한 시설은 1975년 보존문서정리작업의 후속조치로서 1984년에 부산에 건립되었다.
22) 「정부기록보존소지제(대통령령 제4029호, 1969.8.23)」.

제4조 보존기간에서는 영구보존문서의 종류를 갑종과 을종으로 구분하고 준영구보존을 신설하여 모두 7종류로 확대하였다. 이와 함께 1963년에는 기관 내에서 왕복하는 문서 중에서 주무과에서 원본만을 보존하고 시행문을 배부받은 국, 과에서는 처리 완결 후 폐기하도록 하는 것은 유사하지만 주무과의 원본문서 중에서 보관할 가치가 없는 것은 폐기한다는 단서 조항을 1969년에는 삭제하였다. 그리고 보존문서의 폐기는 보존기관에서 수행하도록 한 것은 동일하지만 기타 문서를 폐기할 때는 보존 주관처에 이관하거나 보존주관처와 협의하여 폐기하도록 하였다.

1968년 보존문서정리작업은 공문서의 보존방식을 집중형 체제로 전환하는 계기가 되었다. 1963년 「공문서보관·보존규정」에서는 분산형 관리도 인정하였으나 이 작업을 계기로 정부는 집중형 관리체계로의 전환을 권고하였다. 특히, 1968년 보존문서정리작업은 1964년 문서보존기간종별책정기준에 의하여 영구보존으로 분류한 조치를 부정하고 재분류하여 유한보존문서로 조정하였다는 점에서 기존의 국가기록관리체계를 일부 부정하는 조치이기도 하였다.

2) 1975년 보존문서정리작업과 보존문서 소산

1968년에 수행된 보존문서정리작업은 1975년에도 동일한 방식과 내용으로 반복되었다. 총무처는 국무총리 지시 제8호에 의거하여 1975년 4월 24일 현재 각 기관에서 보유하고 있는 보존문서를 1975년 5월 30일까지 정리, 소산을 위하여 긴급정리작업을 완료한 후 그 결과를 보고하도록 하였다. 이 작업은 "각급 행정기관 및 지방자치단체에서 보유하고 있는 1975년 4월 24일 현재 보존문서를 일제히 재정비하여 비상시 대비"할 것을 목적으로 시행되었다.23)

---

23) 수원지방검찰청 사무국 서무과, 「보존문서정리작업 계획 시달(1975.4.26)」 『예규원본

우선, 일반방침으로는 일반 문서는 원칙적으로 「공문서보관·보존규정」
및 「공문서보존기간종별책정기준에관한건」에 따라 처리하되 단, 특별히 정리
목적을 위하여 각급기관의 장이 위임 범위 내에서 정할 수 있도록 하였다.
그리고 모든 문서는 최하 보존기간으로 엄격히 재분류하여 장기보존문서를
최소한으로 감축하고 기관 상호 간의 왕복문서와 회의록, 관보 등도 1968년과
동일한 기준으로 재분류하도록 하였다.

영구보존문서(정부 중요기록물을 포함)로 재분류된 문서는 (특히 업무수행
에 필요한 문서는 소산할 수 있는 준비를 갖추되 본 소산에서 제외한다.)
소정기일까지 부산·대구지역으로 소산을 완료하도록 하였다.[24] 각 기관장
은 기관에서 보존하고 있는 문서와 현재 각 과에서 보관중인 유한문서를
엄격히 재분류하고 편철 작업을 실시하였다. 문서의 재분류도 1968년 보존문
서정리작업과 동일한 방식으로 수행되었다. 우선, 「공문서보관·보존규정」
상 영구 보존문서이지만 그 내용이 사실상 영구보존 할 가치가 없는 것은
보존기한을 재분류하고 재분류문서 목록표를 작성하였으며 영구보존문서를
갑종과 을종으로 구분하여 편철하는 것도 동일하였다.[25] 다만, 1975년에는
보존연한에 대한 일반적 기준을 아래와 같이 제시하여 각 부서가 직접 보존연
한을 재분류하도록 하였다는 점에서 약간의 차이가 있다.

<보존문서정리작업지침(추가)>

철(BA0155134)」. 이 문서는 생산 당시에는 2급 비밀이었으나, 첨부물에서 분리되면
일반문서로 재분류하라는 예고문이 붙어 있다.

24) 문서의 소산순위도 1968년과 거의 동일하게 선정되었다. 영구보존문서는 소산 우선순
위 제1순위로 하였고 10년 이상 보존문서는 제2순위, 5년 보존문서는 제3순위로
하였고 3년 및 1년 보존문서는 원칙적으로 제외하였다. 이 같은 기준에 불구하고
문서 성질(보안 취급 구분에 따른 것)에 따른 소산 또는 폐기 우선순위는 「보안업무규
정」의 테두리 안에서 각 기관장이 정할 수 있도록 하였다.

25) 수원지방검찰청 사무국 서무과, 「보존문서정리작업 계획 시달(1975.4.26)」 『예규원본
철(BA0155134)』.

가. 영구보존문서
　① 법률, 명령, 조례, 조약, 규정, 훈령, 부령, 예고, 주요 방침, 지시 등
　　관계문서
　② 국가의 중요정책에 관한 문서
　③ 국유재산, 공사 및 사업 등에 관한 중요문서
　④ 기타 각 기관의 장이 특히 중요하다고 인정하는 문서 등은 영구보존
　　갑 또는 을로 책정한다.
나. 10년 이하의 보존문서
　① 타 법령에 보존기간 또는 유효기간이 규정되어 있는 문서
　② 각종 채권 채무의 시효가 규정되어 있는 관계문서
　③ 각종 법령에 재정시효가 규정되어 있는 문서 등은 그 기간을 참작하여
　　보존기간을 책정한다.
　④ 타 법령 등에 보존기간, 유효기간, 시효 등의 규정이 없는 문서는 기관의
　　장이 신중히 검토하여 보존기간을 최소한으로 책정한다.[26]

위와 같은 추가지침과 함께 기능별재분류목록을 제출하도록 하였다. 총무처는 각 기관에서 제출한 목록에 근거하여 「공문서보존기간종별책정기준에 관한건」을 개정할 것을 계획하였다.[27]

각 기관장은 재분류된 보존문서를 문서 주무과(각 국·과) 단위로 보존하는 것을 억제하고 문서관리 주관과(총무과)에 집중 보존하여 문서 보존책임자와 반출책임자를 지정하고 반출순위를 결정한 자체 비상반출 계획을 수립도록 하였다.[28] 다만, 영구보존문서 중 특히 업무수행에 필요하여 소산에서 제외한

---

26) 수원지방검찰청 사무국 서무과, 「(총무127-9564) 보존문서정리작업계획 추가지시(1975.5.7)」 『예규철(BA0155133)』.

27) 수원지방검찰청 사무국 서무과, 「(총무127-9564) 보존문서정리작업계획 추가지시(1975.5.7)」 『예규철(BA0155133)』.

28) 소산우선순위의 표시를 다음 양식에 의하여 보존상자 및 운반용구 3면에 부착하도록 하였으며 우선순위 제1위는 적색(종이색), 제2위는 황색(〃), 제3위는 청색(〃), 기타는 백색(〃)으로 하도록 하였다.

문서는 보존상자에 보관하여 비상반출에 항시 대비하도록 하였다.

<표 3-3> 기능별재분류목록양식 (1975. 5. 20 현재)

현행					재분류					비고
분류번호	기능명칭	세부기능	기능종별	보존기간	분류번호	기능명칭	세부기능	기능종별	보존기간	

문서재분류는 1975년 5월 15일까지 완료하고 영구보존문서소산은 1975년 5월 30일까지 소산하되 목표일까지 재분류작업이 끝나지 않은 기관은 영구보존문서를 대구, 부산지구로 5월 30일까지 소산하여 작업을 계속하도록 하였다. 그 외 보존문서는 소산 우선순위로 구분하여 문서보존함에 보존하고 각급 기관장은 소산우선순위에 따른 문서보존함의 준비와 운반용구를 준비하여 소산하도록 하였다.[29] 이상에서 알 수 있듯이 1968년의 소개작업과 거의 유사한 방식과 절차로 수행되었음을 알 수 있다.

1968년과 1975년 보존문서정리작업을 어떻게 평가할 것인가 하는 점이 중요한 과제로 남게 된다. 1968년과 1975년 문서재분류를 통하여 영구보존문서가 유한보존문서로 조정된 비율과 문서의 유형에 대해서는 지금까지 연구된 바가 없기 때문이다. 그리고 현재까지는 보존문서정리작업의 전체적인

---

29) 총무처가 보존하고 있던 조선총독부 문서과의 문서 14,000여 권과 도면 789,095매는 중앙청 문서고에 남아 있던 것이 1950년 한국전쟁을 거쳐 중앙청 별관 2층으로 잠시 옮겨졌다가 1975년 보존문서정리작업계획에 의하여 대전권 이남으로 소산되었다. 이에 대구지역에 위치한 경산조폐창의 88평에 달하는 임시위탁문서고에 서가 171대를 확보하여 기록물을 비치하였다. 이 밖에 각급 산하기관에 분산보관하고 있던 문서 614,557권이 소산되었다. 이 기록들은 그 후에 부산에 서고가 준공됨으로써 다시 이동하였다. 韓國行政研究院, 『韓國行政史料集(Ⅱ)』, 1996, 384쪽.

규모도 파악하지 못한 상황이다. 다만, 수원지방검찰청에서 생산한 문서를 통하여 재분류의 양상을 개략적으로는 파악할 수 있다. 수원지방검찰청의 보존문서 재분류현황표는 다음과 같다.

<표 3-4> 보존문서재분류 현황[30]

1975.4.25 보유현황	재 분 류 현 황								비고
보존 기간	권수	영구(갑)	영구(을)	준영구	5년	3년	1년	폐기	계	
영구	374 349	281	48	45					374 349	
10년	282	4 1		14	14					
5년	53				23	32				
3년	34				1		33			
1년	29					3		26		
계										

이 도표는 원래 책정된 보존연한이 재분류 후 어떻게 변동되었는지를 알 수 있는 표이다. 수원지방검찰청 문서만을 대상으로 하고 있기 때문에 전체적인 상황으로까지 확대 해석할 수는 없으나 현재까지 확인할 수 있는 유일한 자료이므로 참고할 가치는 있다. 우선, 영구보존문서 374권 중에서 준영구로 분류된 것은 45권으로서 약 12.03%가 하향 조정된 것으로 볼 수 있다. 10년 이하로 재조정된 경우는 없는 것으로 표기되어 있다. 10년 보존은 282권 중에서 14권이 5년으로 분류되어 있다. 특이한 점은 영구로 분류된 것이 각각 4권, 1권이 있다는 것인데 어떠한 의미로 구분하였는지 현재로서는 알 수 없다. 5년 이하 문서에 대한 재분류는 큰 의미가 없는 것으로 판단된다.

---

30) 이 도표는 수원지방검찰청이 작성한 것이다. 다만, 수원지방검찰청이 보존하고 있는 문서 전체를 대상으로 하였는지는 명확하지 않으며 도표의 숫자는 수기로 표시되어 있어서 판독하기가 쉽지 않다.

수원지방검찰청 사례에서 알 수 있듯이, 모든 행정기관에서는 영구보존으로 분류된 문서를 유한보존으로 조정하는 업무를 수행한 것으로 추정된다. 그것은 법무부의 재분류 상황을 통해서도 추정할 수 있다. 법무부는 국무총리 지시에 근거하여 수행하는 보존문서의 분류는 「공문서보관·보존규정」 및 「공문서보존기간종별책정기준에관한건」에 따라 시행하되, 현재 책정된 보존기간이 과도하게 분류되었다고 인정되는 문서가 있을 때에는 별첨 기준을 참작하여 재분류하고 그 결과를 5월 26일까지 보고하도록 하였다.

법무부는 <보고문서재분류문서목록>이라는 표를 공표하여 기능종별에 따른 보존기간 변경 사항을 미리 고지하고, 이 재분류문서목록 외 문서의 보존기간은 「공문서보존기간종별책정기준에관한건」과 법무부 「총무100-13236(1974. 6. 14) 공문서보존기간종별책정기준개정」[31] 및 「검찰사무규정」에 의한 문서보존기간을 적용할 것을 지시하였다.[32] 문서목록은 다음과 같이 구성되어 있다.

분류번호 823의 수사자료 및 분석에 관한 문서의 경우, 1964년 보존기간기준표에서는 범죄에 대한 담당수사관으로부터 제출되는 범죄카드 기타 수사자료로서 범죄 분석에 사용되는 집계표는 영구보존으로 분류되었다. 단, 자료는 연도말께 폐기하도록 하였다. 이 부분은 기존과는 동일하지만 범죄분석과 범죄분석 원표 기능을 신설하여 각각 준영구와 연도말 폐기로 분류하였다.

이 도표는 1974년에 공문서보존기간종별책정기준을 개정하기 위하여 보존연한을 재조정한 것이지만 이 같은 방침이 보존문서정리작업에서도 활용되었다는 점에 주목할 필요가 있다.

---

31) 이 공문서를 통하여 법무부가 1974년에 공문서보존기간종별책정기준을 개정하는 작업을 수행하였고 이 작업결과가 1975년 보존문서정리작업에서도 활용되었음을 알 수 있다.
32) 법무부, 「보존문서정리작업계획 추가지시(1975.5.7)」 『예규(BA0772038)』.

<표 3-5> 보고문서재분류 목록

분류번호	기능명칭	세부기능	기능종별	보존기간		비고
				현행	개정	
811	행정소송	국가배상금	국가배상금 청구서·심의조서	영구	10년	
			국가배상금 심의보고서	영구	10년	
			국가배상금 지급결정서	영구	10년	
			지급의뢰서	영구	10년	
823	수사자료 및 분석 (검찰통계 및 범죄분석)	검찰통계	검찰에 관한 각종통계 연표	영구	영구(갑)	
			검찰에 관한 각종통계 월표	5년	5년	
			범죄분석		준영구	
			범죄분석 원표		년도말폐기	
이하생략	이하생략	이하생략	이하생략	이하생략	이하생략	

출처 : 법무부, 「보존문서정리작업계획 추가지시(1975.5.7)」 『예규(BA0772038)』.

대개의 기능종별은 보존연한을 감축하는 쪽으로 개정되었다. 위 재분류문서목록 이외의 문서보존기간은 1964년 「공문서보존기간종별책정기준에관한건」과 법무부 「총무 100-13236 공문서보존기간종별책정기준개정」 및 「검찰사무규정」에 따른 문서보존기간을 적용할 것을 규정하였다.[33]

이와 함께 1975년의 보존문서소산계획에서는 중기계획으로서 정부의 중요문서, 문헌, 기록물의 집중관리를 위하여 부산지역에 영구보존문서의 보존시설을 확보할 것을 규정하였다. 이에 따라 1975년 보존문서정리작업을 마친 후에 한국정부는 오랜 기간의 숙원 사업이었던 전문서고 설립에 착수하였다. 1977년에 2억 6백만 원의 예산을 투입하여 부지매입과 설계를 완료하였고 1979년에는 5억 1,200만 원을 투입하여 진입지로 부지 터 파기를 시작하여 1984년에 공사를 완료하였다. 이로써 1977년부터 1984년까지 7년 간에 걸쳐 부산시 동래구 거제동 산 126번지 일대에 총 공사비 86억 4,000만 원을 들여 대지 3만 7,278평(123,235평방미터), 건평 5,128평(17,058평방미터) 규모

---

33) 법무부, 「보존문서정리작업계획 추가지시(1975.5.7)」 『예규(BA0772038)』.

의 보존소 건물이 완공되었다.[34] 이 같은 보존서고의 완성은 기초적인 인프라를 비로소 구축하였다는 점에서 의의가 있었고 「정부기록보존소직제(대통령령 제11533호, 1984.11.1)」에도 반영되었다.

3. 1979년 영구보존문서의 구조적 감축 체제 구축

1) 정부공문서분류표의 개정

1968년 및 1975년에 수행된 보존문서정리작업은 국가비상시 정부소산의 일환으로 중요 기록물을 재분류하여 대구·부산 등의 후방지역으로 이전하는 것이 목적이었으나, 한국정부는 일시적인 재분류 작업으로 그치지 아니하고 기록물의 소산에 편리하도록 국가기록물관리체계의 개편을 추진하였다. 공문서보존기간종별책정기준표가 주기적으로 영구보존문서를 발생시키는 상황에서 전문적 보존서고의 설치와 관리인력 충원이 이루어지지 않았기 때문에 1978년에는 영구보존문서의 발생 자체를 대폭 억제하는 방향으로 기록관리체계를 변경하려고 하였던 것이다.

이와 함께 한국정부는 정부조직 및 기능상의 변화를 반영하여 현행 문서분류체계를 업무기능에 맞게 조정하고 문서의 파일화에 편리하도록 재편성하며, 문서기능의 보존기간을 재책정하여 영구보존 대상문서를 엄격히 규제하는 방향으로 보존체계를 개편하려고 하였다. 총무처는 정부공문서분류표 및 공문서보존기간종별책정기준표를 개편하기 위한 정비작업의 일환으로 내무부 등 15개 기관에 대한 표본조사를 실시하여 작업지침 및 시행계획을 시달하였고 이에 따라 51개 중앙행정기관으로부터 제출된 정부공문서 분류 및 보존개선안을 수합하여 1979년에 조정작업을 완료하였다.[35]

---

34) 韓國行政研究院, 『韓國行政史料集(Ⅱ)』, 1996, 376쪽.
35) 총무처, 『행정백서』, 1979, 466쪽.

총무처에서는 1978년 9월 16일에 정부공문서분류표 및 문서보존기간종별 책정기준표 정비를 위한 공문서를 발송하고 이에 따른 정비 계획을 공표하였다.[36] 1978년 한국의 기록물처리방식의 개편은 분류체계와 평가체계를 모두 개정하는 방향으로 전개되었으며 현행 정부공문서분류표 및 문서보존기간종별책정기준표를 재정비함으로써 첫째, 문서분류제도를 적정하게 활용하고 둘째, 파일링시스템(FILING SYSTEM)을 촉진하며 셋째, 과도하게 보존연한이 책정된 문서를 감축 조정하고 넷째, 문서관리 및 보존의 효율화를 도모할 것을 목적으로 진행되었다.[37]

총무처에서는 신속하고 표준적인 결과를 얻기 위하여, 공문서분류표 및 문서보존기간종별책정기준표의 개정 절차와 방법 등을 양식화하여 각 기관에 배포하고 각 기관은 총무처가 제시한 일정과 방법에 따라서 관련 자료를 제출하도록 하였다. 총무처에서는 각 기관에서 제출한 자료를 토대로 공문서 분류표와 보존연한책정기준을 최종적으로 확정하는 작업을 하였다. 각 기관이 제출하는 서류와 일정은 다음 표와 같다.

이 도표를 통하여 1978년의 문서분류작업의 절차와 방법 등을 파악할 수 있다. 우선, 총무처는 정부기능을 모두 20개로 대분류하고 그 중에서 총기와 인사 등의 공통기능은 전 행정기관에서 관련 자료를 작성하여 제출하도록 하였다. 고유기능에 대해서는 해당 부서에서 작성 제출하고 그 제출양식은 모두 3가지로 표준화하였다. 개정작업을 수행할 시에 각 기관은 제출양식에 따라 사전에 당해 기관의 실·과 관계관회의를 개최하여 자체 교육을 실시하도록 하되, 각 기관은 공통기능(100총기, 200인사)에 대한 개정안을 1978년

---

36) 총무처, 「정부공문서분류표 및 문서보존기간종별책정기준표 정비(1978.9.16)」 『관보 제8056호(BA0194011)』.
37) 총무처, 「정부공문서분류표 및 문서보존기간종별책정기준표 정비(1978.9.16)」 『관보 제8056호(BA0194011)』. 이하 1978년 공문서분류표 개정작업에 관해서는 이 문서를 인용하였음.

10월 31일까지 총무처에 제출하도록 하였다.

<표 3-6> 각 부처 개정(안) 제출사항 일람표

구분	제출서류	작성기관	제출처 및 부수	제출 일자
(1) 공통기능 100 총기 200 인사	① 정부공문서 분류표 개정(안)기본분류총괄표 ② 정부공문서분류표 개정(안)세목표 ③ 공문서보존기간종별 책정기준표개정(안) 세목표 ④ 관계법령개정(안)	각 중앙행정기관 및 서울특별시	총무처(각 1부)	78.10.31
(2) 부처소 관기능 (300 경제기획 -2000공안)	위 ①~③	(1단계)각 중앙행정 기관 및 서울특별시 (관련 부처)	대분류 (제1차)기능의 주무부처(각 1부) 총무처(각 1부)	78.10.16 78.10.31
		(2단계)대분류 (1차) 기능의 주무부처	총무처(각 1부)	

1. 별첨회의 서류 5항 각 부처 개정(안) 제출란 중 위 표와 상위되는 부분은 위 표에 의할 것.
2. (예시) 1200재무기능에 있어서 지방세기능은 내무부(관련부처)가 최종개정(안)을 작성하 여 제1차 기능의 주무부처(재무부)에 제출하여 재무부가 최종적으로 종합·편성함.

다만, 부처 소관기능은 제1차 기능의 주무부처가 관련부처와 협의하여 기능의 누락 등이 없도록 최종적으로 종합 재편성하고 관련부처는 사전에 소관기능에 대한 개정안을 작성한 후 10월 16일까지 정본 1부는 제1차 기능의 주무부처에, 사본 1부는 총무처에 제출하도록 하였다. 만약, 신설기능 중에서 문서분류체계 신설기능에 대한 제1차 주무부처가 어느 부처인지 명확치 않을 경우에는 동 개정(안)을 작성한 후 10월 16일까지 총무처에 제출하도록 하였다.

1963년 공문서분류표가 기능별 십진분류방법에 의하여 설계되었듯이, 1978년의 공문서분류표도 업무기능별 십진분류방법이라는 기존의 분류 원칙 을 충실하게 따랐다. 다만, 1963년 공문서분류표 제정 당시와는 정부조직과

수행업무가 차이가 있었고 파일링 과정에서의 불합리한 측면을 일부 개선하기 위하여 업무기능을 현실에 맞게 재분류하고 보완하는 작업을 수행하였다. 정비 일정과 주요 업무는 다음과 같다.

<표 3-7> 정비일정

년 월 일	실시사항	담당기관	비고
78.9.14(목)	중앙행정기관 문서담당관회의	총무처	중앙청제1회의실
9.15~10.31	각 부처개정(안) 자료작성 제출	각 부처	
11.1~12.31	문서분류표 개정(안) 검토조정	총무처	관계부처협의
79.1~2.28	문서보존기간종별책정기준표검토조정	〃	〃
79.3.1~3.31	최종(안) 협의확정	〃	〃

공문서분류표 정비는 중앙행정기관의 문서담당관 회의에서 주요 일정과 정비방법 등을 논의하고 1978년 9월 15일부터 10월 31일까지 각 부처가 개정안을 작성 제출하면 11월 1일부터 12월 31일까지는 총무처 주관으로 해당 기능들을 부처 협의를 통하여 검토 조정하기로 하였다. 소속기관 및 지방행정기관에 대한 사항은 각 소관기능의 주무부처에서 작성하도록 하였고 기능 중에서 2개 부처 이상이 관련되는 사항은 주무부처에서 관련 부처의 자료를 받아 작성하되, 같은 기능의 분류단계 중 주무부처가 둘 이상일 경우에는 1차분류 기능의 소관부처에서 일괄하여 작성, 편성하도록 하였다. 예컨대, 분류번호 1300 상공기능은 상공부가 주무부처로서 동력자원부와 협조하여 일괄 편성토록 하였다. 총무처가 작성한 대분류표는 다음과 같다.

이 정부공문서분류표는 정부조직법 및 직제 개정 사항을 일부 반영하였다.[38] 공보에서 문화공보로 명칭이 변경된 것은 공보부가 폐지되고 문화공보부로 개편된 것을 반영한다. 다만, 동력자원부의 소관 업무는 상공기능 하위로 편입되었다. 과학기술처의 업무기능이 대분류 기능으로 분류되고 기존의 원자력 기능이 과학기술 산하로 편입된 것이 특징이다. 이는 당시 과학기술

---

38) 「정부조직법 일부개정(법률 제3011호, 1977.12.16)」.

업무의 중요성을 인식한 결과로 보인다.

<표 3-8> 정부공문서분류표(대분류)(안)

분류 번호	현행	개정(안)	기능범위	주무부처	관련부처
100	총기	총기	기획 및 심사분석, 문서관리, 서무감사, 행정관리, 영선관리, 선거, 법제	부처공통	각 부 처
200	인사	인사	인사	총무처 (부처공통)	각 부 처
300	경제기획	경제기획	경제기획, 예산, 물가정책, 투자심사, 외자관리, 경제협력, 조사통계	경제기획원	
400	국토건설	건설	국토계획, 도시, 도로, 주택, 국토관리	건설부	내무부
500	조달	조달	내자, 외자, 시설계약, 물자조정	조달청	
600	원자력	과학기술	과학기술, 원자력, 정보산업, 관상기술협력	과학기술처	
700	외무	외무	외교, 통상, 조약, 영사교민	외무부	
800	법무	법무	법무, 검찰, 교정, 출입국관리	법무부	검찰청
900	국방	국방	국방, 병무행정, 예비군	국방부	병무청
1000	문교	문교	교육, 과학, 체육	문교부	
1100	농림	농림	농림, 수산, 산림, 농촌진흥	농수산부	수산청, 산림청, 농촌진흥청
1200	재무	재무	재정, 회계, 국세, 관세, 지방세	재무부	국세청, 관세청, 내무부
1300	상공	상공	상공, 동력자원, 공업진흥, 특허	상공부	동력자원부, 공업진흥청, 특허청
1400	보사	보사	보건, 사회, 노동	보건사회부	노동청
1500	교통	교통	교통, 철도, 해운항만	교통부	철도청, 해운항만청
1600	체신	체신	우정, 전무, 전파관리	체신부	
1700	공보	문화공보	공보, 방송, 문화예술, 문화재관리	문화공보부	
1800	원호	원호	유자녀보호, 직업보도, 군인보험	원호처	
1900	전매	전매	연초, 인삼	전매청	
2000	공안	공안	경찰, 소방, 민방위	내무부	

정부공문서분류표 개정작업은 우선 먼저 정부공문서분류표개정(안) 기본분류총괄표에 의거 당해부처의 1차분류번호 및 기능명칭을 기입하고, 위 1차분류에 대하여 2차분류를 하여 2차분류를 한 각 개개의 분류단위를 다시 3차분류를 한 후 각 분류번호 및 기능명칭을 총괄표에 기재하여 기본분류표를 완성하는 방식을 취하였다. 그 후 위 총괄표에 의거 다시 세목분류(제4차 이하)를 한 후 정부공문서분류표개정(안) 세목표를 작성하였다. 분류작업시의 분류단계는 다음과 같이 구분하였다.

<표 3-9> 공문서분류표의 계층적 구분

기본분류	제1차분류(대분류, 류)	정부공문서를 기능별로 대분류 한다.
	제2차분류(중분류, 강)	개개의 1차분류 "類"를 10개 이내로 십진식 분류한다.
	제3차분류(소분류, 목)	개개의 2차분류 "綱"을 10개 이내로 십진식 분류한다.
세목분류	제4차분류(분목)	기본 분류의 개개 3차분류 "目"을 10개 이내로 십진식 분류한다.
	제5차분류(리목)	특히 필요에 따라 개개의 4차분류 "分目"을 10개 이내로 십진식분류한다.

총무처는 정부의 전체 기능을 모두 20개로 분류하되 그 하위기능은 계층적 십진 전개방식을 따랐으며 동일 계층에서는 각 기능이 평균적으로 분할될 수 있도록 하였다. 예컨대, <표 3-10> 인사 기능으로 분류된 각 단위는 상호동격으로서 9등분이 되도록 하였고, 만약, 분류항목이 9개가 초과될 경우는 그 중 가장 유사한 항목 2~3개를 묶어서 9개 항목이 되도록 조정하도록 하였다. 이와 반대로 분류항목이 9개에 미달되는 경우는 예비적으로 공란을 두되, 항목 중간에 공란을 두지 않도록 하였다.

그리고 각 1차분류마다 첫 시작되는 단위에는 "○"을 붙여서 당해 기능의 總記로 하였다(예, 200 인사총기, 300 경제기획총기, 400 국토건설총기 등). 같은 분류 단위에서는 첫째, 업무의 발생순서에 따라 배열함을 원칙으로 하고 둘째, 기본적인 것에서부터 파생적인 것으로 배열하도록 하였다.

그리고 각 분류단위는 바로 그 하위단계의 분류단위(9개)의 총화와 같도록 분류하여 상위분류와 하위분류간에는 계층적 연계관계를 형성하도록 하였다. 그리고 같은 분류단위에서는 그 구분의 기준(예 : 기능별, 형식별, 대상별 등)을 상이하게 변경하지 않도록 하였다. 다만, 일단 구분된 단위의 하위단계 에서는 필요에 따라 다른 기준으로 분류하여도 무방하였다.

<표 3-10> 인사기능의 2차분류 상황

현행		개정(안)	
분류번호	기능명칭	분류번호	기능명칭
200	인사총기	200	인사총기
210	任命	210	任免
220	免職	220	고시
230	고시	230	복무
240	전형	240	교육훈련
250	보수	250	보수
260	공무원교육	260	연금
270	직무분류	270	상벌
280	연금	280	소청
290	상벌	290	

정부공문서분류표는 이 같은 원칙에 따라 분류하되 실제적으로 동일한 업무이면서도 서로 다른 분류번호를 갖게 되는 문제점을 시정하기 위하여 분류번호를 통합한다든가 업무체계의 변화에 맞게 새로운 분류를 추가하거나 기존의 업무를 삭제하고 다른 분류의 하위에 편입하는 등의 세부적인 조정을 추진하였다. 구체적인 것은 다음과 같다.

<표 3-11>은 종전의 인사기능을 변경한 사례이다. 종전 분류체계는 임명 (분류번호 210)과 면직(분류번호 220)을 분리하고 있어 실제 동일문서상으로 이루어지고 있는 임면관계서류의 파일링시스템 기능과 상치된다고 판단하여 "임면"으로 통합·조정하였다. 그리고 분류방법은 기능별 십진식 분류로서 문서를 주제 및 기능에 따라 9개로 구분하여 1부터 9까지의 숫자를 표시하고,

각 기능의 명칭을 부여하는 방식을 취하였다.

<표 3-11> 인사기능의 하위 분류 상황

구분	현행		개정(안)	
	분류기호	기능명칭	분류기호	기능명칭
1차분류	200	인사	200	인사
2차분류	210	任命	210	任免
3차분류	211	신규임명	211	일반직
4차분류	211.1	일반직	211.1	3급이상
5차분류	211.11	3급이상	211.11	1급(필요시)
6차분류	211.111	1급		

이렇듯, 각 분류단위는 문서의 파일화를 고려하여 실무 및 편철에 편리하도록 조정하여 지적 분류와 물리적 분류체계를 연동하여 관리할 것을 분명히 하였다. 그리고 1979년 정부공문서분류표는 1963년에 비하여 그 구조를 대폭 단순화하였다. 1963년 분류표는 1차부터 6차까지 분류하였으나 1979년에는 4단계 분류를 원칙으로 하였다. 다만, 일부 기능에서는 실제 업무에 맞게 5차분류가 실시된 경우도 있다. 분류 단계를 단축한 이유는 문서분류와 보존체제의 연관성을 높임으로써 파일링시스템의 안정성을 강화하려는 의지에서 비롯되었다.

정부는 정부공문서분류표의 법적 성격을 강화하기 위하여 「정부공문서분류번호의지정에관한규칙(총리령 제222호, 1979.6.15)」을 제정하였는데 이 규칙은 정부공문서규정 제12조 및 정부공문서처리규칙 제9조에 따른 공문서의 분류번호를 정하는 등 그 범위를 구체적으로 정하였다. 「정부공문서분류번호의지정에관한규칙」은 현용 및 준현용문서의 생산, 등록, 편철, 분류 등을 제어하는 수단이었으며 「공문서보존기간종별책정기준표」와 함께 평가 및 폐기에도 관련되어 있었다.

「정부공문서분류번호의지정에관한규칙」과 「공문서보존기간종별책정기준표」는 공문서의 분류와 처분을 통제하는 지침이었다. 즉, 개별문서는 매 안건마다 그 발생, 경과, 완결 순으로 최근 문서가 맨 위에 오도록 1건으로 합하여 보관철에 편철하도록 하였다. 완결문서는 기능별, 보존기간별로 200매 기준으로 보관철을 설정하는 것을 원칙으로 하였는데 기능별 분류는 정부공문서분류표에 설정된 기능에 따라 분류하도록 하였다.[39] 이때의 분류 및 편철의 단위는 1건철이었다.

보존기간별 분류는 1년, 3년, 5년, 10년, 준영구, 영구(갑), 영구(을) 등 7종으로 구분하였다. 보존연한의 경우 「정부공문서처리규칙(총리령 제153호, 1975.7.14)」의 기안문 서식에서는 개별 문서 1매에 보존연한을 표시하도록 하였다. 이 같이 기안문 단위로 보존연한을 표시하도록 하는 서식체계는 1사건 혹은 1안건별로 문서를 편철, 분류하도록 한 기능별 분류체계와는 충돌되는 것이었다.

이 같은 충돌을 막는 방법은 행정기관의 문서를 발생, 경과, 완결에 따른 기능별로 순차적으로 가편철하고 나중에 가편철된 문서를 대상으로 보존연한별로 다시 정리하는 수밖에 없다. 이 같은 시도를 당시 경찰대학에서 생산한 공문서 관리지침을 통해서 일부 확인할 수 있다. 즉, 원칙상으로는 보관철에 있는 영구보존문서를 「공문서보존기간종별책정기준등에관한규칙」상의 영구보존문서인지 여부와 1건철의 영구보존문서 중에서도 영구보존할 가치여부를 재검토하도록 하였다. 특히 영구보존할 가치가 없는 부속자료, 메모지 등을 첨부하는 사례가 없도록 하였다.[40]

---

39) 다만, 경찰대학에서는 문서량이 소량이고 세목분류가 부적합할 때는 상위기능으로 분류하여 보관철을 설정하거나, 당 대학 내부의 대내문서 중에서 생산문서가 아닌 수신문서로서 1년 보존문서 및 연말에 폐기할 문서는 분류표의 기능대로 할 필요없이 편의대로 보관철을 통일적으로 사용할 수 있도록 하였다(예, 시험문제지, 답안지 등).

40) 경찰종합학교 총무과, 「공문서보관·보존 업무처리 지침시달(1981.2.25)」『훈령예규 관계철(BA0167182)』. 이 문서철은 경찰대학에서 생산한 문서인데 경찰종합학교

그러나 1968년 보존문서정리작업 세부지침에서는 "문서의 보존기간은 개개의 문서에 따라 정하는 것이 아니고 안건에 따라 그 발생, 경과 및 완결에 관계되는 문서 1건을 총괄하여 그 1건문서 전체의 성질을 검토하여 보존기간을 정하게 되는 것이므로 일개 문서가 기안부터 결재, 시행문 작성, 발송의 제절차를 밟았다 하여 즉시 보존기간을 정할 수 있는 것이 아니다"라고 규정하고 있고, "문서의 재분류는 1건주의 원칙에 따라 1건문서 전체를 동일한 보존기간"으로 분류하도록 한 지침과는 상이하다고 할 수 있다.[41]

이상과 같은 분류·편철 단위와 기안문 서식체계 간의 혼란은 분류와 보존연한 책정을 통일적으로 관리하려는 한국기록관리의 독특한 방식에서 비롯되었다. 한국정부의 분류와 편철은 개별 문서를 동일한 기능을 기준으로 하여 1건으로 묶도록 규정하였으나 보존연한의 경우에는 기안문 서식에도 있듯이 1매에도 책정이 가능하도록 하였다. 그러나 이 같은 작업은 사실상 거의 수행되지 못하였다. 왜냐하면 보존연한별로 편철·분류하는 것은 1건철의 편철 원칙과 충돌하였고 또 동일한 기능의 문서가 보존연한별로 여러 개 분산 생산될 수도 있기 때문이다. 또한, 이 같은 작업은 매년 막대한 인력과 시간을 필요로 하기 때문에 현실적으로도 불가능하였다.[42]

총무과가 수신문서로서 편철한 것이다.

41) 수원지방검찰청 사무국 서무과, 「보존문서정리작업 세부지침 추가(1968.6.7)」 『예규철(BA0155126)』.

42) 기안문서와 시행문서에도 보존연한을 책정하라는 강력한 지침은 1992년에 나타난다 (본서 제1부 제4장 참조). 대검찰청의 다음의 교육자료에는 기안문과 시행문에도 보존연한 표시를 의무화할 것을 지시하고 있는데, 이것은 당시까지도 보존연한 책정이 기안문이나 시행문에 제대로 표시되지 않았음을 반영하는 것이다. 실제로 공문서철을 직접 살펴보아도 기안문이나 시행문에 보존연한이 모두 표시된 사례는 거의 없으며 1건철의 표지에 보존연한이 책정되어 있을 뿐이다. 이에 관해서는 다음의 문서 참조. 대검찰청 서울고등검찰청 수원지방검찰청 여주지청, 「<교육자료>공문서분류번호및보존기간개편(1992.12)」 『예규·훈령(BA0772325)』.

2) 공문서보존기간종별책정기준표의 개정

정부공문서분류표가 개정된 이후에 일정에 따라 공문서보존기간종별책정기준표의 개정도 추진되었다. 공문서보존기간종별책정기준표 개정작업은 각 기능에 책정된 보존기간 중에서 과도하게 분류된 문서의 보존기간을 인하 조정하고, 특히 영구보존대상문서를 엄격히 규제할 것을 목표로 수행되었다. 1968년 보존문서정리작업과 1975년 소산계획에서는 '재분류'를 통하여 영구보존문서를 감축하였다면 이 방식은 영구보존문서의 생성 자체를 제한하는 것으로 재분류 작업을 별도로 수행하지 않고도 영구보존문서의 생산 비율을 크게 낮추는 효과가 있었다.

이 작업은 1964년 공문서보존기간종별책정기준과 1979년 정부공문서분류표를 정밀하게 대조하는 방식으로 수행되었다. 우선, 「공문서보존기간종별책정기준에건한건」 별표에 등재되어 있는 소관기능 및 공통기능을 세밀하게 분석하여 첫째, 기능의 폐지여부 둘째, 기능명칭의 변경 유무 셋째, 신설기능의 유무 등을 조사 확인하고 보존대상문서의 기능에 대하여는 이미 책정되어 있는 보존기간의 과도책정여부 등을 재검토하여 관계 주무과와 협의하여 재조정하도록 하였다.[43] 여기에서 관계 주무과와 협의하여 조정하라는 표현은 문서기능의 보존연한 책정의 주체와 방식을 이해할 수 있게 해준다. 즉, 각 행정기관에서는 각 처리과에 관계된 기능종별을 처리과가 변경의견을 제시하고 그에 따라서 행정기관 문서주관과에서 조정하는 방식으로 수행되었음을 알 수 있다. 문서의 보존기간을 책정함에 있어서는 다음의 사항이 주요 기준이었다.

1. 법령의 지정

---

43) 총무처, 「정부공문서 분류표 및 문서보존기간종별책정기준표 정비(1978.9.16)」 『관보 제8056호(BA0194011)』. 이하 보존연한종별책정기준에 관해서는 이 문서를 인용하였음.

2. 역사적 가치의 정도

3. 문서의 중요도 및 내용의 효력

4. 실무상 이용의 정도

5. 재작성 가능 여부 및 그 내용

6. 기타 결재구분, 통계 또는 자료가치 등을 참작하여 결정하는 것이 타당하다.

총무처에서는 각 보존기간구분에 대한 일반적인 지침을 아래와 같이 세부적으로 제시하였고 각 부처에서는 동 지침에 의거 개개 문서종별 기능에 대하여 적정기간을 정하도록 하였다.

<표 3-12> 공문서보존기간종별책정기준 일반지침

(1) 영구 보존 (갑종)	원본을 마이크로필름으로 촬영한 후 원본과 필름을 모두 영구히 보존할 문서 ① 역사적 가치가 큰 문서 ② 국정의 기본적 계획과 정부의 일반정책에 관한 기본문서 중 영구 보존할 필요가 있는 문서 ③ 조약체결, 선전, 강화, 기타 대외정책에 관한 기본문서 중 영구 보존할 필요가 있는 문서 ④ 국가안보, 통일정책, 군사정책 등에 관한 중요문서 중 영구보존할 필요가 있는 문서 ⑤ 헌법, 법률, 대통령령, 총리령, 부령, 및 조례의 제정, 개폐에 관한 공포원문서 ⑥ 민사, 형사, 행정소송사건 판결문서 ⑦ 정부인사발령 재가 문서 ⑧ 대통령선거, 국회의원선거 및 통일주최국민회의 대의원선거의 선거록, 당선결정관계 등 중요 기본문서 ⑨ 지적도, 임야도, 토지대장, 가옥대장 등 중요재산관계 기본공부 ⑩ 기타 위에 준하는 사항으로서 영구 보존할 필요가 있는 중요문서	
(2) 영구 보존 (을종)	원본을 마이크로 필름으로 촬영한 후 원본을 폐기하여도 무방한 문서 ① 영구보존대상의 중요 기본문서와 관련된 부속문서 및 특수대장	본 종별은 마이크로 필름에 대한 법적 증거 능력과 관련됨.

(3)준영구 보존	영구 보존할 필요는 없으나 10년 이상 보존할 문서로서 개개 문건의 성질에 따라 특정기간을 정할 문서 ① 법령이외의 규정·규칙·훈령의 제정·개폐에 관한 공포원 문서 ② 예규문서 및 법령유권해석 ③ 장기(10년 이상) 정책 및 사업계획에 관한 기본문서 ④ 재산권, 채권, 기타 권리의무에 관한 사항으로서 10년 이상 보존할 필요가 있는 문서 및 대장 ⑤ 정부인사발령 이외의 인사발령 원문서 ⑥ 각종 인사관계기본대장 및 카드(예, 발령원부, 인사기록카드, 연금카드 등) ⑦ 장기적이고 중요한 대물, 또는 대인관계의 각종 인가, 면허, 허가 등에 관한 사항으로서 10년 이상 보존할 필요가 있는 문서 및 대장(예, 법인설립인가, 공유수면점용 허가 등) ⑧ 기타 위에 준하는 사항으로서 10년 이상 보존할 필요가 있는 중요문서 및 대장	
(4) 10년 보존	① 법령·조례 등에서 보존연한이 5년 이상 10년 이내에 특정되어 있는 문서 ② 중장기(10년 이하) 정책 및 사업계획에 관한 기본문서 ③ 재산권, 채권, 기타 권리의무에 관한 사항으로서 10년간 보존할 필요가 있는 문서·대장 ④ 대물 또는 대인관계의 각종 인가, 면허, 허가 등에 관한 사항으로서 10년간 보존함이 적당한 기본문서 및 대장 ⑤ 중요 제도개선에 관한 조사·연구·보고기본문서 ⑥ 기타 위에 준하는 사항으로서 10년간 보존할 필요가 있는 문서 및 대장	
(5) 5년 보존	① 법령·조례 등에서 보존연한이 3년 이상 5년 이내에 특정되어 있는 문서 ② 단기정책 및 사업기본계획에 관한 기본문서 ③ 재산권, 채권, 기타 권리의무에 관한 사항으로서 5년간 보존할 필요가 있는 문서·대장 ④ 매년도 예산에 의한 수입 및 지출관계 증빙서류 부본 ⑤ 대출 또는 대인관계의 각종 면허, 허가 등에 관한 사항으로서 5년간 보존할 필요가 있는 문서·대장 ⑥ 기타 위에 준하는 사항으로서 5년간 보존할 필요가 있는 문서 및 대장	

(6) 3년 보존	① 법령·조례 등에서 보존연한이 1년 이상 3년 이내에 특정되어 있는 문서 ② 각종 기획 수립 및 이에 관련된 문서·자료 ③ 재산권, 채권, 기타 권리의무에 관한 사항으로서 3년간 보존할 필요가 있는 문서·대장 ④ 기본운영계획 편성관계문서(예, 편성지침자료, 기본운영계획서 등) ⑤ 각종 자격시험관계 답안지, 각종 자격 및 채용시험 채점관계서류 ⑥ 신분증명, 학력, 경력, 자격, 신원 기타 제증명 발급관계 문서 ⑦ 고시, 공고 등에 관한 문서(단, 장기간 효력이 있는 문서 제외) ⑧ 기타 위에 준하는 사항으로서 3년간 보존할 필요가 있는 문서·대장	
(7) 1년 보존	① 법령·조례 등에서 보존연한이 1년으로 특정되어 있는 문서 ② 재산권, 채권, 기타 권리의무에 관한 사항으로서 1년간 보존할 필요가 있는 문서·대장 ③ 소속공무원에 대한 각종 일일 명령문서(예, 당직·휴가 명령 등) ④ 기관내의 보존기관 상호간의 경미한 협조 왕복문서 ⑤ 각종 채용시험 답안지 ⑥ 단순한 자료요구, 업무연락, 통보, 조회 등 경미한 문서 ⑦ 단순한 자료요구, 업무연락, 통보, 조회 등 경미한 문서 ⑧ 일반서무관계 잡문서 및 부책(예 : 문서수발부, 당직일지 등) ⑨ 기타 위에 준하는 사항으로서 1년간 보존할 필요가 있는 문서·대장	
	① 채권·채무관계문서는 그 시효만료의 시일을 기준으로 해당 보존기간을 정한다. ② 법률의 규정에 의하여 시효 또는 제척기간 등이 적용될 수 있는 문서는 그 시일을 기준하여 해당 보존기간을 정한다. ③ 재정과 세무관계문서는 재정시효기간을 기준하여 해당 보존기간을 정한다. ④ 대인관계문서의 보존기간은 대물관계문서의 보존기간보다 단축 조정하되, 자연인의 생존한계와 법인의 존속기간 및 이해관계인의 권리의무 존속기간 등을 참작하여 해당보존기간을 정한다.예규·훈령·지침 등 관계문서는 대민관계를 기속하는 법령관계문서보다 단축 조정한다.	

(8) 기타 공통 사항	⑤ 대내기관 상호간의 문서는 대외문서보다 단축 조정함을 원칙으로 한다. ⑥ 일반 행정문서는 감사 또는 쟁송 등과 관계있는 여부를 참작하여 보존기간을 정한다. ⑦ 징계·소원·소청·소송관계문서는 그 결과가 확정되는 시점을 참작하여 보존기간을 정하되, 시심 중간심에 관계되는 문서는 최종심에 관계되는 문서보다 단축 조정한다. ⑧ 기관 내부에서만 효력을 가지는 예규·훈령·지침 등 관계문서는 대민관계를 기속하는 법령관계문서보다 단축 조정한다. ⑨ 예비적인 정책자료 및 회의자료 등은 최종 확정된 자료보다 단축 조정한다. ⑩ 원본에 의한 사본·부속서류 등의 보존기간을 원본보다 단축 조정한다.	

공문서보존기간종별책정기준표의 개정을 위하여 작성된 위 일반지침은 정부기록보존소 소장 기록물의 유형적 특징을 잘 보여준다. <표 3-12>에서 알 수 있듯이 영구보존 대상은 역사적 가치가 큰 문서로서 주로 국정의 기본계획과 중요정책, 조약체결 및 대외정책에 관한 문서, 국가안보·통일정책·군사정책 등의 기능을 문서화한 기록들이었다. 이와 함께 헌법과 법률 등 각종 법령의 제정과 개정에 관한 문서, 각종 소송사건, 대통령 및 국회의원 선거, 토지대장 등 국민의 재산관계 증빙에 관한 문서 등이 영구보존문서로 분류되었다.

준영구보존은 법령 이외의 규정·규칙·훈령의 제정과 개정에 관한 공포원 문서를 비롯하여 10년 이상 추진되는 장기정책 및 사업계획에 관한 문서와 정부인사발령문서, 재산권 등 권리의무에 관한 사항 등에 관한 기능이 분류되었다. 유한보존문서는 대개 해당 문서의 법적 증거지속 기간이 중요한 기준이었다.

위 공문서보존종별책정기준은 각 행정부서가 관행적으로 처리하던 보존연한을 표준화하는 것을 의미하였다. 1964년에는 보존연한을 각 행정기관이 개별적으로 책정하고 총무처에서 심의 조정하였으나, 1979년에는 총무처가

제시한 위 기준을 참고로 하여 해당 기능의 보존연한을 책정하였던 것이다.[44]

　정부공문서분류표 및 공문서보존종별책정기준의 개정은 정부기능의 변화에 따른 것으로 볼 수 있으나 근본적으로는 대폭 증가하는 관리대상 기록물의 효과적 감축을 지향하고 있었다. 이 작업의 결과 「공문서보존기간종별책정기준에관한건」이 개정되었으며 조치에 의하여 영구보존문서 비율이 대폭 감소되었고 준영구보존문서가 크게 늘어났으며 영구보존문서를 갑과 을로 구분하는 등의 변화가 일어났다. 이와 같은 새로운 보존연한이 등장한 것은 1968년과 1975년의 행정경험에서 비롯되었다. 1968년과 1975년의 영구보존문서의 재분류와 그에 따른 폐기는 단순한 물리적 감축을 의미하였으나, 1969년 「공문서보관·보존규정」과 1979년 보존기간연한책정기준의 정비는 영구보존문서의 생산 자체를 제한하는 것이었다. 영구보존기능종별은 아래와 같이 조정되었다.

<표 3-13> 1964년 보존기간종별책정기준 상황[45]

	영구	10년	5년	3년	2년	1년	6개월	기타	계
기능수	785	739	791	1,742	3	792	40	21	4,913
책정비율(%)	15.9	15.0	16.1	35.4	0.04	16.1	0.8	0.4	-

<표 3-14> 1979년 보존기간종별책정기준 상황[46]

	영구		준영구	10년	6년	5년	3년	2년	1년	기타	계
	갑	을									
기능수	152	82	1,072	1,219	1	2,045	2,847	2	1,046	25	8,491
책정비율(%)	1.79	0.96	12.6	14.3	0.01	24	33.5	0.02	12.3	0.29	-

　1964년에는 총 4,913개 기능에 보존기간이 책정되어 있으며 영구보존으로

---

44) 「공문서보존기간종별책정기준등에관한규칙(총리령 제223호, 1979.6.15)」.
45) 기타는 연말폐기, 회계감사 후 폐기, 출소 또는 이송 후 폐기 등을 정리한 것이다.
46) 기타는 형집행 종료후 3년, 등록일로부터 1년, 시효기간, 연말폐기, 계약유효시까지, 대부기간 만료 후, 임기 중 등을 정리한 것이다.

분류된 비율은 15.9%이다. 10년 보존도 15%이고 3년 보존이 35.4%로 가장 높은 비율을 점하고 있으며 6개월은 0.8%이다. 1979년에는 총 8,491개 기능에 보존기간이 책정되어 있으며 영구보존은 갑종과 을종을 포함하여 2.75%에 불과하다. 1964년에 비해서 큰 폭으로 감소하였음을 알 수 있는데 이것은 1968년과 1975년 보존문서정리작업을 수행하면서 추진된 결과라고 볼 수 있다. 다만, 준영구보존까지 포함하면 15.35%로서 1964년과 비슷한 비율을 차지한다.

이 결과표[47]에서 알 수 있는 것은 1979년이 보존연한을 책정하는 기능 수가 증가하였다는 것은 1964년에 비하여 국가 활동량이 증가하였다는 것과 함께 세부적으로 기능조사가 수행되었음을 보여주는 것이다.

이상에서 알 수 있듯이, 1970년대 한국의 국가기록관리체제는 정부소산이라는 행정적 요구를 수용하면서 변동되었다. 1969년에 영구기록물을 전문적으로 관리하기 위하여 정부기록보존소가 설치되었음에도 불구하고 1975년 보존문서정리작업에서 전문적 기록물관리기관으로서 책임과 역할을 제대로 수행하지 못하였다. 이 같은 한계는 1960년대부터 지속적으로 지방과 중앙에 국립기록보존소 설립을 계획하였음에도 불구하고 1977년에야 정부소산의 일환으로서 부산에 전문서고를 건립하기 시작한 사실과 함께 각종 기록관리 정책에서 정부기록보존소가 제대로 역할을 수행하지 못한 것과도 관련이 있었다.

---

47) 1980년의 행정백서에는 필자의 통계와는 다르게 표시되어 있어 소개한다. 행정백서에는 총 11,098개 기능을 6,912개 기능으로 재정비하고 과도하게 책정된 문서보존기간을 합리적으로 조정하여 영구보존문서 776종목을 235종목으로 감축한 것으로 기술되어 있다. 또한 정부기록보존소에서 자체적으로 영구보존비율을 책정한 것을 간행물(「공문서보존기간종별책정기준표」)로 발행하였는데 여기에서도 영구보존 기능 수를 235개로 분류하고 있다. 그러나 이 논문에서는 공문서보존기간종별책정기준표를 필자가 직접 전수 조사한 결과를 토대로 작성하였다.

4. 맺음말 : 1970년대 기록관리의 특징과 한계

1960년대말~1970년대 한국의 기록관리체제에 영향을 미친 가장 중요한 사건은 1968년의 '청와대 습격사건'과 '푸에블로호 납치사건'이었다. 이 두 사건을 계기로 국가비상사태에 대비하기 위하여 한국의 행정체제가 개편되었으며 한국정부는 국가비상사태 발생시 주요 국가기관의 신속한 후방 이동을 위하여 정부소산계획을 수립했다.

이 같은 정부소산계획의 일환으로서 1968년과 1975년에 보존문서정리작업이 수행되었다. 1968년 및 1975년 보존문서정리작업은 국가비상시 신속한 정부소산을 목적으로 각 행정기관이 보유하고 있는 영구보존문서를 최소한으로 재분류하여 대구 및 부산 등의 후방지역으로 이동시키는 작업이었다.

보존문서정리작업은 각 행정기관에서 보존하고 있던 문서의 감축을 강력히 요구하였다. 한국정부는 행정기관의 문서감축을 제도적으로 지원하기 위하여 1969년에 「공문서보관·보존규정」을 개정하여 영구보존기록물을 '갑'과 '을'로 구분하고 '준영구보존'을 새롭게 창설하였다. 준영구보존문서는 10년 이상 보존할 가치가 있으나 영구보존할 필요가 없는 문서로서 개별문서에 따라 보존연한을 별도로 정한다는 의미가 있었다.

이 같은 조치는 기록물의 신속한 소개(후방 이동)를 위한 수단이었으며 영구보존기록물의 증가에 따른 관련비용과 인력을 제어하는 수단으로도 활용될 수 있었다. 준영구보존문서는 10년 이상 보존의무를 명시하였을 뿐, 10년 경과 후에는 보존연한을 별도로 정할 수 있도록 하여 보존기관의 처분 재량권을 매우 폭넓게 인정한 것이었다. 당시에는 준영구 문서에 대한 분류기준이 없었으므로 해당 생산기관에서 판단하는 수밖에 없었으며 결과적으로 준영구보존문서의 출현은 10년 보존 이후에 합법적으로 폐기할 수 있는 수단을 마련해 준 것이었다.

이와 함께 영구보존문서의 물리적 수량을 감축하는 방법으로서 마이크로필름 촬영이 주목받았다. 즉, 총무처는 영구보존문서를 마이크로필름으로 촬영하고 문서원본을 소각하여도 될 을종문서와 마이크로필름으로 촬영하더라도 문서원본을 계속 보관해야 할 갑종문서로 나누었다. 한국정부가 영구보존문서 원본을 일부 소각하고 마이크로필름만을 보존하기로 결정한 것은 기록물의 신속한 소개와 증가하는 공문서의 보존비용 및 관리인력을 조절하기 위한 측면이 강하였다. 영구보존문서에 기록된 정보의 장기보존과 보존 과정에서 발생할 수 있는 예기치 못한 원본 훼손에 대비하기 위하여 마이크로 필름 촬영을 수행한 것이라기보다는 행정가치의 유지, 비용의 절감과 신속한 소개를 위해서 선택한 측면이 강했다고 볼 수 있다.

한국정부는 여기에서 그치지 아니하고 영구보존문서의 생성을 구조적으로 억제하는 방향으로 국가기록관리체제의 개편을 추진하였다. 즉, 1978~79년 사이에 공문서분류 및 공문서보존기간종별책정기준을 개정하는 작업을 수행 하였던 것이다. 1964년에는 영구보존으로 분류된 기능종별이 약 15%였으나 1979년에 공문서보존기간종별책정기준표를 개정하면서 영구보존으로 분류 된 기능이 2.75%로 대폭 축소되었고 그 대신에 10년 이상 보존하되 재평가하여 폐기가 가능한 준영구보존 기능은 12.6%로 분류되는 변화가 나타났다.

이 같은 변화는 증가하는 관리대상 기록물에 대하여 한국정부가 영구보존을 위한 시설 및 인력을 충원하는 것을 통하여 해결한 것이 아니라 영구보존기록물을 감축하는 쪽으로 해결하려 하였음을 의미한다. 뿐만 아니라 이미 영구보존문서로 분류된 기록물조차도 일부는 유한보존문서로 하향 조정되었다. 이와 함께 조선총독부 공문서를 일괄적으로 영구보존기록물로 천명하였음에도 불구하고 행정적 및 현재적 기준에 따른 재분류를 통하여 일부 폐기하는 작업이 수행되었다.

이 같은 사실은 현재 국가기록원이 소장하고 있는 보존문서가 적은 이유를 일부나마 설명해주는 사례가 아닐까 생각한다. 또한 한국의 국가기록관리체계가 국가사료의 전승과 활용을 위해 장기적 관점 하에서 수립되고 운영된 것이 아니라 행정적 요구를 쉽게 수용하였다는 사실을 잘 보여주는 것이라고 생각된다.

제4장 행정환경의 변화와 1980~90년대 국가기록관리체제의 개편

1. 머리말

1960년대 초반에 행정효율화와 정부공문서의 적체에 따른 국가적 차원의 대응의 산물로서 국가기록관리체제가 수립된 이래로 행정환경의 변화는 한국 기록관리체제 개편과 그 특징을 결정하는 가장 중요한 변수로서 작용하였다.[1] 1968년과 1975년에 수립된 정부소산 계획의 후속조치로서, 1969년에 「공문서 보관・보존규정」을 전부 개정하여 준영구보존을 새롭게 창설한 것이나 1979년에 영구보존기능의 수를 대폭 감축하는 쪽으로 공문서보존기간종별책정기준표를 개정한 것이 대표적인 사례이다.[2] 다만, 1969년 「공문서보관・보존규정」과 1979년의 공문서보존기간종별책정기준표는 구조상으로 1960년대 초반의 관리체제에 토대를 두고 있었다.

그러나 1984년과 1992년에는 1960년대 초반에 수립된 국가기록관리체제에서 일부 벗어나는 중요한 변화가 나타났다. 종전에는 국가기록물의 생산에 관한 법규와 관리에 관한 법규가 서로 분리되어 있었고, 국가기록물의 기능분

---

1) 이승일, 「1960년대 초반 한국 국가기록관리체제의 수립과정과 제도적 특징」『한국기록관리학회지』 7-2, 2007.

2) 이승일・이상훈, 「보존문서정리작업과 국가기록관리체계의 개편(1968~1979)」『한국기록관리학회지』 8-1, 2008.

류표(정부공문서분류표)와 평가기준표(공문서보존기간종별책정기준표)도
별도로 제정 운영되었으나 1984년에는 기록의 생산과 관리에 관한 법령을
통합 제정하였고 기능분류표와 평가기준표도 하나로 통합하는 쪽으로 개편되
었다. 이 시기에 개편된 국가기록관리체제는 1980년대 초반에 한국정부가
행정업무의 비용절감을 위하여 중복·유사 기능의 통합을 강력히 추진한
결과이다.

1990년대에는 이 같은 흐름을 승계하면서도 문헌정보학의 일부 관리기법
을 적극적으로 수용하였다.[3] 즉, 1992년에 「공문서분류및보존에관한규칙」을
제정하면서 국가기록물의 분류원칙으로서 십진분류법을 도입하고 정보검색
의 편의성 제고를 위하여 조기호 및 상관색인 기법을 도입하였던 것이다.
1990년대의 국가기록관리에서 문헌정보학의 일부 관리기법이 적극적으로
도입된 이유는 당시 한국정부가 1990년대부터 사무자동화 기기의 보급을
강력히 추진하고 또한 공적 업무의 결과인 각종 행정정보를 과학적 관리와
활용의 측면에서 조직화하기 위한 움직임과 밀접한 관련이 있다.

그리고 1992년 「공문서분류및보존에관한규칙」에서는 '기안문' 외에 '시행
문'에도 반드시 보존기간을 책정할 것을 제도적으로 강제하였다.[4] 이 같은
조치는 종전에도 기안문 서식에 보존기간을 책정하도록 관련 항목을 설치하

---

3) 한국의 국가기록관리에서 문헌정보학 기법을 도입한 것은 1960년대 초반에 기록물
   분류에서 십진분류법을 일부 참고하여 십진식 기능분류체계를 수립한 것과 해당
   기능에 소수점을 기준으로 하여 기본분류와 세목분류로 나누어 문서분류번호를
   부여한 것이었다. 그러나 1980년대까지는 국가기록물 분류에서 주제분류라든가
   십진분류법 등은 채택되지 않았다. '십진식 기능분류'와 '십진분류'는 내용상으로
   다른 것으로 서로 구별할 필요가 있다.

4) 이 같은 조치는 완결된 기록물철에 대하여 또 다시 보존기간별로 재정리할 것을
   요구하는 것이다. 이 작업을 수행하기 위해서는 주기적으로 많은 인력과 비용, 시간의
   투자를 필요로 하게 된다. 따라서 1990년대 「사무관리규정」이 제정된 이후에도
   여전히 이 작업은 법규대로 수행되지 못한 것으로 보인다. 왜냐하면 1990년대에
   생산된 기록물에도 여전히 기안문과 시행문에 보존기간이 표시된 것은 소수이기
   때문이다.

였음에도 불구하고 잘 지켜지지 않았다는 것을 보여주는 동시에 앞으로는 시행문에도 보존기간을 표시할 것을 제도적으로 강제하겠다는 한국정부의 강력한 의지를 보여주는 것이다. 이 같은 상황을 반영하여 1992년 공문서분류번호및보존기간표는 기안문과 별도로 시행문의 보존기간도 표시할 수 있도록 설계되었다.

한국의 국가기록관리체제는 1984년에 새로운 국면에 들어갔으나 1980~90년대까지 운용된 정부공문서제도의 구조와 운용실태가 거의 알려져 있지 않은 상황이다. 한국 공문서분류제도의 연혁을 살피는 과정에서 관련 법령을 중심으로 소개하고 있으나,[5] 당시의 공문서분류제도의 특징과 그 개편 배경에 대해서는 분석하지 못하는 한계가 있다.[6] 지금까지의 연구에서는 시대적 상황을 고려하지 아니하고 현재적 관점에서 기록관리 실태를 분석한다든가 혹은 1990년대 이후에 일부 도입된 문헌정보학의 관리기법이 시대를 초월하여 작용하는 것으로 평가하는 경향이 일반적이었다.[7]

특히, 정부공문서분류표와 공문서보존기간종별책정기준표에 대한 심층적 조사가 없이 국가기록관리체계를 분석한 것은 재검토할 필요가 있다. 종전의 연구에서는 국가기록물의 분류가 도서관식 분류라고 비판하고 있으나[8] 1980년대까지 한국의 국가기록물 분류에서 도서관에서 이용하는 십진분류나 주제분류를 채택한 적은 없었다.[9] 1992년 「공문서분류및보존에관한규칙」이 제정

---

5) 최정태·이주연, 「한국 공문서분류의 변천과 기록물분류기준표」, 『기록보존』 16, 2003.

6) 김세경, 「우리나라 공공기록물 관리에 관한 법규의 변천」, 『한국기록관리학회지』 7-1, 2007.

7) 곽건홍, 『한국 국가기록관리의 이론과 실제』, 역사비평사, 2003.

8) 곽건홍, 『한국 국가기록관리의 이론과 실제』, 역사비평사, 2003.

9) 최정태·이주연, 「한국 공문서분류의 변천과 기록물분류기준표」, 『기록보존』 16, 2003. 1960년대 초반에 도입된 십진식 기능분류는 문헌정보학의 십진분류를 그대로 도입한 것이 아니라 상위계층에서 하위계층으로 전개하는 방식에서만 십진식 전개방식을 도입한 것이었다. 따라서 척정태 교수 등이 1980년대까지의 한국정부의 공문서

되면서 비로소 완전한 십진분류법이 채택되었고, 조기호 및 상관색인 등의 기법도 도입되었다.[10]

이렇듯, 정부공문서분류표와 공문서보존기간종별책정기준표는 한국의 국가기록관리체제의 핵심을 구성하는 기록물처리일정표임에도 불구하고 아직까지 그 성격과 구조에 대해서는 연구가 제대로 수행되지 않고 있다. 이 장에서는 1980년대 중반 이후 국가기록물의 분류 및 평가체제의 개편과정을 객관적으로 분석함으로써 한국정부가 외국과는 매우 다른 분류 및 평가체제를 구축하였음을 실증하도록 하겠다. 이와 함께 공문서보존기간종별책정기준표의 보존기간의 책정비율을 계량화하는 작업을 수행함으로써 좀 더 거시적 차원에서 한국의 국가기록물관리체제를 이해할 수 있는 기반을 제공하려고 한다.

2. 1980년대 행정체제의 변동과 기록관리체제의 개편

1)「정부공문서규정」의 신규 제정과 기록관리 법령체계의 변동

한국의 국가기록관리체제는 1980년대 초반에 행정환경이 변화하면서 크게 개편되었다. 이 시기에 국가기록관리체제가 개편된 배경으로는 한국의 대내외적인 정세의 변화와 밀접한 관련이 있었다. 즉, 1960~70년대까지 고도성장을 지속하던 한국경제가 1979년 제2차 오일쇼크에 의하여 급속한 쇠퇴와 위기 국면에 진입하여 1980년에는 -5.2% 성장을 기록하였다.[11] 정치적으로는

분류법을 십진분류가 아니라고 지적한 것은 매우 정확한 분석이라고 평가할 수 있다.

10) 십진분류법의 문제점은 문헌정보학계에서도 일부 지적되고 있으나 그러한 단점에도 불구하고 확장성, 단순성, 간결성 등의 장점으로 인하여 널리 활용되고 있다. 韓國圖書館協會 韓國十進分類法解說編纂委員會 編,『韓國十進分類法解說』, 韓國圖書館協會, 1997.

11) 서중석,『한국현대사60년』, 역사비평사, 2007, 150쪽.

1979년 10월 26일에 박정희 대통령이 피살되었고 12월 12일에는 전두환이 중심이 된 신군부세력이 국가권력을 장악하는 등 한국사회가 매우 불안정하였다.

군부세력은 대내외적인 정치·경제적 위기상황에 신속히 대응하는 방법으로 국가행정체제를 개편함으로써 국민의 지지를 회복하고 경제를 재건하려고 하였다. 전두환 대통령은 1981년 4월 17일 "우리 국정의 각 분야에 있어서 성장과 발전을 저해하는 법령·제도·관습·행정선례 등 비능률적이고 불합리한 요소를 과감히 개선"할 것을 내각에 지시하였다. 이에 따라 정부는 '성장발전을위한제도개선위원회'[12]를 설치하여 국정 전반에 걸쳐 각종 제도를 검토·분석하는 한편 각계의 여론을 받아들여 4대 국정지표를 효율적으로 구현하고 2000년대에 대비한 국정운영체제를 정립하기 위한 제도혁신 과업을 추진하였다.[13] 그리고 국가의 성장발전을 촉진하기 위한 제도개선 작업을 보다 효율적으로 추진하기 위하여 행정기관과 각계인사들로 하여금 개선대상 과제를 선정하도록 하였다.

'성장발전을위한제도개선위원회'는 1981년부터 1984년까지 개선대상을 정했는데 1984년도 총무처의 과제로 정부공문서제도의 개선이 제시되었다.[14] 한국정부는 "공문서는 공적인 의사결정과 표시의 주요수단이므로 정부

---

12) 한국정부는 1981년 5월 15일 국무총리를 위원장으로 하고 관련 부처의 장관과 경제계, 언론계, 학계, 법조계, 문화계, 노동단체 등의 민간전문가를 위원으로 하는 '성장발전저해요인개선심의위원회'를 설치하였다. 1981년 11월에는 정부조직의 정비에 따라 내각의 작업 총괄기능을 총무처(행정조사연구실)로 이관하고 개선안의 심의체제도 개편하여 '성장발전저해요인개선위원회'로 일원화하였으며 1983년 5월에는 '성장발전을위한제도개선위원회'로 명칭을 바꾸었다. 대한민국정부, 『成長發展을 위한 制度改善白書(제2집)』, 1984.

13) 대한민국정부, 『成長發展을 위한 制度改善白書(제2집)』, 1984, 9쪽.

14) 한국정부는 작고 효율적인 정부를 구축하기 위하여 중복 및 유사기능을 통·폐합하고 비능률적인 사무관리제도를 개선하려고 하였다. 대표적으로는 각종 규제와 관련된 법령 등을 정비하였으며 이 과정에서 유사법령의 통·폐합의 명목으로 기록관리 법령의 통합도 추진하였다.

는 공문서의 작성·처리·보관·보존 등을 효율적으로 관리하기 위하여 관계 법령을 마련 시행하고 있으나 그 법령체계가 다원화되어 있어 기능분류, 보관 및 보존기간 등 문서 관리상의 혼선을 빚는가 하면 활용하는데 불편하고 문서의 과다한 누적현상을 발생시켜 많은 행정력이 소요되고 또한 귀중한 기록이 사장되는 경우가 적지 않았다"고 지적하면서 공문서 관리체제의 개편을 추진하였다.[15]

당시 한국정부가 추진한 공문서 관리체제의 개편은 1982년에 계획되어 1984년에 완료되었는데, 그 방향은 공문서 관리를 능률화하고 자료로서의 활용도를 높이기 위하여 문서관계 법령들을 통합·정비하며 분류 및 보존기간 등을 조정하는 쪽으로 진행되었다.[16]이 같은 변화는 행정환경의 변화와 사무기기의 발전추세에 따라 문서관리제도를 현실에 맞게 체계화함으로써 문서관리 영역에서의 효율화를 달성하기 위하여 추진되었다.[17]

<표 4-1> 문서관리 관련제도 연도별 개편 계획

연도	주요계획
1982	*「정부공문서규정」 등 문서관계법령을 현실에 맞게 대폭 개정 계획 *서식관리의 개선을 위하여 서식제정절차규정의 개정 계획
1983	*문서관리의 획기적 발전을 기하고 문서의 작성·분류제도·보존기간 조정·서식관리제도 개선을 위해 정부공문서규정과 공문서보관·보존규정 통합 계획 *정부공문서분류표와 공문서보존기간종별책정기준표를 통합 정비 계획 *서식제도 절차규정 및 동시행규정 개정 계획
1984	*문서처리 및 보존관리의 효율화와 문서보존기간의 합리적 조정을 위하여 「정부공문서규정」과 「공문서보관·보존규정」을 통합 정비 *정부공문서분류번호 및 공문서보존기간종별책정기준표를 통합 정비

출처 : 대한민국정부. 『행정백서(1981~1985)』.

<표 4-1>에 나와 있듯이, 국가기록관리체제 개편은 두 방향으로 진행되었

---

15) 대한민국정부, 『成長發展을 위한 制度改善白書(제4집)』, 1988, 60쪽.
16) 대한민국정부, 『成長發展을 위한 制度改善白書(제4집)』, 1988, 60쪽.
17) 총무처, 「정부공문서규정개정령안(제48회)」 『국무회의안건철(제48회~50회) (BA 0085054)』, 1984.

다. 첫째는 「정부공문서규정」과 「공문서보관・보존규정」을 통합하여 「정부공문서규정(대통령령 제11547호, 1984.11.23)」을 신규 제정하는 것이고, 둘째는 정부공문서분류표와 공문서보존기간종별책정기준표를 통합하여 공문서분류번호및보존기간표로 단일화하는 것이었다.

1970년대까지는 공문서의 생산에 관한 법령과 보존・관리에 관한 법령을 분리・운영한 것이 특징이었으나 1984년에 제정된 「정부공문서규정」은 공문서 작성, 처리 및 통제에 관한 사항 뿐만 아니라 그 보관 보존에 관한 사항까지 규정함으로써 종전 「정부공문서규정」과 달리 기록관리에 관한 사항도 규정하게 되었다. 그리고 적용범위는 중앙행정기관(대통령직속기관 및 국무총리직속기관을 포함) 및 그 소속기관과 지방자치단체의 기관, 군의 기관에서 사용되는 공문서로 정해졌다.

<표 4-2> 공문서관리 법규의 개편 상황

종 전(1979)	개 정(1984)
*정부공문서규정(기록의 생산 및 유통) *공문서보관・보존규정(편철, 분류, 평가, 폐기)	*정부공문서규정(기록의 생산, 유통, 편철, 분류, 평가, 폐기)
*정부공문서분류번호지정에관한규칙(문서분류번호 지정) *공문서보존기간종별책정기준등에관한규칙(분류 및 평가기준)	*정부공문서분류번호및보존기간책정기준등에관한규칙(문서분류번호 지정, 분류 및 평가기준)

1984년 「정부공문서규정」은 보관서류의 누적으로 인한 관리인력과 보존경비의 최소화를 위하여 문서보존기간을 현실에 맞도록 조정하였다. 예컨대, 종전의 영구보존 갑종과 을종을 영구보존으로 통합하여 문서의 보존기간을 7종에서 6종으로 조정하였다. 이 같은 정책결정은 영구보존문서 전체를 마이크로필름(MF)으로 촬영하여야 하는 부담에서 벗어날 수 있는 제도적 기초를 마련한 것으로 볼 수 있다. 그리고 역사적 가치가 있는 것으로서 유한문서로

분류되면 그 기간의 경과와 동시에 폐기되는 것을 막기 위하여 외국의 대한정책, 외교사절단방문, 방한과 같은 중요한 문서는 영구보존할 수 있도록 보존기간을 조정하였다.

이와 함께 문서의 인계 및 이관제도도 개선하였다. 종전에는 문서를 인계, 이관하여야 할 시기를 법령에 명시하지 않아 생산주무부서에서 장기간 보관하면서 이를 관리, 활용하는데 불편을 겪었고 사무집기와 사무실 공간을 많이 차지하는 요인이 되었다. 이 같은 폐단을 시정하기 위하여 문서생산부서는 생산연도 다음해까지 보존 후 수시로 열람 활용할 필요가 있는 문서를 제외하고 3년 이상 보존하여야 할 문서는 모두 문서과에 인계하도록 하였다. 그리고 인계된 문서 중에서 영구 및 준영구보존문서는 정부기록보존소에 이관하도록 규정을 신설하였다. 또한 비밀문서 중에서 역사적 가치가 있는 것은 정부기록보존소에 이관하여 보존할 수 있는 근거를 신설하여 후에 여러 사람이 참고할 수 있도록 하였다.[18]

그리고 문서폐기 절차를 제도화하였다. 문서폐기 절차를 명확히 하기 위하여 준영구보존문서는 정부기록보존소에서 문서생산기관과 협의 후 폐기하고 중앙행정기관의 10년 보존문서는 정부기록보존소장과 협의 후 폐기하도록 제도화하는 한편 참고문서는 마이크로필름화 후 원본을 폐기하도록 법령에 명시하였다.

특수형태 기록물도 공문서로서의 효력을 인정하였다. 종전의 공문서는 일정한 서식에 의한 정형화된 문서가 대부분이었으나 사무의 자동화, 전산화가 빠른 속도로 진전되면서 그 형태가 마이크로필름, 테이프, 슬라이드 등에 의해 작성된 문서 등으로 매우 다양하게 변모하였으므로 이들 특수형태의 기록물에 대해서도 공문서로서의 효력을 부여할 필요성이 대두되었다. 이

---

18) 정부중요기록물의 멸실을 방지하기 위하여 역사적 가치가 있는 비밀문서의 원본은 비밀보호기간이 만료되는 때에 이를 정부기록보존소에 이관하여 보존하도록 하였다.

같은 사정을 반영하여 점차 사용빈도가 많아지는 사진, 테이프 및 슬라이드 등의 특수형태의 기록물도 공문서에 포함하도록 함으로써 사무자동화와 전산화를 촉진하게 되었다.[19] 특히, 행정여건의 변화에 따른 효율적인 문서보존을 위하여 각종 보존문서는 이를 마이크로필름에 수록할 수 있도록 하고, 문서가 폐기된 경우에는 마이크로필름이 보존문서로서의 효력을 갖도록 하는 등의 제도적 보완이 이루어졌다.[20]

2) 국가기록물의 분류와 평가의 일원적 관리

1984년 「정부공문서규정」의 신규 제정과 함께 한국정부의 국가기록물의 관리에서 대대적인 개편을 초래한 것은 기록물의 생산 및 완결 후의 처분지침을 제공하는 정부공문서분류표와 공문서보존기간종별책정기준표를 통합한 것이다. 이러한 개편은 법령상으로 「정부공문서의분류번호지정에관한규칙」과 「공문서보존기간종별책정기준등에관한규칙」을 폐지하고 「정부공문서분류번호및보존기간책정기준등에관한규칙(총리령 제290호, 1984.12.31)」으로 통합하는 것으로 나타났다. 원래, 「정부공문서의분류번호지정에관한규칙」은 공문서 1매의 문서분류번호를 지정하기 위한 법규였고 「공문서보존기간종별책정기준등에관한규칙」은 공문서 1건철의 편철, 분류, 보존기간 책정 등을 위한 법규였으나 1984년에는 이것을 하나로 일치시켰다는 의미가 있었다. 이것은 후술하겠지만 한국의 분류와 평가체제의 측면에서 커다란 변화를

---

19) 대한민국정부, 『成長發展을 위한 制度改善白書(제2집)』, 1984, 427~432쪽.

20) 정부는 1986년 12월 27일에 「정부공문서규정」을 일부 개정하여 문서과에서 보존하고 있는 보존기간 5년 및 10년인 문서 중에서 외교문서는 3년간 문서과에서 보존한 후 외무부로 이관하도록 하여 외교문서의 멸실을 방지하도록 하였다. 이 개정에 따라서 일부 외교문서는 정부기록보존소로 이관하지 아니하고 외교통상부에서 보존될 수 있는 법적 근거가 마련되었다. 1987년 8월 1일에는 국가의 중요한 정책결정에 관련된 대통령의 결재문서를 체계적으로 수집하여 관리·보존하기 위하여 대통령의 결재를 받은 문서는 정부기록보존소로 이관하여 보존하도록 또 다시 개정되었다.

의미하였다.

당시 공문서제도 개편은 총무처 행정관리국 사무능률과가 주도하였다. 1984년에는 개편안을 총무처가 일괄하여 작성하고 그 초안을 각 기관에 배포한 다음 수정의견을 청취하는 방식으로 진행되었다. 사무능률과에서는 1984년 9월 17일에 「정부공문서분류번호의지정에관한규칙(총리령 제222호)」과 「공문서보존기간종별책정기준등에관한규칙(총리령 제223호)」을 통·폐합하고, 공문서의 기능별 분류번호 및 보존연한을 합리적으로 조정 보완하기 위하여 「정부공문서분류및보존년한책정등에관한규칙개정령안」을 송부하고, 각 부서는 개정령안에 대한 의견을 1984년 9월 25일까지 별첨서식에 따라 송부할 것을 요청하였다.[21] 여기에서 중요한 것이 첨부서류인데 모두 3종류로 구성되어 있다.

① 정부공문서분류및보존년한책정등에관한규칙 개정령(안) 1부
② 정부공문서분류및보존년한책정기준표(해당부처분) 중 귀부서 업무소관 1부
③ 의견회시서식 1부

①에서는 첫째, 「정부공문서분류번호의지정에관한규칙」과 「공문서보존기간종별책정기준등에관한규칙」을 가칭 「공문서분류및보존기간종별책정기준등에관한규칙」으로 통합하여 문서작성·처리 및 보존·보관의 효율성을 도모할 것을 계획하였다.

둘째, 정부공문서의 계층적 분류원칙을 확립하였다. 즉, 정부공문서의 기능분류는 원칙적으로 정부조직 서열순으로 하되, 제1차분류에서는 중앙행정기

---

21) 이 문서는 총무처 사무능률과가 생산한 문서를 행정전산과에서 접수한 것으로 총무처 행정관리국 행정전산과의 문서철에 편철되어 있다. 이 문서를 통하여 공문서제도 개편의 절차를 일부 확인할 수 있다. 총무처 행정관리국 행정전산과, 「정부공문서분류및보존년한책정등에관한규칙개정에따른의견조회」 『예규관계철(BA0159174)』, 1984.

관의 원·부·처 업무수준 기능으로, 제2차분류는 청·국의 업무수준 기능으로, 제3차분류는 과 및 4급담당관 업무수준 기능으로, 제4차분류는 단위업무별 기능으로 책정하도록 하였다. 여기에서 기능의 배열순서는 제1차분류에서는 정부서열순으로, 제2차 이하 분류에서는 업무의 발생순서에 따라 기본적인 업무에서부터 파생적인 업무순서로 하였다.[22]

셋째, 공문서처리의 능률화와 자료의 전산화를 위하여 5차분류에서 4차분류로 분류단계를 축소 조정하였다. 예컨대, 분류번호의 계층구조가 종전의 '외환 ○○○.○○'의 5단계에서 '외환 ○○○○'의 4단계로 변경되었다. 이것은 종전 소수점을 기준으로 하여 기본분류와 세목분류로 분류번호를 구성하는 것을 폐지하고 4단위의 단순한 분류번호체계로 변경되는 것을 의미하였다.

각 기관에서는 가칭 「공문서분류및보존기간종별책정기준등에관한규칙」과 1979년 「공문서보존기간종별책정기준등에관한규칙」 등을 참고하여 <표 4-3>의 양식에 맞춰 분류를 수행하고 기능종별에는 보존기간을 표시하였다.

<표 4-3> 정부공문서 분류번호 및 보존기간종별책정기준표(개정자료)

1차분류	2차분류	3차분류	4차분류	5차분류	기능종별	보존기간	개정사유	구분

<표 4-3>에 제시된 정부공문서분류번호 및 보존기간종별책정기준표를

---

22) 총무처 행정관리국 행정전산과, 「정부공문서분류및보존년한책정등에관한규칙개정에따른의견조회」 『예규관계철(BA0159174)』, 1984.

각 부서에서 검토하고 수정의견이 있을 경우에 일정한 양식에 맞추어 제출하도록 하였다. 이 같은 조사를 거쳐서 「정부공문서분류번호및보존기간책정기준등에관한규칙(총리령 제290호, 1984.12.3)」이 새롭게 제정되었다.

1984년 「정부공문서분류번호및보존기간책정기준등에관한규칙」에서는 기능별 분류의 조정이 추진되었다. 1980년대 초반에 집권한 전두환 정부가 대대적으로 정부기구의 개편과 기능조정을 추진하였으므로, 개편된 정부기능에 맞추어 문서의 기능별 분류를 조정하고 행정여건의 변동으로 신설 폐지 또는 변경된 기능을 보완하였다. 대표적으로 인사와 조달기능을 총기(Ⅰ)로 편입하였고 공안기능도 총기(Ⅱ)로 편입하였으며 재무와 전매는 재무기능으로 통합하였다. 또한 정부기능의 조정에 따라 동력자원부와 노동부의 기능을 제1차분류로 신설하였다. 동력자원기능의 신설은 1970년대 말 오일쇼크의 영향을 받아 한국정부가 1977년에 「정부조직법(법률 제3011호, 1977.12.16)」을 개정하여 동력자원부를 설치하고 대대적으로 에너지 절감 및 수급대책을 수립하려는 것과 관련이 있으며[23] 노동기능의 신설도 1981년에 「정부조직법(법률 제3422호, 1981.4.8)」을 개정하여 노동청을 노동부로 승격시킨 것과 관련이 있다.[24] 노동부의 승격도 노동운동의 활성화에 따른 대책을 수립하기 위한 측면이 있다.

그리고 공직자윤리 기능이 01(총기) 기능의 제3차분류로 신설되었는데 공직자윤리 기능은 1981년 12월 31일에 제정된 「공직자윤리법(법률 제3520호, 1981.12.31)」의 제정과 밀접한 관련이 있다.

---

23) 1977년에 정부조직법을 개정하여 에너지 자원 개발의 촉진과 안정적 확보 및 수급의 원활을 도모하고, 자원행정의 전문화와 효율적 집행을 위하여 "에너지" 행정전담기구로 동력자원부를 신설하였다. 동력자원부의 신설에 따라 상공부가 관장하던 업무 중 광업과 동력에 관한 사무를 삭제하였다.

24) 1981년에 복지국가건설을 지향하기 위한 정책의 일환으로 노동행정의 효율적인 수행을 위하여 노동청을 노동부로 개편·보강하였다.

<표 4-4> 기능별 분류(대분류) 조정 현황

종 전(20개 기능)	조 정(19개 기능)
100 총기 200 인사 500 조달	01 총기(Ⅰ)
100 총기 2000 공안	02 총기(Ⅱ)
1200 재무 1900 전매	22 재무
1300 상공	28 상공 29 동력자원(신설)
1400 보건사회	31 보건사회
	32 노동(신설)

　사회정화기능은 분류번호 23(법무)의 제2차분류로 신설되었으며 「행정조사실직제(대통령령 제10598호, 1981.11.2)」를 제정하여 행정조사연구기능도 크게 강화되었다.[25] 이 기능들은 전두환 정권이 수립되면서 정부의 주요 업무로 등장한 배경과 관련이 있다.

<표 4-5> 확대조정기능의 예시

해당기능	종 전		조정
	(2차분류)	(3차분류)	(4차분류)
01 총기	조사연구	행정조사연구	행정제도 개선연구 대민업무 개선업무 제도개선자료 수집 여론조사 및 건의 제도개선 사후관리 행정절차제도 연구

---

25) 행정조사실은 1981년 11월 2일에 신설되어 1983년 10월 7일에 일부 개정되었고 1991년 2월 1일에 폐지되었다. 행정조사실은 현행 조직체계상의 각종 불합리한 점을 개선·정비하여 국정지표의 효율적 추진체제를 구축하기 위한 정부조직 정비 방침에 따라 국무총리 소속하의 행정개혁위원회직제를 폐지하고 총무처장관 소속 하에 설치되었다.

이와 함께 통일주체국민회의 대의원선거, 공무원연금사무 일부 등은 폐지되었고 기능의 운용상 필요한 경우에는 서로 조정하는 등의 변화가 있었다. 예컨대, 해외이주 기능은 보건사회에서 외무기능으로 이관되었고, 외자관리 기능은 경제기획에서 재무기능으로 이관되었다. 또한 문서기능의 세분화 또는 통합조정이 이루어졌는데 이 같은 변화들은 모두 정부기능의 신설, 확대, 축소 등을 반영하는 조정이라고 볼 수 있다. 1984년의 문서분류에서 근본적인 변화는 분류기준의 정의라고 볼 수 있다.

1984년 분류표에서 주목할 변화는 대기능 분류번호의 구성체계이다. 1963년 및 1979년 정부공문서분류표에서는 대기능을 분류번호를 100~2000의 형식으로 규정하였으나 1984년에는 두 자리의 대분류번호가 나열되어 있다. 이 당시에는 대기능 분류번호와 그 기능을 수행하는 중앙행정기관의 수신처 기호를 서로 일치시킴으로써 기능분류번호와 생산 출처와의 관계를 분명히 하였다는 특징이 있었다.

<표 4-6> 분류단계의 정의

분류단계	분류계층의 정의
1차분류	문서의 대분류로서, 그 기준은 중앙행정기관인 원·부·처의 관장사무수준으로 함을 원칙으로 한다.
2차분류	1차분류에 속하는 사무를 그 하위기능별로 분류하는 문서의 중분류로서, 그 기준은 중앙행정기관인 원·부·처의 실·국·부의 분장사무수준으로 한다.
3차분류	2차분류에 속하는 사무를 그 하위기능별로 분류하는 문서의 소분류로서, 그 기준은 원·부·처의 과의 분장사무수준으로 한다.
4차분류	3차분류에 속하는 사무를 그 하위기능별로 분류하는 문서의 최하위 분류로서, 그 기준은 단위업무별 사무수준으로 한다.

<표 4-7> 대분류 및 중분류 상황

01 총기(Ⅰ)	**25 문교**
010 기획 및 심사분석	250 문교일반
011 인사관리	251 장학
012 행정관리	252 학사
013 공무원 후생	253 과학기술교육
014 시설·청사관리	254 학교관리
015 감사	255 학술
016 서무·행사	256 사회직업교육
017 조달	257 교직
	258 국제교육
02 총기(Ⅱ)	259 체육
020 선거	
021 법제	**27 농수산**
022 통일정책	270 농수산일반
023 보안	271 농산
024 민방위소방	272 농지
025 사회정화	273 양정
026 공안	274 축산
	275 농촌진흥
10 경제기획	276 산림
100 경제기획일반	
101 경제종합계획	**28 상공**
102 예산	280 상공일반
103 물가정책	281 무역통상
104 정책조정	282 공업
105 해외협력	283 공업단지
106 공정거래	284 공업진흥
107 정부투자기관	285 특허
108 조사통계	
	29 동력자원
16 과학기술	290 동력자원일반
160 과학기술일반	291 전력
161 과학기술진흥	292 석유
162 원자력	293 석탄
163 정보산업기술	294 광업
164 국제기술협력	295 자원개발
165 기상천문	
	30 건설
18 국가보훈	300 건설행정일반
180 국가보훈총괄	301 국토계획 및 보전
181 자력 및 보상	302 토지정책

182 교육보호
183 직업보도
184 원호복지
185 의료보호
186 원호관리
187 대부 및 보험
188 단체 및 독립유공자지원

20 외무
201 외무일반
202 외교의전
203 외교활동
204 국제기구
205 조약·국제법
206 국제홍보문화외교
207 국제정세
208 영사·교민

22 재무
220 재무일반
221 국고·국가회계
222 화폐·금융
223 증권보험
224 재산관리
225 경제협력
226 조세
227 관세
228 전매

23 법무
230 법무일반
231 검찰
232 국가소송 및 배상
233 국적 및 호적
234 보호갱생
235 교정 및 소년
236 출입국관리

24 국방
240 국방총기
241 군무
242 정훈 및 군교육

303 도시건설
304 주택건설
305 건설사업
306 해외건설
307 건설기술
308 재해대책

31 보건사회
310 보사일반
311 보건위생
312 의료 약무
313 사회복지
314 가정복지
315 사회보험
316 환경보전일반
317 대기보전
318 수질보전

32 노동
320 노동일반
321 근로기준
322 노사조정
323 직업훈련
324 직업안정
325 노동보험
326 노동위원회

33 교통
330 교통일반
331 육상운송
332 항공운송
333 해난 및 수로
334 관광
335 철도수송
336 철도시설
337 해운항만

34 체신
340 체신일반
341 우편
342 체신금융
343 전신전화

243 군의무	344 전기통신
244 군수 및 시설	345 전파관리
245 방위산업	
246 군사정보	**35 문화공보**
247 작전 및 전략	350 문공일반
248 통신전자	351 문화예술진흥
249 병무	352 홍보관리
	353 문화재관리

1984년 공문서수신처기호표는 (가)중앙행정기관, (나)각 시·도, (다)각 시·도교육위원회, (라)이북5도, (마)정부투자기관 및 기타기관으로 설정되어 있는데 이 중에서 (가)중앙행정기관을 소개하면 <표 4-8>과 같다.

<표 4-8> 공문서수신처기호표

가01 대통령비서실	가15 총무처	가26 체육부	가40 조달청	가50 특허청
가02 대통령경호실	**가16 과학기술처**	**가27 농수산부**	가41 산림청	가51 환경청
가03 국가안전기획부	가17 법제처	**가28 상공부**	가42 전매청	가52 철도청
가04 감사원	**가18 국가보훈처**	**가29 동력자원부**	가43 국세청	가53 해운항만청
가05 국무총리비서실	**가20 외무부**	**가30 건설부**	가44 관세청	가55 조사통계국
가06 행정조정실	가21 내무부	**가31 보건사회부**	가45 대검찰청	가56 수로국
가07 정무장관(1실)	**가22 재무부**	**가32 노동부**	가46 병무청	가57 문화재관리국
가08 정무장관(2실)	**가23 법무부**	**가33 교통부**	가47 농촌진흥청	가60 사회정화위원회
가10 경제기획원	**가24 국방부**	**가34 체신부**	가48 수산청	가61 비상기획위원회
가11 국토통일원	**가25 문교부**	**가35 문화공보부**	가49 공업진흥청	가62 해외협력위원회

출처 : 대한민국정부, 『문서관리실무요령』,[26] 1985.

공문서분류번호 중에서 총기 Ⅰ·Ⅱ는 중앙행정기관이 공통적으로 수행하는 업무이거나 선거관리위원회, 법제처, 총무처, 내무부 등이 수행하는 기능이어서 01과 02를 사용하였고 그 외에는 모두 기관기호를 그대로 기능분류번호로 사용하였다. 기타의 기관은 정부공문서분류표의 적용을 받지 않거나 대기능의 하위에 분류되었으므로 분류번호를 별도로 설정하지 않았다. 그리고

---

26) 이 기록물은 행정간행물(11-9900497-000273-14-19851200)로서 국가기록포털에 원문이 실려 있다.

분류번호의 구조도 변경되었다. 종전의 분류표는 소수점을 기준으로 하여 기본분류와 세목분류로 나뉘어 있었으나 1984년에는 전산화 추진에 편리하도록 소수점을 없애고 기본분류와 세목분류의 구분도 폐지하였다.

또한, 1984년 분류에서 중요한 변화는 당시까지 관행적으로 이루어지던 문서의 분류기준을 최초로 확정하였다는 점에 있다. 제1차분류는 문서의 대분류로서 그 기준은 정부조직법에 따른 중앙행정기관인 원·부·처의 관장사무수준으로 함을 원칙으로 하였고 제2차분류는 제1차분류에 속하는 사무를 그 하위기능별로 분류하는 문서의 중분류로서 그 기준은 중앙행정기관인 원·부·처의 실·국·부의 분장사무 수준으로 하였다. 제3차분류는 제2차분류에 속하는 사무를 그 하위기능별로 분류하는 문서의 소분류로서 그 기준은 원·부·처의 과의 분장사무 수준으로 하고 제4차분류는 제3차분류에 속하는 사무를 그 하위기능별로 분류하는 문서의 최하위분류로서 그 기준은 단위업무별 사무수준으로 할 것을 정의하였다. 제2차분류부터 제4차분류의 경우에는 사무의 발생경과 및 완결의 순위에 따라 부여하는 것을 원칙으로 하였다.

이상과 같은 분류단위의 정의는 두 가지 의미가 있었다. 첫째, 분류의 기준을 명시함으로써 통일적 분류가 가능하게 되었고 상위분류와 하위분류간의 경계와 파생적 관계를 분명히 함으로써 문서의 발생배경에 대한 이해가 좀 더 쉽게 되었다. 둘째, 단위업무 중심의 관리체제를 확립하였다.[27] 종전에는 보존기간을 책정하는 기준 단위가 '기능종별'이었으나 1984년에는 '단위업무'로 변경되었다. 분류단위로서 단위업무라는 용어가 법령에 나타난 것은 1984년이지만[28] 단위업무에 대해 구체적으로 정의된 것은 아니었다.

---

27) 원래 한국정부의 기록물 통제의 최소단위는 "기능종별"이었다. 그러나 1984년에는 단위업무가 기록물 통제의 단위가 되었으며 1999년 기록관리법의 제정 이후에도 기록물분류기준표의 핵심적 단위가 되었다.

28) 단위업무라는 용어는 1982년부터 수행된 정부기능분석작업에서 파생된 용어이다. 정부기능분석작업에 대해서는 다음의 기록 참조. 총무처, 「정부기능분석작업계획(제7회)」『국무회의안건철(제6회~제8회)』, 1982 ; 보건사회부, 「정부기능분석작업계획

　종전의 분류체계는 소수점을 기준으로 하여 기본분류(제1차~제3차)와 세목분류(제4차~제5차)로 구분하여 최대 5단계까지 분류하고, 보존기간은 공문서분류번호의 기본분류(제1차~제3차)를 그대로 인용하고 그 하위에는 세부기능과 기능종별로 세분화하여 보존기간을 책정하는 방식이었다. 그러나 1984년에는 이 같은 차이를 없애고 기능분류표와 평가기준표를 하나로 통합하였다. 즉 분류와 평가의 통합적 관리체제에서 분류와 평가의 일원화 체제로 이행하였음을 의미한다. 이 변화를 도표로 표시하면 다음의 <표 4-9> 및 <표 4-10>과 같다.

<표 4-9-1> 1979년의 정부공문서분류표(일부 예시)[29]

분류번호					기능명칭
1차분류	2차분류	3차분류	4차분류	5차분류	
800 (법무총기)	810 (법무운영)	813 (공증사무)	813.3 (합동법률사무소)	813.31	설립인가취소해산

<표 4-9-2> 1979년 공문서보존기간종별책정기준표(일부 예시)

분류번호			기능명칭 (813)	세부기능	기능종별	보존 기간
1차분류	2차분류	3차분류				
800 (법무총기)	810 (법무운영)	813 (공증업무)	공증업무	공증인 임면	공증인임면, 합동법률사무소 설립인가 및 취소	준영구

　<표 4-9-1>의 공문서분류표는 공문서 1매에 책정되는 문서분류번호의 지정을 위해서 활용하였고 공문서의 편철 및 분류, 보존기간 책정을 위해서는

시달」『인사관리(인사총기)』, 1982 ; 재정경제부, 「정부기능분석작업추진」『인사총기(Ⅰ)』, 1982 ; 총무처 조직국 조사담당관실, 『정부기능총람』, 1994.
29) 1963년에 시행된 정부공문서분류표는 제1차~제3차분류는 기본분류라고 칭하였고 제4차~제6차분류는 세목분류라고 칭하였다. 1979년에는 최대 5차분류까지 수행하였다

<표 4-9-2>가 활용되었다. 다만, <표 4-9-2>는 <표 4-9-1>의 문서기능분류
에 기반하여 작성되었다는 특징이 있었다. 예컨대, <표 4-9-1>과 <표 4-9-2>
는 제1차분류~제3차분류까지는 분류번호와 기능명칭이 완전히 일치하였다.
그리고 기능종별은 세부기능에서 파생된 업무 및 기록물의 유형을 구체적으
로 지정하였다는 점에서 특징이 있었다. <표 4-9-2>는 편철과 보존기간
책정을 위하여 세부기능과 기능종별을 일부 조정하였던 것이다. 그러나 이
같은 구조는 <표 4-10>과 같이 개편되었다.

<표 4-10> 1984년 공문서분류번호및보존기간표(일부 예시)

1차분류	2차분류	3차분류	4차분류	단위업무별 기능	보존기간

　1984년에는 정부공문서분류표와 공문서보존기간종별책정기준표를 하나
로 통합하여 공문서분류번호및보존기간표로 단일화하였다. 공문서 1매에
책정되는 문서분류번호와 공문서의 편철 및 보존기간 책정을 위한 분류표가
단일화된 것이다. 이 같은 구조 변경은 한국의 기록물처리일정표가 기능분류
의 최소단위인 단위업무에 기초한 평가체제로 개편되었음을 보여주는 것이
다. 이에 따라서 기능분류와 선별·평가의 일원화라는 한국의 독특한 기록물
관리기법이 확립되었다.[30]

---

30) 한국정부가 일찍부터 발전시킨 기능분류와 기능기반의 평가는 최근 캐나다와 호주
　　등에서 운영하고 있는 거시적 기능평가와는 내용상 다르다. 한국에서는 1960년대부
　　터 국가기록물의 분류에서 독자적인 기능분류를 채택하였으며 보존기간을 책정하는
　　과정에서도 적은 비용과 인력으로 대량의 기록물을 효율적으로 처리하기 위하여

이와 함께 문서보존기간 책정기준 원칙을 정하고 역사적 가치가 있는 유한문서를 영구보존문서로 조정하여 정부중요기록물의 멸실을 방지하도록 하였다. <표 4-11>과 같이 보존기간별 책정 기준을 과거에 비해서는 상세히 규정하였다.

<표 4-11> 문서보존연한 책정기준

구분	대상 문서
영구 보존	1. 역사적 가치가 있는 문서 2. 국정의 기본적인 계획과 정부의 일반정책에 관한 기본문서 3. 조약체결·선전·강화 등 대외정책에 관한 기본문서 4. 국가안보·통일정책·군사정책 등에 관한 중요문서 5. 헌법·법령·조례의 제정 폐에 관하여 공포한 원문서 6. 민사·형사·행정소송사건 판결문서 7. 대통령선거·국회의원선거 후 당선결정관계 등 중요기본문서 8. 지적도·임야도·토지대장·가옥대장 등 중요재산관계 기본공부 9. 정부인사발령 재가문서 10. 기타 위에 준하는 사항으로서 영구보존할 필요가 있는 중요문서
준영구 보존	1. 법령이외의 규칙, 훈령의 제정, 개폐에 관한 공포원문서 2. 예규·법령 유권해석에 관한 문서 3. 장기(10년 이상) 정책 및 사업계획에 관한 기본문서 4. 재산권·채권 등 권리의무에 관한 사항으로서 11년 이상 보존할 필요가 있는 문서 및 대장 5. 각종 인사관계 기본대장 및 카아드 6. 각종 인가·면허·허가 등에 관한 문서 및 대장 7. 기타 위에 준하는 사항으로서 11년 이상 보존할 필요가 있는 중요문서 또는 개개문서의 성질에 따라 특정기간을 정할 문서.
10년 보존	1. 중장기(10년 이하)정책 및 사업계획에 관한 기본문서 2. 재산권·채권 등 권리의무에 관한 사항 중 10년간 보존할 필요가 있는 문서 및 대장 3. 중요제도 개선에 관한 조사·연구·보고의 기본문서 4. 법령에서 보존연한을 5년 이상 10년 이내로 특별히 정할 문서

기능분류에 기초한 평가체제를 개발하였다. 이러한 독특한 평가분류체제는 1984년에 접어들면서 평가기준표와 기능분류표를 완전히 일치시키는 방향으로까지 발전하였다.

	5. 각종인가·면허·허가 등에 관한 사항으로서 10년간 보존함이 적당한 기본문서 및 대장
5년 보존	1. 단기정책 및 사업에 관한 기본문서 2. 매년도 예산에 의한 수입 및 지출관계 증빙서류 3. 각종인가·면허·허가 등에 관한 사항으로서 5년간 보존함이 적당한 문서 및 대장 4. 재산권·채권 등 권리의무에 관한 사항 중 5년간 보존할 필요가 있는 문서 및 대장
3년 보존	1. 각종 기획수립 및 이에 관련된 문서 2. 기본운영계획 편성 관계문서 3. 재산권 및 채권 등 권리의무에 관한 사항으로서 3년간 보존할 필요가 있는 문서 및 대장 4. 신분증명·학력·경력·자격·신원·기타 제증명 발급관계문서 5. 고시·공고 등에 관한 문서로서 장기적 효력이 있는 문서를 제외한 문서
1년 보존	1. 각종 일일명령문서 2. 보조기관 상호간의 경미한 협조문서 3. 최하급 전결권자에 의하여 처리된 단순 업무 문서 4. 일반 사무관계 잡문서 및 부책 5. 단순한 자료요구·업무연락·통보 등 경미한 문서 6. 각종 채용시험 답안지
기타 사항	1. 채권·채무관계문서는 그 시효만료의 시일을 기준으로 해당 보존연한을 정한다. 2. 법률의 규정에 의하여 시효 또는 제척기간 등이 적용될 수 있는 문서는 그 시일을 기준하여 해당 보존연한을 정한다. 3. 재정과 세무관계문서는 그 시효기간을 기준하여 해당 보존연한을 정한다. 4. 징계·소원·소청·소송관계문서는 그 결과가 확정되는 시점을 참작하여 보존연한을 정하되 시심·중간심에 관계되는 문서는 최종심에 관계되는 문서보다 단축하여 조정한다. 5. 기관내부에서만 효력을 가지는 예규·훈령·지침 등 관계문서는 대민관계를 기속하는 법령관계문서보다 단축 조정한다. 6. 대민관계문서의 보존기간은 대물관계문서의 보존기간보다 단축 조정하되, 자연인의 생존한계와 법인의 존속기간 및 이해관계인의 권리의무 존속기간 등을 참작하여 해당 보존연한을 정한다.

「정부공문서분류번호및보존기간책정기준등에관한규칙」에서   원본문서의 보존기간은 별표에서 구체적으로 규정하였다. 이 규칙 별표에 규정되지 아니한 문서의 보존기간은 이 표에 규정된 문서나 유사한 종별에 준하고, 유사한 종별이 없는 보존기간은 제4조의 일반기준에 따라서 당해 기관의

장이 정하도록 하였으며 원본에 의하여 작성된 문서는 원본의 보존기간보다
단축하여 문서생산기관에서 정할 수 있다. 참고사항이나 부속서류 및 협의요
구사항에 대한 협의기관의 문서는 별표에 규정한 보존기간보다 단축하여
정할 수 있도록 하였다.[31]

특히 별표에 규정된 기능종별 문서 중 사업이 계속 중이거나 감사기관
또는 수사기관 등에서 검사·감사 또는 수사가 진행 중인 때와, 소원이나
소송이 계류 중인 때에는 이 규칙에 의한 보존기간이 경과된 후에도 당해
사업 또는 사건이 종료될 때까지 관계문서를 보존하도록 하였다.

만약, 행정기관에서 보존기간의 변경이 필요한 경우에는 "당해 기관의
장이 그 기간을 정하여 연장 또는 단축할 수 있다. 다만 10년 이하의 문서를
준영구 이상으로 연장하고자 할 때는 총무처장관의 승인을 얻어야 하며,
준영구 이상의 문서를 10년 이하로 단축 또는 보존"할 때에도 동일하였다.
준영구보존문서 중 구체적인 보존기간을 정할 수 없는 문서는 보존기간
기산 후 10년이 경과되면 3년마다 계속 보존의 필요여부 등을 점검한 후
보존 또는 폐기를 결정하도록 하였다.

3. 1990년대 사무자동화의 추진과 기록관리체제의 변동

1) 사무자동화의 추진과 「사무관리규정」의 제정

1984년의 국가기록관리체제는 1990년대 국가기관의 업무환경이 변화하면
서 다시 개편되었다. 한국정부는 고도산업화 및 정보화 환경에 능동적으로
대처하고 행정의 생산성 향상을 도모하기 위하여 개별 법령으로 분산되어
있는 사무관리에 관한 각종 법규들을 통합·체계화하는 작업을 추진하였다.

---

31) 별표에서 규정한 1년 보존대상의 문서 중 특히 경미한 것은 연말에 폐기할 수 있도록
    하였다.

특히, 수작업 위주의 사무관리제도를 자동화·전산화체제로 전면 개편하고 사무처리의 간소화와 표준화 및 과학화에 필요한 여러 사무관리요소에 대한 체계적인 관리를 수행하기 위하여 「정부공문서규정」 등 관련 법령을 모두 폐지하고 1991년에 「사무관리규정(대통령령 제13390호, 1991.6.19)」을 제정하는 등 각종 관련 제도를 새롭게 정비하였다.

1991년에 제정된 「사무관리규정」에서는 행정기관의 사무는 용이성·정확성·신속성 및 경제성이 확보될 수 있도록 한다는 사무관리의 기본원칙을 정하였다. 이에 따라 각 행정기관은 소관사무를 효율적으로 수행하기 위하여 사무의 자동화를 추진할 것을 규정하였으며 특히, 총무처장관은 사무자동화와 관련이 있는 각종 사무분야 및 사무자동화기기의 수요, 사무자동화 이용기술의 보급 등에 관한 사무 등이 포함된 사무자동화기본계획을 수립하여 추진하도록 하였다.

이와 함께, 공문서 용지의 기본규격을 자동화·전산화 체제에 맞도록 한국 공업규격에서 정한 A4 규격(가로 210밀리미터, 세로 297밀리미터)과 일치되도록 정하였다.[32] 공문서의 규격이 A4 규격으로 변경된 것은 컴퓨터 및 프린터, 복사기 등 사무자동화 기기의 보급과 밀접한 관련이 있었다. 뿐만 아니라 전산망에 의한 문서발송이 가능하도록 근거를 마련하였고, 문서관리의 체계화와 중요기록물의 멸실방지를 위하여 문서등록제도를 신설하여, 공문서는 당해 문서에 대한 결재가 끝난 즉시 결재일자순에 따라서 문서번호

---

32) 「정부공문서규정」에 의한 공문서의 규격은 여러 차례 변경되었다. 1950년 3월 6일 「공문서규정」에서는 괘지를 사용하도록 하였고 1961년 9월 13일에 제정된 「정부공문서규정」에서는 16절지를 세워서 사용하도록 규정하였으며, 1965년 9월 14일에는 16절지에서 18절지로 변경하였고 1966년 5월 21일에는 용지규격을 다시 B5로 조정하였다. 그리고 1969년 5월 2일에는 가로 190밀리미터, 세로 268밀리미터로 다시 변경하였으며 1991년 6월 19일 「사무관리규정」이 제정되면서 특별한 사유가 있는 경우를 제외하고는 A4(가로 210밀리미터, 세로 297밀리미터)로 확정되어 현재까지 사용되고 있다.

를 부여하고 처리과별로 총리령에서 정한 문서등록대장에 등록할 것을 규정
하였다.[33)

그리고 행정간행물의 발간등록 및 납본제도를 신설하였고 행정자료의
효과적인 이용을 위하여 자료분류제도를 신설하였다. 사무처리절차 및 기준
의 표준화를 위하여 업무편람의 발간·활용·수정 및 보완에 관한 절차를
마련하였다. 그리고 정부공문서규정, 관인규정, 보고통제규정, 기관간업무협
조규정 및 서식제정절차규정을 폐지하였다.

<표 4-12> 공문서 관련 법규의 개정 상황

종 전(1984)		개 정(1991년 및 1992년)
*정부공문서규정(기록의 생산, 유통, 편철, 분류, 평가, 폐기)	→	*사무관리규정(기록의 생산, 유통, 편철, 분류, 평가, 폐기, 사무표준화 등에 관한 각종 규정)
*정부공문서분류번호및보존기간책정기준등에관한규칙(분류 및 평가기준)	→	*공문서분류및보존에관한규칙(분류 및 평가기준)

이후 「사무관리규정」은 전자문서의 생산 및 확산과 정보공개법의 시행에
따라 일부 개정되었다. 그 개정 사항을 소개하면 1996년 5월 3일에는 각종
공문서가 컴퓨터에 의하여 생산·유통·보관되는 현실에 맞도록 전자문서
등을 공문서의 범위에 포함하도록 하였다. 이와 함께 전자서명에 의한 결재문
서도 공문서로 취급하도록 하고, 그 문서가 전산망으로 시행되어 수신자의
컴퓨터 파일에 등록된 때에 행정상의 효력이 발생하도록 하였다.

또한 1년, 3년, 5년, 10년, 준영구, 영구 등 6종으로 되어 있는 문서보존기간
중 준영구를 없애고 20년·30년 보존기간제를 도입하였다. 그리고 각 행정기
관에서 영구, 준영구 문서를 6년간 보존한 후 정부기록보존소에 이관하도록

---

33) 한국에서 기록물등록제도를 최초로 실시한 것은 1991년 「사무관리규정」을 제정하면
서부터이다. 「사무관리규정」 이전까지는 문서의 발송대장과 접수대장이 있어서 문서
의 유통사항을 확인하는 장부로 활용하였으나 문서등록대장은 문서의 생산 및 유통
상황 전반을 등록하는 대장이다.

하던 것을 당해 기관에서 13년간 보존한 후 영구보존문서만을 정부기록보존소에 이관하도록 하였다. 이와 함께 역사적 보존가치가 있다고 인정되는 사건·사고 등에 관한 문서는 총무처장관이 보존대상기록물로 지정할 수 있도록 하고, 이를 정부기록보존소에서 보존하도록 하였다. 특히 보존폐기 절차를 새롭게 수립하여 보존기간경과문서의 폐기 등에 대한 심의를 위하여 총무처에 정부공문서평가심의회와 각급기관에 문서평가심의회를 두도록 하였다.

그리고 1996년에 공공기관이 보유·관리하는 정보의 공개의무와 국민의 정보공개청구에 관하여 필요한 사항을 정한 「공공기관의정보공개에관한법률(법률 제5242호, 1996.12.31)」이 제정·공포되어 1998년 1월 1일부터 시행되었다. 이 법은 정보공개대상기관, 정보공개의 절차, 불복구제절차 등에 관한 사항과 정보공개제도 시행에 따라 필요한 사항을 정함으로써 국민의 알권리를 보장하고 국정에 대한 국민의 참여와 국정운영의 투명성을 확보하기 위하여 1997년 10월 21일에 관련 사항을 반영하여 일부 개정하였다. 그리고 통일원·외무부·정부기록보존소에 이관되는 문서는 당해 문서를 생산·이관하는 공공기관의 장이 문서별로 공개여부를 명시하여 이관하도록 하고, 법 시행 전에 이관받아 보존 중인 문서의 공개여부는 문서보존기관의 장이 결정하도록 하였다. 이 같은 개정은 정보공개법의 실시에 따른 대응 결과이다.

1998년 7월 1일에는 주요정책의 결정 또는 집행과정에 참여한 관련자들의 소속·직급·성명 및 의견을 기록하도록 하고, 주요정책의 결정을 위한 공청회·세미나·관계자회의 등을 개최하는 경우에는 실무자를 참석시켜 개최일시·참석자·발언내용·결정사항 등을 기록·보존하도록 함으로써 행정의 투명성을 확보하려 하였다. 둘째, 주요 국정현안 사항, 대규모의 국책공사 기타 대규모의 예산이 투입되는 사업, 외교 및 통상협상의 내용, 법령의 제·개정, 국민생활에 큰 영향을 미치는 제도 등 주요정책에 대하여는 추진배경·추진경과·관련자·관련문서·회의기록(공청회·세미나·관계자회의의 기록) 등을 수록한 정책자료집을 만들어 보존하게 함으로써 주요정책의 결정 및 집행에 신중을 기하고 유사한 정책에 참고가 되도록 하였다.

1999년 8월 7일에는 종이문서에 의한 기안, 인편·우편 등에 의한 문서유통 등 종이문서 위주의 문서관리체제를 전자문서에 의한 기안, 정보통신망에 의한 문서유통 등 전자매체에 의한 관리로 원칙을 정함으로써 전자정부를 구현할 수 있도록 하였다. 그리고 문서과의 문서접수 및 문서발송업무를 처리과로 이관하고, 문서심사관의 심사기능을 처리과의 장에게 이관함으로써 처리과에서 처리한 모든 문서에 대하여 책임을 지도록 하였다.

2) 「공문서분류및보존에관한규칙」과 문헌정보학 기법의 적극적 도입

총무처는 「사무관리규정」을 제정한 이후에 1992년에는 행정정보의 종합적, 과학적 관리기반을 확립한다는 명목으로 분류체제를 크게 개편하였다. 이를 위하여 우선 1992년에 「공문서분류및보존에관한규칙(총리령 제416호, 1992.12.31)」을 제정하였는데 이 규칙은 「사무관리규정」 제25조, 제27조 제1항 및 제3항에 근거하여 정부공문서의 분류기준과 그 종류별 보존기간의 책정기준 등을 정하기 위하여 제정되었다. 「공문서분류및보존에관한규칙」의 특징은 분류체계의 설계와 그 운용방식에서 일부 문헌정보학의 관리기법을 적극적으로 수용하였다는 점에 있다. 1960·1970년대의 문서관리에서도 문헌정보학의 관리기법을 일부 활용한 바가 있으나 기능분류번호와 십진식 전개방식 등 매우 제한적인 범위에서 수용한 것이었다.

당시 선진 외국에서는 기록관리를 위하여 기록관리학(archival science)을 활용하였으나 한국정부는 국가기록관리체제를 수립하고 개편하는 과정에서 기록관리학에 기반한 관리기법을 개발하거나 습득하지 못하였다. 1970년대까지 기록관리학(archival science)이 한국에 소개되지 못하였으며 정부기록보

존소가 1979년에 ICA에 정회원국으로 가입하여[34] 1980년대부터 ICA 등과 교류하기 시작하였음에도 불구하고 외국의 선진적 기록관리기법을 도입하지 못하였다. 국가기록관리에서 이 같은 현상이 나타난 것은 정부기록보존소가 기록관리정책 및 관련 제도의 수립에는 거의 영향력을 행사하지 못하였고 총무처 행정관리국이 기록관리에 관한 각종 제도의 수립을 주도하였기 때문이다.[35]

1990년대에 문헌정보학 이론이 적극적으로 도입되면서 나타난 중요한 변화는 종전의 십진식 기능분류를 완전한 십진 기능분류로 분류체계를 개편하였다는 점에 있다.[36] 1984년에 제정된 공문서분류번호및보존기간표는 정부조직법상의 정부(국가)기능을 19개로 대분류하고 그 이하의 계층에서만 십진식 전개방식을 채택하여 진정한 의미의 십진분류법이라고 정의할 수 없었으나 1992년 「공문서분류및보존에관한규칙」에서는 제1차분류의 항목을 19개에서 10개로 축소하여 십진분류의 명칭에 맞게 조정하였다.

---

34) 한국은 1979년에 ICA에 정회원국에 가입하였고, 1981년 노르웨이 오슬로에서 열린 제20차 기록보존원탁회의에 참석한 이래 매년 참석하면서 국제기록보존회의를 통한 정보교환과 기록물의 국제적 보존, 보호 등 제반 수단의 개발 촉진을 도모하고 있다. 韓國行政硏究院, 『韓國行政史料集(Ⅱ)』, 1996.

35) 1999년 기록관리법 제정 이전까지 정부기록보존소는 기록관리제도 입안 및 정책수립 권한이 부여되지 않았고 단순히 영구보존문서를 이관받아 관리하는 역할에 머물러 있었다.

36) 한국에서 십진분류법이 공식적으로 채택된 것은 한국도서관협회에서 1964년에 『한국십진분류법』 초판을 간행한 것에 유래한다. 이후 1966년, 1980년, 1996년 개정을 거쳐 현재에 이르고 있다. 한국도서관협회에서 분류법 제정에 관한 논의가 시작된 것은 1955년이고 도서분류법 제정을 비롯한 전반적인 도서관계의 전문적 사업을 추진하기 위하여 기술위원회를 구성하여 기초적인 준비작업을 진행하였다. 동 위원회에서는 본격적인 편찬을 위하여 1963년 초 분류분과위원회에 편찬사업계획을 위촉하였고 동년 2월 4일에 제1차분류분과위원회를 소집하여 초안작성에 관한 구체적인 방법을 논의하였다. 그 결과 다수 전문가와 회원의 동의를 얻어 DDC의 주류서열을 근거로 하고 한국적 상황에 맞게 일부 수정하여 1964년 5월에 『한국십진분류법』 초판이 간행되었다. 韓國圖書館協會 韓國十進分類法解說編纂委員會 編, 『韓國十進分類法解說』, 韓國圖書館協會, 1997.

종전의 공문서분류표에서와 같이 정부조직법상의 국가기능을 기준으로 대분류를 설정하게 되면 정부조직의 개편에 따라서 제1차분류표가 변동되지만 아래와 같이 유사기능군을 묶어서 10개로 조직하면 상대적으로 안정성을 확보할 수 있게 된다.

<표 4-13> 주류 항목의 개편 상황

1984년 항목	1992년 개편 항목	
19개 대분류	주류(10항목)	대분류(54항목)
01 총기(Ⅰ)	0 행정총괄	01 법령 예규 제도, 02 통계행정, 03 홍보 안내 등 8개 기능
02 총기(Ⅱ)	1 일반행정	11 법제, 12 총무행정, 13 내무 지방행정, 15 선거, 16 감사, 17 보안
20 외무	2 외교	21 외교정책기획, 22 정무외교활동, 23 국제연합, 24 국제기구, 25 조약 국제법 등 9개 기능
18 국가보훈, 24 국방	3 통일, 국방	31 통일, 33 국방, 34 병무, 35 국가보훈, 36 비상대비
10 경제기획 22 재무	4 경제일반, 재무	41 경제기획, 42 공정거래, 43 조달, 45 재정, 46 국세, 47 국세
27 농수산 28 상공 29 동자 30 건설	5 산업	51 농산, 52 산림, 53 수산, 54 특허, 55 상공, 57 동력자원, 58 건설
23 법무 31 보사 32 노동	6 공공질서, 사회복지	61 법무, 63 경찰, 65 보건·사회복지, 67 환경보건, 68 노동
16 과학기술	7 과학기술	71 과학기술, 73 기상
25 문교 35 문화 공보	8 교육, 문화	81 교육·학술, 82 체육·청소년, 84 공보, 86 문화·예술
33 교통, 34 체신	9 교통, 체신	91 교통·통신, 93 체신

행정총괄(0) : 여러 분야가 종합적으로 다루어질 때 사용된다.(예 : 경제사회발전 5개년 계획)
일반행정(1) : 총무, 지방행정, 감사, 법제, 보안, 선거 등을 포함한다.
출처 : 韓國行政硏究院, 『韓國行政史料集(Ⅱ)』, 1996, 263쪽.

<표 4-13>에서 보이듯이, 분류체계의 개편에 따라서 분류번호도 변경되었음을 알 수 있다. 기존에는 공문서수신처의 기호표에서 정의하는 기호를 그대로 분류번호로 채택하였으나 1992년에는 십진분류의 명칭에 맞게 0~9까지 번호를 부여하였다.

이와 함께 분류계층의 확대도 추진되었다. 1984년에는 제4차분류까지 수행되었으나 1992년에는 제1차분류로서 주류 항목이 추가되었다. 정부조직법상의 주요 대기능을 십진분류법에 맞게 조직화하기 위해서는 유사한 정부기능을 10개로 묶을 필요가 있었기 때문이다. 이에 따라서 <표 4-14>와 같이 분류기준이 새롭게 정의되었다.

<표 4-14> 문서의 분류기준

분류단계	분류단계의 정의
1차분류(주류)	문서분류의 주류항목으로서, 유사·유관한 정부기능을 분야별로 구분함을 원칙으로 한다.
2차분류(대분류)	1차분류한 정부기능을 그 하위기능별로 분류하는 대분류로서, 그 구분기준은 중앙행정기관의 관장사무 수준으로 한다.
3차분류(중분류)	2차분류에 속하는 사무를 그 하위기능별로 분류하는 중분류로서, 그 구분기준은 중앙행정기관의 실·국·부의 분장사무수준으로 한다.
4차분류(소분류)	3차분류에 속하는 사무를 그 하위기능별로 분류하는 소분류로서, 그 구분기준은 중앙행정기관의 과의 분장사무수준으로 한다.
5차분류(세분류)	4차분류에 속하는 사무를 그 하위기능별로 분류하는 최하단위의 세분류로서, 그 구성기준은 단위업무별 분장사무수준으로 한다.

1984년과 비교하면 제2차분류~제5차분류까지의 정의는 동일하다. 다만, 주류기능을 신설하여 제2차분류를 포괄하고 있는 점이 차이라고 할 수 있다. 1992년 하위 계층양상을 살펴보면 다음과 같다.

<표 4-15> 분류체계의 전개

현 행	개 편
4단계 분류 2~4차분류만 십진식 전개 <예시> 31 보사 (1차분류) 314 가정복지 (2차분류) 3140 노인복지 (3차분류) 31402 경로우대 (4차분류)	5단계 분류 1~5차분류 모두 십진 방식으로 전환 <예시> 60000 공공질서, 사회복지(1차분류 : 주 류) 65000 보건, 사회복지 (2차분류 : 대분류) 65200 가정복지 (3차분류 : 중분류) 65240 노인복지 (4차분류 : 소분류) 65242 경로우대 (5차분류 : 세분류)

<표 4-16> 주류 및 대분류 항목(1992년)

00000	행정총괄	50000	산업
01000	법령, 예규, 제도	51000	농산
02000	통계행정	52000	산림
03000	홍보, 안내	53000	수산
04000	국제협력, 교류	54000	
05000	조사, 연구	55000	상공
06000	기획, 심사분석 일반	56000	특허
07000	민원사무	57000	동력자원
08000		58000	건설
09000	연설문	59000	
10000	일반행정	60000	공공질서, 사회복지
11000	법제	61000	법무
12000	총무행정	62000	
13000	내무, 지방행정	63000	경찰
14000		64000	
15000	선거	65000	보건, 사회복지
16000	감사	66000	
17000	보안	67000	환경보전
18000		68000	노동
19000		69000	
20000	외교	70000	과학기술
21000	외교정책기획	71000	과학기술
22000	정무외교활동	72000	
23000	국제연합	73000	기상

24000	국제기구	74000	
25000	조약, 국제법	75000	
26000	국제경제	76000	
27000	통상외교	77000	
28000	문화, 홍보외교	78000	
29000	재외국민, 영사	79000	
30000	통일, 국방	80000	교육, 문화
31000	통일	81000	교육, 학술
32000		82000	체육, 청소년
33000	국방	83000	
34000	병무	84000	공보
35000	국가보훈	85000	
36000	비상대비	86000	문화, 예술
37000		87000	
38000		88000	
39000		89000	
40000	경제일반, 재무	90000	교통, 체신
41000	경제기획	91000	교통, 관광
42000	공정거래	92000	
43000	조달	93000	체신
44000		94000	
45000	재정	95000	
46000	국세	96000	
47000	관세	97000	
48000		98000	
49000		99000	

「공문서분류및보존에관한규칙」 단계에서는 분류번호의 전개가 기존과는 다름을 알 수 있다. 1984년의 분류에서는 분류번호의 중간에 빈칸이 없도록 하였으나 1992년 분류에서는 <표 4-16>에서도 알 수 있듯이 중간에 빈 분류번호가 많다. 예컨대, 70000 과학기술의 주류 기능 하위에는 71000 과학기술 기능과 73000 기상 기능만이 분류되어 있을 뿐 나머지 분류번호는 비어있다.[37]

또한, 국가기록물 관리에서 정보검색의 중요성이 강조되면서 행정정보의 분류와 검색체계 개발에서 문헌정보학을 적극적으로 활용하기 시작하였다. 그 대표적인 사례가 조기호와 상관색인의 도입이다. 일반적으로 조기성 또는 조기법(mnemonics)은 사전적 의미로는 "기억을 돕거나 향상시키기 위한 기술이나 방법" 또는 "그것을 통해 기억을 새로이 하거나 향상시키는 것"을 말한다. 그러나 문헌분류에서 이를 정의할 때는 분류기호의 특성과 관련하여 좀 더 구체적인 의미를 갖게 된다. 즉 분류기호의 조기성은 "분류체계가 개념을 표현할 때 어떤 개념이 출현하는 위치에 관계없이 이를 동일한 기호로 표현하여 기억을 돕는 것, 또는 그 반대로 분류체계에서 동일기호는 동일한 개념을 표현하도록 하여 기억을 돕는 것"으로 정의된다. 조기성이 부여된 분류기호는 (1) 분류담당자가 문헌에 대한 분류기호를 부여할 때 그 기억을 도와주며 (2) 분류표와 색인을 참고해야 하는 일을 상당 부분 줄여주고, (3) 분류표의 길이를 줄여줄 수 있으며 (4) 유사한 배열구조에는 일관된 순서를 택할 수 있도록 해주는 장점이 있다.[38]

공문서분류번호및보존기간표에서 이용된 조기성이란 문서 또는 자료의 형식이나 성격이 같은 것에는 공통된 번호, 즉 조기호(助記號)를 붙여 사용함으로써 분류번호의 조직을 쉽게 이해하고 기억할 수 있도록 하는 것을 말한다. 공문서분류표에서는 각 기능에 공통적으로 존재하는 문서의 성격을 9가지 유형으로 다음과 같이 나누어 대분류 및 중분류 항목에 붙여 사용할 수 있도록 하였으며, 이는 모두 총괄 항목에 배치하도록 하였다.

조기호관련 문서의 보존기간은 공통적으로 사용할 수 있도록 따로 정하였다. 따라서 단위업무별로 보존기간이 명시되어 있는 경우는 그 보존기간을 적용하고, "[☆]"로 표시된 것은 조기호표의 해당문서 보존기간을 적용하도록

---

37) 대검찰청서울고등검찰청수원지방검찰청여주지청, 「공문서분류번호 및 보존기간 개편」『예규·훈령(BA0772325)』, 1992.
38) 오동근·배영활·여지숙, 『KDC의 이해』, 태일사, 2002, 35쪽.

하였다.[39]

<표 4-17> 조기호

01(0) 예규·제도·법령	06(0) 기획·심사분석, 지시사항
02(0) 통계	07(0) 민원사항
03(0) 홍보·안내	08(0) 행정감사·지도
04(0) 국제협력	09(0) 위원회운영
05(0) 조사·연구	

<표 4-18> 조기호 사용예시

```
* 대분류에 조기호를 붙여 쓴 경우
  45000 재무          +02 통계          45020 재무통계
  51000 농산          +02 통계          51020 농산통계

* 중분류에 조기호를 붙여 쓴 경우
  12100 인사관리       +01 제도          12101 인사관리제도
  45500 재산관리       +01 제도          45501 재산관리제도
```

한편, 조기호에 해당하는 사항이라도 이를 사용하기에 적합하지 아니하거나 다른 기능과 함께 배열하는 것이 적절한 것은 조기호를 적용하지 아니하고 그 조기호의 위치에 실제 분류된 번호를 안내하여 참고하도록 하였다. 예컨대, 재정(45000)의 국제협력은 45040에 분류하여야 하나 분류범위가 넓어 45600, 45700에 분류하고 조기호의 해당 위치에는 "☞국제협력→45600, 45700"으로 표시하였다. 이 같은 기법을 상관색인이라고 하는데 문헌정보학에서는 관련 기능의 색인(참고표시 or 상관색인)을 설정하여 분류번호 중에서 혼동될 우려가 있는 번호에는 해당 번호 밑에 ☞표시를 하여 참고하도록 하였다.

---

39) 조기호표는 분류표의 맨 앞에 위치하여 신속히 검색할 수 있도록 하였다.

<표 4-19> 조기호 관계문서의 보존기간 예시(일부)

01 예규·제도·법령		06 기획.심사분석, 지시사항	
<1> 예규·제도 관계	(10) [준]	· 기획 및 심사분석 일반	[3]
<2> 법령운용		· 지시사항 일반	[1]
· 법령심사의뢰	(10) [준]	☞ 기획.심사분석관계제도 운용 →06010	
· 법령질의·해석	(10) [준]	<1> 기본정책. 방침	(10) [영]
- 경미한 사안	(1) [3]	<3> 시행계획	
· 법령안 의견조회	(1) [3]	· 연간계획	(1) [3]
· 기타 법령협의	(1) [3]	· 분기. 월간계획	[1]
☞ 법제행정 → 11000		· 기타 사업시행계획	[3]
02 통계		<4> 심사분석	
<1> 통계조사		· 연간심사분석	(1) [3]
· 조사계획 및 자료수집	(1) [3]	- 심사분석 자료	[1]
· 조사계획표본설계	[10]	· 반기. 분기. 월간 심사분석	[1]
· 조사표 및 보고서	[3]	· 특수. 중점사업 심사분석	(1) [3]
<2> 통계자료처리		· 심사분석 평가	[1]
· 자료처리문서집계표	[3]	<5> 지시사항	
· 자료처리자기테이프.디스크	[준]	07 민원사항	
<3> 통계조사 결과		· 민원사무처리부	[10]
· 조사결과 발간원본	[10]	· 민원접수·처리문서	[5]
- 자기테이프.디스크로 처리할		- 단순민원사안 처리문서	[1]
경우	[3]	<1> 신청 및 신고관계	[5]
· 일시적 업무참고용 통계	[3]	<2> 민원사항에 대한 확인청구 및	
· 자료제공관계	[3]	이의신청	[5]
· 조사결과 공표	[3]	<3> 질의. 건의. 진정. 탄원	[5]
<4> 통계자료 분석, 기타		<4> 청원. 행정심판	
· 통계자료분석	[5]	· 청원. 행정심판재결서	[준]
· 기타 통계관계 일반	[3]	· 청원. 행정심판사건처리부	[10]
☞ 통계행정 → 02000			
(이하 생략)		(이하 생략)	

비고 : 이 분류표에서 사용한 부호는 다음과 같다.

[ ] : 생산한 문서의 보존기간

(보존기간 표시 : 영구 →영, 준영구 →준, 10년 →10, 5년 →5, 3년 →3, 1년 →1)

[☆] : 조기호표의 해당문서 보존기간 적용

( ) : 접수한 문서의 보존기간

☞ : 관련기능의 분류번호

<표 4-20> 토석채취업무 관련기능 색인 예시

"산림의 토석채취"와 "하천의 토석채취"가 혼용될 우려가 있음
(52000 산림) 52431 토석채취
· 토석채취 허가   [5]
· 허가기간 5년 이상인 경우   [10]
· 토석채취허가대장   [준]
☞하천 토석채취허가 → 58175
(58000 건설) 58175 하천 토석채취허가   [10]
(모래, 자갈 등)
☞산지 토석채취 허가 → 52431

상관색인(relative index)은 분류표 전체에 걸쳐 분산되어 있는 관련 항목들을 함께 모아주는 기능을 하게 되는데, 일찍이 듀이가 창안한 DDC의 특징 중의 하나로서 그 편리함 때문에 대부분의 열거식 분류법에서 채택하고 있는 방식이다.[40)]

그리고 문서통제의 최소단위인 단위업무별 기능의 범위를 합리적으로 조정하였다. 이 같은 조정은 분류범위가 1개 항목에 과다한 단위업무기능이 나타나는 문제점을 해결하고 분류의 효율성 제고 및 전산검색의 용이성을 도모하기 위하여 특수한 경우 외에는 하나의 분류번호에 1~6개의 문서를 포함하도록 조정하였다. 이 같은 변화는 1984년 공문서분류번호및보존기간표의 27541 원예시험 항목이 1992년에 개편된 상황을 통하여 잘 확인할 수 있다.

이와 함께 문서보존기준의 개선 및 보완이 이루어졌다.[41)] 우선, 보존기간 책정 시 고려요소를 <표 4-23>과 같이 구체화하였다. 이 기준들은 대체적으로 개별 법령에서 규정한 보존기간, 증거기간, 적용기간, 시효기간 등 문서내용

---

40) 김정현, 『문헌분류의 실제』, 태일사, 2001, 127~128쪽.
41) 대검찰청서울고등검찰청수원지방검찰청여주지청, 「공문서분류번호 및 보존기간 개편」『예규·훈령(BA0772325)』, 1992.

의 효력 존속과 관련한 보존필요기간 등을 고려하였다. 그리고 사료 또는
통계로서의 가치, 기타 문서의 이용도, 중요도 및 재작성 가능성 등이 중요한
고려 사항이었다.

<표 4-21> 1984년 공문서분류번호및보존기간표의 구조(일부 예시)

1차분류	2차분류	3차분류	4차분류	단위업무별 기능	보존기간
			27541 원 예시험	(채소육종시험)	-
				품종도입대장	준영구
				채소종자 조제대장	준영구
				기타 채소육종시험 연구관계문서	10
				(채소재배시험)	-
				채소재배시험 연구관계문서	5
				(과수육종시험)	-
				과수육종시험 연구관계문서	10
				품종도입대장	준영구
				과수교배육성대장	준영구
				과수품종재식대장	준영구
				(과수재배시험)	-
				과수재배시험 연구관계문서	5
				(화훼시험)	-
				화훼품종 개발관계문서	10
				유전자원 연구관계문서	10
				기타 화훼시험 연구관계문서	5
				(감자시험)	-
				품종 및 계통 특성카아드	영구
				품종도입대장	준영구
				품종개량·유전자연구·종서생산 관계문서	10
				기타 감자시험 연구관계문서	5

<표 4-22> 1992년 공문서분류번호및보존기간표의 구조(일부 예시)

1차 분류	2차 분류	3차 분류	4차 분류	5차 분류	단위업무	보존 기간
				51850 과수연 구·원 예시험	원예작물 품종보존	[준영구]
					고령지, 제주원예작물시험연구	[5]
					과수연구, 원예시험일반	[11]
				51851 과수 육종 연구	품종도입대장	[준영구]
					과수교배 육종, 과수품종재식대장	[준영구]
					과수의 품종개량,유전및육종방법개발, 조직배양, 유전공학실용화 시험연구	[5]
					과수의 번식방법 시험 연구	[5]
					과수의 유전자자원 수집 및 품종보존	[5]
					기타 과수육종 연구 일반	[1]
				51852 과수 재배 연구	재배방법개선 시험연구	[5]
					과수의 영양생리,환경,생태,생리반응및생장조정제이용관계시험연구	[5]
					과수의 생산비절감을 위한 재배, 시설재배 및 기상재해경감에 관한 시험연구	[5]
					열대,아열대 과수의 국내적응성 및 재배환경 생리상태 시험연구	[5]
					기타 과수재배연구 일반	[1]
				51853 과수 환경 연구	과수원·토양의 개량, 토양수분, 관개배수 시험연구	[5]
					과수의 적정시비량 및시비방법개선 시험연구	[5]
					과수원·토양미생물의 농업적 이용과 토용보존 시험 연구	[5]
					과수 병해충의 분류·동정·생리·생태 및 저항성 검정시험연구	[5]
					과수원 병해충 예방 및 방제시험 연구	[5]
					과수원 잡초의 분포조사, 생리생태, 방제시험 연구	[5]
				51854 과실 가공· 이용 연구	가공방법개선 시험연구	[5]
					저장방법개선 및 품질보존 시험연구	[5]
					과실의 선도유지, 유통, 포장 및 규격화 상품성 향상관계시험연구	[5]
					기타 가공이용 연구일반	[1]

				51855 채소 시험	품종도입 및 채소종자 조제대장	[준영구]
					채소재배 시험연구	[5]
					채소의 품종개량 및 재배법 개선시험	[10]
					원예작물 종자, 종묘검정	[5]
					고령지 채소시험연구	[5]
					기타 채소시험일반	[5]
				51856 화훼 시험	화훼 품종개발 및 재배법 개선시험연구	[10]
					유전자원 연구	[10]
					화훼 관상수목품종수집, 보존 및 선발시험연구	[5]
					기타 화훼시험일반	[1]
				51857 감자 시험	품종 및 계통 특성 카아드	[영구]
					품종도입대장	[준영구]
					품종개량, 유전자연구·종서생산 시험연구	[10]
					고령지 감자 채종적지 선정 및 종서생산·품종보호	[5]
					고령지 감자 품종개량 및 재배법 개선시험·연구	[5]
					기타 감자시험 일반	[1]

<표 4-23> 보존기간 책정시 고려요소

현 행(1984)	개 선(1992)
<영구> 가. 역사적으로 가치가 있는 문서 중 영구적으로 보존할 필요가 있는 문서 나. 국무회의의 심의를 거치는 중요정책문서 중 영구적으로 보존할 필요가 있는 문서 다. 법규문서 중 공포 원본문서 라. 그 밖의 문서로서 영구적으로 보존할 필요가 있는 문서	<영구> 가. 국무회의의 심의를 거치는 중요정책에 관한 문서 중 영구적으로 보존할 필요가 있는 문서 ★나. 대규모의 건설 또는 대규모의 예산이 투입되는 사업의 기본계획에 관한 문서 및 도면과 그에 대한 추진실적 및 심사분석 보고문서 다. 법규문서 중 공포 원본문서 ★라. 역사적 의미가 있는 특별한 기념행사 또는 의전행사에 관한 문서(연례적으로 반복되는 일반적인 기념행사 또는 의전행사에 관한 문서 제외) ★마. 국가적 역사적으로 국민이나 여론의 관심이 집중되었던 사건, 사고 등의 처리에 관한 문서 ★바. 행정백서, 제도변천사 등 사료적 가치가 있는 간행물의 원본문서 ★사. 국가적, 역사적으로 활용가치가 높은 정부의 분야별 주요 통계 ★아. 기타 학술연구자료나 후대 관심사항 등으로서 역사적 가치가 있어 영구적으로 보존할 필요가 있는 문서

<준영구>	<준영구>
가. 국무회의의 심의를 거치는 중요정책문서 중 준영구적으로 보존할 필요가 있는 문서 나. 훈령, 예규의 원본문서 다. 정부의 법령해석에 관한 원본문서 라. 그 밖의 문서로서 영구적으로 보존할 필요가 없으나 10년을 초과하여 보존할 필요가 있는 문서	가. 국무회의의 심의를 거치는 중요정책문서 중 준영구적으로 보존할 필요가 있는 문서 ★나. 법령, 제도, 정부주요정책이나 대규모 사업의 계획수립을 위하여 작성한 중요연구, 검토문서 다. 훈령, 예규의 원본문서 라. 정부의 법령해석에 관한 원본문서 ★마. 대통령이 결재하는 문서 중 영구보존대상에서 제외된 문서 ★바. 관리기간 또는 활용기간이 10년을 초과할 것으로 예상되는 비치카드, 대장, 도면 등의 문서 사. 기타 영구적으로 보존할 필요는 없으나 10년을 초과하여 보존할 필요가 있는 문서

출처 : 대검찰청서울고등검찰청수원지방검찰청여주지청, 「공문서분류번호 및 보존기간 개편」『예규·훈령(BA0772325)』, 1992

비고 : ★표는 개정사항임

1992년에는 영구보존문서의 종류가 종전보다 자세히 정의되었다. 우선, 대규모의 건설 또는 대규모의 예산이 투입되는 사업의 기본계획에 관한 문서 및 도면과 그에 대한 추진실적 및 심사분석 보고문서, 역사적 의미가 있는 특별한 기념행사 또는 의전행사에 관한 문서(연례적으로 반복되는 일반적인 기념행사 또는 의전행사에 관한 문서 제외), 국가적·역사적으로 국민이나 여론의 관심이 집중되었던 사건·사고 등의 처리에 관한 문서, 행정백서, 제도변천사 등 사료적 가치가 있는 간행물의 원본문서, 국가적·역사적으로 활용가치가 높은 정부의 분야별 주요 통계, 기타 학술연구자료나 후대 관심사항 등으로서 역사적 가치가 있어 영구적으로 보존할 필요가 있는 문서 등이 추가되었다. 이 같은 현상은 영구보존 기능의 증가로 나타나게 된다.

준영구보존문서의 기준도 보완이 이루어졌다. 준영구보존문서는 법령·제도·정부의 주요정책이나 대규모 사업의 계획수립을 위하여 작성한 중요연구 및 검토문서를 포함하여 대통령이 결재하는 문서 중 영구보존대상에서 제외된 문서, 관리기간 또는 활용기간이 10년을 초과할 것으로 예상되는 비치카드, 대장, 도면 등으로 정의되었다. 준영구보존문서는 1984년에는 10년 보존 후 3년마다 재분류하도록 하였으나 1992년에는 특별한 관리 기준이 없었다.

이와 함께 문서의 보존기간 우선 순위를 명확히 하였다. 1984년에는 보존기간 부여의 우선 순위가 명확하지 아니하여 혼란의 소지가 있었다. 예컨대, 1984년에는 1순위가 규칙 별표에서 정한 보존기간이었고 2순위는 별표에서 명시되지 않은 경우에는 비슷한 기능의 보존기간을 부여하는 것이 원칙이었다. 그러나 개선된 체계 하에서는 1순위가 개별 법령에서 특별히 정한 보존기간이었고 2순위가 규칙의 별표에서 정한 보존기간, 3순위가 별표에 명시되지 않은 문서의 경우는 유사한 기능의 분류번호에 해당하는 보존기간, 4순위가 유사한 기능이 없는 경우에는 보존기간책정 일반기준 등이었다.

그리고 보존기간을 변경하는 경우에는 그 사유를 구체적으로 명시하도록 하였다. 1984년에는 정책 또는 사업의 변경 수정시, 각종 감사 수사 소송 관련시, 경미한 내용의 문서로서 단축 또는 보존 불필요시, 기타 연장 또는 단축 필요시 등이었으나 개선체계 하에서는 주기적인 재처분, 계약의 갱신 등으로 사실상의 효력 및 이해관계의 계속 존속 예상시, 별표의 보존기간에도 불구하고 국가적, 역사적 자료로서 준영구 이상으로 연장 보존필요시에 보존기간을 변경할 수 있도록 하였다. 그리고 보존기간은 단축 또는 연장조정(보존기간이 10년인 문서를 규정 제31조제3항의 규정에 의거, 정부기록보존소장과 폐기 협의시 영구, 준영구로 보존기간을 변경한 경우 포함)시에는 그 변경내용을 당해문서 및 보존문서기록대장에 기록 정리하도록 하였다.

또한, 시행문서의 수신처 보존기간 부여를 의무화하였다. 기안문서에 보존기간을 반드시 기재하고, 시행문서에는 발신기관에서 수신처보존기간을 의무적으로 표시하여 발송하되 특별한 경우 외에는 기안문서보다 짧게 부여하도록 하였다. 이로써 기안문 외에 시행문에도 보존기간을 책정하는 방식은

1992년 비로소 완전히 제도화되었다.[42]

그리고 공문서보존기간의 합리적 조정이 이루어졌다. 문서의 중요도에 따라 종전의 보존기간을 단축 또는 연장조정하였는데 예컨대, 토지거래규제구역지정(건설부) 5년→준영구(사법적 분쟁시 증빙자료), 환경영향평가 협의(환경처) 10년→준영구(사업시행기간이 장기임)로 조정하였고, 해양보존관련부처 협의(환경처)→5년(장기보존 불필요), 식품제조품목허가문서(보건사회부) 준영구→10년(허가대장기록유지) 등으로 단축하였다.

보존기간책정 현황의 변화를 장기적인 관점에서 분석하면 다음과 같다.[43]

<표 4-24> 1984년 공문서분류번호및보존기간표의 기능별 보존기간 책정현황

	영구	준영구	10	5	3	1	기타[44]	계
기능수	678	1,293	1,465	2,673	3,344	998	1	10,443
책정비율(%)	6.5	12.4	14.0	25.6	32.0	9.5	0.01	100

<표 4-25> 1992년 공문서분류번호및보존기간표의 기능별 보존기간 책정현황

	영구	준영구	10	5	3	1	기타[45]	계
기능수	1,624	2,322	2,246	4,277	5,484	1,049	66	17,168
책정비율(%)	9.4	13.5	13.0	25.4	32.0	6.1	0.4	100

<표 4-26> 1997년 공문서분류번호 및 보존기간표의 기능별 보존기간 책정현황

	영구	30	20	10	5	3	1	기타[46]	계
기능수	1,874	1,769	784	2,469	4,519	5,912	980	46	18,353
책정비율(%)	10.2	9.6	4.3	13.4	24.6	32.2	5.3	0.25	100

---

42) 그러나 이 같은 제도적 정비가 현실에서 어느 정도로 관철되었는지는 알 수 없다. 왜냐하면 이 같은 작업은 막대한 인력과 시간, 비용을 수반하기 때문이다. 실제로 1990년대에 생산된 기록물철을 분석하면 기안문과 시행문에 모두 보존기간이 표시된 경우는 드물다.

43) 국가기록원사이트(www.archives.go.kr)에서 관련 파일을 다운받아 통계 처리하였으며 남양주시청 기록연구사로 근무하고 있는 이상훈 선생이 통계결과를 산출했다.

44) 열람 후 파기에 해당한다.

45) 당해선거임기만료후폐기, 해제시까지, MF촬영후 3개월, 선거위탁기관의 관련규정, 단위사안중 해당 관계문서는 조기호에 따름, 열람후 파기 등이 해당된다.

1964년에 공문서종별책정기준에서는 15%가 영구보존기능으로 분류되었
으며 1979년에는 2.75%로 감소된 바가 있다.[47] <표 4-24>~<표 4-26>에서
알 수 있듯이, 1984년에는 영구보존 기능의 비율이 6.5%였다가 1992년에는
9.4%로 점진적으로 증가하였다. 이 같은 현상은 <표 4-23>에서 나타나
있듯이 영구 및 준영구보존문서의 책정기준이 다양해졌고 또한 단위업무에
대한 구분이 좀 더 세밀해진 것과 관련이 있는 것으로 보인다. 1992년에는
준영구가 13.5%였으나 1997년에는 준영구가 없어진 대신에 30년과 20년으로
전환되었는데 이것을 합하면 13.9%이다. 나머지 보존기간은 거의 변동이
없다고 평가할 수 있다.

다음 <그림 4>에서 알 수 있는 것은 모든 보존기간의 기능이 점진적으로
증가하고 있다는 점이다.

<그림 4> 보존기간별 기능수의 변화 추이

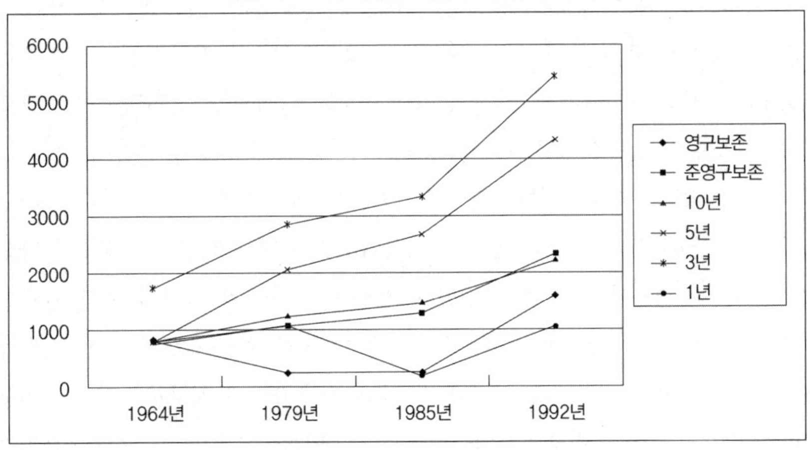

---

46) 임기만료후폐기, 보존기간은 선거위탁기관의 관련규정에 의함 등이 해당된다.
47) 이승일·이상훈, 「보존문서정리작업과 국가기록관리체계의 개편(1968~1979)」『한
국기록관리학회지』8-1, 2008.

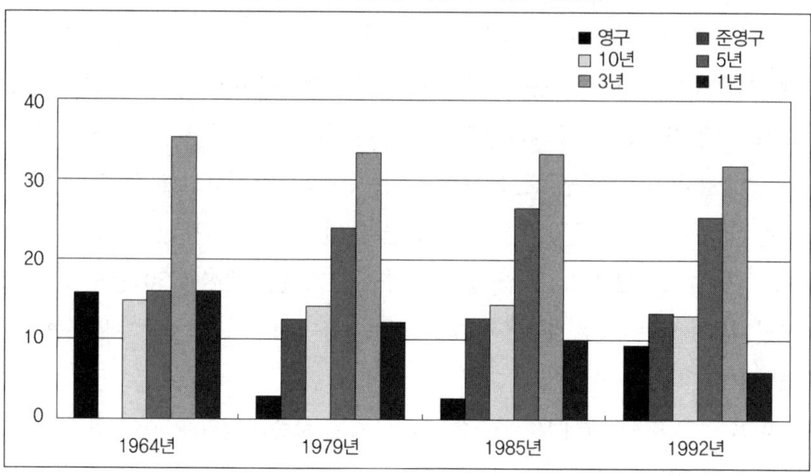

<그림 5> 보존기간별 기능의 책정 비율(%)

1964년에는 4,913여 개의 기능에 보존기간이 책정되었고 1979년에는 8,491여 개로 증가하였다. 1992년에는 17,100여 개로 증가하였으며 1997년에는 18,000여 개로 증가 추세에 있음을 알 수 있다. 이것은 한국정부가 수행하는 업무가 1964년에 비해서 크게 증가하였음을 의미하는 것이다. 이와 함께 기능 조사가 세부적으로 이루어지고 있음을 반영하는 것이기도 하다.

그리고 영구 및 준영구보존기능의 비율 변화에 주목할 필요가 있다. 1964년에서 1979년까지는 큰 폭의 감소가 나타나고 있으며 1984년부터 점차 증가하고 있다. 1964년에 비하여 1979년에 영구보존 기능이 대폭 감소한 이유는 정부소산 계획에 따라서 후방으로 국가기록물을 이동시키기 위한 계획을 추진하였기 때문이다. 다만, 1979년에 대폭 감소하였던 영구보존기능이 1984년과 1992년에는 다시 증가하였는데 이 같은 변화는 1992년 「공문서분류및보존규칙에관한규칙」에서 문서의 보존기간 책정 기준이 세분화된 것과도 밀접한 관련이 있다.

4. 맺음말 : 1980~90년대 기록관리의 특징과 한계

1980~90년대 한국의 국가기록관리는 행정체제의 개편과 사무자동화에 기반한 기록물 생산방식의 변화에 영향을 크게 받았다. 1984년에는 유사・중복기능의 통폐합이라는 한국정부의 행정체제 개편 원칙에 따라서「정부공문서규정」과「공문서보관・보존규정」을 폐지하고「정부공문서규정」을 신규 제정하였으며「정부공문서분류번호지정에관한규칙」과「공문서보존기간종별책정기준등에관한규칙」도 하나로 통합하여「정부공문서분류번호및보존기간등에관한규칙」으로 일원화하였다. 이 같은 조치는 첫째, 국가기록물의 생산에 관한 법규와 관리에 관한 법규를 하나로 통합하고 둘째, 국가기록물의 분류와 평가체제를 단위업무별 기능에 기반하여 일원화하는 쪽으로 개편하였음을 의미하였다.

이 같은 개편에 의하여 한국의 기록물처리일정표는 기능분류표와 평가기준표가 하나로 통합되어 계층적 기능분류에 기초한 평가체제로 단일화되었으며 이에 따라서 한국에서는 국가기록물의 처리행위를 '평가분류'로 통칭하는 관념이 발생하였다. 그리고 이 같은 처리일정표는 다른 나라에서는 찾아보기 어려운 매우 독특한 한국적 관리체제이기도 하였다.

1990년대에는 이 같은 체제를 승계하면서도 컴퓨터 등의 사무자동화 기기에 의한 공문서 생산 및 유통 상황을 반영하는 등의 제도적 보완이 이루어졌고 관리기법 상에서는 문헌정보학의 일부 기법을 적극적으로 수용하였다. 1990년대에 국가기록관리에서 문헌정보학이 급부상한 이유는 당시 한국정부가 공적 업무의 결과인 각종 행정정보를 과학적 관리와 활용의 측면에서 조직화하기 위한 움직임과 밀접한 관련이 있다. 이에 따라서 국가기록관리에서 비로소 십진분류법이 도입되었으며 조기호 및 상관색인 기법도 도입되었다.

또한 1980~90년대에는 정부공문서평가심의회의 운영, 대통령문서고의 설치, 보존기간의 개편, 정보공개법에 따른 공개절차의 마련 등의 변화가

기록관리 영역에도 반영되었다. 이렇게 전개된 한국의 국가기록물관리체제는 나름대로 독자적인 관리기법을 개발하여 왔다고 평가할 수 있다. 그러나 기록관리학에 이론적 기반을 둔 외국에 비해서는 이론적 토대가 매우 취약하였으며 행정효율화에 지나치게 치중된 관리체제를 구축하여 왔다.

특히, 1979년부터 정부기록보존소가 ICA와 교류하기 시작하였음에도 불구하고 1990년대까지도 선진 외국의 기록관리학 이론을 체계적으로 도입하지 못하였다. 예컨대, 정보검색의 향상을 위해 1990년대에 도입된 십진분류법, 조기호, 상관색인 등이 도서에 적합한 기법이었음에도 불구하고 공기록관리를 위해서 도입된 것은 한국기록학 이론의 부재를 여실히 보여주는 것이었다.

1980년대에 정부기록보존소가 ICA와 교류하면서 기록관리학 이론을 접했으나 1984년과 1992년 국가기록관리체제의 개편과정에서 과학적인 관리기법을 도입하지 못한 이유는 영구기록물관리기관인 정부기록보존소가 기록관리 정책 수립에서 거의 영향력을 발휘하지 못하였기 때문이다. 한국의 기록관리 정책과 제도개선은 총무처 행정관리국의 소관업무였으며 그 제도적 목적도 행정적 수요를 관철하기 위하여 추진되었기 때문이다. 이에 따라서 한국의 국가기록관리는 현용 및 준현용 단계에 비하여 영구기록관리 단계가 매우 취약한 특징을 띠게 되었다.

그러나 1999년 기록관리법이 제정되면서 비로소 기록관리학이 체계적으로 도입될 수 있게 되었다. 우선, 정부기록보존소가 기록관리정책의 수립권한을 장악하면서 영구기록물관리를 비롯한 기록관리의 프로세스를 획기적으로 개선할 수 있게 되었다. 특히 종전 공문서분류번호및보존기간표를 기록물분류기준표로 대체함으로써 좀 더 과학적인 관리가 가능해졌으며 이에 따라서 문헌정보학의 일부 관리기법(십진분류, 조기호, 상관색인 등)도 부정되었다. 이 뿐만 아니라 최근에는 기록관리학의 선진국이라 할 수 있는 호주와 캐나다, 미국 등의 관리체제를 상세히 조사하여 한국의 상황에 맞게 변형 수용함으로써 국제적 수준에도 걸맞는 관리체제를 구축할 수 있게 되었다. 앞으로도 기록관리에 관한 국제표준과 외국의 사례를 철저히 조사 분석하여 한국의 행정상황에 맞게 적극적으로 도입할 필요가 있다.

다만, 외국은 각국의 독자적인 행정환경과 오랜 기록관리 전통에 토대를 둔 기록관리체제를 개발하여 왔다는 점에 주목할 필요가 있다. 따라서 외국의 체제를 무비판적으로 수용하기보다는 창조적으로 변형할 수 있는 능력이 필요하다. 이 같은 능력의 계발은 한국의 국가기록관리체제의 수립과정과 변동의 양상을 역사적으로 분석해야 가능하며 특히 공문서분류번호및보존기간표와 기록물분류기준표는 오랜 기간에 걸쳐서 확립된 한국의 독특한 국가기록물 처리일정표라는 점에서 체계적인 조사와 연구가 선행되어야 한다. 현행 국가기록관리체제도 전통적인 관리기법과는 전혀 다른 외국의 제도를 일방적으로 이식한 것이 아니라 기능분류와 기능에 기반한 평가체제라는 종전의 틀을 유지하면서도 외국의 제도를 적절하게 결합시킨 것으로 볼 수 있기 때문이다.

제5장 기록관리법의 제정과 과학적 관리체제의 수립

1. 머리말

1960년대 초반에 수립되어 1990년대까지 운용된 한국의 국가기록관리체제는 기록유산의 보존과 전승보다는 공공행정의 '효율성'을 실현하기 위한 수단으로 활용된 측면이 강했다. 공공부문의 행정비용과 인력을 감축하기 위한 방법으로서 설계된 1960~90년대의 한국 국가기록관리체제는 결과적으로 기록관리 업무의 총체적 부실을 초래하면서 실패로 끝이 났다고 평가할 수 있다.

기록관리법의 제정 이전에 한국정부가 기록관리체제를 개편하기 위해 노력한 적도 있었으나 행정효율화의 관점에서 수립된 기록관리체제를 개선하기에는 역부족이었다. 예컨대, 각 기관에 문서평가심의회를 구성하여 기록폐기에 신중을 기하도록 하거나[1] 중요 문서의 멸실을 방지하기 위해 문서등록제도를 실시한 점,[2] 정부기록보존소에 대통령문서고를 설치하여 대통령 결재문서의 수집을 시작했던 점[3] 등을 들 수 있다. 종전의 기록관리의 개선은 주로 기록관리 프로세스와 절차를 개혁하는 것에 치중했다.

---

1) 「사무관리규정(대통령령 제14989호, 1996.5.3 개정, 1996.7.1 시행)」.
2) 「사무관리규정(대통령령 제13390호, 1991.6.19 제정, 10.1 시행)」.
3) 「정부기록보존소직제(대통령령 제11930호, 1986.6.14)」.

따라서 국가기록관리체제를 근본적으로 개혁하기 위한 노력은 기록관리법 제정 이전에는 현실화되지 못했다. 1960년대부터 1990년대까지 한국정부는 영구보존기록의 관리를 위해서 인력과 비용을 지출하는 것에 소극적이었기 때문에 정부기록보존소가 제대로 그 역할을 수행할 수 없었다. 이러한 사실은 정부기록보존소가 보유하고 있던 영구보존기록의 규모로 확인할 수 있다. 1969년에 설립된 정부기록보존소가 10년 후인 1979년에 약 45,000여 권만을 보유하고 있었고 1989년의 소장량은 23만여 권에 불과했다.

또한, 정부기록보존소에 소장되어 있는 기록들은 한국정부의 주요 정책과 그 의사결정의 과정을 제대로 보여주지 못하는 한계가 있었다. 일반적으로는 정부기록보존소가 현대 한국의 중요 사료를 가장 많이 소장해야 하나 한국 현대사 전공자들은 정부기록보존소 소장 기록을 사료로서 잘 활용하지 않았다. 오히려 미국의 NARA가 한국 현대사 전공자들이 반드시 거쳐야 하는 사료소장기관으로 인식되는 것을 보면 매우 이상한 일이라고 할 수 있다. 국내에서는 국사편찬위원회 등 다른 기관의 기록을 더 많이 이용하고 있는 실정이다. 이는 한국 현대사 전공자들에게 정부기록보존소의 기록은 사료로서의 매력이 그다지 크지 않다는 것을 보여주는 것이다.

1969년에 설립된 직후부터 정부기록보존소는 국립기록보존소로서의 성격을 가지고 있었으나 '기록이 없는 국립기록보존소' 그리고 '활용되지 않는 기록을 보유하고 있는 국립기록보존소'라고 규정해도 무리가 아니라고 평가할 수 있다.

정부기록보존소가 정부기관의 중요 영구보존기록물을 전문적으로 관리하기 위해 설치된 기록관리기관이었고 「공문서보관·보존규정」, 「정부공문서규정」, 「사무관리규정」 등의 각종 법령에서 영구보존기록을 정부기록보존소로 이관할 것을 명확히 규정했음에도 불구하고 정부기록보존소에 영구보존기록이 거의 없었던 이유는 무엇일까. 왜 한국정부 수립 이래로 생산된 방대한 양의 중요 기록물이 정부기록보존소가 아니라 각 생산기관에서 보관되고 있었던 것일까.

이처럼 정부기록보존소가 기관의 설립목적을 제대로 달성하지 못했던 이유는 첫째, 정부기록보존소가 전문기록물관리기관임에도 불구하고 기록관리 인프라를 제대로 갖추지 못했기 때문이다. 구체적으로는 영구기록물관리기관의 필수시설이라고 할 수 있는 보존서고와 시설 등이 제대로 설치되지 못했고 기록물을 관리하는 전문인력도 충원되지 못했다. 그 결과 정부기록보존소가 이관받을 수 있는 기록물이 크게 제한될 수밖에 없었다. 기록관리 인프라 구축에는 많은 비용 지출과 전문인력의 충원이 필요하였기 때문에 법규를 중심으로 하는 기록관리 프로세스의 정비만으로는 기록관리체제가 제대로 작동할 수 없었다.

둘째, 1999년 기록관리법이 제정되기 전까지 기록관리정책의 수립 권한을 총무처 행정관리국이 장악하는 등 국가기록물 관리를 총괄적으로 책임져야 할 정부기록보존소가 핵심 권한을 행사할 수 없었다. 1999년까지 정부기록보존소는 각급기관에서 기록물을 '이관하면 받는' 기록관리 프로세스의 최말단 조직에 불과했다. 한국의 국가기록관리체제를 설계하고 개편했던 부서는 사무자동화와 행정효율화를 주된 업무로 하던 총무처 행정관리국이었다. 행정관리국은 1962년에 정부업무의 효율성 제고를 위하여 설치된 부서였으며 각종 기록관리정책의 수립에도 행정효율화의 측면에서 접근했다. 이 과정에서 정부기록보존소는 기록정책에 관한 주요 결정과정에서 배제되었다.

셋째, 한국의 영구보존기록의 선별방식에도 문제점이 일부 있었다. 중요 기록물이 종전의 공문서보존기간종별책정기준표에서 영구보존기록으로 지정되지 못하는 사례가 있었고 특히 회의록 같은 의사결정 과정을 보여주는 기록이 유한보존기록으로 지정되기도 하였다.[4]

---

4) 곽건홍, 『한국 국가기록관리의 이론과 실제』, 역사비평사, 2003.

 그러나 1980년대에 접어들면서 한국의 기록관리를 거시적 차원에서 개혁하려는 움직임이 나타나기 시작했다. 이 같은 움직임의 배경에는 정부기록보존소가 1979년에 ICA(International Council on Archives)에 가입하고 기록관리의 국제동향을 파악하면서 한국의 국가기록관리의 문제점을 파악하였기 때문이다. 정부기록보존소는 1980~90년대에 기록관리 인프라의 구축 및 전문인력의 충원, 국립기록보존소의 설립, '기록보존법'의 제정 등 국가기록물관리체제를 근본적으로 개편하려고 계획했다. 이 같은 노력은 1990년대까지 이어졌고 역사학계를 비롯한 민간영역의 적극적인 문제제기와 결합하여 1999년 기록관리법이 제정되는 중요한 밑거름이 되었다.

 1999년에 제정된 기록관리법은 한국의 영구기록관리체제를 개편하고 영구보존단계의 기록관리 인프라 구축을 위한 제도적 기반을 마련하는 등 획기적인 내용을 담고 있다. 예컨대, 영구보존기록을 관리하는 전문기록물관리기관의 종류와 그 설치요건을 규정하고 각 행정부처에 중간기록관리기구를 설치하도록 했으며 국가기록관리의 통일성을 유지하고 정부기록보존소의 이니셔티브를 보장하기 위하여 국가기록물관리위원회를 설치했다. 뿐만 아니라 공공기록물을 관리하는 전문인력의 자격과 그 배치기준 등을 구체적으로 규정함으로써 공공부문의 기록관리가 개선될 수 있는 토대를 확고히 했다.

 기록관리법 제정을 계기로 한국도 법·제도의 측면에서 선진 외국과 어깨를 나란히 할 수 있을 정도의 관리체제를 갖추었다고 평가할 수 있다. 특히, 종전까지 기록관리의 불가침 영역이었던 대통령기록의 생산 및 이관을 법제화했다. 또한 2000년대 이후 공공부문의 기록생산 방식이 종이에서 전자적인 방식으로 전환되는 행정환경의 변화에도 잘 적응하여 전자기록관리를 선도적으로 실현하는 등 높은 수준의 기록관리를 구현하고 있는 것도 사실이다.

 이 장에서는 1980년대 이후 정부기록보존소의 국가기록관리체제 개편구상을 소개하고 이러한 개편구상이 1999년 기록관리법에 어떻게 반영되었는지를 살펴보려고 한다. 또한 2000년 이후에 한국정부에서 나타난 업무수행 방식의 변화가 기록관리에는 어떠한 영향을 주었으며 특히 한국 민주주의의 진전에 따라서 공공부문의 기록관리가 어떻게 변화하였는지를 2006년에 개정된 기록관리법을 중심으로 살펴보려고 한다. 이와 함께 2006년에 기록관리법이 전부 개정되면서 나타난 변화상들을 살펴보고 현행 기록관리체제의 근본적 개혁을 위한 몇 가지 제언을 하려고 한다.

2. 1980~90년대 정부기록보존소의 국가기록관리체제 개편 구상

1) 1981년 정부기록보존소의 기록관리체제의 개혁시도

정부기록보존소는 1980년대에 접어들면서 종전 국가기록관리의 한계와 문제점을 깨닫고 개편을 추진했다. 정부기록보존소가 기록관리구조의 개편을 추진하게 된 배경은 총무처 행정관리국이 주도하여 수립한 국가기록관리체제의 문제점을 인식한 결과였다. 1963년 이래로 총무처 행정관리국이 주도하여 국가기록물의 분류, 평가, 이관 등에 관한 법령을 제정하였고 정부기록보존소도 1969년에 설치되었으나 정부의 영구기록물의 수집 관리기능은 대단히 취약했다. 이러한 사실을 단적으로 보여주는 것이 정부기록보존소의 기록물 축적량이라고 할 수 있다. 1977년 이전의 통계치는 없어서 정확히 알 수 없으나 1977년 정부기록보존소는 약 5만 권을 소장하고 있었다. 이것은 당시 전체 수집대상기록물의 약 4%에 불과했으며 96%의 기록물들이 각급 기관에 방치되고 있었다는 것을 의미한다.

한국의 국가기록물관리가 취약했던 이유는 첫째, 당시 기록관리체제의 정비가 현용 및 준현용 단계의 기록관리 프로세스 개선에 집중되어 있었고, 영구보존을 위한 예산의 지출에는 적극적이지 않았기 때문이다. 즉, 정부기록보존소가 1969년에 설립되었으나 영구기록관리에 필수적인 인프라가 전혀 구축되지 못했다. 당시 한국정부는 보존서고, 장비 및 시설, 전문인력 등 많은 비용이 필요한 인프라를 구축하지 못한 채, 관리 프로세스만을 정비했기 때문에 기록관리 법규가 제대로 작동할 수 없었던 것이다.

둘째, 정부기록보존소가 행정부의 영구보존기록물을 관리하는 부서였으나 기록관리정책을 수립 시행할 권한을 가지지 못하였다. 총무처 행정관리국 행정능률과가 사실상 국가기록물관리정책을 수립, 시행하는 부서였다. 총무처 행정관리국은 보존문서정리작업을 주도했으며 기록관리에 관한 법규를 제정하는 등 영구보존기록물의 선별 보존 및 이관 시스템을 구축하는데 주도적 역할을 수행했다.[5]

이 같은 상황에서 1981년에 정부기록보존소는 기록보존제도의 획기적 개선을 위한 중장기발전계획을 수립했다. 이 당시 국가기록관리체제의 개편 방향은 정부기록보존소가 작성하여 총무처 장관에게 보고한『정부기록보존업무에관한중장기발전계획』이라는 문서에 집약적으로 나타나 있다. 이 문서가 중요한 이유는 당시 국가기록관리 정책의 입안을 맡고 있었던 행정관리국이 작성한 것이 아니라 영구보존기록물 관리를 전담하던 정부기록보존소가 처음으로 발전계획을 수립하였기 때문이다.[6]

이 문서에서 정부기록보존소는 앞으로 보존기록의 활용이 크게 증가(행정 전문화에 따른 자료수요의 충족, 국세 신장에 따른 한국학 연구의 증진,

---

5) 행정관리국이 기록관리정책수립과 제도 개선을 담당하게 된 계기는 1962년 보존문서 정리작업을 추진하면서부터이다. 행정관리국은 각 행정기관의 문서관리제도와 기록보존의 지도 감독에 관한 사항을 총괄하는 부서였다. 따라서 「공문서보관 · 보존규정」, 「정부공문서규정」 등 기록관리 법규를 행정관리국에서 제정하거나 보존문서정리작업 등을 주도했다. 행정관리국 주도의 기록관리는 한국의 기록관리체제를 지나치게 행정편의적, 행정능률의 관점에서 운영되도록 했다.

6) 기록보존업무의 발전계획을 수립한 배경에는 1979년 7월에 정부기록보존소가 국제기록보존회의(ICA)에 A급 정회원국에 가입하면서 기록관리의 중요성과 그 독자적 성격을 인식하면서 비끼지 않았나 생각된다.

'우리것'에 대한 인식의 고조)하고 보존대상 기록도 다양화 및 증가하며, 기록보존 업무의 국제화가 이루어질 것으로 예상하였다. 중장기발전계획의 구체적인 목표로서 첫째, 1980년대 고도산업사회의 실현에 따른 행정전문화에 대비하고 효율적인 행정자료관리체제를 구축함으로써 행정의 과학화와 능률화를 도모한다. 둘째, 주요 정부기록물의 과학적 수집, 보존, 활용체제를 구축함으로써 증빙자료로서 국민복리를 효율적으로 보호하고 민족의 생생한 발전과정을 조감하는 역사자료로서 정부문화의 보존창달을 기한다.

구체적으로 정부기록보존소는 영구보존문서의 MF 촬영 개선, 부산기록통합보존청사 신축, 기록물의 열람 활용체계 구축[7], 자료행정체계 고도화[8] 등을 추진하려 했다. 이 같은 시대적 흐름에 대응하기 위하여 보존기록의 과학적 관리체제를 구축할 필요가 있으며 행정 전문화에 대비하여 데이터 뱅크의 본격화를 통하여 궁극적으로는 보존기록과 행정자료의 효과적 연계를 도모할 것을 계획했다.[9]

이 같은 목표를 달성하기 위하여 정부기록보존소는 국내외 기록보존 및 자료행정 관련 기구의 현황을 조사하고 문제점을 분석하여 한국민족의 역사적 발전과정을 기록화하는 수단인 기록관리체계를 근본적으로 정비하기로 하였다.

---

7) 정부기록보존소는 보존기록 공개에 관한 규정의 제정도 추진했다.
8) 이 계획에 따라서 정부에서 간행하는 주요 간행물에 대한 종합적 관리를 위하여 정부행정자료실을 운영하였다. 정부행정자료실은 1981년 1월 14일에 개소되었으며 정부종합청사 1층에 설치되었다. 이 자료실은 전문행정정보의 수요증대에 따른 행정 데이터 뱅크의 기반구축이 주된 목적이었다. 주요한 업무는 최신 국내외행정자료 수집, 공무국외여행정보 관리, 소장연구자료의 효율적 공동활용, 정부간행물 등 자료의 민간활용 등이었다. 자료의 수집방법은 ① 공공기관 자료의 의무납본, ② 각급 연구기관 자료의 수집, ③ 외국정부와 자료교환협정, ④ 주요 국내외자료의 유상구입 등 4가지 방식이었으며 매년 5만 권을 확보하여 2000년에는 100만 권 소장을 목표로 한 야심찬 계획을 수립했다.
9) 정부기록보존소, 『80년대의 기록보존과 자료행정』, 1981.

<표 5-1> 국내 기록물관리기관의 현황

기관	기능	보관자료
정부기록보존소	주요정부기록의 수집, 보존 관리 영구보존기록물의 MF 촬영 공개가능한 기록의 열람, 연구활동의 助長	공문서 : 659,773건 도면 : 1,573,907매 (당소보관분 : 796, 871)
문화공보부 -사진과 -국립영화제작소	보도 및 정부시책에 관한 기록사진제작 및 보존 각종시사영화 필름 제작 및 보존	사진 : 400,000매 영화필름 : 2,244편
국사편찬위원회	국사자료의 수집, 발굴, 편찬, 편수	보관자료 : 103,812종
전사편찬위원회	전쟁관련 기록자료의 수집, 편찬, 편수	보관자료 : 58,000점
국립중앙도서관	국내외 문헌의 수집 및 보존 주요 고자료의 보존	보관자료 : 762,763권 고서 : 85,307권
국회도서관	국내외 자료의 수집 및 보존, 입법관련자료 제공	보관자료 : 529,850권 고서 : 10,001권
기타 -규장각 -장서각	소장자료의 관리, 정리, 조사	보관자료 : 128,184권 고서 : 90,112권

출처 : 정부기록보존소, 『정부기록보존업무에관한중장기발전계획(DA0324993)』, 1981

정부기록보존소는 주요 기록물관리기관을 조사한 후 국가기록관리의 문제점을 크게 6가지로 진단했다. 구체적으로 소개하면, ① 정부기록보존소는 중앙행정기관과 지방자치단체의 사무 중에서 국가위임사무에 관련된 일반기록물(공문서)만 관리한다. ② 중앙행정기관에서 생산되는 특수기록물(녹음, 사진 등)의 보존에 관한 규정이 없다. ③ 지방자치단체의 기록보존에 관한 명문규정이 부재하고 정부기록보존소와의 관계가 명확하지 않다. ④ 정부투자기관 기록보존에 관한 통칙 규정이 불비하다. ⑤ 입법・사법부와 행정부 상호간 기록보존을 위한 연계관계가 없다. ⑥ 민간조직과 기록보존소와의 관계가 不備하다.

정부기록보존소는 종전의 기록관리체제로는 중앙행정기관 특수기록물의 망실 내지는 산일되는 현상을 막을 수 없으며 결과적으로 행정부 관련 기록만이 관리된다는 점을 지적했다. 그리고 입법부, 사법부, 민간조직과의 관계

미설정으로 국가차원의 기록보존의 한계가 있으며 특히 국가보존대상기록의 범위, 총량, 내역 파악이 곤란하다는 점을 제기하였다.[10] 정부기록보존소는 이 같은 문제점을 극복하기 위하여 집중관리체제와 분산관리체제를 적절히 혼합한 새로운 관리체계 수립을 모색했다.

<그림 6> 정부기록보존소의 국가기록물관리체제 개편도(1981)

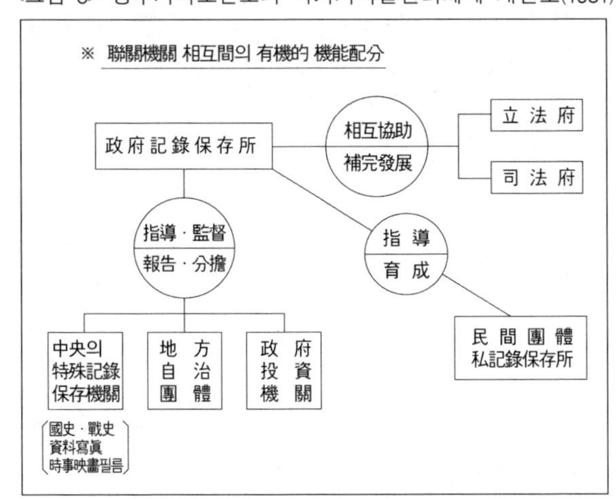

출처 : 정부기록보존소, 『정부기록보존업무에관한중장기발전계획(DA0324993)』, 1981

<그림 6>에서 알 수 있듯이, 정부기록보존소는 집중관리체제와 분산관리체제의 병행 발전이라는 방향 하에서 국가사무관련 기록물은 정부기록보존소가 집중 관리하고 헌법기관의 기록물은 분산 관리하는 쪽으로 입장을 정리했다. 즉, 정부기록보존소는 중앙행정기관 및 지방자치단체와 정부투자기관과는 지도·협의하는 관계로 설정하고 해당 기관들의 영구보존기록물을 이관받아 관리하려 했던 것으로 보인다. 다만, 입법부와 사법부는 상호 협조하는 관계로 설정했으며 민간단체의 사기록보존소를 적극적으로 지도 육성하는 쪽으로 정책목표를 설정했다.

---

10) 정부기록보존소, 『정부기록보존업무에관한중장기발전계획(DA0324993)』, 1981.

이와 함께 정부기록보존소는 영구보존문서의 수집체계를 획기적으로 개선해야 한다고 판단했다. 당시 정부기록보존소가 영구보존문서를 이관받아 관리하는 기관이 중앙행정기관을 비롯한 44개 기관에 불과하였고 수집대상에서 제외된 기관이 다수 존재하는 것이 문제라고 판단하여 중요 기록의 종합관리와 수집대상에서 제외된 기관 및 기타 공공기관의 기록물을 포괄적으로 수집할 것을 계획했다. 당시 중앙행정기관이면서도 수집대상 기관에서 제외되었던 대통령비서실, 국가안전기획부, 국방부, 병무청 등의 기록도 정부기록보존소가 수집 관리할 것을 계획했으며 헌법기관이었던 헌법위원회, 선거관리위원회, 입법부, 사법부 등의 기록도 수집할 것을 계획했다.[11]

그리고 중요기록물의 선별기준을 새롭게 확립하여 국가의 주요정책 관련 기록과 대한민국 국민의 권리에 관한 기록, 역사적 가치가 있는 기록들을 수집하려고 하였다. 정부기록보존소는 기록물의 보존기간에 대한 개괄적·총칙적 기준의 부재로 주요 문서의 보존이 기피되고 있다고 진단했다. 정부기록보존소는 영구보존기록의 선별과정의 문제점으로서, 문서담당자 주관에 따른 관리, 기준의 모호성으로 인하여 일관성 있는 보존체계 결여, 역사적 가치가 있는 기록의 망실 등을 대표적인 사례로 들었다.[12]

이 같은 문제점을 보완하기 위하여 기록물의 수집 기준 및 보존범위를 정부기록보존소가 주도할 것을 계획하고 기록물 보존여부상 이견이 발생하는 경우에는 정부기록보존소가 결정하고 보존기피시 강제적으로 보존을 지정하는 보존지정제도를 신설할 것을 계획했다.

<정부기록보존소의 보존기록물의 기준>[13]
1. 주요 국가정책에 관한 기록

---

11) 정부기록보존소, 『정부기록보존업무에관한중장기발전계획(DA0324993)』, 1981.
12) 정부기록보존소, 『정부기록보존업무에관한중장기발전계획(DA0324993)』, 1981.
13) 정부기록보존소, 『80년대의 기록보존과 자료행정』, 1981.

2. 국민의 권리보호를 위한 기록
3, 역사적 가치가 있는 기록
4. 학술연구에 필요한 자료
5. 후대가 관심을 갖게 될 자료

당시 법령에서 영구보존대상 기록의 종류는 약 1,276종류로 확정되어 있었으나 이 기준은 정부기록보존소가 제정한 것이 아니라 행정관리국이 주도하여 제정한 것이었다. 정부기록보존소는 이 같은 문서보존제도의 개편에 관한 권한이 없었기 때문에, 영구기록물관리기관으로서 자체적으로 보존기록물의 기준을 마련했는데 역사적인 관점이 투영되어 있다는 점이 특징이라고 할 수 있다.

이와 함께 '기록보존심의위원회'를 설치하여 정부기록보존소의 기록물 수집방향과 기준 등에 관하여 심의하도록 했다. 위원장에는 총무처 차관을 보하고 정부기록보존소장, 총무처행정관리국장, 문교부기획관리실장, 문화공보부기획관리실장, 문화재관리국장, 국사편찬위원회위원장, 대학교수 2인 등으로 구성하여 신중한 수집을 계획했다.[14]

그리고 기록물 폐기방법과 절차를 개선하려고 하였다. 종전의 기록물에 대한 폐기는 공문서보존기간표에 의거하여 기한이 만료되면 기록물을 폐기하는 체제였으나 이 같은 기록물 생산자 중심의 폐기 결정을 보완하기 위하여 정부기록보존소와 협의하는 제도를 마련할 것을 계획했던 것이다.

*기간경과에 따라 폐기
 →기록물 생산자 결정
*획일적 폐기시 주요기록 망실
 →사전에 충분한 정리
 →문서보존 주관처와 필요시 협의
*능동적 적극적 보존자세 필요

---

14) 정부기록보존소, 『정부기록보존업무에관한중장기발전계획(DA0324993)』, 1981.

이 같은 정부기록보존소의 노력은 1984년 「정부공문서규정」에 일부 반영되었다.15) 즉, 「정부공문서규정」에서 보존기간이 경과한 후에 지체없이 문서를 폐기하도록 했는데, 이 경우 보존기간이 10년인 문서로서 중앙행정기관이 보존하고 있는 문서에 대하여는 정부기록보존소장과 미리 협의하도록 했다. 이와 함께 보존기간이 준영구인 문서는 당해문서를 처리·보존하고 있는 행정기관의 장 또는 정부기록보존소장이 당해문서를 보존할 필요가 없다고 인정할 경우에는 이를 폐기할 수 있도록 했으나 이 경우도 정부기록보존소장과 미리 협의하도록 했다.

그리고 정부기록보존소는 부산청사 신축을 계기로 대대적인 조직 개편을 계획했다. 즉, 정부기록보존소는 부산청사 완공 전에 조직을 정비하고 부산청사가 완공되면 본격적으로 기구의 확대 개편을 추진하기로 했던 것이다. 제1단계는 1983년까지 자료관리과를 신설하고 촬영담당의 개편, 부산청사 관리요원의 확보 등을 추진하고 제2단계에는 1983~84년까지 부산지소를 편성하고 이와 함께 정부기록보존소의 조직 확대와 위상 제고를 추진했다. 정부기록보존소의 조직개편에 대해서는 두 가지 안이 있었다.

정부기록보존소는 궁극적으로 국가기록관리체계의 개편이 정부기록보존소의 조직 확대 및 위상의 제고와 관련된다는 점을 인식했다. 이에 따라서 정부기록보존소의 조직 확대를 내용으로 하는 기구 개편안을 마련했으며 특히 제2안은 정부기록보존소장의 직급을 1급으로 상향하고 7개과로 조직을 확대·개편할 것을 목표로 했다.

이상과 같은 관리체제를 수립하기 위하여 정부기록보존소는 1982년도에 "기록보존법"을 제정하고 1984년까지 각급기관에 보존시설을 구비할 것을 계획했다. 이 같은 정부기록보존소의 구상은 당시까지 국가기록관리체계의 핵심 문제점들을 근본적으로 개선할 수 있는 사항들을 규정하고 있으며

---

15) 「정부공문서규정(대통령령 제11547호, 1984.11.23)」.

특히, 정부기록보존소뿐만 아니라 각 정부기관의 기록관리 인프라를 확충할 것을 계획했다는 점이 주목할 만하다.

또한, 이 구상은 1969년 정부기록보존소 설립 이래로 수립된 최초의 종합적인 국가기록관리 발전계획이었으며, 당시까지 기록보존제도를 수립하거나 개편을 주도했던 행정관리국이 아니라 정부기록보존소가 기록관리정책을 주도하겠다는 것을 의미하였다.

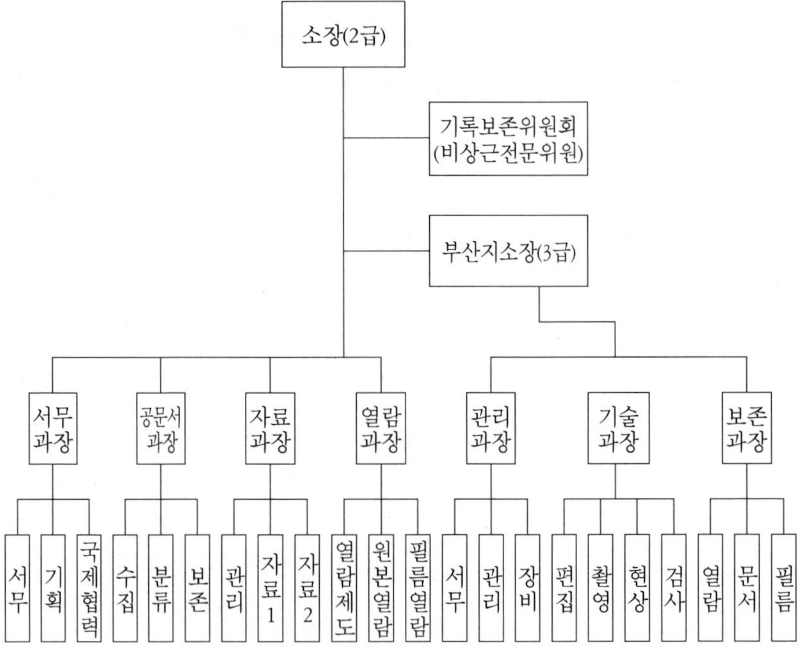

<그림 7> 1981년도 정부기록보존소의 조직 개편안
제1안 : 소장 2급 6개과 체제, 기록보존위원회 설치

제2안 : 소장 1급 2부장(2급), 7개과 체제

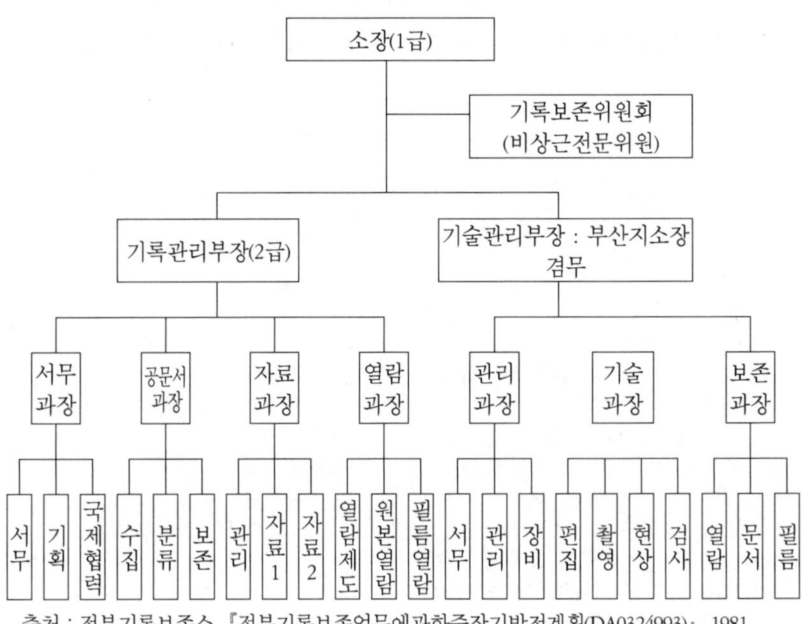

출처 : 정부기록보존소, 『정부기록보존업무에관한중장기발전계획(DA0324993)』, 1981.

2) 1980년대말~1990년대 중반까지의 국립기록보존소 설립계획

정부기록보존소의 국가기록관리체계의 개편의지는 1990년대까지 이어졌다. 정부기록보존소가 1988년 3월에 작성하여 총무처에 보고한 "당면과제보고"에는 1981년의 중장기발전계획의 인식을 승계하면서도 주요 핵심사항에 대해서는 새로운 시각이 나타나고 있다.[16]

1988년에 정부기록보존소가 기록보존업무발전계획을 새롭게 수립한 배경은 첫째, 국가 사회기능이 복잡 및 다기화함에 따라 전문적·종합적 정보에 대한 수요가 증가하고 둘째, 국가정보 및 사무량의 증대로 각종 기록물에

---

16) 정부기록보존소, 「당면과제보고(1988.3)」, 1988(출처 : 행정자치부 정부혁신본부 혁신지원국 조직혁신과, 『총무처와그소속기관직제』, 1988).

대한 관리규모가 증대되며 셋째, 경제성장과 사회발전에 따라 과거 기록물에 대한 역사적 가치의식 및 문화욕구가 증대될 것이라는 예상에 따른 것이었다.

* 기록보존업무발전계획 추진방안

1. <u>기록보존에 관한 기본적 법률 제정</u>
 (1) 입법, 사법, 행정부를 망라한 국가적 차원의 기록물 보존 근거 규정 마련
 (2) 해외소재 한국관계 기록물 및 개인소장 문서의 수집, 보존 근거를 규정
 (3) 기록물의 활용, MF 제작 및 그 증거능력 등 규정
2. 국가기록물 관리 및 보존체제 개편
 (1) 정부기록보존소를 국립기록보존소로 기능확대 개편
   -입법, 사법, 행정, 민간단체, 개인 등의 기록물 통합관리
   -역대 대통령 기념관 설치
 (2) 기록물의 지역별 보존체제 확립
   -지역별 분산보존 시설 증설 : 중부권 1, 호남권 1
   -당해지역 지방행정기관의 문서보존 및 국민의 활용편의제공
   -중요기록물의 MF 분산 보존으로 국가비상 또는 화재대비 소산관리
3. <u>기록보존 전문요원의 양성 및 확보</u>
 (1) 전문가 양성을 위한 해외훈련 확대
 (2) 기록 보존 직렬의 신설 검토

출처 : 정부기록보존소, 「당면과제보고(1988.3)」, 1988(행정자치부 정부혁신본부 혁신지원국 조직혁신과, 『총무처와그소속기관직제』, 1988).

중장기발전계획의 기본방향으로는 국가적 차원의 종합적인 기록보존 및 활용체제를 구축하고 전문적이고 과학적인 기록물 관리 및 기록보존 기술의 향상, 효율적인 기록물관리를 위한 제도적 기반 조성 등이었다. 이를 위한 추진방안은 세 방향에서 검토되었다.

첫째, 1988년의 발전계획에서는 국립기록보존소를 설치하여 행정·입법·사법부를 망라한 일원적 관리체계를 수립하려 했다. 이 같은 개편구상은 종전까지 정부기록보존소가 행정부의 기록만을 관리하는 한계에서 벗어나서 입법부 및 사법부 등 주요 국가기관의 기록도 이관받아 관리하려는 의지를 보여주는 것이다. 이 같은 계획에 따라서 정부기록보존소를 국립기록보존소

로 확대 개편하려 했으며 각 지방에 소재하는 지방행정기관의 기록물 관리를 위하여 중부권과 호남권에 각각 지역보존시설을 설치하려고 했다.

둘째, 해외소재 한국관계 기록물 및 개인소장 문서의 수집과 보존의 근거를 규정하려 했다. 이 같은 계획은 1981년의 인식과도 상통하는데 공공기록물 뿐만 아니라 민간 기록물 중 중요 기록물을 수집 관리하려 했음을 보여주는 것이다.

셋째, 역대대통령 기념관의 설치를 계획했다. 이 계획은 대통령기록물을 체계적으로 관리할 필요성을 인식하면서부터 추진되었는데 미국의 대통령기록물관리체제에 대한 조사를 통해서 이 같은 결론을 내린 것으로 보인다. 대통령 기념관 설치 계획은 1986년에 정부기록보존소 내에 대통령문서고를 설치한 것보다 진일보한 것으로 평가할 수 있다.[17] 정부기록보존소가 설치한 대통령문서고는 대통령비서실 혹은 경호실에서 생산된 문서를 이관받기 위한 것이 아니라 각 정부기관에 흩어져 있던 대통령재가문서를 수집 관리하기 위한 것이었다. 그러나 정부기록보존소는 역대대통령 기념관을 설치하여 대통령관련 기록 일체를 보존 관리하려 했던 것으로 생각된다.

이와 함께 주목되는 것은 기록관리 업무의 전문성을 정부기록보존소가 구체적으로 인식하기 시작했다는 점이다.[18] 종전에도 정부기록보존소가 기록관리 업무의 전문성 결여를 인식하고는 있었으나 그 해결방법은 기록관리 업무를 담당하는 공무원을 순환보직으로 자주 변경하지 말고 고정적으로 기록관리 업무를 수행하도록 하는 수준이었다. 그러나 1988년에는 국가공무원의 종류로서 기록보존직렬의 신설을 검토하기 시작했다는 점이 특징이다.

정부기록보존소는 이 같은 구상을 좀 더 구체화하고 발전시키기 위하여

---

17) 대통령기록관리의 역사에 대해서는 본서 제2부 제2장 참조.
18) 정부기록보존소는 1987년에 『기록보존』誌를 창간함으로써 기록관리의 전문화를 꾀하기 시작했다. 『기록보존』의 창간은 기록관리업무가 고도의 전문적 영역에 속한다는 사실을 정부기록보존소가 인식하기 시작했음을 보여주는 것이다.

한국정보관리학회에 "국가기록보존업무의 발전방안에 관한 연구"를 의뢰하고 1989년에 출판했다. 이 연구는 당시 국가기록보존 업무의 실태를 조사·분석하고 문제점을 도출하여 그 대안을 제시하고 있다. 여기에서는 외국의 국가기록관리체제에 대한 분석을 통하여 한국도 외국과 같은 선진적 관리체계를 구축할 것을 제안하고 있다.[19]

이를 위하여 먼저 정부기록보존소를 국립기록보존소로 개칭하고 더 나아가 명실공히 국가차원의 기록보존제도, 즉 입법부, 사법부, 행정부 및 개인 또는 단체의 기록보존물을 통합 수집할 수 있는 관리체제를 확립할 것을 제안했다. 그리고 산하기관으로 기록물센터(중간보존소), 도단위 지방기록보존소, 권역별 지역기록보존소(분소), 특수기록보존소를 두되, 이러한 기록물 관리기관들을 통제할 수 있는 폭넓은 행정권한이 국립기록보존소에 부여되어야 한다고 주장했다. 이러한 권한이 부여되기 위해서는 총무처 소속 하에 있는 정부기록보존소를 국무총리 직속기관으로 하고 그 기능과 기구를 확대 개편해야 한다는 것이다.[20] 이와 함께 기록보존 업무의 신속화, 업무중복 제거, 전문화, 각 부서간의 마찰방지, 관리의 용이성 등을 위하여 한국의 실정에 적합에 맞도록 국립기록보존소의 기구와 기능을 재설계할 것을 제안했다.

한국정보관리학회에서는 국립기록보존소를 중심으로 하여 지역기록보존소, 지방기록보존소, 특수기록보존소, 기록물센터를 그 산하에 두고 많은 권한을 각 기록보존소에 위임하는 보존관리체제로 구성할 것을 제안했다. 동시에 국립기록보존소가 명실상부한 국가차원의 기록보존 기능을 수행하기 위하여 전국적 기록보존체제를 갖추어 통일성을 유지하도록 했다.[21]

---

19) 한국정보관리학회, 『국가기록보존업무의 발전방안에 관한 연구』, 1989(인천대학 도서관 소장).
20) 한국정보관리학회, 『국가기록보존업무의 발전방안에 관한 연구』, 1989, 83~84쪽.
21) 한국정보관리학회, 『국가기록보존업무의 발전방안에 관한 연구』, 1989.

(1) 전국기록보존위원회

전국기록보존위원회는 전국의 기록보존기관의 대표자 모임으로서 각 기록보존기관 및 유관기관의 장이 위원이 되며 위원장은 국무총리가 맡는다. 이 위원회는 기록보존에 관한 정책결정(기록보존물의 보존, 공개제한 여부 등), 기록보존계획 수립, 국립기록보존소와 지방기록보존소와의 기능 조정과 협조, 기록보존기관 간의 상호 정보교환, 유관기관과의 협력 등의 기능을 수행하며 회의는 매년 2회의 정기회의와 필요에 따라 수시로 소집하는 임시회의가 있다.

(2) 지역기록보존소

권역별로 영남권, 호남권, 충청권, 중부권에 각각 부산의 분소와 같은 지역기록보존소를 설치한다. 지역기록보존소는 국가기록보존물의 분산 보존의 의미를 가질 뿐만 아니라 국립기록보존소와 도단위 지방기록보존소와의 중간단계로서 2개 이상의 지방기록보존소를 관할한다. 구체적으로 지방기록보존소는 국립기록보존소에서 소장하고 있는 기록보존물의 부본이나 마이크로 형태 및 일부 원본을 보존하여 전쟁과 천재지변으로부터 기록보존물의 소멸을 예방하고 지방정부기관이나 지역주민에게 기록보존물의 이용서비스를 제공한다. 또한 지방기록보존소로부터 국가관련 주요 기록물을 이관받아 원본은 자체보관하고 사본이나 MF 형태는 국립기록보존소와 다른 지방기록보존소에 분산 보존시킨다. 국립기록보존소와의 관계는 분소로서 지휘 감독을 받는다.

<그림 8>   전국기록보존체제도

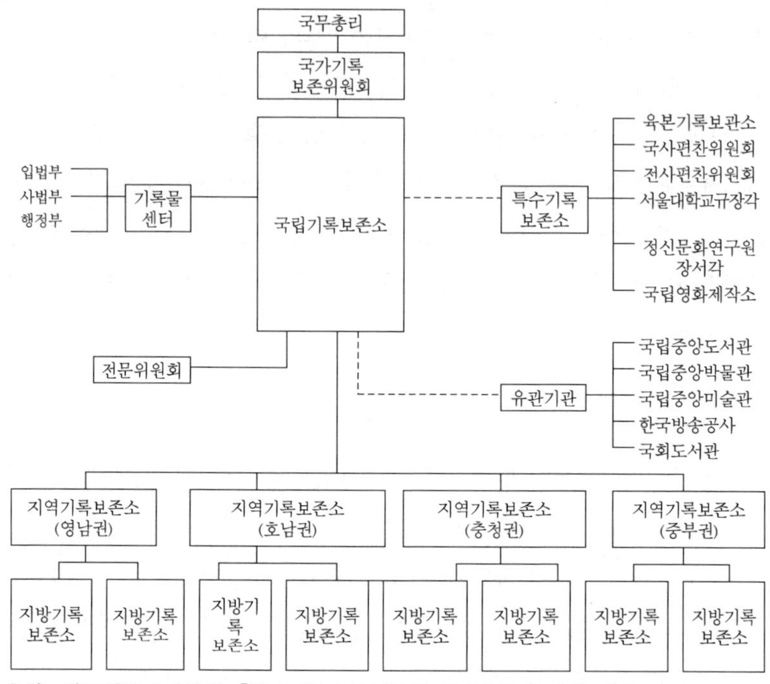

출처 : 한국정보관리학회, 『국가기록보존업무의 발전방안에 관한 연구』, 1989

<그림 9> 국립기록보존소 기구표

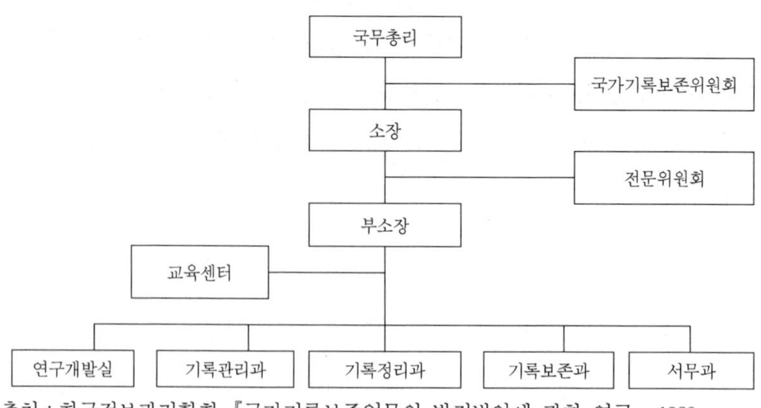

출처 : 한국정보관리학회, 『국가기록보존업무의 발전방안에 관한 연구』, 1989

(3) 지방기록보존소

지방기록보존소는 각 지방자치단체(도단위)별로 설립한다. 이 보존소는 지방자치단체(지방의회 포함)와 기타 지방 정부소관 기록보존물 및 지역 향토기록보존물을 수집 보존 활용하는 업무를 수행한다. 국가관련 기록보존물은 국립기록보존소의 분소인 지역기록보존소로 이관하고 그 지방과 관련성이 많은 기록보존물은 자체 관리한다. 이러한 지방기록보존소는 지방문화를 유지 계승하는 기록유산의 보존장소이며 그 지방관련 기록보존분야의 중심센터로서의 기능을 가진다. 국립기록보존소와의 관계는 산하기관으로 지휘 감독을 받지만 자체법규를 제정하여 독립적으로 운영한다.

(4) 특수기록보존소

특수기록보존소는 그 기관의 목적에 따라 수집범위 및 자료의 가치, 종류가 다르다. 예컨대 외교와 국방관계 기록보존물, 고도서와 고문서와 같은 필사본 관계 기록보존물, 기업체나 회사의 역사적 자료가 되는 기업기록보존물, 교회의 역사적 자료인 교회기록보존물, 대학역사의 중심부를 이루는 대학기록보존물 등 그들의 중요성, 기능 및 연구자료로서 가치가 있는 기관과 개인의 기록보존물을 소장하는 보존소이다.

당시 한국에서 특정 기록보존물을 수집 보존 활용하는 기관으로는 육본기록보존소, 국사편찬위원회, 서울대학교 규장각, 정신문화연구원[22] 장서각, 전사편찬위원회, 국립영화제작소 등이 있었다. 이들 기관들은 전국적 체제 가운데 특수기록보존소의 범위에 포함시켜 국립기록보존소의 지도 협의 및 상호 협력관계 체제를 구축해야 한다. 그리고 민간단체, 기업체, 대학, 병원 등에서 기록보존소를 설립할 경우 국립기록보존소에 등록해야 하며 국립기록보존소에서는 설립에 필요한 직원교육과 기본지침을 제공한다.

---

22) 정신문화연구원은 현재 한국학중앙연구원으로 기관의 명칭이 변경되었다.

⑸ 기록물센터

기록물은 생산기관에서 국립기록보존소로 이관하기 전에 수년간 자체 보관할 경우 기록물의 생산량 증가로 인하여 엄청난 관리비용과 공간문제가 대두될 것으로 예상되었다. 또한 기록물은 1차적 가치(행정적 가치)를 생산기관에서 평가한 후 기록보존기관에 의하여 2차적 가치(역사적 가치)의 평가작업이 이루어져야 한다. 따라서 활용빈도가 감소되거나 폐기하기에는 아직 가치가 있는 준활용기록물을 최종처분 이전에 보존 관리하고 보존가치에 대한 효율적인 평가작업을 하기 위해서는 기록물센터가 필요하다.

이 센터는 기록물 생산기관과 밀접한 협력관계를 유지하여야 하며 기록물은 일정기간 생산기관에서 보관하고 활용정도에 따라서 기록물센터로 이관한다. 여기서 기록물 처분기준에 의해 2차 평가를 한 후 기록물을 폐기하거나 국립기록보존소로 이관하는 절차를 취한다.

한국정보관리학회에서는 행정부 입법부 사법부 등의 헌법기관에 독자적인 영구기록물관리기관을 설치하지 아니하고 모두 기록물을 기록물센터로 이관하고 궁극적으로는 영구보존기록물을 선별하여 국립기록보존소로 이관하는 시스템을 계획했다. 이는 미국의 기록관리시스템을 참고하여 작성한 것으로 추정된다.

<그림 10> 기록물 이관체제

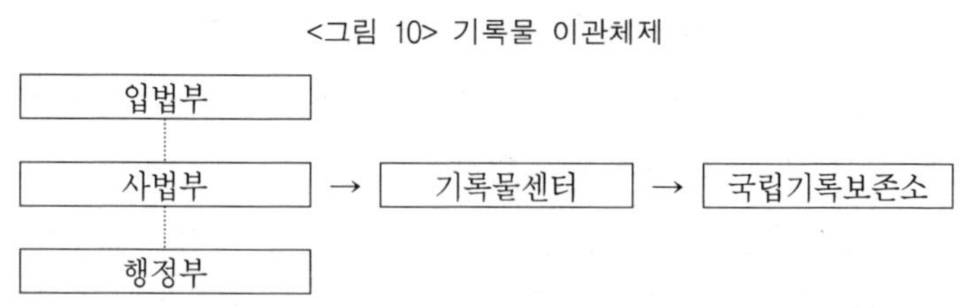

특히, 이 보고서에서는 기록관리체제 뿐만 아니라 기록관리 전문인력의 양성을 제안했다. 즉, 여러 가지 다양한 형태의 현대 기록물을 취급하는

기록보존소 직원은 전문가로서 기록보존물을 바르게 다룰 수 있는 방법론을 숙지해야 하며 학자로서 충실한 교육적 기반 위에 기록보존자료의 과학적 역사적 잠재가치를 판단할 수 있는 자질을 갖추어야 한다는 것이다. 이러한 자질을 가지기 위해서는 기록보존요원의 전문성을 강화하고 기록보존직렬을 신설하여 관련 법령에 반영하도록 했으며 각급교육기관을 대상으로 하여 장단기적 전문인력 양성대책을 마련할 것을 제안했다.[23]

이상과 같은 국가기록관리 개혁 구상은 정부기록보존소에도 일부 수용되었다. 그리고 국가기록관리체계를 개편해야 한다는 주장은 총무처 내부에서도 긍정적으로 수용되었던 것으로 보인다. 1989년 당시 총무처장관은 기록보존연수회에서 <국가기록물 수집 보존의 실상과 발전방향>을 주제로 발표하고 기록관리가 낙후된 원인을 의식과 제도의 측면에서 진단하였다. 여기서 '국민의 기록에 대한 무관심'이 기록보존의 침체 원인 중의 가장 큰 요소라고 진단했고 제도적 측면에서는 기록관리에 관한 기능이 여러 기관에 분산되어 있어서 국가적 차원의 기록물을 통합 관리하기가 어렵다는 점을 거론했다. 그리고 이 같은 문제점을 보완하기 위해서 기록보존에 관한 기본 법률을 제정할 것을 제안했다.[24] 총무처장관의 발언을 계기로 총무처는 사무현대화 5개년 계획을 수립 추진하고 1990년부터 1994년까지 달성하기로 계획했다.

총무처가 국가기록물관리체계의 개선을 위하여 기록관리법 제정계획을 수립한 것은 의미가 있다. 종전까지 정부기록보존소 차원에서 기록관리법 제정과 관리체계 개편을 계획했으나 이 같은 구상은 총무처의 강력한 후원이 없이는 실현이 쉽지 않았기 때문이다. 총무처는 정보화 사회에 따른 국가기록관리체제의 개편이 필요하다는 점을 인정하고 본격적으로 법률 제정작업을 추진했다고 볼 수 있다.

---

23) 한국정보관리학회, 『국가기록보존업무의 발전방안에 관한 연구』, 1989, 126~132쪽.
24) 총무처장관, 「國家記錄物 蒐集 保存의 實相과 發展方向」 『기록보존』 3, 1989.

<표 5-2> 총무처 사무현대화 5개년 계획

주요과제	세부과제
사무관리의 혁신	1. 사무표준화의 추진 -공문서의 국제표준화 규격 채택 -전산화, 자동화에 맞는 서식 개발 2. 장비 현대화의 확대 -워크스테이션 보급의 확대 -광화일로 문서보존의 획기적 개선(1990년 시범 운영) 3. 공무원 사무능력의 선진화 -기안자가 직접 워크스테이션을 이용하여 기안하는 관행 정착 -秘書要員의 문서관리 등 업무범위 확대 -전산교육의 확대 실시 및 사무기능소지자 인사고과 반영 4. 사무관리규정 제정(1990) -정부공문서규정 등 5개 대통령령 통합, 체계화
정보화사회 진입에 따른 관계법령의 제정	1. 정보공개법 및 개인정보보호법 제정 추진 -국민의 알권리 충족과 전산화에 따른 사생활 보호제도 도입 2. 기록보존법 제정 -역사자료, 중요문서의 효율적 수집 및 보존체제의 확립

출처 : 대한민국정부, 『관보(제11451호, 1990.2.14)』

1990년대 중반에 정부기록보존소는 종전의 논의를 정리하고 국가기록보존의 발전방향을 대체로 확정했다. 기본방향으로는 각 기관에서 생산된 기록물을 체계적으로 수집하고 영구 보존하기 위해서는 궁극적으로 기록보존법의 제정과 정부기록보존소의 위상 격상이 필수적이고, 더 나아가 입법부와 사법부를 망라한 국가기록물의 종합적 보존도 추진해야 한다는 것이다. 이 같은 장기목표를 달성하기 위해서는 우선적으로 정부기록보존을 내실화하는 것이 필요하다고 보았다.[25] 이 같은 판단은 국가기록물을 통합적으로 보존하기에는 당시 정부기록보존소의 관리능력이나 보존시설 등이 부족하다는 것을 인식하고 있었기 때문이다.

---

25) 구만섭(정부기록보존소 행정사무관), 「정부기록보존의 장기발전방향」, 『기록보존』 9, 1996, 59쪽.

* 정부기록보존소의 국가기록물관리체계 개선 추진단계

<table>
<tr><td>
(1) 제1단계 : 자체정비단계
　-자체 보존기록물의 전산화 광화일화
　-대전 보존시설에 전자행정도서관 설치 및 운영
　-정부기록보존소 자체 인력의 구조 개편을 통하여 전문인력 확보
　-대전시설에 기록보존교육장을 마련하여 전문교육 확충
　-중요역사기록물(고기록물. 해외소재 한국관련기록물)의 수집 보존사업 강화
(2) 제2단계 : 확산단계
　-기록물 보존 표준 S/W 지정과 더불어 각급기관 보존기록물의 전산화
　-기록물 관리 D/B를 행정망 및 공공망에 제공하여 편의 및 관심제고
　-각급기관 미이관기록물의 일제 정리작업을 통하여 캐비닛 없는 사무실 현실화
　-대전 보존시설에 훼손기록물 복원 센터 설치 운영
(3) 제3단계 : 정착단계
　-국가기록관리법 제정과 국가적 차원의 보존체제 확립
　-정부기록보존소를 국가기록관리청으로 개편
</td></tr>
</table>

출처 : 구만섭(정부기록보존소 행정사무관), 「정부기록보존의 장기발전방향」, 『기록보존』,
　　9, 1996

　정부기록보존소는 국가기록관리법(가칭) 제정과 국가기록관리청(가칭)의 설립을 목표로 추진단계를 설정했다.[26] 제1단계에서는 정부기록보존소 보존기록물의 전산화와 광화일화를 추진하고 대전의 보존시설에 전자행정도서관 설치 및 운영을 계획했다. 원래, 1995년 이후 정부기록보존소는 '기록물 보존의 전산화'를 추진하였다. 즉 보존 중인 기록물에 대하여 목록을 전산화하고 내용을 이미지 상태로 광화일화하여 보존수명을 연장하여 필요한 정보를 요구되는 시간과 장소에서 즉시 볼 수 있도록 정보자원화하는 것이었다.[27]

　이 계획 중에서 특히 중요한 것은 기록보존시설을 확충하려고 했다는 점이다. 당시 정부기록보존소는 부산에 약 5,500여 평 규모의 보존시설이

---

26) 구만섭(정부기록보존소 행정사무관), 「정부기록보존의 장기발전방향」, 『기록보존』
　　9, 1996, 63쪽.

27) 보존기록물을 광화일 방식으로 보존하는 계획은 1989년 한국정보관리학회의 용역보
　　고서에서 제기한 것이다. 한국정보관리학회, 『국가기록보존업무의 발전방안에 관한
　　연구』, 1989.

있었고, 증가하는 기록물의 영구보존을 위하여 1998년 개설 예정인 대전 제3청사 내에 2,600평 규모의 보존시설을 가동할 예정이었으나 약 120만 권으로 추정되는 미이관문서의 이관일정을 고려하여 제3청사 지역에 보존시설을 단계적으로 확장할 것을 계획했다.

그리고 기록보존인력의 전문화를 추진했다. 기록물의 안전한 보존을 위하여 정부기록보존소는 기록보존 전문교육을 강화하고 기록보존 종사인력의 전문화를 계획했다. 즉, 소정의 기록보존 전문교육을 이수한 인력만이 문서관리업무에 보직하도록 기록보존 자격증제도의 도입을 검토하고, 장기적으로는 기록보존직렬을 신설하여 종사인력의 전문화를 꾀하려고 하였다.[28] 이와 함께 정부기록보존소 자체 인력의 구조 개편을 통하여 전문인력을 확보하려고 했으며 기록관리인력의 전문성 제고를 위하여 대전청사에 기록보존교육장을 마련하여 전문교육을 확충하려 했다.

제2단계에서는 기록관리의 전산화를 위하여 기록물 보존 표준 S/W 지정과 더불어 각급기관 보존기록물의 전산화를 추진하고 기록물 D/B를 행정망 및 공공망에 제공하여 기록의 이용을 활성화하려고 했다. 또한 종전까지 정부기록보존소 소장 기록물이 적고 일선 행정기관에 영구보존기록이 보관되어 있는 현실을 타개하기 위하여 각급기관 미이관 기록물을 일제 정리하여 캐비닛 없는 사무실을 현실화하려 했다.

제3단계에서는 당시까지 행정부의 기록물만을 보존하고 있는 한계를 보완하기 위하여 기록물 수집보존의 범위를 행정부, 사법부, 입법부를 망라한 국가적 차원의 기록보존제도를 확립하려고 했다. 이에 따라서 정부기록보존소를 국가기록관리청으로 승격하려 했다. 그리고 보존가치가 높은 민간소장 기록물까지를 포함한 중요 역사기록물의 종합적이고 체계적인 수집보존근거를 마련하여

---

28) 구만섭(정부기록보존소 행정사무관), 「정부기록보존의 장기발전방향」, 『기록보존』 9, 1996, 62쪽.

민족사의 정체성을 확립하는 노력을 추진하려고 하였다. 이를 위하여 당시 대통령령으로 제정되어 있는 「사무관리규정」의 기록물 보존 관련 규정을 법률 형태인 국가기록관리법으로 전환하여 제정할 것을 주장했다.[29]

　이상에서 알 수 있듯이 정부기록보존소의 기록관리체계 개편은 '기록관리법'의 제정과 국가기록관리청의 설치, 기록물 보존시설의 확충 및 전문인력의 확보, 기록물 수집능력 향상 등으로 집약되어 나타났다. 이 같은 개편방향은 종전의 기록관리체계의 취약점들을 정확히 지적하고 그 대안을 모색한 것으로 평가할 수 있다. 이러한 정부기록보존소의 개편계획은 1999년 기록관리법 제정을 계기로 일부나마 실현될 수 있었다.

3. 기록관리법의 제정과 과학적 기록관리체제의 수립

1) 1999년 기록관리법의 입법과정과 주요 쟁점

　정부기록보존소의 기록관리체제 개편 계획은 1996년부터 사회적으로 주목받기 시작했다. 1996년에 한국역사연구회가 "우리나라 기록보존 어떻게 할 것인가 : 세계 각국의 사례와 비교하여"라는 주제로 학술발표회를 개최한 것을 계기로 기록보존체제 개선의 필요성이 관련 학계에서 본격적으로 논의되었다. 이 자리에서 미국·프랑스·독일·중국·러시아·일본 등의 기록관리제도가 소개되었고 한국도 낙후된 기록보존을 정상화하기 위해서는 법률부터 제정해야 한다고 강조되었다.[30]

　이러한 여론을 배경으로 정부기록보존소가 기록보존에 관한 법률의 제정에 본격적으로 착수한 것은 1997년 2월 정부기록보존소에 '기록보존법 연구작업단'을 구성하면서부터였다. 1997년 5월 행정쇄신위원회가 '기록물관리법

---

29) 구만섭(정부기록보존소 행정사무관), 「정부기록보존의 장기발전방향」 『기록보존』 9, 1996, 62쪽.
30) 김재순, 「기록물관리법 제정과 학계의 협력과제」 『역사와현실』 31, 1999, 11쪽.

제정'과 '국립기록청' 설립방안을 당시 김영삼 대통령에게 건의한 바 있으며, 같은 해 가을 총무처에 대한 국정감사에서 여야 국회의원들이 기록물관리법 제정을 촉구하면서 다시 한번 법률제정의 필요성이 강조되었다.

특히, 1997년 12월 제15대 대통령선거 직후, 북풍공작 관련문서와 IMF 관련문서의 은폐·파기의혹이 커지면서 기록관리법 제정의 필요성이 공감대를 얻기 시작하였다. 그리고 김대중 정부가 기록관리법 제정을 100대 정책과제로 선정하면서 기록관리법이 비로소 제정될 수 있었다.

1998년 1월에 정부기록보존소는 작업결과를 토대로 하여 기록보존법의 기본골격과 주요내용을 총정리하여 「기록보존법제정 기본방향보고」라는 보고서를 작성하고 "국가기록물관리에관한법률(안)"을 첨부하여 총무처 장관에게 보고했다.[31] 기록보존법의 제정방향은 첫째, 기록보존에 필요한 최소한의 기구와 인력의 확보장치를 마련하고 둘째, 고비용의 원본보존 방식보다 경제적인 대체보존매체의 활용을 강화한다. 셋째, 보존 위주의 기록보존에서 정보자료 관리차원으로 전환하고, 넷째, 대통령 통치기록 등 특히 중요한 역사문서의 보존에 역점을 둔다. 다섯째, 역사적 정보관리적 시각에서 기록물이 관리되도록 전문인력의 참여를 확대하고 여섯째, ICA 산하 법률위원회가 권고하는 기록보존법 원칙을 가급적 수용하는 것이었다.[32]

'국가기록물관리에관한법률(안)'은 종전까지 관련 학계와 정부기록보존소가 견지하고 있었던 국립기록청(안)과 입법부 및 사법부까지 관리하는 중앙집중형 관리체제는 사실상 반영하지 않았다. 이 같은 문제점들은 민간 전문가들에 의해서 일부 지적되었다. 정부기록보존소는 관련학계와 참여연대 등 시민운동단체의 의견을 수렴하기 위해 1998년 4월 13일 역사학, 문헌정보학, 정치학 등 학계인사 11명을 초청하여 기록관리법 정책간담회를 개최하였다.

---

31) 정부기록보존소, 「기록보존법제정 기본방향보고(1998.1)」, 1998.
32) 정부기록보존소, 「기록보존법제정 기본방향보고(1998.1)」, 1998.

간담회에서는 국가기록물의 체계적 관리가 필수적이라는 점에 대해 공감을 표시하였으나 입법부, 사법부, 행정부의 기록물을 일원적으로 관리하기 위해서는 국립기록청을 독립기관으로 설치해야 하며, 기관장의 위상을 차관급으로 대폭 격상시켜야 한다는 의견이 제시되었다.

이 밖에도 대통령기록 및 국가안보기록 등은 반드시 국립기록청에서 영구보존하고 공식 결재기록 외에 과정상의 기록도 보존해야 하는 등 기록생산의무를 강화할 것을 제안했다. 또한 경미한 기록일지라도 반드시 전문가의 심의를 거쳐 폐기하도록 하고 각급 기관에 '기록물평가심의회'를 설치할 것을 권유했다. 그리고 국사편찬위원회, 규장각, 장서각 등이 보존하고 있는 전근대 시기 역사기록에 대해서도 통합적인 관리방안을 제기했으며 기록관리 기능과 역사편찬 기능의 바람직한 관계 설정의 필요성도 제기되었다.[33]

<그림 11> 기록관리법 제정 보고 및 결재문서

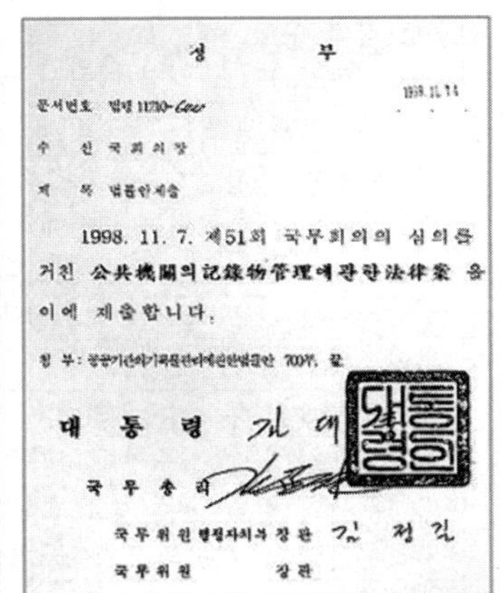

출처 : 국가기록원, 『국가기록원 40년사』, 2009, 80쪽.

기록관리법은 정부기록보존소에 의하여 주요 내용이 작성되었으나 중앙행정기관 등을 비롯한 헌법기관, 지방자치단체, 지방교육청 등의 의견을 조회하

---

33) 곽건홍, 『한국 국가기록관리의 이론과 실제』, 역사비평사, 2003, 41쪽.

는 과정에서 일부 수정의견이 제출되었다. 이 같은 수정의견을 반영하여 1999년에 「공공기관의기록물관리에관한법률」이 제정되었다.[34]

기록관리법은 한국의 기록관리체계를 근본적으로 개편하고 기록물관리기관의 종류와 역할을 규정하고, 기록관리 인프라 구축을 위하여 기록물관리기관의 설치요건, 전문인력의 자격 및 배치기준 등을 규정했으며, 기록물의 수집 이관체제를 획기적으로 정비함으로써 과거와는 다른 발전적인 내용을 담고 있다.

기록관리법의 의견조회 내용과 입법과정은 다음과 같다.

<표 5-3> 법률안 의견조회 제출 개요

기관	제출의견	비고
국회	*특수기록물관리소 설치시, 국립기록청장과 기구 설립을 위한 협의절차 삭제	반영
	*국가기록물관리위원회에 특수기록물관리소 소속공무원이 당연직 위원으로 참여	반영
	*특수기록물관리소 규정 마련시, 국립기록청과 사전심의절차 생략	반영
대법원	*행정부로부터 독립한 별도의 국립기록청 설치	미반영
국정원	*국가안보관련 정보기관에 특수기록물관리소 설치근거 마련	반영
	*비밀문서의 보존조치는 원본에 한함	반영
	*보존매체 사본의 중앙기관 이관대상에서 정보문서는 제외	반영
	*열람목적외 다른 용도에 사용시에도 벌칙부과	미반영
통일부	*통일부에도 특수자료관 설치	반영
법무부	*대검찰청에도 특수기록물관리소 설치하여 별도 관리	미반영
	*벌칙조항을 죄형법정주의에 따라 사안별로 나열하고, 형량을 보다 명시	반영
외통부	*외교문서의 경우 30년 경과 후에도 비공개문서는 미이관	부분
	*외교문서의 공개는 외교문서공개심의회에서 분류	미반영
문광부	*국립영상제작소에도 특수자료관 설치	미반영

---

34) 정부기록보존소의 역사에서 당시 김선영 정부기록보존소장의 개혁은 높이 평가해야 한다. 김선영 소장에 의하여 현행 국가기록물관리체계의 토대가 만들어졌고 특히 전문인력의 확충 등 어려운 정책결단을 통하여 한국의 기록관리 개혁의 인적인 토대도 만들었기 때문이다.

기획 예산위	*기록물관리를 위한 별도기구 설치 반대 *정보의 생산 관리 공개를 일괄하는 법률로 제정(사무관리규정, 정보공개법, 기록보존법을 1개로 통합 제정)	부분 미반영
예산청	*기록물관리를 위한 별도기구 설치 반대	부분
경찰청	*정보, 보안문서의 특성상 경찰청에도 특수자료관 설치	반영
강원도	*지방기록물관리소를 국립기록청 산하의 소속기관으로 설치	미반영
인천시	*지방기록물관리소를 국립기록청의 외청으로 설치	미반영
부산시	*지방기록물관리소를 기초자치단체에도 설치 *행정정보공개창구, 자료실, 기록보존관리 통합	미반영 반영
전북교 육청	*사립학교 기록물도 보존관리 대상에 포함	반영

출처 : 김재순, 「기록물관리법 제정을 둘러싼 주요논점과 조정」『기록보존』 12, 1999

<표 5-4> 기록물관리법 입법과정

· 정부기록보존소에 기록보존법 연구작업단 구성('97. 2) · 행정쇄신위원회에서 대통령에게 기록보존법제정 건의('97. 5) · 국회 국정감사 결과 관계법률제정 등 종합대책을 수립토록 요청('97. 10) · 대통령직인수위원회에서 기록보존법제정을 「새정부100대정책과제」으로 선정('98. 2) · "참여민주사회시민연대"에서 대통령기록보존법제정 청원('98. 4) · 각계의견수렴을 위한 학계인사 정책간담회 실시('98. 4) · 관계기관 의견수렴 및 법안보완('98. 7)   -중앙행정기관, 시·도, 시·도교육청, 입법·사법부 등 86개 기관 · 입법예고를 통한 의견수렴 및 법안보완('98. 8) · 자체 및 국무조정실 규제심사('98. 9) · 법제처 심사('98. 9~10) · 국무회의 통과('98. 11. 7) · 국회 통과('98. 12. 18) · 대통령재가를 거쳐, 법률 제5709호로 공포, 관보공고('99. 1. 29)

출처 : 김재순, 「기록물관리법 제정과 학계의 협력과제」『역사와현실』 31, 1999

⑴ 국가기록관리체제의 재정립 : 기록물관리기관의 종류와 특징

기록관리법에서는 기록물관리기관을 전문관리기관, 자료관(특수자료관)으로 구분하였다. 전문관리기관은 영구기록물을 전문적으로 관리하는 기관으로서 중앙기록물관리기관, 지방기록물관리기관, 특수기록물관리기관(국

회, 법원, 중앙선거관리위원회, 헌법재판소에 설치), 대통령기록관으로 나뉜
다. 종전에도 전문적인 기록물관리기관으로서 정부기록보존소가 있었으나
기록관리법에서는 헌법기관과 지방자치단체 등에도 영구기록물관리기관을
설치할 수 있도록 법적 근거를 마련했다.[35]

<그림 12> 1999년 기록관리법에 의한 국가기록관리체계도

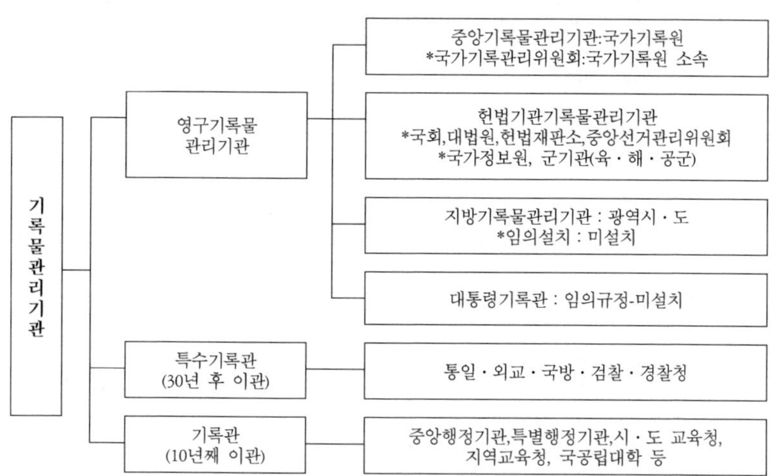

출처 : 국가기록원, 『알기쉬운 공공기록물 관리에 관한 법령 해설집』, 2007

이 같은 국가기록물관리체제는 대한민국 헌법에서 보장하고 있는 3권
분립의 원칙을 반영한 것으로, 입법부·사법부 등의 헌법기관은 영구보존기
록물을 정부기록보존소로 이관하지 않고 자체적으로 관리할 수 있도록 법적
근거를 마련한 것이었다. 이외에 육·해·공군의 군 기관, 국가정보원 등은
수행업무와 기관의 특성을 감안하여 독자적인 영구기록물보존기구의 설치를
인정했다. 다만, 분산보존의 단점을 극복할 수 있도록 기록관리법에 의거하여

---

35) 1989년부터 1990년대까지 대체로 국립기록보존소 중심의 집중형 관리체제가 논의되
고 있었으나 기록관리법에서는 입법부, 사법부 등에도 영구기록물보존기관을 설치하
도록 함으로써 종전의 계획에서 크게 벗어나는 결정을 하였다.

기록물관리를 표준화하며, 보존매체에 수록된 사본(마이크로필름, 광디스크 등)은 중앙기관으로 송부하여 집중관리의 장점을 보장하였다.

이와 함께 기록의 생산 및 보관단계부터 기록을 철저히 관리하기 위하여 중간기록물관리기구(자료관)를 설치하도록 규정했다. 즉, 기록관리법 시행령에서 구체적으로 규정한 공공기관에는 자료관을 설치하도록 의무화했는데 자료관은 기록물 생산기관에서부터 기록관리를 제대로 수행하기 위하여 설치가 의무화되었다. 다만, 통일 외교 안보 수사분야의 기록물을 생산하는 기관에는 특수자료관을 설치하여 30년간 자체 관리 후 중앙기록물관리기관으로 이관하도록 했다.

그리고 국가의 기록보존정책 수립, 입법·사법·행정부 등 기록물관리에 관한 통일적 기준과 원칙 정립, 국가기록물 지정, 공개연한 등을 심의·조정하기 위하여 국가기록물관리위원회를 중앙기록물관리기관에 설치 운영할 수 있도록 했다. 이 기구는 중앙기록물관리기관장, 국회·법원 등 특수기록물관리기관장, 그리고 학계인사를 위촉하여 구성하고, 위원장은 위촉인사 중에서 호선하도록 하였다.

이상과 같은 기록관리체계는 한국의 행정적 특성을 반영하면서도 외국의 사례를 분석하여 새롭게 개발한 것이었다. 예컨대, 기록관리법에서는 미국식 '레코드 센타'의 설립을 선택하지 아니하고 각급 기관에 기록관을 설치하는 것을 선택했다. 이 같은 정책결정에는 한국행정체계의 특성과 중국의 모델이 크게 참고가 되었는데[36] 중국의 모든 기관에 기록물관리부서로서 檔案室이 설치되어 있는 점과 한국의 각급 기관에 설치되어 있는 총무과 문서계, 행정자료실, 정보공개창구업무 등의 기록물관리기능을 통폐합하여 기록물 전담부

---

36) 당시 정부기록보존소는 기록물관리기관의 체계 수립을 위해서 1997년 2월부터 1997년 말까지의 시기에 우리나라의 기록물 관리현황과 근본개혁 대책을 마련했고, 외국제도의 장단점을 비교 분석하기 위해 미국, 영국, 프랑스, 독일, 중국, 인도, 일본의 기록보존제도를 연구했다.

서로 개편하였던 것이다.37)

(2) 정부기록보존소의 위상과 역할

정부기록보존소(중앙기록물관리기관)는 국가의 기록물관리를 총괄·조정
하기 위하여 행정자치부장관 소속 하에 설치되었다. 중앙기록물관리기관은
① 기록물관리에 관한 기본정책의 결정 및 제도의 개선, ② 기록물의 수집·보
존 및 활용, ③ 국가기록물의 지정 및 보존, ④ 기록물관리 기술 및 기법의
연구·보급 및 표준화, ⑤ 기록물관리 종사자에 대한 교육, ⑥ 기록물관리에
관한 지도·감독, ⑦ 기록물관리에 관한 교류·협력 등 기록물관리에 관한
사항 등의 사항을 관장하였다.

역사학계 등 관련 학계에서는 국가기록관리 업무를 체계적으로 수행하기
위해서는 정부기록보존소를 차관급의 독립기관으로 조직의 위상을 높여야
한다고 주장했으나, 정부기록보존소는 국무총리 산하 독립기관으로 설치할
경우에 초기단계의 기구, 인력, 예산의 확충이 어려움이 많을 것이고 또한
총무처에서 벗어나 독립기관이 될 경우 사무관리기능과의 연계강화를 통한
기록물의 체계적 수집 보존이라는 측면에서도 유리하지 않을 것이라는 이유
로 수용하지 않았다. 한편 독립기관화(미국) 또는 문화부 소속으로 하는 방안
도 고려되었으나 조직 및 인력 확보나 조기정착에 어려움이 예상된다는
이유로 총무처 소속으로 남게 되었다.38)

(3) 수집·이관체계 정비

종전에는 공식 결재문서만 관리했으나, 기록관리법에서는 입안단계부터
종결까지 모두 기록으로 남을 수 있도록 비공식보고서, 회의록, 메모노트
등도 관리대상으로 확대하였다. 그리고 책임소재 규명이나 역사자료 보존을

---

37) 김재순, 「기록물관리법 제정과 학계의 협력과제」『역사와현실』 31, 1999, 12~13쪽.
38) 정부기록보존소, 「기록보존법제정 기본방향보고(1998.1)」, 1998.

위해서 중요행사 등에 대해서는 면담록, 녹음·영상자료 등 시청각기록물을 생산하여 보존하도록 했다.

또 당시 국무총리령으로 되어 있던 '공문서분류및보존연한에관한규칙'을 전면 개정한 '기록물분류기준표'를 제정하여 모든 공공기관의 단위업무별로 기록물들이 정확하게 분류되어 이관될 수 있도록 했다. 기록물분류기준표를 통하여 기록물별로 보존기간·보존방법·보존장소·공개여부 등 기록관리에 필요한 통제요소들이 종합적으로 관리되도록 했다. 기록물분류기준표는 종전의 공문서분류기준표와 마찬가지로 기능분류를 채택했으나 보존연한을 궁극적으로는 정부기록보존소와 생산기관이 공동으로 책정할 수 있도록 규정했다는 점에서 획기적인 변화라고 할 수 있으며,39) 보존방법, 보존장소, 공개여부도 사전에 책정하도록 함으로써 기록의 효율적인 관리를 도모했다.

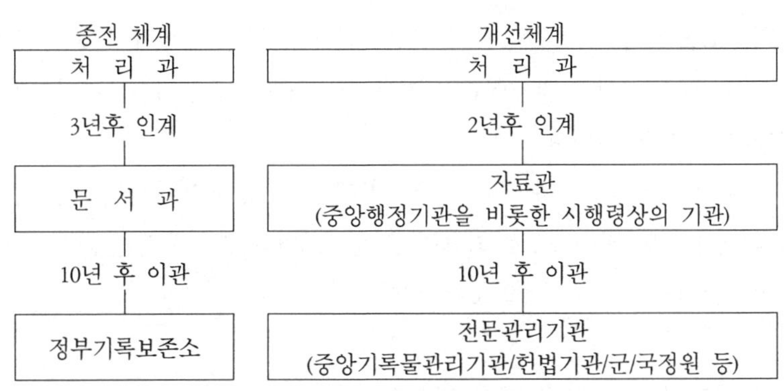

<그림 13> 기록물의 이관체계

---

39) 기록물분류기준표는 종전의 기능분류체계의 장점을 계승하면서도 외국 특히 미국의 기록물처리일정표를 참고로 하여 새롭게 기록물통제요소를 부가한 것이다. 종전의 기록평가방식과는 다르게 정부기록보존소가 기록물의 최종 평가를 확정하는 권한을 가지게 되었다는 점이 특징이라고 할 수 있다. 이 같은 체제는 기록생산자의 시각과 역사적 시각을 결합시킬 수 있는 제도적 기반을 마련한 것으로 평가할 수 있다. 이에 관해서는 다음의 논문 참조. 이승억, 「한국공공분야 '기록보유(Recordkeeping)'체제 전망」, 『기록학연구』 4, 2001.

이와 함께 문서는 생산부서에서 2년간 보관한 후 자료관으로 이관하며, 자료관에서는 약 10년간 행정정보공개자료, 행정참고자료, 증빙자료 등으로 활용한 후, 소관 전문기록물관리기관으로 이관하도록 했다. 중앙행정기관·특별행정기관의 자료관, 특수자료관은 중앙기록물관리기관으로, 광역시·도의 관할 지방자치단체인 시·군·구는 해당 지방기록물관리기관으로 이관한다. 물론 지방기록물관리기관이 설치되지 않은 지방은 중앙기록물관리기관으로 이관하도록 했다.

⑷ 대통령기록물의 관리

종전까지는 대통령비서실과 경호실에서 생산된 기록물에 대해서는 관리할 수 있는 법적 규정이 없었으나 기록관리법에서는 대통령과 그 보좌기관이 대통령의 직무수행과 관련하여 생산 또는 접수한 모든 기록물은 중앙기록물관리기관의 장이 이를 수집하여 보존하도록 했다. 그리고 대통령관련 기록물을 생산 또는 접수한 공공기관의 장은 대통령관련 기록물의 원활한 수집 및 보존을 위하여 매년 대통령관련 기록물의 목록을 중앙기록물관리기관의 장에게 통보하도록 했다.

또한 대통령의 개인기록물, 핵심참모와 관련인사들의 기록물도 일괄 수집하여 학술연구 및 전시자료로 활용될 수 있도록 대통령기록관을 중앙기록물관리기관의 산하에 둘 수 있도록 했다.

⑸ 민간기록물의 관리 및 유출기록물의 회수

중앙기록물관리기관의 장은 민간인이 보유한 기록물이 공공기관의 업무수행과 관련하여 생산되고 국가적으로 보존할 가치가 높다고 인정되는 경우에는 국가기록물관리위원회의 심의를 거쳐 이를 국가기록물로 지정할 수 있도록 했다. 이와 함께 기록물을 보유한 자는 중앙기록물관리기관의 장에게 당해기록물을 국가기록물로 지정하여 줄 것을 신청할 수 있다.

또한 국가기록물이면서 불법적으로 유출된 기록물은 생산기관이나 기록물관리기관이 회수할 수 있도록 하였고, 보존환경이 열악한 경우에는 위탁보존이나 복제를 통해서 보호조치를 강구할 수 있도록 했다.

⑥ 기록물 관리표준화와 전문인력 배치

모든 기록물은 관리표준화 원칙에 따라 정해진 보존시설과 장비에 의하여 관리되도록 하였다. 영구보존대상 기록물은 영구보존용 필기구, 재료를 사용하도록 했으며 기록물의 목록관리나 전산입력 내용도 기록보존기관 상호간에 원활하게 호환될 수 있도록 중앙기관을 기준으로 통일하도록 하였다.

<표 5-5> 학예연구직군 공무원의 종류(일부)

직군	직렬	직류	계급 및 직급	
			연구관	연구사
1. 학예	학예연구	학예일반 미술 국악 국어	학예연구관	학예연구사
	편사연구	편사	편사연구관	편사연구사
	기록연구	**기록관리**	**기록연구관**	**기록연구사**
	(이하 생략)	(이하 생략)	(이하 생략)	(이하 생략)

또한 자료관 이상의 모든 기록물관리부서에는 일정한 자격요건과 전문지식, 사명감을 갖춘 전문요원을 배치하도록 의무화했다. 전문요원을 양성하기 위하여 중앙기록물관리기관에는 교육과정을 설치 운영할 수 있도록 하였다. 기록물관리 전문요원의 자격은 대학원의 기록관리학 과정을 졸업한 석사학위 이상의 자격을 갖춘 자이거나, 역사학・문헌정보학 석사학위 이상자 중에서 행정자치부장관이 정하는 기록물관리학 교육과정을 이수한 자로 규정했다. 이와 함께 특수자료관을 둘 수 있는 기관의 소속 공무원 중에서 행정자치부

장관이 정하는 기록물관리학 교육과정을 이수한 자도 기록물관리 전문요원 자격을 갖춘 것으로 인정했다.

기록관리법 시행령에서 기록물관리 전문요원의 자격요건을 구체적으로 정하면서 2005년에 공무원의 일종으로 학예연구직군 내에 기록연구사 직제도 마련되었다.[40] 이로써 공공기관에서 근무하는 기록물관리 전문요원은 기록연구사로 배치하도록 입법화하게 된 것이다.

(7) 기록물폐기 절차의 합리적 개선

종전 기록물의 폐기는 「공문서분류및보존연한에관한규칙」에서 규정한 보존연한이 만료되면 각 부처의 장의 승인을 얻어서 시행하는 방식이었다. 그러나 기록관리법에서 기록물(비밀기록물은 제외)의 폐기는 기록물관리 전문요원의 심사 및 기록물폐기심의회의 심의를 거쳐 관할 기록물관리기관의 장이 수행하도록 함으로써 기록물의 폐기에 신중을 기했다. 기록물의 폐기여부를 심사하는 기록물폐기심의회는 기록물관리기관이 속한 공공기관의 장이 기록물의 폐기시 수시로 구성·운영하되, 심의회의 위원은 기록물의 보존가치의 평가에 적합하다고 인정되는 5인 이내의 소속공무원 또는 직원으로 구성하도록 했다.

(8) 불법행위 형사처벌 조항의 설치

기록관리법에서는 중요기록물을 무단 파기하거나 국외로 반출한 경우 징역 7년 또는 1,000만 원 이하의 벌금형에 처하도록 하였다. 그리고 불법유출 기록물의 조사활동을 고의적으로 방해하는 행위는 2년 이하의 징역 또는

---

40) 「연구직 및 지도직공무원의 임용 등에 관한 규정(대통령령 제18716호, 2005.2.25)」. 2007년에는 지방자치단체에도 기록연구직 공무원이 임용될 수 있도록 관련 규정을 개정했다. 「지방 연구직 및 지도직공무원의 임용 등에 관한 규정(대통령령 제19823호, 2007.1.5)」.

300만 원 이하의 벌금에 처할 수 있도록 하였다. 기록관리법의 형사처벌 조항은 매우 강력한 처벌체계로서 공공부문의 기록관리의 개선에 필요한 강력한 정책적 수단을 정부기록보존소가 가진 것으로 볼 수 있다.

이상에서 살펴보았듯이, 기록관리법의 제정은 종전의 기록관리 프로세스 개편에 치중했던 한계에서 벗어나 좀 더 거시적 차원에서 한국의 국가기록관리체제를 수립했다. 기록관리에 관한 주요 기관이 기록관리법에 의해서 설치되었고 각 처리과 및 기록물관리기관의 업무도 구체적으로 법률에 의해서 규정됨에 따라서 기록관리가 공공부문에서 획기적으로 개선될 수 있는 제도적 기반이 되었다.

2) 기록관리법의 전부 개정과 공공부문의 기록관리혁신

1999년 기록관리법은 종전의 한국 국가기록관리 운용과정에서 제기되었던 주요 문제들을 해결할 수 있는 제도적 기반을 마련했다는 의의를 가지고 있었다. 다만, 기록관리법은 1990년대 공공행정의 업무수행의 방식과 절차 및 내용이 잘 반영된 것이었으나 2000년 접어들면서 민주주의의 성숙, 국민의 활발한 국정참여, 공공행정의 업무수행방식의 변화 등을 내용으로 하는 행정 및 사회환경이 변화하여 기록관리법을 개정하도록 이끌었다.

특히, 2000년대에 접어들면서 전자정부의 출현이라는 공공부문의 강력한 변수는 기록관리법의 개정과 기록관리 프로세스의 개편을 불가피하게 만들었다. 김대중 정부는 2001년부터 전자정부 11대 과제를 선정하여 민원서비스 단일창구, 국가종합전자조달시스템(나라장터), 국가재정정보시스템 등 범 정부 차원의 핵심기반을 구축했다. 특히, 전자정부법[41]을 제정하여 공공부문의

---

41) 「전자정부구현을위한행정업무등의전자화촉진에관한법률(법률 제6439호, 2001.3. 28 제정, 2001.7.1 시행」. 이 법률은 2007년도에 전자정부법으로 개칭되었다.

전자적 업무환경 구축을 위한 강력한 법적 기반을 갖추었다.

전자정부법에서는 전자정부[42]를 "정보기술을 활용하여 행정기관의 사무를 전자화함으로써 행정기관 상호간 또는 국민에 대한 행정업무를 효율적으로 수행하는 정부"라고 규정하고 행정업무의 전자적 처리를 위한 기본원칙·절차 및 추진방법 등을 규정함으로써 전자정부의 사업을 촉진시키고, 행정기관의 생산성·투명성 및 민주성을 높여 지식정보화 시대의 국민의 삶의 질을 향상시키려고 했다.

<표 5-6> 한국의 전자정부 추진연혁

구분	주요 내용
초창기 (1960~1970)	-경제기획원 조사통계업무에 컴퓨터 도입(1967) -행정전산화 5개년 기본계획 수립(1978)
전자정부 기반조성기 (1980~1990년대)	-국가기간전산망 사업추진방침 결정(1983) 및 추진(1987~) -컴퓨터프로그램 보호법, 전산망 보급 확장과 이용촉진에 관한 법률(1986) 등 기반 확보 -초고속정보통신기반 구축 기본계획 발표(1993) -정보화촉진기본법 제정(1995) -국가경쟁력 강화를 위한 정보화전략 발표(1996) -정보화 사업 평가제도 도입(1997)
전자정부사업 본격추진기 (2000년대)	-정부대표 홈페이지 개통, 정보화책임감(CIO) 지정운영에 관한 훈령 제정(1998) -전자정부 종합실천계획 수립, 통계종합정보시스템 서비스 개시(1999) -전자정부구현을 위한 행정업무 등의 전자화 촉진에 관한 법률 제정(2001) -전자정부 11대 과제 선정 및 전자정부 특별위원회 운영개시(2001) -참여정부 전자정부 로드맵 발표(2003)

출처 : 행정자치부, 『희망대한민국 : 행정자치부 정책백서』, 2008, 233쪽.

---

42) 전자정부(e-Government)라는 용어는 1993년 미국 NPR(National Performance Review : 국정성과평가위원회)의 보고서에서 처음 사용되었다. 행정자치부, 『전자정부법의 이해와 해설』, 2007, 3쪽.

특히, 노무현 정부는 전자정부를 "정보기술을 기반으로 하여 입법, 사법, 행정 등 국가업무의 전자적 처리와 유기적 연계로 행정의 효율성과 투명성을 제고하여, 국민과 기업이 원하는 서비스를 언제, 어디서나 쉽게 접근하고 이용할 수 있게 하며, 참여민주주의에 대한 국민의 요구에 적극 부응하는 정부"로 재정의했다.[43] 이에 따라 2003년에 전자정부를 효과적·종합적으로 추진하기 위하여 전자정부 로드맵을 작성하였는데 이는 행정부에만 국한되는 것이 아니라 국회, 법원, 지방자치단체 등 주요 국가기관에도 영향을 미치는 것이었다. 당시 전자정부 로드맵의 일부만을 소개하면 아래와 같다.

<표 5-7> 전자정부 31대 로드맵 과제 및 추진과제

4대 분야	10대 아젠다	우선추진과제		주관기관
일하는 방식 혁신	1. 전자적 업무 처리의 정착	**문서처리 전 과정의 전자화**	**전자문서유통체계 고도화**	행정자치부
			기록물 관리체계 구축	국가기록원
			문서대장 전자화	행정자치부
		국가 및 지방재정 종합정보화	지방재정 정보화	행정자치부
			국가재정 고도화	
			지방교육재정 정보화	
		전자지방정부 구현	시도행정 정보화	행정자치부
			시군구 행정정보화	행정자치부
		전자감사체계 구축		감사원
		전자국회 구현		국회사무처
		형사사법통합정보체계 구축		법무부
		인사행정종합 정보화	중앙인사행정 고도화	중앙인사위원회
			자치단체 인사행정고도화	행정자치부
		외교통상정보화		외교통상부
		국정과제 실시간 관리	**e지원시스템 구축**	행정자치부
			정부업무관리시스템	대통령비서실
	2. 행정정보 공동이용 확대	행정정보 공유 확대		행정자치부
	3. 서비스 중심의 업무 재설계	**정부기능연계모델 개발**		행정자치부
이하생략	이하 생략	이하 생략	이하 생략	이하 생략

출처 : 행정자치부, 『희망대한민국 : 행정자치부 정책백서』, 2008, 234~235쪽.

---

43) 행정자치부, 『전자정부법의 이해와 해설』, 2007, 3쪽.

전자정부법과 전자정부 로드맵의 추진은 공공행정에서 혁명적인 변화를 가져왔다. 우선, 공공부문의 업무추진 방식이 크게 변화했는데, 공문서의 생산, 이관, 보존까지 문서처리의 전 과정을 전자화하고 민간기관을 포함한 전 행정기관 간에 전자적 문서 유통을 위한 체계를 구축했다. 이 같은 기록생산 방식의 변화는 법령상에도 반영되어 2002년 12월 26일 「사무관리규정」[44]을 개정하여 문서의 전자적 처리가 의무화되었고 56개 중앙행정기관과 250개 지방자치단체가 '전자문서시스템' 도입 및 전자적 문서유통을 시행하게 되었다.[45]

이 「사무관리규정」은 곧바로 시행되지 못하고 2004년 1월 1일부터 시행되었는데 전자문서시스템을 "문서의 기안·검토·협조·결재·등록·시행·분류·편철·보관·보존·이관·접수·배부·공람·검색·활용 등 문서의 모든 처리절차가 전자적으로 처리되는 시스템"으로 규정하고 행정기관의 장은 문서의 기안·검토·협조·결재·등록·시행·분류·편철·보관·보존·이관·접수·배부·공람·검색·활용 등 문서의 모든 처리절차가 전자문서시스템상에서 전자적으로 처리되도록 규정했다. 이에 따라서 2006년도에 이미 전자문서의 결재율이 98%를 넘는 등 공공부문의 전자화가 급속히 진행되었다.

전자정부법의 시행에 따라서 업무수행의 방식과 절차가 전자적으로 전환됨에 따라서 생산되는 기록의 유형이 종이기록에서 전자기록으로 급속히 전환되었다. 종전의 기록관리법도 전자문서를 관리할 수 있도록 규정은 되어 있었으나 주된 관리대상은 종이기록이었다. 종전의 기록관리법은 관리방법

---

44) 「사무관리규정(2002.12.26 개정, 2004.1.1. 시행)」.

45) 전자정부법의 시행에 따라서 「사무관리규정」에서는 공공업무를 전자적으로 수행할 것을 원칙으로 했으며, 기록물생산시스템으로 전자문서시스템, 업무관리시스템, 행정정보시스템 등 3종류로 구분하고 있다. 현재 중앙행정기관에서는 전자문서시스템과 업무관리시스템을 통합 운영하고 있는 실정이다.

과 절차가 모두 종이에 기반하고 있었으며 전자기록의 진본성, 무결성, 신뢰성, 이용가능성 등을 확보할 수 있는 기술적, 법률적 요건을 갖추지 못한 실정이었다.

<표 5-8> 전자문서유통체계 성과지표

	2002	2003	2004	2005	2006
유통센터이용기관	46	286	307	550	656
유통처리건수	-	-	21	31	42
전자결재율(%)	89.4	92.6	96.3	97.7	98.4
전자문서유통율(%)	78.0	85.9	95.6	95.8	97.8

출처 : 행정자치부, 『행정자치부 정책백서』, 2007

특히, 참여정부가 공적행위의 결과뿐만 아니라 공적행위의 과정과 절차까지 기록화하기 위하여 새로운 기록생산시스템(업무관리시스템)을 개발하면서 이에 대응할 새로운 관리시스템이 필요해졌다. 행정자치부는 공적과정을 기록화하기 위한 새로운 기록생산시스템을 각 행정기관에 정착시키기 위하여 2006년 3월 29일에 「사무관리규정」을 개정했다.[46] 「사무관리규정」에서는 업무관리시스템을 "행정기관이 업무처리의 전 과정을 과제관리카드 및 문서관리카드 등을 이용하여 전자적으로 관리하는 시스템"으로 규정하고 행정기관의 장은 업무처리의 전 과정을 효율적으로 관리하기 위하여 업무관리시스템을 구축 · 운영하도록 규정했다. 업무관리시스템에는 과제관리카드 및 문서관리카드 등이 포함되는데 과제관리카드는 행정기관의 소관업무를 기능 및 목적 등의 기준에 따라 구분하여 업무처리 과정에 따라 관리할 수 있도록 구성하고 문서관리카드에는 ① 기안한 내용, ② 의사결정과정에서 제기된 의견, 수정된 내용 및 지시 사항, ③ 의사결정내용 등이 기록 · 관리될 수 있도록 했다.[47]

---

46) 「사무관리규정(대통령령 제19413호, 2006.3.29)」.
47) 문서관리카드는 당해 문서관리카드에 대한 결재권자의 전자문자서명 및 처리일자의

이 같은 「사무관리규정」상의 내용을 기술적으로 뒷받침하기 위하여 행정자치부는 업무관리시스템인 온나라시스템을 개발하여 2007년에 중앙행정기관에서 운용하였다. 온나라시스템은 정부기관의 업무처리 전 과정을 과제관리카드 및 문서관리카드 등을 중심으로 관리하여 업무처리 절차를 통합화·표준화하기 위한 시스템이다. 온나라시스템을 통하여 의사결정 과정이 체계적으로 기록되어 행정의 투명성과 책임성이 강화될 수 있는 수단을 확보했다.

온나라시스템은 기록관리시스템, 지식관리시스템, 국정관리시스템, 인사관리시스템. 디지털예산회계시스템 등과 연계되어 효율적으로 업무를 수행할 수 있도록 하는 업무지원시스템의 일종이라고 할 수 있다. 온나라시스템의 연계도를 소개하면 아래와 같다.

<그림 14> 온-나라 시스템(On-nara BPS) 연계도

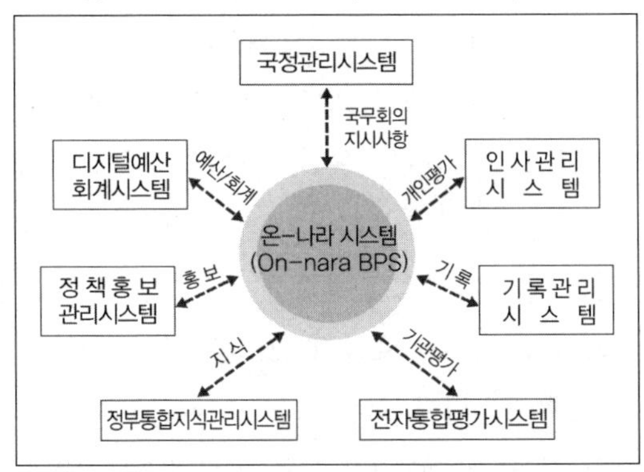

온나라시스템에서 생산되는 기록(문서관리카드 및 과제관리카드[48])은 종

표시에 의한 결재가 있음으로써 공문서로 성립한다.

48) 과제카드는 단위과제카드와 관리과제카드로 나뉜다. 단위과제카드는 업무분류체계상 기능별 분류의 가장 하위업무인 단위사무를 수행하기 위한 카드이고, 관리과제카드는 목적별 분류의 가장 하위업무인 관리과제(연두업무보고과제)를 수행하기 위한 카드이다. 그리고 문서관리카드는 보고서작성, 보고, 협조 등을 처리하고 처리과정에서 제기된 의견, 관련 자료 및 의사결정 내용 등을 기록하고 관리하는 카드이다.

전의 기록과는 전혀 다른 유형의 기록이므로 온나라시스템에서 생산되는 유형의 기록도 이관받아 관리하기 위해서는 새로운 기록관리시스템이 필요했다.

이상과 같은 행정환경 및 사회의 변화를 반영하고 더욱 발전시키기 위해서 2006년 기록관리법 개정안이 제출되었다. 개정 기록관리법은 공공기관의 투명하고 책임있는 행정의 구현과 공공기록물의 안전한 보존 및 효율적인 활용을 위하여 기록물의 전자적 생산·관리체계의 구축, 기록물의 공개·열람범위의 확대, 기록관리의 표준화 및 전문화를 높이기 위한 제도의 마련 등 공공기록물의 관리에 관하여 필요한 사항을 정하는 한편, 그 밖에 현행 제도의 운영상 나타난 일부 미비점을 개선·보완하기 위하여 제안되었다.[49]

당시 국회에는 정부가 제출한 개정안과 정청래 의원이 대표발의한 개정안이 모두 접수된 상태였다. 제258회 국회(임시회) 제4차 행정자치위원회(2006.2.14)에서 2004년 12월 1일 정청래 의원이 대표발의한 「공공기관의기록물관리에관한법률중개정법률안」과 2006년 1월 23일 정부가 제출한 「공공기관의기록물관리에관한법률 전부개정법률안」을 일괄 상정하여 대체토론 후 법안심사소위로 회부하였고 제2차 법안심사소위원회(2006.2.16)와 제3차 법안심사소위원회(2006. 2. 20)에서 2건의 법률안을 심사한 결과 각각 본회의에 부의하지 아니하기로 하고 그 내용을 통합·보완하여 위원회 代案을 제안하기로 하였다. 이에 따라서 제8차 행정자치위원회(2006. 2. 21)는 법안심사소위원회의 심사결과를 받아들여 「공공기관의기록물관리에관한법률 전부개정법률안」을 위원회 대안으로 심사·의결하였다. 2006년 전부개정법률안은 2005년부터 범정부 차원에서 추진했던 기록관리 혁신을 제도적 차원에서 반영한 것이라는 점에서 의의가 있다. 추진경과와 내용은 다음과 같다.

---

49) 「공공기록물 관리에 관한 법률(법률 제8025호, 2006.10.4)」.

<표 5-9> 기록관리법 전부개정 추진경과

04.11.25	'국가기록관리의 성과와 개선방안 정책 토론회' 개최
05.5	기록관리법 개정시안 마련
05.5~9	기록관리 관련 법령 정비를 위한 관계기관 협의
05.10~11	법 개정안 부처 의견조회
005.11~12	법 개정안 입법예고
06.1	법 개정안 법제처 심사
06.1.23	법 개정안 차관회의(1.12), 국무회의(1.17) 통과
06.2	법 개정안 국회제출
06.2.21	행정자치위원회 법안심사소위원회 심사 의결
06.8.26	행정자치위원회 심사 의결
06.9.8	법사위 심사 의결
06.10.4	본회의 의결
07.	시행

⑴ 기록관리법 적용범위의 확대

우선, 개정 기록관리법은 「공공기록물관리에 관한 법률」로 법률의 명칭이 변경되었다. 이는 단순한 명칭의 변화라기보다는 해당 법률의 입법취지의 근본적인 변화를 반영하는 것이다. 즉 종전의 기록관리법은 공공기관에서 생산된 기록물 관리를 주요 목적으로 하고 있었으나 기록관리법은 그 적용범위를 크게 확대하여 공공기관이 생산 접수한 기록물 뿐만 아니라 국가적으로 보존할 가치가 있거나 공공성이 높은 민간기록물을 관리할 수 있는 제도적 기초를 마련하였다. 또한 공공기관의 업무수행과 관련하여 생산 접수한 형상 기록물로서 역사적, 문화적, 예술적 가치가 높은 행정박물도 관리대상기록으로 추가되었다.

⑵ 기록물관리기관의 체제 및 기능 재정립

공공기관에 설치하는 기록물관리기구의 종류를 중앙기록물관리기관, 영구 기록물관리기관(헌법기록관기록물관리기관, 지방기록물관리기관, 대통령기록관), 기록관50) 및 특수기록관으로 구분하였다. 국회, 법원, 헌법재판소,

중앙선거관리위원회에는 각각 영구기록물관리기관을 설치할 수 있도록 규정
했으며, 만약에 헌법기관에 영구기록물관리기관을 설치하지 아니하는 경우
에는 중앙기록물관리기관으로 영구보존기록물을 이관하도록 했다.

　그리고 종전에는 지방기록물관리기관의 설치가 임의규정이었으나 개정
법률에서는 특별시, 광역시, 도, 특별자치도에는 반드시 영구기록물관리기관
을 설치하도록 의무화하였다. 이로써 한국의 영구기록물관리체계는 중앙기
록물관리기관, 대통령기록관, 지방기록물관리기관, 헌법기관기록물관리기
관 등으로 구분되었다. 다만, 종전 영구기록물관리기관을 설치할 수 있었던
국가정보원과 군 기관 등은 특수기록관을 설치하는 것으로 변경했다.

<그림 15> 개정 기록관리법에 의한 국가기록관리체계(2007~현재)

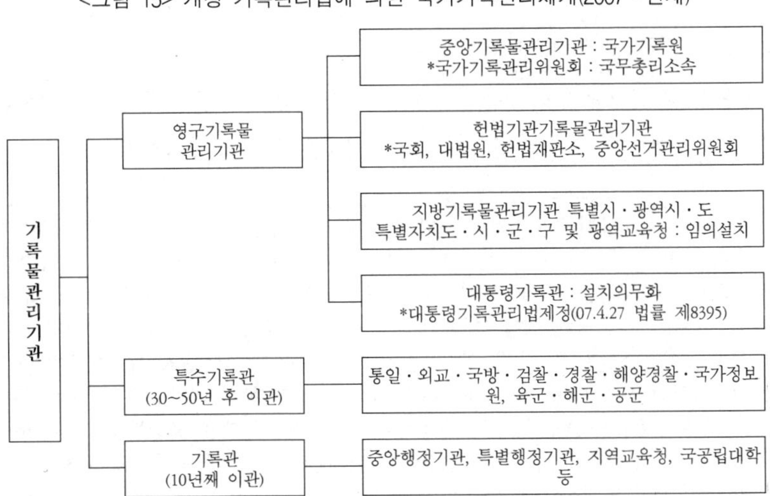

출처 : 국가기록원, 『알기쉬운 공공기록물 관리에 관한 법령 해설집』, 2007

　기록관은 영구기록물관리기관으로 이관하기 이전에 중간보존기구의 성격
을 지니고 있다.[51] 기록관에서는 유한보존기록물을 보존관리하고 영구보존

---

50) 종전의 자료관을 기록관으로 명칭을 변경한 것이다.

기록물을 관할 영구기록물관리기관으로 이관하는 것을 주된 업무로 하고 있다. 기록관의 종류 중에서 특수기록관이 있는데 통일·외교·안보·수사·정보 분야의 기록물을 생산하는 공공기관의 장은 소관 기록물을 장기간 관리하고자 하는 경우에는 중앙기록물관리기관의 장과 협의하여 특수기록관을 설치·운영할 수 있도록 규정되어 있다. 특수기록관은 통일부, 외교통상부, 국방부 및 국방부장관이 중앙기록물관리기관의 장과 협의하여 정하는 직할 군 기관, 대검찰청·고등검찰청·지방검찰청 및 지청, 방위사업청, 경찰청 및 지방경찰청, 해양경찰청 및 지방해양경찰청, 국가정보원, 육군본부, 해군본부, 공군본부 및 육군·해군·공군 참모총장이 중앙기록물관리기관의 장과 협의하여 정하는 군 기관에 각각 설치할 수 있도록 했다.

(3) 국가기록관리위원회의 기능 강화

국가기록관리위원회의 기능을 강화하였다. 종전의 법률에서는 국가기록관리위원회의 업무가 구체적으로 규정되지 못했으나 개정법률에서는 ① 기록물

---

51) 기록관 설치대상기관은 다음과 같다. ① 「정부조직법」 제2조에 따른 중앙행정기관 ② 감사원, 국가인권위원회, 방송통신위원회, 국가정보원, 국무총리실 ③ 국민권익위원회, 공정거래위원회, 금융위원회 ④ 중앙행정기관의 소속기관 중 지방보훈청, 지방국세청, 서울세관, 인천공항세관, 부산세관, 인천세관, 대구세관, 광주세관, 고등검찰청, 지방검찰청 및 지청, 지방교정청, 지방병무청, 지방경찰청, 체신청, 지방식품의약품안전청, 유역환경청, 지방환경청 및 국립환경과학원, 지방노동청, 중앙노동위원회, 지방국토관리청, 중앙토지수용위원회, 지방해양항만청, 지방항공청, 지방해양경찰청 ⑤ 시·도 ⑥ 시·군·구(지방자치단체인 구를 말한다) 및 「제주특별자치도 설치 및 국제자유도시 조성을 위한 특별법」 제15조 제2항에 따라 제주자치도에 두는 행정시 ⑦ 시·도 교육청 및 「지방교육자치에 관한 법률」 제34조에 따른 지역교육청 ⑧ 국방부장관이 중앙기록물관리기관의 장과 협의하여 정하는 직할 군 기관 ⑨ 육군·해군·공군 참모총장이 중앙기록물관리기관의 장과 협의하여 정하는 군 기관 ⑩ 제3조 각 호의 어느 하나에 해당하는 공공기관 중 관리하여야 하는 기록물의 양이 행정안전부령이 정하는 기준을 초과하는 공공기관 ⑪ 「고등교육법」 제2조에 따른 학교 중 국립·공립대학 ⑫ 그 밖에 영구기록물관리기관의 장이 기록관 설치가 필요하다고 인정되어 지정한 공공기관.

관리에 관한 기본정책의 수립, ② 기록물관리 표준의 제정·개정 및 폐지, ③ 영구기록물관리기관 간의 협력 및 협조사항, ④ 대통령 기록물의 관리, ⑤ 비공개 기록물의 공개 및 이관시기 연장 승인, ⑥ 국가지정기록물의 지정 및 해제, ⑦ 그 밖에 기록물관리와 관련한 사항 등이 국가기록관리위원회의 심의 사항으로 규정되었다. 이와 함께 국가기록관리위원회를 국무총리 소속으로 격상시킴으로써 국가기록물관리의 정책과 표준화 업무를 원활히 추진할 수 있는 제도적 기반을 마련했다.

⑷ 기록정보의 공개·열람 확대

종전 기록관리법에서는 기록물관리기관으로 이관된 비공개기록물에 대한 공개절차가 규정되지 못했었다. 그러나 개정 법률에서는 비공개기록물을 주기적으로 재분류(5년마다 재분류)하여 공개여부를 결정하도록 하였고, 생산 30년 이후에는 자동공개를 원칙으로 함으로써 국민의 알권리를 크게 증진시켰다.

이와 함께 학술적 목적 등 법률에서 규정한 사항에 관해서는 영구기록물관리기관의 장이 당해 기관이 관리하고 있는 비공개 기록물에 대하여 제한적으로 열람할 수 있도록 제도를 만들었다. 예컨대, ① 개인에 관한 정보로서 본인(상속인을 포함한다) 또는 본인의 위임을 받은 대리인이 열람을 청구한 경우, ② 개인 또는 단체가 권리구제 등을 위하여 열람을 청구한 경우로서 당해 기록물 외에는 관련 정보의 확인이 불가능하다고 인정되는 경우, ③ 공공기관에서 직무수행상 필요에 따라 열람을 청구한 경우로서 당해 기록물 외에는 관련 정보의 확인이 불가능하다고 인정되는 경우, ④ 개인 또는 단체가 학술연구 등 비영리 목적으로 열람을 청구한 경우로서 당해 기록물 외에는 관련 정보의 확인이 불가능하다고 인정되는 경우 청구인의 신청에 의해서 제한적 열람권을 보장해주었다.[52)]

그리고 비공개기록물의 공개여부를 심의하기 위하여 영구기록물관리기관 내에 기록물공개심의회를 설치·운영하도록 했다. 기록물공개심의회는 영구기록물관리기관의 장은 30년이 경과한 비공개기록물을, 기록물 생산기관이 기록물비공개 기간의 연장을 요청하는 경우에는 기록물공개심의회 및 국가기록관리위원회의 각 심의를 거쳐 당해 기록물을 공개하지 아니할 수 있다. 이 경우 비공개로 재분류된 기록물에 대하여는 비공개 유형별 현황을 관보 및 인터넷 홈페이지 등에 공고하도록 했다. 그리고 기록물공개 여부와 관련하여 영구기록물관리기관의 장이 심의를 요청한 사항에 대해서도 기록물공개심의회를 개최할 수 있도록 했다.

비공개기록물의 다양한 공개절차의 마련은 국가기록물에 대한 국민의 이용권을 확보할 수 있는 제도적 기반을 마련한 것이라고 평가할 수 있다.

⑸ 전자기록관리시스템의 구축

공공부문의 기록생산방식이 전자적으로 변화함에 따라서 해당 전자기록을 안전하게 이관, 장기보존할 수 있도록 전자기록관리시스템을 개발했다. 전자기록관리시스템은 종전의 전자문서시스템에서 생산되는 전자기록과 온나라시스템에서 생산되는 전자기록을 모두 이관받을 수 있도록 설계되었다.[53]

전자기록관리시스템은 전자기록의 특성에 맞도록 진본성, 무결성, 신뢰성,

---

52) 이 법률조항의 일부 개정이 필요하다. 개정 법률에서는 영구기록물관리기관이 소장하고 있는 비공개기록물에 대하여 학술적 목적의 제한적인 열람절차를 규정했는데 영구기록물관리기관이 아닌 기록관이나 일선 행정기관이 소장하고 있는 비공개기록물의 제한적 열람에 대해서는 특별한 규정이 없기 때문이다. 학술적 목적으로 비공개기록물을 제한적으로 이용할 수 있는 범위를 모든 공공기관으로 확대해야 한다.

53) 업무과정 및 의사결정과정을 기록하는 과제/문서관리카드의 기록관리 방안을 마련하여 공공업무 수행의 철저한 기록화를 통한 투명하고 책임성 있는 행정을 구현할 수 있게 되었다. 그리고 업무수행 중 과거 기록물 또는 유관부서 기록물을 언제든지 검색 활용할 수 있는 체계를 구축하여 업무처리 시간 및 노력을 절감할 수 있게 되었다.

이용가능성을 보장할 수 있도록 설계되었다. 특히, 기록관리에 관한 국제표준들을 준수함으로써 기록관리시스템의 안정성과 보편성 등을 확보할 수 있게 되었다. 다만, 전자문서시스템은 기록물분류기준표에 기반하여 분류되었고 온나라시스템은 정부기능분류체계54)에 기반하여 분류되고 있었기 때문에 이 양자를 기록관리시스템에서 통합 관리할 수 있도록 방안을 모색하고 전자문서시스템, 업무관리시스템 등 다양한 생산시스템을 수용할 수 있도록 기록관리시스템을 개발했다. 아울러 기존 기록관리 전과정의 프로세스를 분석하여 비효율적인 부분을 제거하는 등 기록물의 공개·활용 위주의 기록서비스를 강화하는 방안이 구체적으로 제시되어 새로운 차원의 기록관리시스템의 구축이 가능하게 되었다.

<그림 16> 기록관리시스템 개념도

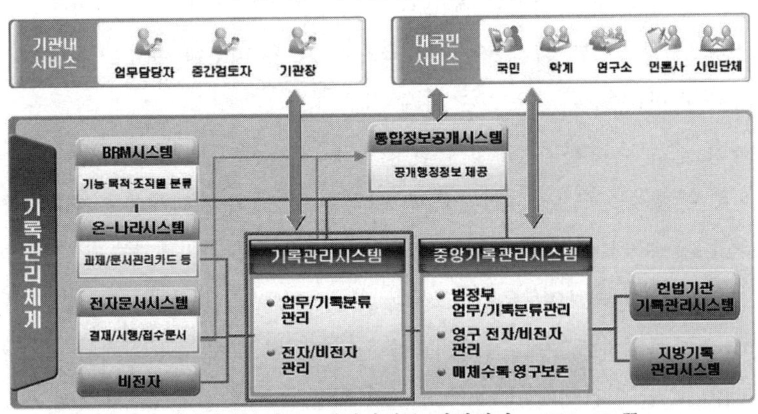

출처 : 행정자치부, 『희망대한민국 : 행정자치부 정책백서』, 2008, 221쪽.

기록관리법의 제정과 전부 개정에 이르기까지 국가기록물관리체계의 개혁을 통하여 괄목할만한 변화를 가져왔다. 특히 기록관리의 중요성에 대한

---

54) 정부기능분류체계는 조직, 예산, 기록관리 등 분야별, 기관별로 운영되던 종전의 분류체계를 하나로 통합하여 기능과 서비스 중심으로 재분류한 정부업무의 분류체계이다.

인식이 전사회적, 국가적으로 확산되는 등 과거에 비해서는 많은 발전을 이룩했다. 그러나 기록관리 프로세스의 개선에 치우친 한계도 있다. 국가기록원의 관할 범위가 명칭에 맞지 않게 행정부 기록관리에 제한되어 있다는 점과 행정안전부 소속기관으로서 위상이 지나치게 낮아 헌법기관의 기록관리에 대해서는 제대로 통제하지 못한다는 점, 그리고 기관의 정치적 독립성의 보장 등 보완해야 할 과제가 여전히 남아 있다.

4. 맺음말 : 현행 국가기록관리체제의 문제점과 개선 방안

2000년에 기록관리법이 시행되면서 한국의 기록관리는 많은 발전을 이룩했다. 기록관리 업무가 '법률'에 의해서 구체적으로 규정됨에 따라서 공공부문의 기록관리에 대한 인식이 제고되어 기록관리 인프라가 대폭 확충되었고 기록관리전문인력도 배치되었으며 국가기록원을 비롯한 주요 기록물관리기관에서 소장하는 기록물도 크게 증가했다.

특히, 종전 국가기록관리에서 전혀 통제하지 못했던 대통령기록물을 제도적으로 이관받을 수 있게 되었고 주요 민간기록물의 관리체제도 수립했으며 세계적으로 유례가 없을 정도로 전자기록관리체제를 완비했다는 평가를 받는 등 눈부신 발전을 보여주었다. 그러나 지금까지 이룩한 국가기록관리의 발전의 성격을 분석하면, 주로 국가기록물 관리기구의 설치, 전문인력의 자격규정 및 배치, 수집 이관체제 정비 등 인프라 확충과 기록관리 프로세스의 개선에 치우친 측면이 있다.

따라서 1980년대부터 관련 학계에서 제기했던 국가기록원의 독립성 문제라든가 기록관리 이니셔티브 보장을 위한 조직위상의 상향 등 근본적인 문제들을 해결하지 못한 상태이다. 국가기록원의 정치적 독립성 문제가 크게 부각된 배경에는 노무현 대통령 퇴임 이후에 벌어진 일련의 정치적 논란과 관련이 있다.[55] 노무현 대통령을 둘러싼 일련의 정치사건은 주요 국가기록이 학술적 목적이 아니라 정치적 목적으로 이용되면 얼마나 위험한지를 단적으로 보여준다. 이 같은 논란은 한국의 기록문화가 아직까지 성숙되지 못했다는 점을 보여주면서도 제도적 측면에서는 종전의 국가기록관리개혁이 기록관리 프로세스와 관리방법 등의 개선에만 치중된 한계에서 비롯되었다.

이 같은 한국기록관리체제의 한계는 지금까지 이룩했던 기록관리의 성과를 부정하려는 움직임을 제대로 제어하지 못하는 것으로 나타나고 있다. 최근 공공부문에서는 행정효율성 제고를 이유로 기록관리법 시행령을 개정하려는 움직임이 나타나고 있다. 국무총리실과 행정안전부를 중심으로 하여 보존기간이 1년과 3년인 기록물은 기록평가심의회를 거치지 않고 폐기가 가능하도록 하고, 기록물관리전문요원의 자격을 석사학위 취득자에서 학사학위 취득자로 낮추는 방향으로 기록관리법 시행령을 개정한다고 한다. 이는 기록관리의 전문성을 후퇴시키는 발상이다.

기록평가심의회가 구성되어 시행된 지 불과 몇 년도 되지 않은 상황에서, 1년 및 3년 보존연한 기록물의 기록평가심의회의 심의를 생략하려는 것은 행정편의만을 위해서 공공기록을 폐기하려는 발상이다. 1년 및 3년의 기록물을 평가심의회를 거치지 않고 폐기할 수 있도록 제도를 변경하는 것이 효율적이라는 문제제기는 설득력이 없다. 1년에 1~2회 기록물평가심의회를 개최하면 사실상 주요 정부기관의 기록물은 충분히 심의를 거칠 수 있다. 그리고 기록평가심의회 운영에 필요한 비용과 시간도 극히 미미한데 굳이 몇 년 운영해보지도 않고 시행령을 개정하려는 발상은 행정효율화가 목적이 아니라 일선 행정기관의 기록관리 실무를 축소하려는 행정 편의주의에서 비롯된 측면이 더 크다.

---

55) 노무현 대통령 퇴임을 둘러싼 정치적 논란과 대통령 기록관리에 대해서는 본서 제2부 제2장 참고.

특히, 최근 각 공공기관에 구축된 기록관리시스템은 기록평가심의에 필요한 시간과 노력을 대폭 줄일 수 있도록 설계되어 있다. 그런데도 기록평가심의회 심의를 생략하려는 주장은 공공기록을 은폐하는 수단으로 활용하려 한다고 해석할 수밖에 없다. 아직까지 한국에서는 공공기록의 무단폐기행위가 완전히 없어졌다고 할 수 없기 때문에, 한국의 기록문화가 공공부문에서 정착할 때까지는 모든 기록물을 대상으로 평가심의회를 개최해야 하고 평가심의회에는 반드시 다수의 민간전문가가 참여해야 한다.

그리고 기록물관리전문요원의 자격을 학사학위 취득자로 낮추는 방향으로 기록관리법 시행령을 개정하려는 움직임도 우려스럽다.[56] 2000년 이후 한국의 기록관리가 이 정도로나마 개선된 것은 전국의 기록관리대학원에서 배출한 전문인력의 힘이 컸다는 점은 누구도 부정하지는 못할 것이다. 특히, 1997년 이후 정부기록보존소의 업무혁신과 기록관리 전문성을 제고하는데 결정적 역할을 수행한 인물들은 1990년대 이후 석사 및 박사학위 과정을 마치고 정부기록보존소에 입사한 연구직 공무원들이었다. 1990년대에 입사한 학예연구직 및 공업(보건)연구직 공무원들이 없었다면 한국의 기록관리가 이렇게까지 빠른 기간에 발전하지 못했을 것이다.

기록관리 업무는 단순히 기록을 정리 보존하는 정도에서 그치지 아니한다. 최근 기록관리가 보존된 기록을 조사·분석·가공하여 국민에게 원활히 서비스할 수 있도록 각종 콘텐츠를 구축하고 다양한 사료편찬을 하는 방향으로

---

56) 기록관리법 시행령 개정안은 "기록관리학·역사학·문헌정보학 학사학위 소지자로서 행안부 기준을 충족하는 기록관리학 교육과정을 이수한 자"에게도 일정한 자격시험을 거쳐 기록물관리전문요원의 자격을 부여하려고 한다. 기록관리학은 역사학 및 문헌정보학과는 유사한 학문분야이지만 학문의 성격과 업무분야가 다르기 때문에 기록관리학을 전문적으로 이수한 자가 기록관리 업무를 수행하는 것이 합당하지 않을까 생각한다. 또한 기록물관리기관에 역사학과 문헌정보학 전공자가 필요한 경우에는 학예연구직과 사서직을 별도로 선발하는 방식으로 역할을 분담해야 할 것이다.

업무의 중심이 바뀌고 있는데 이러한 업무는 기록관리학을 전문적으로 이수한 석사학위 이상의 인력이 수행하는 것이 합당하지 않을까.[57]

외국에서는 대체로 기록관리전문인력에게 석사학위 이상을 요구하는 것을 참고하면 관련 분야 학사학위 소지자들에게 기록관리 업무를 수행토록 하는 정책이 적절한지 의문이다. 오히려 기록관리인력의 전문성을 제고할 수 있도록 대학원 교육과정의 체계화와 전문화를 위한 방안을 모색하고 또, 이미 공공기관에서 근무하고 있는 기록관리전문인력의 재교육 프로그램을 활성화하는 것이 우선적으로 고려되어야 한다. 대학원 교육과정과 기록관리전문인력의 재교육에 대한 충분한 고려가 없이 관련 분야 학사학위 소지자로 하여금 행정안전부에서 인증하는 자격시험을 거치는 것만으로 기록관리전문요원의 자격을 부여하려는 태도는 오히려 전문성을 퇴보시키는 조치이다.[58]

과거 한국기록관리의 역사를 다시 살펴볼 필요가 있다. 1980년대부터 1990년대까지 정부기록보존소가 한국기록관리의 낙후된 현실을 타개하기 위하여 가장 고민한 것이 전문인력의 문제였다. 그리고 정부기록보존소가 기록관리를 개선하기 위해서 기록보존직렬의 설치를 고려한 것이 1980년대였고 연구직공무원의 임용과 전문위원 제도를 시행한 것이 1990년대 초반이다. 이러한 조치는 기록관리 업무의 독자성과 전문성이 없이는 기록관리의 발전이 없다는 것을 인식한 결과인데 최근의 시행령 개정안에는 이러한 고민이 사라진 것은 아닌지 생각해볼 필요가 있다.[59]

---

57) 공공부문의 기록관리전문요원을 연구직렬로 설치한 이유는 첫째, 각급 공공기관에 배치되는 전문요원은 일반직 공무원보다는 계급 승진개념이 적은 연구직이 적합하고 둘째, 고급 전문인력의 장기근무를 보장하여 기록물관리를 위한 지속적 조사연구 등 원활한 업무추진에 적합하기 때문이었다.

58) 중앙행정기관을 비롯하여 몇몇 공공기관을 제외하면 다수의 지방자치단체에서 계약직의 형태로 기록물관리전문요원을 선발하고 있는 실정이다. 기록물관리전문요원제도가 안정화되지 않은 상황에서 불과 5년만에 시행령을 개정하는 것은 한국기록관리에 좋지 않은 결과를 초래할 것이다.

59) 기록관리학계에서두 대학원 교육과정에 대한 면밀한 조사와 검토작업을 수행할

앞으로 한국의 국가기록관리는 전문성 제고를 통한 각종의 업무개발이 필요한 실정이다. 기록관리를 단순 보관 업무만으로 국한한다면 굳이 고급인력이 필요치 않을 수도 있으며 국가기록원을 비롯한 주요 기록물관리기관의 전문인력이 많이 필요하지 않을 수도 있다. 그러나 국가기록관리가 소장기록물을 조사·분석·연구하여 국민들에게 필요한 자료들을 제공하는 방향으로 나아가기 위해서는 석사학위 소지자 뿐만 아니라 관련 박사학위 소지자들이 기록물관리기관에 지원하여 업무를 수행할 수 있도록 처우 등에서 획기적인 지원대책을 마련해야 한다.

국가기록원을 단순 보존업무를 수행하는 기관으로 보아서는 한국의 역사가 온전히 보전될 수 없으며 한국문화가 꽃필 수 없게 된다. 국사편찬위원회나 동북아역사재단 등과 같이 박사급의 고급인력들을 적극 초빙 또는 양성하여 인력의 고도화를 달성하고 이들을 잘 활용할 수 있어야 한다.

그러나 기록관리법 시행령의 개정을 추진하는 과정에서 국가기록원이 보여준 모습은 전문기록물관리기관의 자세라고 볼 수 없을 정도로 지나치게 국무총리실과 행정안전부의 행정효율화 논리를 그대로 답습하고 있는 실정이다. 특히, 2008년 노무현대통령 기록물 유출사건에서도 볼 수 있듯이 국가기록원의 모습은 조선시대 史官들의 직무자세와 비교할 때 실망스러운 모습도 일부 있었다.60) 국가기록원이 국가기록관리에 대한 리더십을 발휘하지 못하고 정치적 중립성과 독립성을 확보하지 못한다면 한국의 역사기록은 온전히 보존될 수 없을 것이다. 제도적 측면에서 본다면 국가기록원이 행정안전부나 국무총리 소속으로 있는 한 이 같은 모습이 반복될 것이라고 쉽게 예상할 수 있다.

사실, 1960~90년대 국가기록관리체제의 개편이 모두 행정효율화를 추진

필요는 있을 것 같다. 기록관리 이론을 충실히 이해하고 실무에 활용할 수 있도록 학생들의 문제해결 능력을 향상시키는 방향으로 교육을 강화할 필요가 있다.
60) 이영학, 「국가기록관리정책의 미래」『한국기록관리학회지』 9-2, 2009, 218~220쪽.

하기 위해서 제기된 것을 보면, 최근의 모습이 그리 낯설지만은 않다. 과거에도 행정효율화를 명목으로 기록관리체제의 개편을 시도했기 때문이다. 그러나 종전의 행정효율화 중심의 기록관리 운용이 1990년대에 이미 실패했다는 것을 잘 알아야 한다. 또한, 종전에는 기록관리에 대한 전반적 인식이나 수준이 낮았으나 현재에는 외국의 기록관리 동향을 파악하고 있고 기록학 이론도 발전했으며 기록관리의 전문성과 독립성에 대한 사회적 합의가 이루어져 있기 때문에 적극적으로 대처해야 한다.

종전과 같은 행정효율화 중심으로 기록관리를 재조직화하려는 움직임에 대처하기 위해서는 국가기록원의 위상 제고와 기록관리체제의 근본적 개편이 수행되어야 한다. 근시안적 시각으로 기록관리를 취급하려는 시도에 효과적으로 대응하기 위해서는 앞으로 기록관리 학계의 논의가 국가기록원의 근본적 개혁과 관리시스템의 거시적 재편에 맞추어질 필요가 있다.

(1) '국립기록청법' 제정을 통한 국가기록관리체제의 개편과 정치적 독립성 확보

기록관리법에 의하면 중앙기록물관리기관(국가기록원)은 국가의 기록관리정책을 수립하고 기록관리에 관한 한국표준을 제정하며 기록물관리기관을 지도·감독하고 평가를 수행하는 중추적 기관으로 규정되어 있다.[61] 그러나 국가기록원은 기록관리법에 의하여 기록관리 업무에 관해서 총괄 감독할 수 있을 뿐, 행정안전부 소속기관이라는 한계 때문에 사실상으로는 행정부 기록관리로 제한되고 있다. 또한 행정기관의 부실한 기록관리에 대해서도 적극적으로 문제를 제기하고 대안을 제시하지 못하고 있다. 감사원의 감사결과를 각 행정기관이 무겁게 생각하고 개선하려는 모습을 보이는 것과는 크게 다른 양상이다.

원래, 1980~90년대 정부기록보존소를 비롯하여 관련 학계에서는 정부기

---

61) 이영학, 「국가기록관리정책의 미래」 『한국기록관리학회지』 9-2, 2009, 218쪽.

록보존소의 위상을 장관급 또는 차관급의 독립기관으로 격상하고 행정부, 입법부, 사법부의 영구보존기록물을 통합 관리하는 방안을 모색한 적이 있었다. 그러나 1999년 기록관리법을 제정하면서 정부기록보존소를 당시 행정자치부 소속으로 유지했는데, 결과적으로 이 같은 정책결정은 현재의 관점에서 보면 정책적 오류가 아니었나 생각된다. 또한, 노무현 정부 하에서도 국가역사기록위원회를 설립하여 국가기록원의 독립을 달성하고 조직위상을 제고하려는 계획이 있었으나 이 방안도 현실화되지 못했다.

따라서 국가기록관리의 정치적 중립성과 전문성을 확보하기 위해서 우선, "국립기록청법"을 제정하고 해당 법률에서는 국립기록청의 성격, 권한, 타기록물관리기관과의 관계, 국가기록관리에서의 국립기록청의 기능과 역할 등에 대해서 포괄적으로 규정해야 한다. 기록관리법은 기록관리의 원칙, 프로세스 및 절차 등을 규정하는 쪽으로 기록관리 관련 법규를 이원화할 필요가 있다.

그리고 행정효율화를 중심으로 정부조직과 업무를 설계하는 행정안전부에 적극 대응하기 위해서는 국립기록청을 장관급의 독립기관으로 확대 발전시켜야 한다. 국립기록청의 독립성 확보를 위해서 감사원이나 국가인권위원회의 조직형태와 운영을 연구할 필요가 있다. 감사원은 헌법상의 기관이고 임기제를 통하여 나름대로 독립성을 보장해오고 있으며 국가인권위원회는 회의체 기관이면서 또한 위원장의 임기제를 활용하여 독립성을 보장하고 있는 실정이다.

국가인권위원회의 사례를 참고하여 '국가역사기록위원회'를 설치하고 한국의 국가기록관리를 종합적으로 지도하는 정책기구이면서 예하 기록물관리기구의 인사·예산 편성·업무상 감독 등에 관해서 권한을 행사하는 실질적 기관으로 규정할 필요가 있다. 국가역사기록위원회의 위원은 각각 국회가 3인, 법원이 3인, 대통령이 3인을 추천하여 임명토록 하고 위원장은 대통령이 임명한다. 그리고 국립기록청장은 국가역사기록위원회가 추천한 2인 중에서

1인을 대통령이 임명한다. 국가역사기록위원장과 국립기록청장은 임기를
철저히 국립기록청법에 보장함으로써 정치적 외압에 굴복하지 않을 수 있는
토대를 마련해 줄 필요가 있다.

<그림 17> 국가기록관리체제 개편도

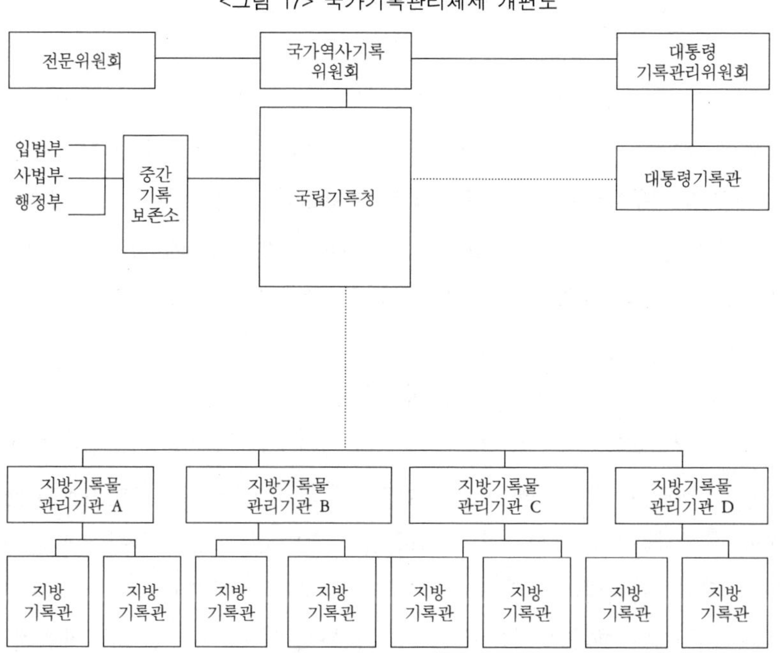

그리고 입법부, 사법부 등 헌법기관에 설치되어 있는 영구기록물관리기관
을 모두 폐지한다. 국립기록청이 입법부와 사법부 등의 기록도 통합 관리하는
체제로 개편된다면 한국의 국가체제상 독립적 성격을 가질 수 있도록 자연스
레 입법추진이 될 것이다. 다만, 기록물의 신속한 활용을 위해서 입법부
및 사법부 등에 국립기록청 분소를 설치하여 입법활동 및 사법활동을 효과적
으로 지원할 수 있도록 하는 방안도 고려할 수 있을 것이다. 그리고 행정부,
입법부, 사법부에는 각각 중간기록물관리기관을 설치하도록 한다.

또한, 현행 기록관리법은 국·공립대학의 영구보존기록물을 국가기록원으로 이관하도록 규정하고 있는데, 국·공립대학의 기록물을 국립기록청에서 보존할 필요는 없을 것 같다. 오히려 국·공립대학도 영구보존을 위한 시설을 갖추어 관련 기록을 국립기록청으로 이관하지 않고 자체적으로 보존할 수 있도록 규정을 설치하는 것이 국·공립대학 기록관의 발전과 특성화를 위해서도 좋을 듯하다.

그리고 국립기록청장의 직급도 장관급으로 상향 조정한다. 2008년 12월 31일에 국가기록원장은 고위공무원단에 속하는 일반직 공무원으로 보하되, 그 직위의 직무등급은 가등급으로 하도록 했으나[62] 이 같은 조직 위상으로는 행정부의 권력기관은 물론이고 헌법기관기록물관리기관에 대해서도 적절한 조치를 취할 수 없으며 각종 기록관리 현안에 대해서도 독자적인 견해를 제시하고 추진할 수 없다.

그리고 국립기록청의 조직도 획기적으로 개편할 것을 제안한다. 우선, 한국의 역사기록의 수집과 편찬을 담당하는 국사편찬위원회와 통합하여 행정기록관리체계와 역사기록수집 및 편찬체계를 일원화한다. 국립기록청장 산하에 행정기록관리와 역사기록수집편찬을 담당하는 2인의 차관직을 설치한다. 국사편찬위원회와 통합을 하게 되면 국가의 역사를 기록하고 관리하는데 효과적일 뿐만 아니라 역사기록의 조사 분석 연구 능력이 크게 향상될 수 있을 것이다.

또한, 국립기록청의 연구·조사·분석 능력을 획기적으로 높이기 위하여 국립기록청 산하에 "국가기록연구소(가칭)"를 설립하여 박사급 전문인력으로 하여금 국가기록의 조사 분석 업무에 담당하도록 한다. 국가기록원의 인력도 석박사 출신의 전문인력으로 크게 보강하여 역사편찬과 기록관리 업무의 전문성을 제고해야 한다. 중장기적으로는 국가기록연구소를 동북아

---

62) 「행정안전부와그소속기관직제시행규칙(행정안전부령 제54호, 2008.12.31)」.

역사재단과 같은 연구기관으로 발전시켜 국가기록정책 및 장기역사과제를 제안하는 기관으로 성격을 규정할 필요도 있다.

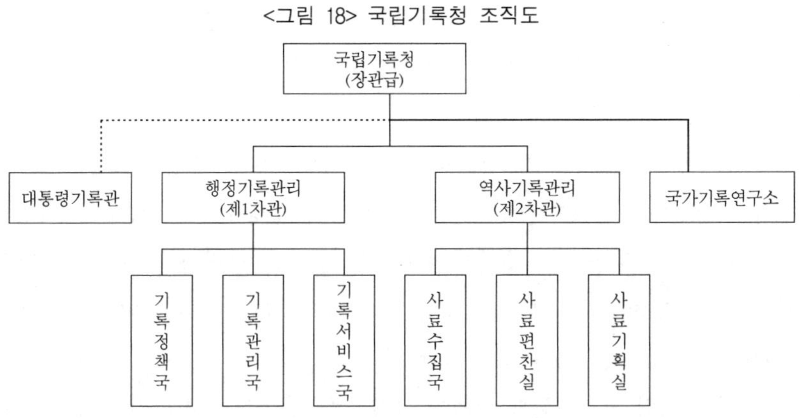

<그림 18> 국립기록청 조직도

이상과 같은 계획은 워낙 조직개편의 폭이 커서 추진이 쉽지는 않다. 그리고 국가기록원이 행정안전부 소속에서 벗어나 독립기관화하겠다는 주장을 스스로 펴는 것은 사실상 기대하기 어렵다. 기록학계 등 관련학계와 정치권이 이러한 주장을 적극적으로 제기해야 한다. 또한 예문춘추관법의 입법례가 있듯이 국회에서 의원입법을 통하여 해결하는 방법도 진지하게 고려할 필요가 있다. 특히, 대통령선거를 계기로 하여 신정부 수립기에 정부조직 개편에 맞추어 국가기록원을 개조할 필요도 있다. 이와 함께 헌법 개정 시 개정헌법에 감사원과 같이 헌법기구화하는 것도 고려할 수 있다. 만약, 헌법에 국립기록청에 관한 사항이 규정된다면 정치적 독립성을 안정적으로 확보할 수 있을 것이다.

(2) 주요 직위의 연구직 및 외부 전문가 충원

국립기록청 주요 보직자의 전문가 충원을 구체적으로 규정해야 한다. 현행 국가기록원에는 일반행정직 공무원이 기록관리 관련 주요 보직에 임명되고 있는데 국립기록청이 기록관리 전문기관임을 고려하면, 조직 및 행정관리 등 필요한 직위를 제외하고는 모두 연구직 공무원 또는 외부 전문가들로 충원해야 한다. 일반 행정직은 순환보직이기 때문에 전문성 확보에 문제가 있으며 특히, 국립기록청의 장기발전계획을 수립하는 데에도 효과적이지 못하다.

국립기록청장은 정무직으로 충원하고 국립기록청 부청장 2개 직위 중 하나는 반드시 국립기록청에서 장기근무한 연구직 공무원을 임용하고 나머지 1개 직위는 외부 공모를 통해서 충원하는 것이 바람직하다. 국립기록청의 전문성을 제고하고 독립성을 보장하는 데에는 민간 전문가를 어떻게 활용하는가에 달려있다는 점을 유의해야 한다.

이 같은 인력의 전문화를 통하여 국립기록청을 국가기록관리에 대한 정책 수립기구로 발전시켜야 하고 조사·연구·분석기능의 강화를 통하여 국가의 주요 싱크탱크로서 자리매김해야 할 것이다.

⑶ 기록연구직 임용을 통한 기록관리 전문화 달성

기록물관리기관의 인력의 전문화를 달성해야 한다. 기록관리법에 의해서 국가의 주요 공공기관에는 기록관이 설치되었거나 앞으로 설치될 예정이다. 과거 한국정부의 기록관리의 부실을 초래한 요인은 여러 가지가 있었으나 그 중에서 꼽을 수 있는 것이 기록관리 인력의 미배치라고 할 수 있다. 기록관리법 시행령에는 각급 기관에 기록관을 설치하고 해당 기록관에는 기록물관리 전문요원을 배치하도록 규정하고 있는데 이 같은 입법취지에 맞게 기록관리 전문인력을 제대로 배치해야 한다.

다음에서 알 수 있듯이 2009년 12월초까지 중앙행정기관에는 49명, 광역자치단체는 19명, 기초자치단체에는 52명, 광역교육청에는 10명, 기초교육청

2명 등 총 132명의 기록물관리전문요원이 배치되었다. 2009년 12월에 전문요원을 채용하고자 공고를 낸 공공기관이 86곳이나 되니 앞으로 기록물관리 전문요원 채용이 더욱 증가할 것이다.[63]

<표 5-10> 전문요원 배치대상 기관 및 배치시안

기관	중앙		지방자치단체			교육청			기타 공공 기관	계
	본부	소속	광역	기초 (15만 이상)	기초 (15만 미만)	광역	지역 (7만 이상)	지역 (7만 미만)		
기관수	44	283	16	112	120	16	43	137	68	839
배치시한	배치	2010	2007	2008	2008	2007	2008	2009	2011	

출처 : 이영학, 「국가기록관리정책의 미래」『한국기록관리학회지』 9-2, 2009, 226쪽.

<표 5-11> 기록물관리 전문요원 배치 현황(2009.12)

기관	중앙		지방자치단체			교육청			기타 공공 기관	계
	본부	소속	광역	기초 (15만 이상)	기초 (15만 미만)	광역	지역 (7만 이상)	지역 (7만 미만)		
대상기관	45	293	16	112	120	16	43	137	68	839
배치기관	44	-	15	47	5	9	1	1	-	122
배치인원	49	0	19	47	5	10	1	1	0	132
채용중	-	-	1	24	60	1	0	0	-	86

출처 : 이영학, 「국가기록관리정책의 미래」『한국기록관리학회지』 9-2, 2009, 228쪽.

그러나 기록물관리 전문요원의 배치 과정에서 개선해야 할 중요한 사항이 있다. 공공기관에서 기록물관리 전문요원을 기록연구직이 아니라 계약직으로 채용하는 경우가 점점 증가한다는 사실이다. 2008년 7월에 인천광역시 연수구에서 전문요원을 계약직으로 채용하는 공고를 내면서 그 이후 기초자치단체에서 전문요원을 전임계약직이나 비전임계약직으로 채용하는 경우가 많은 것이다.[64] 이 같은 채용방식은 관련 법규의 입법취지와 크게 위배된다.

---

63) 이영학, 「국가기록관리정책의 미래」『한국기록관리학회지』 9-2, 2009, 227쪽.

기록연구사와 지방기록연구사 직렬을 신설하면서 공공기관의 기록관리는 이들에게 맡길 것을 유도했는데 계약직 선발은 이에 역행하는 취지이다.

계약직 또는 비전임계약직이 공공기관의 기록물관리 업무를 담당한다면 여러 가지 곤란한 일이 발생할 수 있다. 고용이 불안정하므로 업무에 전념하거나 업무의 연속성을 기대하기 힘들다. 또한 이들에게 전문직으로서의 윤리의식이나 소명의식을 기대하기도 어렵다.[65] 특히 기록관리 업무 수행과정에서 제기되는 공공기관의 기록관리의 부당한 문제점을 책임지고 개선할 여지가 줄어들 수밖에 없다.

2000년 이후부터 기록관리법이 본격 시행되면서 한국의 기록관리는 많은 발전을 이룩했다. 공공행정분야에서 기록관리의 중요성을 인식하게 되어 그동안 취약했던 기록물의 보존상태가 개선되었으며 대통령기록물을 비롯하여 각급 기관의 중요 기록물들이 보존될 수 있게 되었고 이제는 국민들도 국정운영의 과정과 그 결과를 낱낱이 볼 수 있도록 제도화되었다.

특히, 입법부, 사법부, 광역시, 도 등에도 영구기록물관리기관이 설립되어 각 기관의 특성에 맞는 기록물의 관리가 이루어지게 되었다. 또한, 기초자치단체를 비롯한 각급 공공기관에 기록관의 설치가 확산됨으로써 국민의 생활과 직접 관련이 있는 기관의 기록이 체계적으로 보존되어 지역주민들이 요구하는 행정서비스의 질적 수준을 높일 수 있게 되었다. 앞으로는 이 같은 공공부문 기록관리의 개혁이 일반 기업체, 사립대학, 병원, 종교단체 등 민간부문의 기록물관리에도 확산될 수 있도록 적극 노력해야 한다. 궁극적으로는 기록보존에 대한 국민들의 의식이 바뀌어 새로운 기록보존문화가 정착되기를 기대한다.

---

64) 이영학, 「국가기록관리정책의 미래」 『한국기록관리학회지』 9-2, 2009, 227~228쪽.
65) 이영학, 「기록물관리전문요원의 운영 현황과 전망」 『기록학연구』 21, 2009.

제2부
한국의 영구기록물관리기관과 기록관리

제1장 국가기록원과 행정부 기록관리

1. 머리말

국가기록원은 대한민국 행정부[1]에서 생산된 영구보존기록물을 보존 관리하기 위하여 1969년에 설치된 전문기록물관리기관이다. 1969년부터 1999년까지 국가기록원은 행정부의 기록만을 보존·관리하였으나 1999년 기록관리법이 제정된 이후에는 기록물관리에 관한 기본정책을 수립할 수 있는 권한을 가지게 되었으며 기록관리에 관한 국가표준의 제정, 기록물관리에 대한 지도·감독 등 국가기관의 기록관리에 대해서 포괄적인 이니셔티브를 가지게 되었다.

국가기록원을 비롯한 행정부의 기록관리체제는 역사적으로 보면 국회와 법원의 기록관리에도 큰 영향을 미쳤다. 국회와 법원은 행정부에 비해서

---

[1] 행정부는 대통령을 정점으로 국무총리, 국무위원, 행정각부 및 감사원 등으로 조직되며, 그밖에 행정에 관한 주요정책을 심의하기 위해 대통령·국무총리·국무위원으로 구성되는 국무회의를 두고 있다. 국무회의의 심의에 앞서 대통령의 자문에 응하기 위한 기관으로는 국가과학기술자문회의·국가안전보장회의·민주평화통일자문회의가 있다. 행정에 관한 실질적인 권한은 오로지 대통령 한 사람에게 집중되어 있고, 국무총리·국무위원이나 행정각부, 감사원의 장은 단지 대통령을 보좌하기 위한 기관에 지나지 않는다. 대한민국 헌법에서 "행정권은 대통령을 수반으로 하는 정부에 속한다(제66조 4항)"라고 규정하고 있는데 여기에서 정부는 입법부와 사법부에 대립하는 행정부(좁은 의미의 정부)를 의미한다. 국가기록원은 행정부에서 생산된 영구보존기록물을 수집 및 관리하고 있으며 입법부와 사법부는 별도의 기록관리기구가 설치되어 있다.

상대적으로 조직이 작고 인력도 많지 않기 때문에 독자적인 기록관리기법이 발달하지 못했다. 1948년 한국정부 수립 이후 국회와 법원은 행정부의 기록관리법규와 체제를 준용하여 해당 기관의 특성에 맞게 운용했다. 국가기록원에 의해 운용된 기록관리기법과 시스템은 행정부 뿐만 아니라 헌법기관에도 큰 영향을 미쳤다는 점에서 대단히 중요하다.

한국정부 수립 이후 1968년까지 한국에서는 전문적인 기록물관리기관이 존재하지 않았다. 1962~64년에 국가기록관리체계가 정비되었고 관련 법규도 제정되었음에도 불구하고 전문기록물관리기관은 아직 설치되지 못했으며 영구보존기록의 체계적인 관리를 위한 노력도 미흡했다. 1969년 정부기록보존소 설치 이전까지는 각 행정기관이 기록을 생산하고 보존까지 직접 수행했다.

1969년에 정부기록보존소가 설치되면서 전문적인 영구보존기록관리를 위한 제도적 토대가 마련되었다. 그러나 정부기록보존소 설치 이후에도 한국의 기록관리는 획기적으로 개선되지 못했다. 한국의 기록관리 실태를 잘 보여주는 것이 정부기록보존소의 영구보존기록물의 소장량의 변화이다. 정부기록보존소는 1990년대까지 전체 영구보존기록물 중에서 불과 5~30%만을 보존하고 있었을 뿐이다. 사실, 영구보존기록물의 대부분은 각 행정기관에서 보존되고 있었다. 1963~64년에 기록관리에 관한 독립법규가 제정되었고 해당 법규에서 영구보존기록물의 선별, 이관, 보존 등에 대해서 규정했음에도 불구하고 결과적으로 이러한 법규들이 제대로 작동하지 못했음을 보여주는 것이다.

정부기록보존소가 영구보존기록만을 전문적으로 관리하기 위해 설립되었음에도 불구하고 한국의 기록관리가 총체적인 부실에 빠졌던 이유는 무엇일까. 그 이유는 정부기록보존소가 기록관리 업무를 수행할 수 있는 능력을 충분히 갖추지 못했기 때문이다. 정부기록보존소가 1990년대까지 기록물의 보존서고 및 보존시설, 장비 등의 기록관리 인프라를 충분히 갖추지 못했으며 각 행정기관에서 생산한 영구보존기록물을 전문적으로 처리할 수 있는 전문 인력 등도 제대로 충원하지 못했다.

이와 함께, 정부기록보존소의 직제상의 한계는 주요 기관의 기록관리를 개혁할 수 없도록 했다. 1990년대까지 법규상으로는 정부기록보존소는 중앙 행정기관을 비롯한 군기관 등의 기록관리 업무를 총괄적으로 관장하도록 되어 있었으나 직제상의 지위는 총무처 소속의 2급기관에 불과했다. 총무처 소속의 2급기관이라는 직제상의 한계는 행정기관의 기록관리를 제대로 통제할 수 없게 만들었고 또한 정부기록보존소의 업무에 필수적인 주요 인프라 구축에도 어려움을 겪었다. 그리고 공공기관의 기록관리를 총괄적으로 관장해야 하는 정부기록보존소가 기록관리 정책 수립의 권한을 가지지 못하고 총무처 행정관리국이 행사하고 있었다는 점도 중요한 요인이었다.

그러나 1980년대 이후 정부기록보존소가 보존서고 등을 비롯한 기록관리 인프라를 구축하기 시작하고 내부적으로 기록관리 업무를 개선하려는 움직임을 보이면서 점차 기록관리가 개선될 수 있는 계기가 마련되었다. 특히, 1999년 기록관리법의 제정은 한국의 기록관리를 크게 개혁하는 중요한 계기였을 뿐만 아니라 국가기록원의 성격을 변화시킬 수 있는 제도적 기반이 되기도 했다.

기록관리법 제정 이후에도 국가기록원은 여전히 행정자치부의 소속기관에 불과했으나 그 대신에 기록관리법은 국가기록원에게 업무상 강력한 권한을 부여했다. 정부기록보존소는 한국의 국가기록관리에 관한 주요 정책을 수립하는 '법률상의 기관'으로 자리매김하였고 다른 헌법기관과 지방자치단체 등의 기록물관리기관에 대해서도 일정한 범위 내에서는 기록관리의 지도적 역할을 수행할 수 있도록 권한을 부여했다.

이 같은 강력한 법적인 토대를 기반으로 하여 국가기록원은 미국, 호주,

캐나다 등 외국의 기록관리제도에 대해서 상세히 조사하고 합리적인 제도를
수용함으로써 기록학 이론에 충실한 기록관리 업무를 수행하려고 노력했다.
특히, 기록관리에 관한 국제표준을 준수하려고 노력하는 등 기록관리의 국제
적 흐름에도 부합하는 업무를 수행하고 있다.

이 장에서는 국가기록원의 설립과 그 변화과정을 역사적으로 분석함으로
써 한국의 국가기록관리가 어떻게 수행되어 왔는지를 살펴보려고 한다. 국가
기록원이 한국의 영구기록물을 종합적으로 수집 관리하는 기관임에도 불구하
고 그 역사와 제도를 제대로 분석한 연구는 거의 없는 실정이다. 최근에
국가기록원이 자체적으로 간행물을 출판했으나 기왕의 연구성과들을 정리한
것에 불과하다는 점에서 아쉬운 점이 많다.[2] 이 장에서는 국가기록원의 역사
적 발전과정을 제도와 기록관리업무를 중심으로 살펴보고 국가기록원 전문성
확보와 업무상 발전을 위하여 몇 가지 제언을 하도록 하겠다.

2. 한국정부 수립 이후의 기록관리기구

1948년에 대한민국이 수립되어 정부의 주요 기관들이 설치되었으나 1968
년까지 한국에서는 전문적인 기록물관리기관이 설치되지 않았다. 한국정부
수립 이후 각 행정기관은 「정부처무규정」에 따라 문서를 분류·편철하고
영구보존문서도 해당 기관에서 보존·관리하였다. 이는 1948년에 제정된
「각부처직제통칙」에서 각 행정부처에 비서실을 설치하고 해당 비서실에서
문서의 접수, 발송, 편찬 및 보존 등에 관한 업무를 맡도록 규정했기 때문이다.[3]

---

2) 국가기록원, 『국가기록원 40년사』, 2009.
3) 「각부처직제통칙(대통령령 제5호, 1948. 9.22)」. 「각부처직제통칙」에서는 행정 각부에
   비서실을 두도록 하고 해당 비서실에서 ① 기밀에 관한 사항 ② 공무원의 임면,
   신분과 상벌에 관한 사항 ③ 장관, 처장의 직인 및 해부처인의 관수에 관한 사항
   ④ 문서의 수수, 발송에 관한 사항 ⑤ 법령, 예규와 성안문서의 심사에 관한 사항
   ⑥ 문서의 편찬과 보존에 관한 사항 ⑦ 통계조제에 관한 사항 ⑧ 예산, 결산과

이 같은 관리체계는 「조선총독부처무규정」과 「조선총독부관제」 등에서 각 기관의 문서과(또는 총무과)가 공문서의 유통, 보존, 관리를 맡도록 규정한 것과 매우 비슷했다.

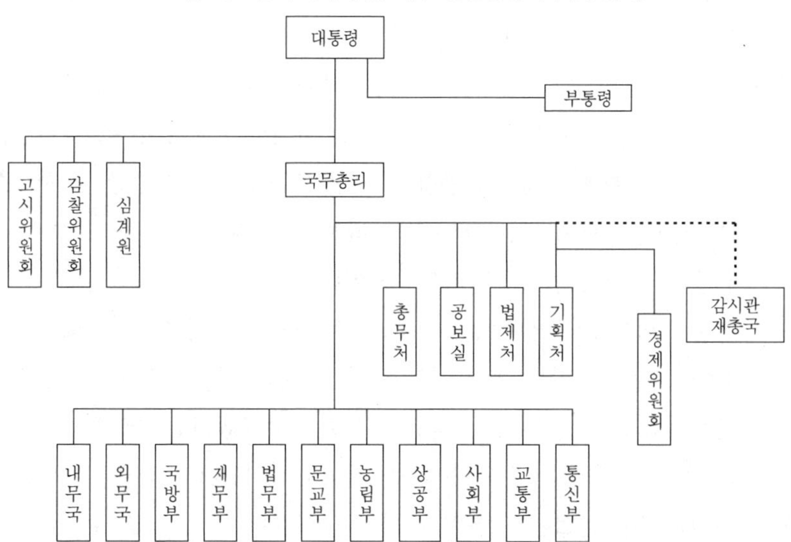

<그림 19> 한국 정부수립 직후 중앙행정기구(1948. 7)

출처 : 이상훈, 「한국정부 수립 이후 행정체제의 변동과 국가기록관리체제의 개편(1948~64년)」『기록학연구』21, 2009

이 통칙은 「중앙행정기관직제통칙」[4]이 제정되면서 1950년 4월 1일에 폐지되었으나 그 대신에 각 부처의 직제에서 총무과 또는 문서과 등이 문서의 편찬 및 보존업무를 수행하도록 규정함으로써 여전히 종전과 같은 체제가 유지되었다.

회계에 관한 사항 ⑨ 회계의 감사에 관한 사항 ⑩ 관유재산과 물품에 관한 사항 등을 규정하였다. 이에 따라서 각 부처에서 독자적으로 기록물을 보존 관리할 수 있도록 했다.

4) 「중앙행정기관직제통칙(대통령령 제299호, 1950.4.1)」.

그러나 1962년에 내각사무처 주도로 보존문서정리작업이 수행되면서 영구보존문서를 하나의 기관에서 집중적으로 관리하는 체제로의 개편이 추진되었다. 즉, 1962년의 보존문서정리작업을 계기로 각 행정기관이 생산 및 보존하고 있던 기록물의 현황이 파악되었고 영구보존기록물을 별도의 보존시설로 이전하는 계획이 수립되었던 것이다.[5] 보존문서정리계획에서는 각 행정기관이 보관하고 있던 기록물을 영구, 10년, 3년, 1년으로 구분·정리하고, 정리된 문서 중에서 1년 및 3년 보존문서는 해당 기관에서 보존하고 10년 보존문서와 영구보존문서는 중앙문서창고[6]에 이관 보존하기로 하되 별도 조치가 있을 때까지는 자체기관에서 집중 보존하도록 하였다.[7] 1962년에 중앙문서창고를 설치하여 영구보존문서를 집중적으로 관리하려는 계획은 전문적인 기록관리 기구의 초기적인 형태라고 평가할 수 있다.

이 같은 구상은 1963년에 「공문서보관·보존규정」이 제정되면서 법제화되었는데 「공문서보관·보존규정」에서는 행정기관의 영구보존문서의 보관철을 '보존주관처'로 인계하여 보존하도록 했다. '보존주관처'는 중앙문서창고와는 달리 정부조직상의 기구를 의미하는 것으로 1963년에 한국정부는 전문적인 기록관리기구의 설치를 통한 관리를 구상했던 것으로 볼 수 있다.

그러나 당시 한국정부는 독자적인 영구기록물관리기관을 설치할 수 있는 예산을 확보하지 못하였고 또한 보존기록물 관리를 위하여 많은 비용을 지출하는 것에 소극적이었다. 따라서 한국정부는 임시적 조치로서 1963년에

---

5) 1962년 보존문서정리작업에 대해서는 본서 제1부 제2장 참조.
6) 대한민국정부, 『행정백서』, 1965, 405쪽.
7) 이 당시의 중앙문서창고 설립은 1960년대 행정관리에서 주요 사업 중의 하나였다. 중앙문서창고는 지적원도 및 국유임야의 경계도, 일제시대의 각종 중요문서를 촬영 보존하는 한편 영구보존문서 센터와 같은 기구를 설립하여 각 부처가 보유하고 있는 정부 수립 이후의 중요문서를 마이크로필름화하여 보존함으로써 인력과 예산을 절약하고 화재나 비상사태에 대비하여 각 대학도서관과 지방에 분산 보존하는 작업을 진행하는 것을 내용으로 하고 있었다.

「총무처직제」를 개정하여 총무처 총무국 총무과가 정부의 영구보존문서의 관리를 맡는 것으로 절충하였다.[8]

<그림 20> 행정부의 기록관리기구의 시기별 변화(1948~현재)

각부처의 비서실(총무과) (1948~1963)	총무처 총무과 (1963~1969)	정부기록보존소/국가기록원 (1969~현재)
1. 기밀에 관한 사항 2. 문서의 수수 발송 사항 3. **문서의 편찬 및 보존** 4. 통계에 관한 사항 5. 예·결산에 관한 사항 6. 기타	1. 보안 2. 국새·국무총리인·총무처인과 관인대장의 관수 3. 문서의 수발·통제·편찬 및 보존과 **정부의 영구보존문서관리** 4.기타	1. **행정부의 영구기록문서의 수집 및 관리** 2. 보존기록물의 열람 3. 보존기록물의 MF 촬영 4. 폐기기록물 처리 5. 문서보관기법의 연구

　　1963년부터 직제상으로는 총무처의 총무과가 정부의 영구보존문서를 관리하도록 규정되었으나 사실상으로는 각 부처의 영구보존기록물은 총무처 총무과로 이관되지 못하고 종전과 같이 해당 부처에서 계속 보존 관리하였다. 왜냐하면 총무처 총무과가 정부기관의 영구보존기록물을 이관받아 관리할 수 있는 서고와 시설, 장비, 관리인력을 전혀 갖추지 못했기 때문이다.

　　그러나 한국정부는 총무처 총무과 조직만으로 효율적인 기록물관리가 불가능하다는 점을 인정하여 1969년에 「공문서보관·보존규정」을 개정하여[9] 「공문서보관·보존규정」에서 "문서보존 주관처"를 규정하고 중앙행정기관의 영구보존문서와 준영구보존문서 보관철을 보존주관처에 인계하여 집중 보관하도록 했다.

---

8) 영구기록물관리기관이 설치되지 못한 관계로 1963년 총무처직제 개정을 통하여 총무국 총무과가 정부의 영구보존문서관리 업무를 맡도록 규정이 설치되었다. 「총무처직제(각령 제1685호, 1963.12.16)」. 이후 정부의 영구보존문서의 관리부서가 1966년에는 총무국 관리과 등으로 변경되었다.

9) 「공문서보관·보존규정(대통령령 제3924호, 1969.5.2)」

<그림 21> 1969년 이후 기록물의 이관 및 보존체제

각 부처			총무처소속 정부기록보존소
각 처리과		문서주관과	
1. 기록생산·유통 2. 기록의 완결 3. 기록의 이관	→	1. 기록의 인수 2. 유한보존기록의 유지 및 관리 3. 기록물 폐기 4. 준영구·영구보존기록의 이관	→	1. 영구 및 준영구기록의 인수 및 보존 2. 기록물의 재분류 및 폐기 3. 기록물 열람 4. MF 촬영 등

1969년 「공문서보관·보존규정」에서는 보존문서를 집중관리하는 기관에서는 1건철이 된 문서를 즉시 완결문서 인계부에 의하여 문서주관과에 인계하여 정리·보관하게 하고, 이렇게 인계된 문서 중에서 중앙행정기관의 영구보존문서와 준영구보존문서는 별도의 보존주관처에 인계하여 집중보관하도록 규정했다. 분산보존하는 기관에서는 보존기간 5년 이상의 문서철은 문서주관과에 인계하여 보존하게 하고, 3년 이하의 보존문서철은 각 관리 단위 별로 보존하도록 했다. 다만, 영구보존문서와 준영구보존문서는 역시 보존주관처로 이관하여 보존하도록 했다.

정부기록보존소는 1969년 「공문서보관·보존규정」에 근거하여 설치되었고 영구 및 준영구기록물은 영구기록물관리기관이 전문적으로 집중보존 관리하고 유한보존기록물은 해당 기관에서 보존 관리할 수 있게 되었다. 이로써 정부기록보존소는 한국 역사상 최초로 현대적 전문기록물관리기관의 성격을 가지게 되었다.

3. 1969년 정부기록보존소의 설치와 기록관리

1) 조직과 인력의 변동

1969년 「공문서보관·보존규정」에서 문서보존주관처의 업무가 구체적으로 명시되었고 이 같은 업무를 수행하는 조직으로 1969년 8월 23일에 정부기록보존소가 설치되었다.[10] 정부기록보존소는 정부의 영구보존 및 준영구보존의 문서·인쇄물·서적·지적도·계획서·도안·사진·마이크로필름·영사필름·녹음기록·기타 중요한 기록물 등을 수집·관리 및 보존하기 위하여 총무처장관 소속 하에 설치되었다.

정부기록보존소의 설치 이유를 보면 "정부의 영구보존이 필요한 문서, 인쇄물, 서적, 지적도, 계획서, 도안, 사진, 마이크로필름, 영상필름, 녹음기록 기타 주요한 기록물을 집중적으로 수집 관리 및 보존할 수 있는 시설이 없어 ① 알고자 하는 지식 내지 정보를 위하여 막대한 시간과 경비 노력을 소모하며, ② 문서량을 격증시키며, ③ 문서보존에 낭비적 요소가 많으며, ④ 역사적 문화적 가치를 지닌 음성이나 사진 등의 기록보존제도가 마련되어 있지 못하였다. 이런 결함을 보충하고 행정적 가치를 유지하기 위하여 총무처장관 소속 하에 정부기록보존소를 설치"한다고 기록되어 있다.[11] 정부기록보존소에 소장 1인을 두되 소장은 행정서기관으로 충원하도록 했다.

1969년에 정부기록보존소는 제도관리과, 분류보존과, 기술지원과 등 3개 부서로 구성되었으나 전문기록물관리기관이 갖추어야 할 기초적인 인프라를 거의 확보하지 못하였다. 영구기록물관리기관의 업무를 제대로 수행하기 위해서는 보존서고 및 보존시설 등이 반드시 구비되어야 했으나 당시 정부기록보존소는 어느 하나도 제대로 갖추지 못한 상황이었다.

---

10) 「정부기록보존소직제 (대통령령 제4029호, 1969.8.23)」.
11) 「정부기록보존소직제(안)(BA0084572)」.

<그림 22> 1969년 정부기록보존소의 직제 및 업무

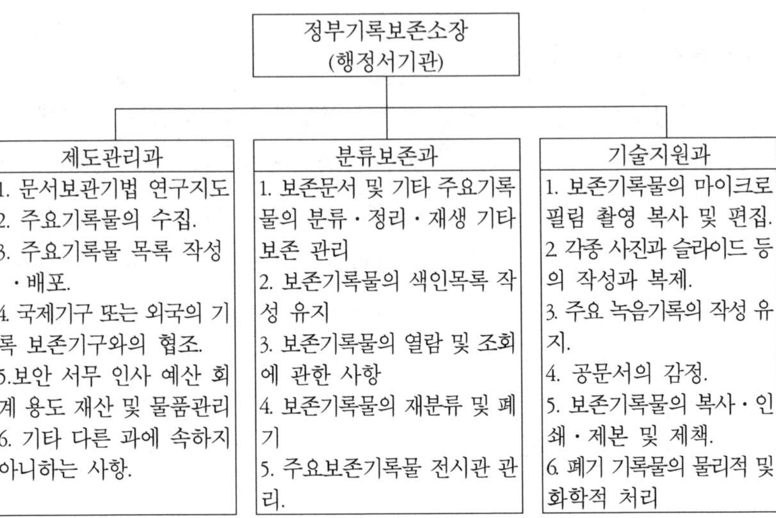

또한, 「공문서보관·보존규정」에서 구체적으로 나열한 업무를 수행하기 위해서는 관리인력이 적절히 배치되어야 했으나 다음 <표 1-1>에서 볼 수 있듯이 1969년에 정부기록보존소는 모두 22명으로 구성된 매우 작은 조직이었다. 이 같은 인력으로는 중앙행정기관에서 생산된 영구보존기록물조차 모두 수집 관리하는 것이 사실상 불가능했다. 따라서 많은 영구보존기록물이 정부기록보존소로 이관되지 못하고 일선 기관에서 보관(방치)되고 있는 실정이었다.

정부기록보존소 직제에 나타난 3과의 업무분장을 살펴보면 행정지원, 기록물 수집, 기록물 목록작성과 폐기, 마이크로필름 촬영 등 기록관리의 초보적, 실무적 업무에 치중되어 있었다. 이에 따라 관련 인력도 일반행정직과 기자재 도입, 운영과 관련된 고용직 위주였다.[12] 정부기록보존소 직원도 기록관리를 전문적으로 수행할 수 있는 전문인력은 충원되지 못한 실정이었다.

---

12) 국가기록원, 『국가기록원 40년사』, 2009, 38쪽.

<표 1-1> 정부기록보존소의 조직 및 정원변동

일시	법령	부서	정원	비고
1969.8.23	대통령령 제4029호	제도관리과, 분류보존과, 기술지원과	22	
1970.2.10	대통령령 제4585호		28	
1972.2.15	대통령령 제6001호		27	
1974.11.6	대통령령 제7334호	기록관리과, 기술관리과	30	
1977.8.27	대통령령 제8669호		48	
1978.4.17	대통령령 제8949호		63	
1979.5.30	대통령령 제9437호		69	
1980.12.8	대통령령 제10098호		69	
1981.2.26	대통령령 제10205호		99	
1983.8.16	대통령령 제11205호	기록행정과, 기록관리과	111	
1983.10.7	대통령령 제11238호		110	
1984.11.1	대통령령 제11533호	기록행정과, 기록관리과, 부산지소	122	전문서고(부산)
1985.8.22	대통령령 제11745호		122	
1986.6.14	대통령령 제11930호		122	대통령문서고
1988.1.1	대통령령 제12341호		122	
1989.6.17	대통령령 제12733호		124	
1991.2.1	대통령령 제13267호	기록행정과, 기록관리과, 부산지소	124	총무처와 그 소속기관직제
1991.8.24			-	전문위원제도
1997.8.13	대통령령 제15462호		-	전문위원제도
1998.2.19	대통령령 제15640호	행정과, 수집과, 보존과, 부산지소	-	전문위원제도
1998.2.28	대통령령 제15715호	총무처와그소속기관직제 폐지	-	행정자치부
1998.7.22		행정과, 수집과, 보존과, 부산지소, 서울사무소	124	

출처 : 국가기록원, 『국가기록원 40년사』, 2009

정부기록보존소는 1974년까지 거의 변화가 없이 유지되었으나 1974년에 직제를 개정하여 정부기록보존소장 및 과장의 직급을 상향 조정하고 기록관리과와 기술관리과로 개편했다. 1979년에는 정원이 69명까지 증원되었고 1981년에는 99명으로 약30여 명 증원되었다. 증원의 내용을 보면 고용원이 약 20명 증가하고 기타 일반직에서 10여 명 증가하였다. 이 같은 증원의 배경에는 기록물 수집 및 정리인력의 필요와 밀접한 관련이 있었던 것으로 보인다. 또한 1983~84년에도 전년도에 비하여 약 20여 명 증가했는데, 이는 정부기록물의 체계적이며 안전한 보존을 위하여 정부기록보존소 부산지소를 신설하면서 부산지소의 운영에 필요한 필요한 인력을 확보하기 위한 것이었다.

1984년에는 기록물 보존을 위하여 부산에 전문서고가 건립되었고 직제상으로도 부산지소가 설치되어 4급 소장 및 3과 12명의 조직을 갖추게 되었다. 부산에 전문서고가 건립된 이유는 1975년에 추진되었던 보존문서소산계획과 관련이 있었다. 1975년에 추진된 보존문서정리작업은 정부소산의 일환으로 한반도 후방지역에 기록물의 소산을 계획했는데 이에 따라서 부산지역에 보존서고의 설립이 추진되어 1977년부터 1984년까지 7년 간에 걸쳐 부산시 동래구 거제동 산 126번지 일대에 총 공사비 86억 4,000만 원을 들여 대지 3만 7,278평(123,235 평방미터), 건평 5,128평(17,058평방미터) 규모의 보존소 건물이 완공되었다.[13] 부산서고는 특수시설로서 항온항습설비, 방폭설비, 가스소화시설 등을 갖추었고 전문설비로는 문서소독기, 문서제본기, 폐기물 정화시설 등을 갖추었으며 수용능력은 문서기준으로 약 140만 권이었다.[14] 1984년 보존서고의 완성은 한국에서는 현대적인 기록관리 인프라를 최초로 구축하였다는 점에서 의의가 있었다.

이와 함께 1986년에는 대통령기록물 관리의 중요성과 시급성을 깨닫고 정부기록보존소 직제를 개정하여 대통령문서고를 설치했다. 대통령문서의 수집 업무가 정부기록보존소직제에 규정됨에 따라서 기록관리과 사무분장에 대통령기록문서고의 관리가 포함되었고 대통령기록의 관리에 대한 근거가 마련되었다.[15]

---

13) 1975년의 보존문서소산계획에서는 중기계획으로서 정부의 중요문서, 문헌, 기록물의 집중관리를 위하여 부산지역에 영구보존문서의 보존시설을 확보할 것을 제안하였고 1977년부터 한국정부는 오랜 숙원 사업이었던 전문서고 설립을 추진하였다.

14) 정부기록보존소, 『업무보고』, 1987.

　1991년에는 최초로 학예연구직공무원을 채용하여 공업연구관, 학예연구사, 보건연구사 등이 충원되었으며 소장이 필요하다고 인정하는 경우에는 5인 이내의 전문위원을 위촉할 수 있도록 했다. 이는 기록관리 관련 전문가를 활용하여 정부기록보존 업무의 전문성을 제고하기 위한 것이었다.[16]

　1998년에는 총무처가 폐지되고 행정자치부가 신설되면서 정부기록보존소가 행정자치부 소속으로 변경되었다. 1998년 7월 22일에는 정부기록보존소가 정부대전청사로 이전했다. 이에 따라서 서울지역의 기록물 수집 및 관리업무를 수행하기 위하여 서울사무소를 설치했다. 이로써 대전본원, 부산지원, 서울사무소 체제를 갖추게 되었다.[17]

　1998년에 정부기록보존소가 대전청사로 이전하면서 새로운 변화가 나타났다. 첫째, 대전청사에도 최신식 첨단 보존시설 및 장비를 보강하고 기록물관리 체계를 확립할 수 있는 기반을 조성했다. 원래 대전청사는 기록물보존을 위하여 건립된 건물은 아니었으나 기록물보존을 위한 서고와 시설도 구비함으로써 부산서고와 함께 기록물보존을 분담할 수 있게 되었다. 대전청사에는 사무공간 외에 서고, 교육장, 전시관, 시청각작업실 등을 갖추어 기록물관리기관으로서의 면모를 갖추려고 노력했다. 둘째, 기록보존업무의 개혁을 위한 조직체계를 정비하고 인력구조를 개편했다. 셋째 현대적 史庫가 마련됨으로써 기록물의 종류에 따라 부산지소 서고와 분산 보존하는 등 역할을 분담하게 되었다.[18]

　대전청사로 이전한 정부기록보존소는 수집 및 분류업무를 대폭 강화했다. 이 같은 업무의 중점을 반영하듯 보조기관도 행정과, 수집과, 보존과 등으로

---

15) 대통령 결재문서의 수집과 관리에 대해서는 본서 제2부 제2장 참조.
16) 1991년에는 종전의 정부기록보존소 직제가 폐지되고 「총무처와그소속기관직제」로 흡수되었으나 종전의 하부조직 및 지소의 기능은 그대로 계승되었다.
17) 국가기록원, 『국가기록원 40년사』, 2009, 50쪽.
18) 金材淳, 「정부기록보존소의 대전이전」, 『기록보존』 11, 1998.

전문화했으며 더 나아가 각 부서도 전문성을 제고하기 위한 전문인력 충원을
단행했다.

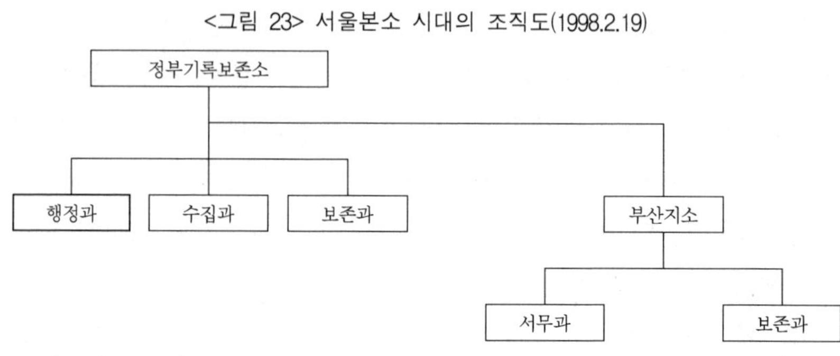

<그림 23> 서울본소 시대의 조직도(1998.2.19)

*3과 1지소 105명

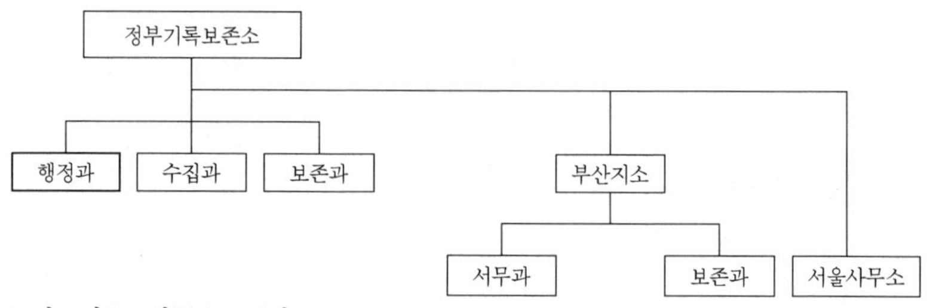

<그림 24> 대전본소 시대의 조직도(1998.7.22)

*3과 1지소 1사무소 124명
출처 : 국가기록원, 『국가기록원 40년사』, 2009

　　정부기록보존소의 인력구조 개편작업은 1996년부터 추진되었는데 그 내용
은 기능직을 감축하고 역사학전공 석사 이상의 자격을 갖춘 학예연구직,
물리화학전공 석사 이상의 자격을 갖춘 공업·보건연구직, 문헌정보학을
전공한 사서직, 전산직을 확보하는 것이었다. 그 결과 1996년의 총정원이
총 131명이고 기록보존 전문직이 18명이었으나 1998년 12월에는 총정원이
124명으로 감소되었으면서도 기록보존 전문직은 46명으로 오히려 증가했

다.[19]

이러한 정부기록보존소의 인력조정은 대단한 결정이었다고 평가할 수 있다. 정부기록보존 업무의 질적인 발전을 위해서는 반드시 기록관리 전문인력이 필요했으나 총 정원을 증원하기가 어려운 상황에서 내부의 반발을 감수하고 종전의 기능직 공무원을 감축하고 그 대신에 학예연구직 공무원을 중심으로 한 전문인력을 확보하였기 때문이다.

정부기록보존소는 대전 이전을 계기로 종래 인력구조의 취약점을 개선하고 최소한의 기록보존 전문인력을 갖춘 셈이다. 그러나 이 정원은 연간 기록물 처리능력이 약 3만 권에 불과한 수준으로서 향후 약 18만 권을 처리할 수 있는 능력을 유지하기 위해서는 약 400명 이상으로 증가되어야 할 것으로 예상되었다.[20] 정부기록보존소는 기록보존업무의 근본적 개혁을 위하여 관련 법규 정비에 나서면서 점차 실현할 수 있었다.

2) 주요 기록관리업무(1969~1998)

해방 직후에 미군정은 남한을 점령하고 조선총독부 문서과가 보관하고 있던 14,000여 권의 문서와 도면 789,095매를 접수하여 미군정청의 관할로 만들었다. 1948년 한국정부 수립 이후에는 한국정부에 인계되어 중앙청문서고(舊조선총독부 문서고)에서 보존하다가 한국전쟁을 거친 뒤에 중앙청 별관 2층으로 잠시 옮겨졌다. 이후 1975년 보존문서정리작업을 거치면서 대전권 이남으로 소산이 추진되었는데 대구지역에 위치한 경산조폐창에 88평 규모의 임시위탁문서고를 설치하고 서가 171대를 확보하여 문서를 보존하였다. 당시 문서량은 문서 45,216권, 도면 79만매였는데 가운데 지적원도가 783,000매, 임야원도가 5,700매, 광구도면 1,032매가 포함되어 있었다. 이 밖에 각급

---

19) 金材淳, 「정부기록보존소의 대전이전」 『기록보존』 11, 1998, 36쪽.
20) 金材淳, 「정부기록보존소의 대전이전」 『기록보존』 11, 1998.

기관에 분산 보관하였던 문서 614,557권이 소개되어 있었다.[21] 그 후 1984년에 부산에 서고가 준공되면서 부산서고로 다시 옮겨 갔다. 정부기록보존소의 연도별 소장 현황은 아래와 같다.

<표 1-2> 기록물 연도별 소장 현황(1977~1984)

	총 문서량	정부기록보존소 보존		각 부처 자체 보관	
		문서	도면	문서	도면
1977	130만권	5만권	79만매	125만권	-
1978	133만권	13만권	79만매	120만권	
1979	65만권	45,174	791,000	60만권	
1980	659,773	101,236	841,287	558,537	
1981	799,518	129,506(영구) 138(준영구)	790,028	669,874	
1982	812,985	236,839	1,482,659	576,146	
1983	812,985	246,184	1,548,953	566,801	
1984		133,654	829,825	통계없음	

출처 : 총무처, 『행정관리연보』

정부기록보존소의 기록물 보유현황에 대해서 파악할 수 있는 자료는 『행정관리연보』와 정부기록보존소가 매년 총무처에 보고한 『업무보고』 등이다.[22] 『행정관리연보』에 따르면, 1977년에 정부기록보존소가 소장하고 있는 영구보존기록물이 5만여 권에 불과한 것으로 조사되었다. 1975년 보존문서정리작업의 일환으로 경산조폐창에 임시서가를 설치하고 기록물을 소산 관리했을 때에 약 4만 5천여 권을 관리했었는데 1977년에는 5만여 권으로 2년동안 5천 권을 수집했을 뿐이었다. 이것은 당시 정부기록보존소의 기능상의 한계를 잘 보여주는 것이라고 할 수 있다. 중앙행정기관을 비롯한 각 부처에서 자체적으로 보관하고 있는 기록물이 약 125만 권이나 되고 있었음에도 불구하고 이 같은 주요 영구보존기록물에 대해서 보존권을 행사하지 못했던 것이다.

---

21) 韓國行政研究院, 『韓國行政史料集(2)』, 1996, 384쪽.
22) 현재 국가기록원은 2002년 이전의 연도별 세부 보존현황을 파악하지 못하고 있다.

한편, 1979년은 1978년에 비해서 보존기록물이 대폭 감소한 것이 특징이다. 이 같은 현상은 정부기록보존소의 보존 문서량 뿐만 아니라 각 부처에서 자체 보관하고 있는 문서량에서도 동시에 감소현상이 나타나고 있다. 이것은 통계상의 오류라기보다는 당시 국가기록물관리체계의 변동과 밀접한 관련이 있는 것으로 추정된다. 즉, 1979년에 공문서보존기간종별책정기준표를 개정하면서 영구보존기록물의 기능수를 대폭 줄이면서 이 기준표를 기준으로 하여 재분류했기 때문으로 생각된다.[23] 1970~80년대 기록물의 소장량 추이를 파악하는데 정부의 기록물 폐기현황이 도움이 될 수 있다.

<표 1-3> 폐기문서 처리현리 현황[24]

區分 / 年度	중앙행정기관		지방자치단체	
	처분량(톤)	매각대금(원)	처분량(톤)	매각대금(원)
계	9,153	261,422,560	6,639	165,245,652
1970 이전	1,268	17,763,507		
1971	247	4,542,493		
1972	346	7,083,581		
1973	707	25,641,404		
1974	239	14,243,801	258	10,037,438
1975	560	19,560,763	569	13,266,525
1976	543	25,590,333	446	11,971745
1977	483	23,455,518	500	14,021,901
1978	588	18,342,414	448	12,942,458
1979	461	11,997,784	524	12,813,202
1980	961	20,974,469	683	14,985,554
1981	813	19,711,865	907	20,401,683
1982	773	18,621,415	1,039	24,146,860
1983	1,164	33,893,213	1,265	30,658,286

출처 : 총무처, 『총무처연보』
비고 : 가. 78.12.31까지 중앙행정기관은 총무처 일반회계 雜收入으로 歲入徵收
　　　　나. 79. 1. 1부터 중앙행정기관이 자체세입으로 징수

---

23) 1979년 공문서보존기간책정기준표에 대해서는 본서 제1부 제3장 참조.
24) 이 도표 및 그림은 경기도 남양주시청 기록연구사로 근무하고 있는 이상훈 선생이 자성한 결과이다.

다. 지방자치단체는 자체세입으로 징수

<그림 25> 폐기문서 처리현황

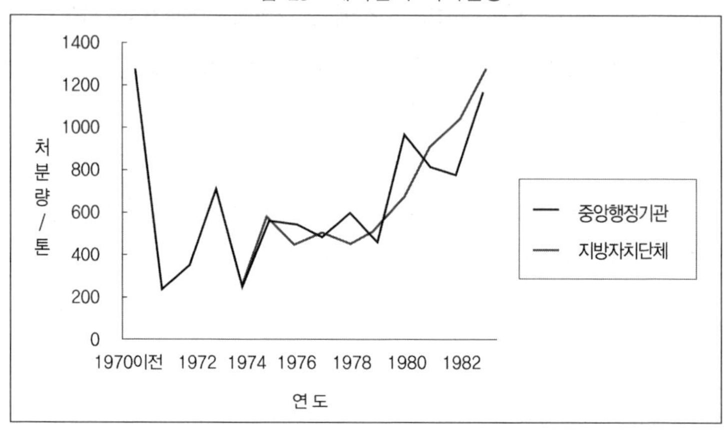

정부기록보존소가 보존하고 있는 기록물은 적었으나 각 부처에서 자체적으로 보관하고 있는 영구보존기록은 1977년에 125만 권이었고 1983년에는 약 56만 권이었다. 만약, 정부기록보존소의 이 같은 기록물들을 처리할 수 있는 시설과 인력을 확보하고 있었다면 이 기록물들이 각 부처에서 방치되지는 않았을 것이다. 정부기록보존소의 보존기록물은 부산에 전문서고가 설치된 1985년 이후에는 점차로 증가하기 시작했다.

1969년 정부기록보존소 설치 이후 1979년까지는 45,000여 권을 소장하고 있었으나 1989년에는 약23만여 권을 소장하는 등 1980년대에 접어들면서 보존기록물의 양이 증가하게 되었다.

<표 1-4> 정부기록보존소의 연도별 기록물 보존현황25)

구분	문서	도면	카드류	기타기록물	시청각기록물
1985.8.31	166,626	827,940	663,134	-	-
1987.7.1	185,361	996,051	1,371,988	-	98,662
1989.3.1	236,293	1,002,278	1,414,790		101,131
1990.12.31	287,394	1,013,168	1,418,236	-	-
1992.12.31	301,291	1,024,499	1,465,685	-	
1995.9.30	323,954	1,102,696	1,539,510	13,812	713,582

<표 1-5> 1998년 보존시설 및 소장기록물 현황

서고시설(평/수)	대전	1,474(12)
	부산	2,154(20)
	계	3,628(32)
수용능력		2,164천권
현재 소장량		50만권
잔여용량		166.4만권

출처 : 최경렬(정부기록보존소 서기관), 「기록물 이관상의 문제점과 미이관 기록물 대책」
『기록보존』 11; 1998

<표 1-6> 시대별 주요 기록물(1989년)

시대별	주요 자료의 유형
조선시대	조선왕조실록 태백산 사고본 1880년대 한미조약 등 각국과의 조약관계 문서 1908년 황초평, 신택평 등 한국과 청국 사이의 국경문제에 관한 문서 1908년 각급 경찰서, 항일독립운동 상황보고서 등 문서 지적원도, 국유림 경계도, 대규모 토목공사 설계서 등 도면
일제시대	3·1운동 당시 손병희 외 342인에 대한 재판관계, 광주학생운동관계, 수양동우회 사건 기록, 조선어학회 사건기록 등 재판기록
한국정부 수립 이후	각종 법령원본, 국무회의 안건, 국무회의록, 재판기록(형사재판), 조약신임장 원본, 휴전협정 원문, 원자력발전소 건설계획, 고속도로 건설, 유적지 발굴관계철 등

출처 : 정부기록보존소, 『업무보고』, 1989

---

25) 한국행정연구원, 『國家記錄物 管理의 發展方案에 관한 연구』, 1996, 77쪽 ; 총무처,
『총무처의 조직과 임무』, 1993 ; 정부기록보존소, 『업무보고』, 1985, 1987, 1989.

정부기록보존소의 보존기록물이 증가하게 된 배경으로는 1984년의 부산서고의 설치와 함께 기록보존소 직원의 증원과 관련이 있다. 특히, 1990년대 중반 이후 정부기록보존소가 업무체계를 혁신하면서 보존기록물도 크게 증가했다. 1990년대 정부기록보존소의 기록물이 크게 증가한 시점은 1997~98년경인데 이 시기에 정부기록보존소가 수집 이관체제를 정비하고 대대적으로 기록물 수집에 나섰기 때문이다.

(1) 1996~1997년 기록물 일제조사

① 기록물 현황조사

1990년대 중반까지 정부기록보존소는 각급기관이 보유하고 있는 미이관문서에 관한 실태조차 파악하지 못하고 있었다. 그리하여 1996년 10월부터 1997년 상반기까지 정부수립 이후 처음으로 1948년부터 1995년까지의 미이관 기록물 현황을 전수 조사하여 약 480만 권의 준영구 이상 보존문서목록을 전산 입력하여 놓음으로써 그 유출을 방지하고 계속 추적할 수 있도록 했다. 아래 표는 일제조사를 통하여 확인한 보존기록물의 현황인데 중앙행정기관 98만여 권과 지방자치단체, 교육청 등을 모두 포함하면 약 480여만 권이 이관되지 못한 것으로 조사되었다.

<표 1-7> 각급기관 미이관기록물 보유현황

기관	중앙행정기관	특별지방행정기관	광역지방자치단체	기초지방자치단체	시·도교육청	시·군·구교육청	계
수량	989,628 (43,256)	336,634 (100,848)	150,321 (54,626)	2,832,189 (2,469,190)	90,020 (12,143)	408,038 (44,915)	4,806,830 (2,724,976)

출처 : 최경렬, 「기록물 이관상의 문제점과 미이관 기록물 대책」 『기록보존』 11, 1998

② 수집대상기관의 대폭 확대

종전에는 기록물 이관업무를 중앙행정기관과 광역자치단체, 시도교육청 등 총 74개 기관이 그 소속기관 및 산하기관의 소위 창구역할을 하면서 수행했다. 이러한 간접관리방식은 문서이관과 각종 보고과정에서 업무의 신속성·능률성의 측면에서 문제가 많았고 여러 단계를 거치면서 착오가 발생하여 정확성의 측면에서도 문제가 있었다. 그리하여 1996년 10월에는 위 74개 기관 외에 특별지방행정기관, 기초자치단체, 시군구교육청을 추가하여 576개 기관으로 확대하여 수집대상기관을 지정함으로써 종래의 여러 단계(단위기관→상급기관→정부기록보존소)를 거쳐야 하는 기록물 이관업무를 직접 관리방식으로 개선하여 업무의 효율성을 높이도록 하였다. 이것은 기록물 이관과 보고를 위한 여러 단계와 절차를 줄이고 간소화하여 많은 하부단위기관까지 직접 관리할 수 있도록 함으로써 업무의 신속성과 능률성, 정확성을 제고하도록 기록물 수집체제를 개선하기 위한 조치였다.

그리고 1998년부터 문서를 이관하기 전에 각 생산기관에서 전산체제에 맞게 이관대상 문서를 편철 정리하고 기본목록과 세부목록을 전산으로 입력하여 그 디스켓과 함께 문서를 이관하도록 하여 기록물 내용의 효율적 검색과 아울러 기록물의 체계적 보존관리와 유출방지를 가능하게 하였다.[26] 1995년을 기준으로 연간 영구보존문서 생산현황을 각급행정기관을 대상으로 조사한 결과 약 16만 권으로 나타났다.

<표 1-8> 연간 영구보존문서 생산현황(1995년 기준)

기관	중앙행정기관	특별지방행정기관	광역지방자치단체	기초지방자치단체	시·도교육청	시·군·구교육청	계
수량	23,810	11,088	6,312	97,109	4,430	17,913	160,662

<표 1-9> 연도별 기록물 이관현황

연도	1993	1994	1995	1996	1997	1998	계
계	9,715	10,992	11,914	10,314	19,040	70,152	61,975

출처 : 최경렬(정부기록보존소 서기관), 「기록물 이관상의 문제점과 미이관 기록물 대책」 『기록보존』 11, 1998

---

26) 최경렬(정부기록보존소 서기관), 「기록물 이관상의 문제점과 미이관 기록물 대책」 『기록보존』 11, 1998, 170쪽.

③ 기록물의 능동적 수집체계로의 개선

1997년부터는 기록물 수집업무에서 종전 30여 년간 고착되어온 방식과 관행을 과감히 탈피하였다. 종래의 기록물 수집방법은 매년 11월 중에 정부기록보존소에서 각 기관에 이관지침을 시달하면 12월까지 다음연도 이관대상 기록물목록을 각 행정기관에서 통보해 줄 것을 요청하는 것이었다. 다음 해에는 통보받은 목록을 기초로 각 기관에 이관일정을 통보하여 문서를 인수하는 방식이었으므로 정부기록보존소는 수동적 소극적일 수밖에 없었다. 1998년도에는 이 같은 종래 방식을 바꾸어 미이관문서를 사전에 조사하여 전산 입력한 이후에 전산자료를 기초로 이관할 기록물 목록을 정부기록보존소가 지정하여 각 기관에 이관하도록 요청하는 방식으로 변경했다.[27]

이 같은 조치는 정부기록보존소 역사상 최초로 능동적 적극적인 자세로 기록물 현황조사와 수집체계 개선을 추진했다는 점에서 뜻깊은 일이라고 할 수 있으며 이 과정에서 기록관리 업무의 문제점을 인식하게 되었다.

④ 서고용량문제와 대체수단으로의 보존

기록물 일제조사 당시 정부기록보존소 서고의 잔여 수용량은 약 166만여 권으로 향후 매년 10만 권씩 수집한다면 17년, 5만 권씩 수집한다면 34년 이후가 되면 포화상태가 되는 것으로 조사되었다. 따라서 아직은 여유가 있으나 서고를 추가로 증축하는데 막대한 예산이 소요될 뿐만 아니라 많은 양의 미이관문서를 모두 원본으로 보존하는데 수용시설에 한계가 있으므로 선진외국의 사례와 같이 중요한 문서는 원본으로 보존하고 그 외의 것은 광디스크나 MF 또는 DVD에 수록하여 대체수단으로 보존하는 방안이 적극적으로 검토되기 시작하였다.

---

27) 최경렬, 위의 논문, 1998, 170쪽.

⑤ 전문인력의 확보 필요성 인식

1996년 10월에 수집업무를 새로운 방식으로 전환한 이후 정부기록보존소의 인력부족은 심각했다. 정부기록보존소는 이 같은 인력 부족을 해결하고 더 나아가 전문인력의 확보만이 정부기록보존소의 전문성을 제고할 수 있다는 판단 하에서 전문인력 증원을 추진했다. 우선, 정부기록보존소 인력구성을 전문화하기 위하여 역사학 전공 석사 이상의 학예연구직과 물리 화학 석사 이상의 자격을 갖춘 공업·보건연구직 등을 채용하는 등 적극적으로 인력구성의 전문화를 추진했다.

이상에서 살펴본 바와 같이 기록물수집업무가 1996년말을 분기점으로 종래의 수작업 방식에서 전산화 및 광화일화 시스템으로, 기록물 이관대상기관에 대한 관리를 간접방식에서 직접관리로, 생산기관에서 통보해온 기록물만 피동적으로 인수하던 방식에서 수집대상 기록물목록을 입력해 놓고 그것을 적극적으로 찾아서 추적 수집하는 방식으로 개선되었다.

이러한 수집업무 체계와 방식의 혁신은 정부기록보존소는 물론 기록물생산기관에 대하여 많은 변화를 요구하게 되었다. 각급 문서생산기관의 문서담당실무자들의 기록관리 업무 부담이 크게 증가하여 일선 기관의 기록관리인력의 보충과 업무개선이 요구되었고 드디어 기록보존전문직 배치의 필요성에 관한 요구가 생산기관에서도 나오게 되었다.[28]

또한 문서실무자들의 노력만으로는 새로운 업무환경에 적응하기 어렵다는 것을 알게 되었고 이로 말미암아 각 기관 문서실무자 뿐만 아니라 그 기관의 관리자들도 누구보다도 먼저 기록보존에 관한 인식의 변화가 필요한 사람들이라고 비쳐지게 되었다. 특히, 문서정리와 목록입력은 사전 준비없이 쉽게 할 수 있는 일이 아니라는 점을 알게 되면서 목록관리시스템 등 문서관리

---

28) 최경렬, 위의 논문 참조

실무교육이 더욱 절실함을 깨닫게 되었다.[29]

4. 기록관리법의 시행과 국가기록원의 기록관리

1) 조직과 인력의 변동

정부기록보존소는 기록관리법이 제정되면서 공공부문의 기록관리를 개선할 수 있는 제도적 기반을 확보하였다. 우선, 공공부문에서 수행해야 하는 기록관리 업무가 '법률'에 의하여 구체적으로 규정되어 공공부문의 기록관리에 대한 인식이 크게 개선되었다. 일반적으로 행정기관의 업무는 직제 혹은 사무분장규정에서 세부적으로 규정되지만 기록관리 업무는 법률 및 시행령에 의하여 구체적으로 규정되었다는 점에서 기록관리 업무의 중요성이 크게 제고되었다.

이와 함께 정부기록보존소가 공공기관의 기록물관리에 대한 기본정책의 수립과 제도 개선에 대한 권한을 갖게 됨으로써 공공기관의 기록관리의 수준을 높일 수 있는 계기를 마련했다. 기록관리법 제정 이전까지 기록관리정책 기능은 사무관리를 전담하는 총무처 행정관리국 소관이었으나 기록관리법에서는 중앙기록물관리기관의 소관업무로서 기록물관리에 관한 기본정책의 수립권한을 아래와 같이 명기했다.[30]

① 기록물관리에 관한 기본정책의 수립 및 제도의 개선
② 기록물관리 표준화 정책의 수립 및 기록물관리 표준의 개발·운영
③ 기록물관리 및 기록물관리 관련 통계의 작성·관리
④ 기록물의 전자적 관리체계 구축 및 표준화
⑤ 기록물관리의 방법 및 보존기술의 연구·보급

---

29) 최경렬, 위의 논문 참조.
30) 「공공기록물 관리에 관한 법률(법률 제8025호, 2006.10.4)」.

<표 1-10> 기록관리법 제정 이후의 정부기록보존소

일시	부서	정원
1999~ 2003	-3과 1지소, 1사무소 행정과, 수집과, 보존과, 부산지소, 서울사무소	131
2004.5.24	-국가기록원으로 명칭 변경 -4과1지원1사무소 기획지원과, 수집관리과, 평가분류과, 보존관리과, 부산지원, 서울사무소	136
2005.5.9	1단(3팀), 6팀, 2센터 -기록관리혁신단(제도혁신팀, 프로세스혁신팀, 표준설계팀), -혁신지원팀, 수집관리팀, 평가분류팀, 보존관리팀, 기록정보화팀, 서비스혁신팀, 부산기록정보센터, 서울기록정보센터	172
2006.12.12	3부, 14팀, 1지원, 1센터 -대통령기록관리팀 -기록정책부(총무팀, 제도기획팀, 프로세스혁신팀, 기록표준화팀, 교육평가팀) -기록관리부(수집기획팀, 수집관리팀, 보존관리팀, 보존복원센터) -기록정보서비스부(평가기술팀, 공개관리팀, 기록정보화팀, 홍보서비스팀) -부산지원, 서울기록정보센터	251
2007.7.1	서울지원(현 나라기록관) 신설 3부 14팀 2지원 1센터 -대통령기록관리팀 -기록정책부(총무팀, 제도기획팀, 프로세스혁신팀, 기록표준화팀, 교육평가팀) -기록관리부(수집기획팀, 수집관리팀, 보존관리팀, 보존복원센터) -기록정보서비스부(평가기술팀, 공개관리팀, 기록정보화팀, 홍보서비스팀) -부산지원, 서울기록정보센터	293
2007.11.30	대통령기록관 신설 3부 13팀 3관(2부 14팀) 1센터 -기록정책부(총무팀, 제도기획팀, 프로세스혁신팀, 표준평가팀, 기록관리아카데미) -기록정보서비스부(평가기술팀, 공개관리팀, 기록정보화팀, 홍보서비스팀) -대통령기록관(정책운영팀, 행정지원팀, 홍보협력팀, 공개관리팀, 기록수집팀, 정리기술팀, 기록보존팀, 연구서비스센터) -나라기록관(행정지원팀, 수집평가팀, 기록보존팀) -역사기록관(행정지원팀, 기록관리팀, 기록정보서비스팀) -서울기록정보센터	360

2008.1.9	3부 14팀 3관(2부 14팀) 1센터 -기록정책부(총무팀, 제도기획팀, 정책지원팀, 표준평가팀, 기록관리아카데미) -기록관리부(수집기획팀, 수집관리팀, 보존관리팀, 보존복원팀, 기록관리연구센터) -기록정보서비스부(평가기술팀, 공개서비스팀, 기록정보화팀, 홍보기획팀) -대통령기록관(정책운영팀, 운영지원팀, 홍보협력팀, 공개관리팀, 기록수집팀, 정리기술팀, 기록보존팀, 연구서비스센터) -나라기록관(행정지원팀, 수집평가팀, 보존운영팀) -역사기록관(행정지원팀, 기록관리팀, 기록정보서비스팀) -서울기록정보센터	351
2008.5	행정안전부 조직개편(대과제) 실시 3부 12과 3관(1관 5과 2팀) 1센터 -기록정책부(행정지원과, 정책기획과, 표준협력과, 기록관리교육과) -기록관리부(사회기록관리과, 경제기록관리과, 특수기록관리과, 보존관리과, 보존복원연구과) 기록정보서비스부(기록편찬문화과, 기록정보화과, 공개서비스과) 대통령기록관(정책협력관, 정책운영과, 기록수집과, 정리기술과, 기록보존과, 연구서비스과) -나라기록관, 역사기록관(운영지원팀, 기록정보서비스팀), 서울기록정보센터	350
2008.12	3부 12과 3관(1관 5과) 1센터 -기록정책부(행정지원과, 정책기획과, 표준협력과, 기록관리교육과) -기록관리부(사회기록관리과, 경제기록관리과, 특수기록관리과, 보존관리과, 보존복원연구과) 기록정보서비스부(기록편찬문화과, 기록정보화과, 공개서비스과) 대통령기록관(정책협력관, 정책운영과, 기록수집과, 정리기술과, 기록보존과, 연구서비스과) -나라기록관, 역사기록관, 서울기록정보센터	348
2009.5	3부 12과 3관(1관 5과) 1센터 -기록정책부(행정지원과, 정책기획과, 표준협력과, 기록관리교육과) -기록관리부(사회기록관리과, 경제기록관리과, 특수기록관리과, 보존관리과, 보존복원연구과) 기록정보서비스부(기록편찬문화과, 기록정보화과, 공개서비스과) 대통령기록관(정책협력관, 지원홍보과, 기획수집과, 정리기술과, 기록보존과, 연구서비스과) -나라기록관, 역사기록관, 서울기록정보센터	346

출처 : 국가기록원, 『국가기록원 40년사』, 2009

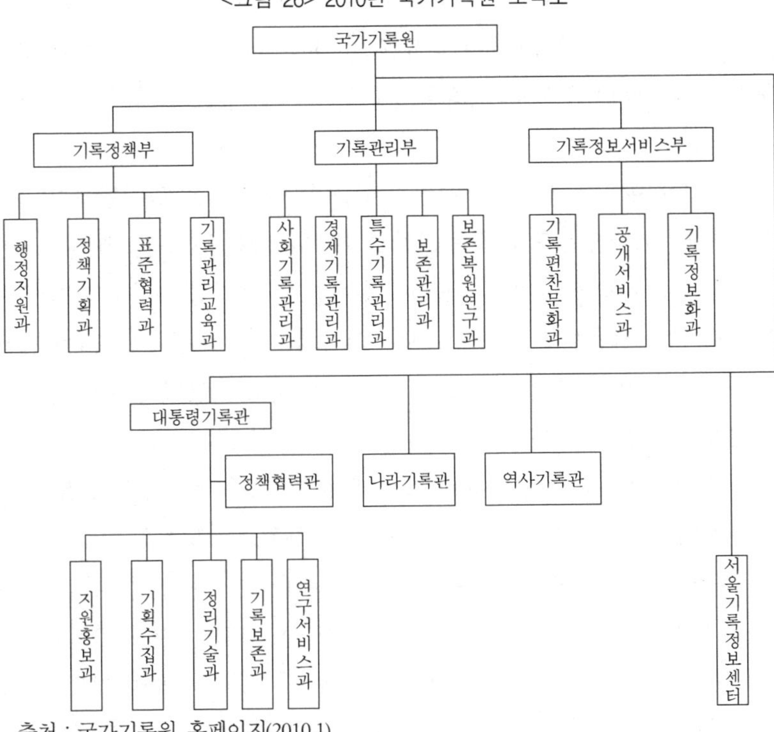

<그림 26> 2010년 국가기록원 조직도

출처 : 국가기록원 홈페이지(2010.1)

⑥ 기록물관리 종사자에 대한 교육·훈련

⑦ 기록물관리에 관한 지도·감독 및 평가

⑧ 다른 기록물관리기관과의 연계·협조

⑨ 기록물관리에 관한 교류·협력

⑩ 그 밖에 기록관리법에서 정하는 사항

기록관리법에서 공공기관이 수행해야 하는 기록물관리의 업무를 구체적으로 규정하였기 때문에 종전과는 다르게 정부기록보존소의 권한과 책임을 확대할 수 있는 제도적 기반이 마련되었다. 특히 기록물관리에 관한 강력한 벌칙조항을 설치함으로써 공공기관의 기록관리를 효과적으로 통제할 수 있는 처벌 수단도 가지게 되었다. 기록물의 무단 유실과 훼손 등에 대한 높은 형사처벌 규정은 공공기록물 관리에 대한 정부기록보존소의 고발권 행사 여부에 따라 사회적으로 큰 파장을 불러일으킬 수 있는 법적 수단을 갖게 된 것이다.

법령에 의하여 공공기관의 기록관리 업무가 세부적으로 규정됨에 따라서 정부기록보존소의 업무도 대폭 증가하게 되었다. 종전에는 단순히 영구보존 기록물을 수집 관리하는 업무가 중심이었으나 기록관리법 제정과 함께 보존 기록물의 열람 활용체계 구축으로 업무의 중심이 바뀌어갔고, 또 이 같은 업무 변화에 걸맞게 정부기록보존소의 조직체계도 개편이 필요했고 관련 전문인력의 증원도 필수적이었다.

2004년 5월 24일에 정부기록보존소 직제개편에 따라 국가기록원으로 명칭을 변경했다. 종전의 정부기록보존소가 국가기록원으로 명칭을 변경한 것은 국가기록원이 행정부 기록물의 관리 뿐만 아니라 국가기관(헌법기관, 지방자치단체, 기타 공공기관 등)의 기록물 관리를 책임지겠다는 의지의 표현이라고 할 수 있다.[31] 국가기록원은 명칭 변경과 함께 1개과를 증설하여 기획지원과, 수집관리과, 보존관리과 및 평가분류과 등 4과 2소의 조직으로 개편했다 또한 10월에는 국가기록관리체계개선기획단을 국가기록원 내에 설치하여 기록관리 혁신을 위한 제도개선에 착수하였다.

2005년 행정자치부가 조직을 과제에서 팀제로 개편하는 대대적인 변화에 따라 국가기록원도 종전의 과를 폐지하고 팀제 조직으로 개편했다. 그리고

---

31) 국가기록원이 한국 국가기록관리체계의 지도 감독을 수행하기 위해서는 명칭변경에 그치지 말고 법규를 개정하여 실질적인 권한을 보유하여야 한다. 현행 법률체계 하에서는 국가기록원이 헌법기관의 기록관리에 대하여 개입할 수 있는 여지는 거의 없으며, 다만 기록관리 표준의 제정 등에 관해서만 제한적으로 권한을 행사할 수 있을 뿐이다. 특히, 국가기록원장의 위상이 지나치게 낮고 행정안전부 소속이라는 근본적인 한계가 있는 한 독립적 전문적인 기관으로 발전하기에는 많은 어려움이 있다.

2005년 2월에는 학예연구직군에 기록연구사직렬이 신설됨으로써 국가기록
원을 비롯해 중앙행정기관에 기록연구사가 최초로 배치될 수 있었다.[32] 연구
직 공무원의 종류로서 기록관리 직렬이 신설된 것은 기록관리법에서 규정하
는 주요 기록관리 업무의 전문성을 인정하고 해당 업무에 대해서는 전문적인
교육훈련을 받은 자들이 수행하라는 취지이다. 하루속히 국가기록원을 비롯
한 공공기관에도 기록물관리 전문요원을 기록연구직으로 충원하는 것이 필요
하다.[33]

2007년 7월 1일에는 성남에 나라기록관을 신설하면서 3부 14팀 2지원
1센터 체제로 개편되었고 11월 30일에는 대통령기록관이 신설되면서 3부
13팀 3관 1센터를 갖춘 조직으로 확대됐다. 뿐만 아니라 국가기록원 총정원도
크게 증가했다. 기록관리혁신이 추진되던 2005년부터 매년 국가기록원의
정원이 증가되었는데 대통령기록관 설치를 계기로 약 350여 명으로 증원되었
다.

국가기록원의 역사에서 획기적 전환점이 되는 것은 2007년 나라기록관의
신축이라고 할 수 있다. 원래, 2002년도에 정부기록보존소는 국가기록물
보존서고 신축기본계획을 수립하였다. 2007년 11월 30일에는 국가기록원
나라기록관직제를 신설했고 동년 12월 12일에는 성남시 수정구에 최신식
나라기록관을 준공했고 2008년 4월 23일에 나라기록관을 개관했다. 나라기록
관은 연면적 6만 2,240㎡, 지하 3층, 지상 7층 규모로 건립됐으며, 투입예산

---

32) 「연구직및지도직공무원의임용등에관한규정(대통령령 제18716호, 2005.2.25)」.
33) 최근 기초지방자치단체 등에서 기록관리 전문요원을 계약직으로 선발하는 사례가
    증가하고 있다. 이 같은 선발은 기록관리법의 입법취지를 크게 훼손하는 것이라고
    평가할 수 있다. 지방자치단체를 비롯한 공공기관에서는 기록관리업무를 바라보는
    시각을 근본적으로 바꿀 필요가 있다. 국가기관에서 생산한 기록물을 단순한 행정적
    필요에 의해서만 평가해서는 안되고 역사적 유산이면서 문화콘텐츠, 기록콘텐츠의
    측면에서 활용가치가 많기 때문에 전문적으로 훈련받은 자격자가 기록관리 업무를
    수행할 수 있도록 해야 한다.

<그림 27> 나라기록관 전경(국가기록원 제공)

나라기록관 현황
면적 : 25,240㎡
규모 : 84개 서고(총 서가길이 268.5㎞)
구성 : 지하 2층~지상 7층

은 모두 1206억 원에 이른다. 건물의 외관은 역사를 담는 보석함의 모양으로, 업무·작업동과 전시·열람동이 보존서고로 구성되어 있다.

서고의 서가 길이는 200여㎞로 약 400만 권의 기록물을 수용할 수 있으며, 외부충격을 막기 위한 방폭·방수·내진 시설과 항온·항습 등의 첨단 설비도 갖췄다. 또한 세계 최초로 기록물 보안관리체계에 무선인식기술을 적용했으며, 사진 및 영화필름, 비디오, 오디오 등 특수 기록매체의 디지털작업과 화학처리, 복원 등이 가능한 최신 장비도 갖추고 있다. 전시동에는 동작인식시스템 등 최신 전시기법을 이용한 국가기록관과 대통령기록전시관, 기획전시실 등이 배치됐다.

나라기록관이 준공됨으로써 본원 중심의 기록관리가 나라기록관과 역사기록관(부산 소재), 대전 본원 등 다원적 구조로 변화되는 한편, 이에 걸맞는 새로운 역할분담체계를 갖추게 된 것이다. 나라기록관은 한국정부 수립 이후의 기록물을, 역사기록관은 그 이전의 기록물을 집중 관리하며, 대전 본원은 기록관리 정책과 제도를 총괄하는 것으로 역할 분담이 이루어졌다. 3개 권역별 관리를 통해 기록물 수집 관리의 효율성 역시 도모할 수 있으며 특히, 나라기록관 건립의 가장 큰 성과는 서고 기능을 넘어 국민의 알 권리를 충족시키기 위한 기록문화의 열린 공간이 탄생한 점이다.

나라기록관 건립은 우리나라가 이미 확보한 국립중앙박물관과 국립중앙도서관 등을 포함한 3대 문화시설을 갖추게 됐다는 점에서 또 다른 의미가 있다. 이밖에 해외사례를 보더라도, 기록물을 제대로 보존하고 활용하는 것은 행정의 투명성과 책임성을 높이고 국민의 신뢰를 동시에 얻는 지름길이 될 수 있을 것으로 기대된다.

보존서고의 특성으로는 항온 항습설비, 보안출입통제 및 방폭 내진 가스소화시스템을 갖추었고 무독성, 내구성, 내마모성, 내화성의 내부마감 처리를 했고, 무독성 에폭시 코팅마감으로 유해물질 발생을 최소화했으며 중앙통제시스템에 의한 24시간 원격관리를 수행하고 있다.

나라기록관이 건설되고 국가기록원의 총정원도 큰 폭으로 증가했으므로 국가기록물 관리를 위한 기초인프라는 구축되었다고 볼 수 있다. 2007년에는 기록관리법의 전부 개정을 통해서 국가기록원은 전자기록물 관리체제 수립, 활용중심의 업무체제 수립, 중요 민간기록물의 수집 및 관리 강화 등을 추진하여 제도적 정비도 일단 마무리했다. 2007년 11월 30일에는 대통령기록관을 신설하면서 인력을 360명으로 크게 증원했다. 2008년 5월 14일에는 이명박 정부의 제2차 정부조직개편에 따라서 국가기록원도 3부 12과 3관 1센터

체제로 개편되었다.

<표 1-11> 기록물 매체별 보존용량

매체별	서고수(개)	서고면적	서고용량	비고
일반문서	61	18,420㎡	400만권	약23권/단 기준
도면	3	942	38.5만권	약90매/단기준
사진/필름	2.5	810	7만권(55백만건)	약11권/단기준 (1건＝1권*750)
오디오	1	311	23만점	약40점/단기준
CD	1	311	55만점	약50점/단기준
비디오	1	311	11.6만점	약25점/단기준
영화필름	1.5	816	11만캔	1캔/단기준
전자매체	2	67	133만권	약40(80)권/단기준
MF	2	622	63만롤	약40롤/단기준
행정박물	4	1244	3.4만점	약3점/단기준
유화	1	311	920점	1점/단기준

비고 : 총 84개 서고 중 인수. 정리. 탈산/소독서고 4개는 제외
출처 : 국가기록원 웹 사이트

이상에서 보았듯이, 기록관리 프로세스와 절차 방법 등에서는 괄목할 만한 발전을 이루어냈다. 특히 전문인력을 비롯한 국가기록원 총정원의 급격한 증가는 놀라울 정도이다. 1999년에 정부기록보존소 정원이 124명이었으나 2009년 5월에는 346명으로 10년만에 279% 늘어났다.[34] 이로써 국가기록원은 기록관리혁신을 추진할 수 있는 기초 인프라를 비로소 보유할 수 있게 되었다.

2) 주요 기록관리업무

1999년 이후에 정부기록보존소는 기록관리법이라는 강력한 법적 수단을 활용하여 공공부문의 기록관리 향상을 위해 노력했다. 그러나 법률의 정비만

---

34) 이 같은 인력증원의 배경으로는 기록관리법의 제정과 개정을 요인으로 들 수 있을
   것이다.

으로는 한국정부 수립 이후 60여 년간 누적되어 왔던 기록관리의 관행을 고치기가 쉽지 않았다. 기록관리법 시행 이후에도 여전히 기록의 미등록, 미보고 등이 사라지지 않았고 기록보존에 대한 인식의 낙후, 기록관리 인프라의 부족, 기록물의 무단폐기 등의 문제는 잘 해결되지 않았다.

한국정부는 각급기관의 기록관리 실태를 조사한 결과, 기록관리가 전반적으로 부실하다는 평가를 내리고 2004년도부터 공공부문의 기록관리혁신을 강력히 추진했다.35) 기록관리혁신은 당시 노무현 대통령의 의지에 의해서 추진력을 얻게 되었다. 즉, 2004년 6월에 노무현 대통령이 그동안 기록관리가 제대로 이루어지지 않았음을 지적하였고 같은 해 7월 국무회의에서 과거의 잘못된 기록관리에 대한 진상을 국민 앞에 공개하고 종전의 관행과 절차를 혁신하여 새롭게 기록관리를 시작하자는 강한 의지를 표명하면서 공공부문의 기록관리혁신이 시작되었다.36) 이에 따라서 2004년 10월에 대통령비서실(기록관리비서관), 정부혁신지방분권위원회(기록관리혁신전문위원회), 행정자치부(국가기록관리체계개선기획단)를 중심으로 기록관리혁신 추진체계가 구축되었다.37)

---

35) 감사원은 2004년 11월부터 2005년 2월까지 기록관리법의 주무부처인 행정자치부와 중앙기록물관리기관인 국가기록원 등 24개 기관을 대상으로 외교·국방 관련 기록물 등 중요 기록물 관리, 국새 및 행정박물 등 특수기록물 관리, 대통령기록물 관리, 비밀 및 일반기록물 관리, 기록물관리 조직과 인력, 기록물 보존서고 및 통계, 기록물 활용체계 등 7개 분야로 나누어 감사를 실시했다. 감사결과 중요기록물의 유실 및 영구보존 대책 미흡, 특수기록물(국새·화폐 등) 보존 미흡 및 관리 부실, 대통령기록물 관리 소홀 및 기록물의 범위 모호, 비밀기록물의 관리 소홀 및 중요기록물 보존 부실 등의 문제점이 있어서 행정자치부와 국가기록원에 대하여 특수기록물(국새 등) 관리 등 7개 분야에 걸쳐 42건의 문제점을 지적하여 권고 또는 주의 등 처분 요구를 하였다. 이러한 지적에 따라 국가기록원은 기록관리 전반에 대한 종합적인 개선을 추진했다.
36) 행정자치부, 『희망대한민국-행정자치부정책백서』, 2008, 216쪽.
37) 참여정부의 기록관리혁신과정에 대한 자세한 내용은 다음의 보고서 참조. 정부혁신지방분권위원회, 『참여정부의 기록관리혁신』, 2008.

<그림 28> 기록관리혁신추진 체계도

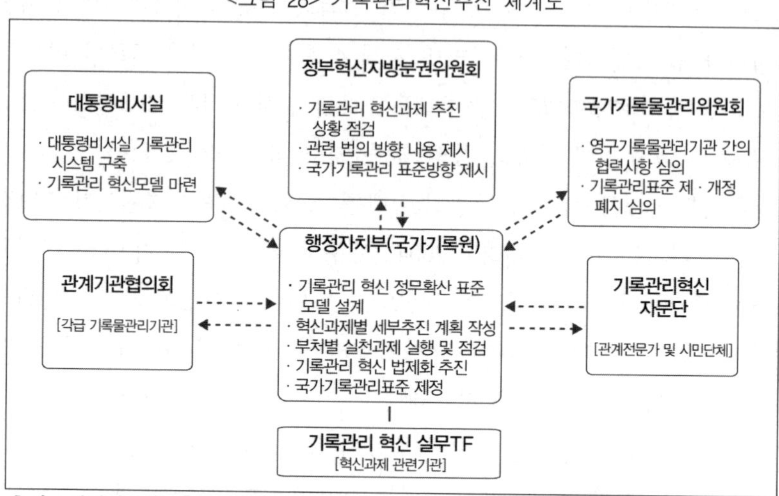

출처 : 행정자치부, 『희망대한민국 : 행정자치부 정책백서』, 2008, 216쪽.

기록관리혁신은 기존의 기록관리제도를 단순히 개선하는 것을 넘어 노무현 정부의 비전인 '투명하고 일 잘하는 정부'를 구현한다는 목표로 행정의 신뢰성, 투명성, 책임성을 높이고 업무의 효율성을 제고할 수 있도록 거시적인 차원에서 추진되었다. 구체적으로는 모든 공적기록을 철저히 생산·관리하고 국가기록관리에서 국가기록원의 역량 및 기능을 강화하며, 대국민 기록정보의 공개·서비스를 대폭 확대하는 한편 주요 민간기록물을 효율적으로 보존·관리할 것을 목표로 하여 법·제도 개선, 시스템의 재설계, 의식·관행의 혁신 등의 부문에서 종합적으로 진행되었다.[38]

기록관리혁신계획은 2005년 10월 국무회의에 <국가기록관리혁신로드맵>(이하 "로드맵"이라 한다)이 보고됨으로써 그 개략적인 추진방향과 추진절차, 내용 등이 결정되었다.

---

[38] 행정자치부, 『희망대한민국 : 행정자치부 정책백서』, 2008, 216~217쪽.

<표 1-12> 기록관리로드맵의 혁신과제

정책목표	로드맵 아젠다	혁신과제
Ⅰ. 모든 공적 기록의 철저한 관리 : 책임행정구현	1. 공적업무수행의 철저한 기록화	회의록 등 정책관련 기록물관리체계 개선
		시청각 등 특수기록물관리체계 개선
		대통령기록 관리체계 확립
		미이관기록물의 관리체계 확립
		폐지(한시)기관 기록물관리체계 개선
		기획수집체계 강화
		정부산하 공공기관의 기록관리 강화
		공공성있는 주요 민간기록물관리체계 확립
Ⅱ. 범정부 전자기록관리체계 구축	2. 기록관리 프로세스와 시스템 정비	업무와 기록분류체계 통합
		문서/과제관리카드 개발 및 확산
		생산기관 구축
		영구보존단계 전자기록관리시스템 구축
		전자기록 영구보존체계 구축
		비전자기록물의 전자적 관리체계 확립
Ⅲ. 기록정보의 공개, 활용 확대 : 국민참여 촉진	3. 정보공개 확대	정보공개제도 개선
	4. 비밀관리의 체계화	비밀기록물관리체계 확립
	5. 공공기록 편찬 및 서비스 확대	디지털 아카이브 구축
		공공기록 편찬 및 기록정보 서비스 확대
		기록정보의 통합 활용체계 구축
Ⅳ. 기록관리체계 혁신 및 인프라 구축 : 혁신역량 강화	6. 글로벌 스탠다드에 부합하는 국가표준 제정	기록관리 표준 제정 및 매뉴얼 개발
	7. 전문인력 확보 및 능력개발	기록관리전문인력 확보 및 능력발전
	8. 거버넌스형 조직의 실현 및 기록관리인프라 구축	기록관리체계 효율화 및 협력체제 구축
		기록물 보존분담체계 개선
		보존시설/장비 등 인프라 확충
		기록관리의식개혁
		기록관리 국제협력 강화

　　추진이 결정된 로드맵은 4대 정책목표, 8개 아젠다, 26개 혁신과제로 구성되었다.[39] 기록관리혁신의 4대 정책목표는 ① 모든 공적기록의 철저한 관리, ② 범정부 전자기록관리체계 구축, ③ 기록정보의 공개 및 활용 확대, ④ 기록관리체계 혁신 및 인프라 구축 등이었다. 이 중에서 '모든 공적기록의

---

39) 국가기록원, 『국가기록원 40년사』, 2009, 61~62쪽.

철저한 관리'는 업무과정과 결과를 철저히 기록으로 생산·관리하고 대통령 기록 등 중요기록의 관리체계를 구축하여, 공적 행위를 철저히 기록으로 남겨 투명하고 책임있는 행정을 구현하는 것이었다. 이 같은 목표를 달성하기 위해서 회의록 등의 정책관련 기록물관리체계 개선, 시청각기록 등 특수기록물관리체계 개선, 국가기록원의 수집능력 및 체계 강화, 중요 민간기록물의 관리체계 모색 등이 추진되었다.

두 번째 '범정부 전자기록관리체계의 구축'은 기록의 생산부터 보존·활용까지 기록의 모든 과정을 전자적으로 관리할 수 있도록 하고 업무기반의 기록관리시스템을 구축하여 업무의 효율성을 제고한다는 것이다. 이를 위하여 전자문서시스템에서 생산되는 전자기록 뿐만 아니라 온나라시스템(＝업무관리시스템)에서 생산되는 문서관리카드 및 과제관리카드까지 보존 관리할 수 있는 전자기록관리시스템을 구축하고 비전자기록물도 전자적으로 관리할 수 있는 방안을 모색하기로 했다.

세 번째 '기록정보의 공개 활용·확대'는 기록정보 콘텐츠 구축을 통한 디지털 아카이브를 구현하고 범정부 통합검색시스템을 구축하여 기록정보 공개·활용체계를 마련함으로써 고객중심의 기록정보서비스를 제공한다는 것이었다. 이를 위하여 기록물 공개의 기본제도인 정보공개제도를 개선하고 기록정보의 통합 활용체제를 구축하기로 했다. 뿐만 아니라 공공기록의 편찬 및 기록정보 서비스를 확대하고 손쉬운 기록 활용을 위하여 디지털 아카이브 구축을 추진했다.

네 번째 '기록관리체계 혁신 및 인프라 구축'은 국가기록관리 기구체계 효율화, 기록관리 표준의 제정, 전문인력·시설·장비 등 기록관리 인프라 확충을 통해 국가기록관리체계를 혁신함으로써 기록관리 역량을 강화한다는 것이었다. 구체적으로는 기록관리 전문인력의 확보와 능력개발을 지원하고, 기록물의 보존시설 및 장비 등의 인프라를 구축하는 것이 주요 내용이다.

이외에도 기록관리에 대한 의식개혁운동을 지원하여 기록관리 국제협력을 강화하기로 했다.

이상과 같은 기록관리혁신에 따라서 중앙행정기관을 비롯한 공공기관의 기록관리는 크게 개선될 수 있었다. 이러한 변화를 압축적으로 보여주는 것이 기록관리법의 전부 개정과 전자기록관리시스템의 개발 및 운용이라고 평가할 수 있다.

(1) 기록관리법의 전부 개정[40]

국가기록원은 2004년 11월에 범정부적으로 추진한 기록관리혁신의 제도적 기반을 마련하고 종전 기록관리법의 조문상의 미비점을 보완하기 위하여 기록관리법을 전부 개정했다. 이 개정 법률은 업무과정에 기반한 전자적 기록관리체계 확립, 기록관리의 표준화·전문화를 통한 국가기록관리체계의 재정립, 정보공개 확대 및 비밀기록관리 개선을 통한 국민의 알권리 증진 등 선진 기록관리체계를 구현하는데 기본방향을 두고 있다. 전부 개정 법률의 주요 내용은 아래와 같다.

① 기록관리법의 적용범위를 크게 확대했다. 종전에는 국내외 소재 주요 기록정보와 민간기록물에 대한 수집 및 관리의 근거가 없어서 주요 민간기록물이 멸실되는 등 체계적인 관리가 어려운 상황이었다. 개정 법률은 기록관리 대상을 종전의 공공기관 기록물뿐만 아니라 국가차원에서 보존할 가치가 있는 중요 민간기록물로 범위를 확대하고 법률의 명칭도 「공공기록물 관리에 관한 법률」로 변경했다.

② 국가기록관리 기구 및 기능체계를 개편했다. 국가기록관리위원회를 국무총리 소속으로 두고 기록관리 표준화 심의 등 기록관리 정책을 총괄하도

---

40) 기록관립법 전부 개정에 관해서는 다음의 저서를 참고했음. 국가기록원, 『국가기록백
　　서(2007)』, 2007.

록 했다. 또한, 기록물관리기관을 영구기록물관리기관, 기록관, 특수기록관으로 명칭 및 기능을 재정립했다. 그리고 그동안 기록물을 자체 영구보존하던 국가정보원과 군 기관을 특수기록관으로 변경하여 당해 기관의 기록물도 국가기록원으로 이관하도록 의무화하여 국가기록의 통합 관리체계를 강화했다. 또한 지방자치시대에 부응하여 우선 시·도에 영구보존시설, 장비 및 전문인력을 갖춘 지방기록물관리기관을 설치하도록 함으로써 기록물의 자체 보존 및 향토 사료의 수집 보존 등을 통한 기록자치의 토대를 마련했다.

③ 전자정부 추진으로 인하여 광범위하게 생산되는 전자기록의 체계적인 관리 및 업무과정에 기반한 전자기록 관리체계를 지원했다. 개정 법률은 전자기록물의 안전하고 체계적인 관리 활용을 위해 국제표준에 부합하는 전자기록물 관리체계 구축·운영을 의무화했다. 또한 공공기관의 투명하고 책임있는 업무수행을 위하여 최종 결재문서와 함께 업무과정의 이력기록도 철저히 관리되도록 하고 종전의 종이기록 중심의 보존위주에서 업무과정과 연계한 전자기록중심의 기록정보 활용체제로 전환했다.

④ 국가기록관리의 통일성을 확보하고 기록관리 업무의 질적인 발전을 위하여 국가표준에 의한 기록관리체계를 확립했다. 기록관리에 관한 최초의 표준은 2003년에 국제표준인 ISO-15489를 번역하여 국가표준으로 제정한 것이었다. 그러나 실질적인 기록관리 표준에 대한 제정작업은 2005년 5월 국가기록원에 국가표준을 제정하는 표준설계팀을 설치하면서부터 시작되었다. 2006년에 13개 표준, 2007년에는 27개 표준, 2008년에는 15개 표준이 제정되어 운영되고 있다.[41] 국가기록원은 기록관리에 관한 국가표준을 제정하고 모든 공공기관이 표준에 따라 기록물을 관리하도록 하여, 국가기록관리의 통합성을 유지하고 범국가적으로 기록정보를 통합 활용할 수 있는 기반을 구축했다.

⑤ 기록정보의 공개·열람 확대를 통해 국민의 알권리를 증진하고자 했다.

---

41) 국가표준에 관해서는 국가기록원 홈페이지 참고.

비공개기록물의 주기적 재분류(매 5년) 및 생산 30년 후 자동공개 원칙 등을 도입하여 기록정보의 공개 활용을 확대하고 비공개기록물도 개인의 권리구제, 학문연구 등 공익목적의 경우에는 제한적 열람을 허용했다.

⑥ 비밀기록물관리 및 이관절차를 체계화했다. 비밀기록물의 철저한 보존, 관리를 위하여 별도의 보안대책을 수립 시행하도록 하고 그 생산 해제 및 재분류현황을 영구기록물관리기관에 통보하도록 했다.

⑵ 전자기록관리시스템 표준모델 개발[42]

원래, 국가기록원은 1999년 기록관리법 제정으로 기록물 생산·보존·활용까지 전산관리의 근거를 마련하고 '행정기관의 전자문서시스템 규격' '행정기관의 자료관시스템규격' '전자문서시스템과 자료관시스템간 연계규격' 등을 제정 고시하는 한편 각급 행정기관에 전자문서·자료관시스템 구축 및 시스템간 연계를 추진했었다.

그런데 참여정부에서 전자정부와 국민참여 행정을 강력히 추진하면서 행정운용의 흐름이 종이기록 중심에서 전자기록 중심으로, 업무처리과정의 철저한 기록화, 보존위주에서 활용중심으로 기록관리의 패러다임이 변화하면서 종전의 자료관시스템으로는 안정적인 전자기록관리가 불가능해졌다. 이에 따라서 국가기록원은 2005년 9월부터 2006년 2월까지 기록관리 전 과정의 프로세스 및 시스템 혁신을 위한 정보화전략계획(ISP)을 수립했다.

또한, 일선 행정부서의 기록생산방식이 크게 변하면서 기록관리시스템의 개편이 객관적으로 필요해졌다. 즉, 행정자치부가 2005년부터 정부기능을 표준화하여 분류한 정부기능분류시스템(BRM)과 업무처리 전 과정을 관리하는 온나라시스템(=업무관리시스템) 구축 확산을 추진하자 과거의 자료관시

---

42) 전자기록관리시스템 표준모델 개발에 관해서는 다음의 저서를 참고했음. 국가기록원, 『국가기록백서(2007)』, 2007.

스템으로는 이러한 온나라시스템상의 기록을 제대로 이관, 보존할 수 없기 때문에 기능분류시스템 및 업무관리시스템까지 수용이 가능한 업무기반의 기록관리시스템으로 재구축하여 보급 확산해야 할 필요성이 제기되었다.

　기록관리시스템 구축사업은 2006년 4월에 설치된 국정과제실시간관리추진단에서 기능분류, 온나라, 국정관리, 기록관리시스템 등을 공동으로 추진하기로 결정함에 따라서 유관시스템 관련부서와 사업범위 및 추진일정 등에 대한 긴밀한 협의 조정을 통하여 이루어졌다. 이 때 온나라시스템을 2006년말까지 중앙부처에 확산시키기 위하여 기록관리시스템 표준모델 구축사업을 2006년도에 완료하되 업무관리시스템과 기록관리시스템간 연계는 2007년 상반기에 추진하는 것으로 계획이 수립되었다. 기록관리시스템 표준모델 구축사업을 통해 구축된 업무기반의 기록관리시스템의 주요 개념은 다음과 같다.

　① 그동안 업무 결과만을 종이문서 위주로 생산 관리하던 관행에서 벗어나 전자적 업무관리 추세에 맞추어 정부기능분류에 기반한 업무 및 기록분류체계를 확립하고 업무처리 전과정에서 생산된 기록물을 시스템적으로 철저히 관리한다.

　② 비공개 기록물에 대한 주기적인 재분류를 통해 적극적으로 기록물의 공개를 수행하고 기록물의 검색 활용 기능을 강화함으로써 공무원들이 언제든지 편리하게 기록물을 업무에 활용할 수 있도록 하고 국민들에게는 다양한 기록정보 서비스를 제공한다.

　③ 종이문서 중심의 비효율적인 프로세스를 업무과정과 연계하여 기록관리가 자동화될 수 있도록 개선하고 국제표준에서 제시하는 전자기록의 4대 기준인 진본성, 무결성, 신뢰성, 이용가능성을 강화한다.

　업무에 기반한 기록관리 전과정의 프로세스 개선 및 이를 반영한 시스템을 구축하여 향후 범정부적으로 활용할 수 있는 기록관리시스템 표준모델을 수립했다. 이러한 개념 하에 구축 완료된 기록관리시스템 표준모델의 주요기능 구성도는 아래와 같다.

<그림 29> 기록물 생산단계의 기록관리시스템 기능구성도

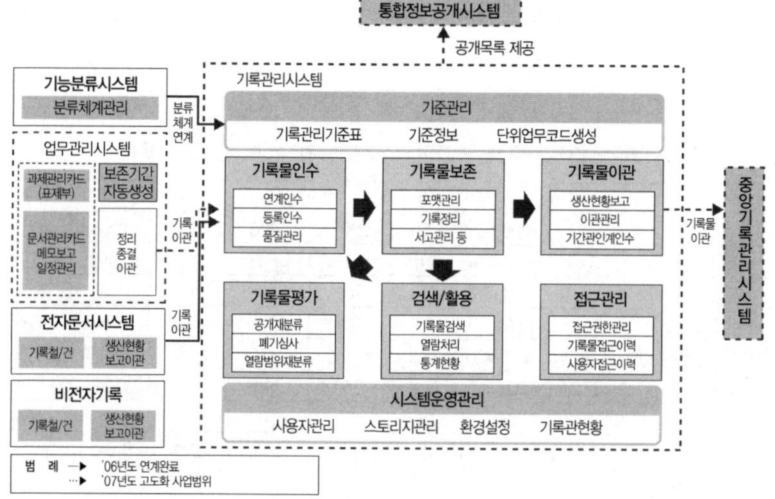

출처 : 국가기록원, 『국가기록백서(2007)』, 2007.

이상에서 알 수 있듯이, 노무현 정부에 의해서 추진된 기록관리혁신은 기록관리체계의 개편, 전자기록관리체계 구축, 기록관리의 전문화 및 표준화, 국민의 알권리 확대 등 현대 기록관리의 핵심 이슈들을 모두 담고 있으며, 또한 그동안 관련 학계 및 시민단체에서 요구해온 제안들을 대부분 반영했다는 점에서도 높이 평가할 수 있다.

기록관리혁신을 계기로 한국의 국가기록관리의 수준은 비약적으로 발전했다. 대표적으로 국가기록원의 소장 기록물이 크게 늘어났다. 국가기록원은 2008년말 약 200여만 권을 소장하게 됨으로써 기록물 축적량에서도 비약적인 발전을 이룩했다. 1969년 설립시기부터 100만 권을 소장하기까지 약 30년이 걸렸는데 이후 200만 권을 소장하기까지는 불과 약 7년 만에 달성했다. 이 같은 성과지표는 국가기록원의 조직 및 인력의 증원 뿐만 아니라 공공부문에서 기록관리의 인식이 높아졌음을 단적으로 보여주는 것이다. 앞으로 국가기록원은 이 같은 양적인 성장 뿐만 아니라 기록관리 업무의 질적인 발전을 도모하여 좀 더 중요한 역사적 가치가 있는 기록물을 보존 관리하는 것에 역점을 두어야 한다.

<표 1-13> 기록물 보존현황(2009 단위 천권, 천점, 천롤)

	소장량							
	2002	2003	2004	2005	2006	2007	2008	2009
문서(권)	1,141	1,180	1,217	1,256	1,343	1,558	1,993	2,249
도면(권)	41	41	41	41	41	41	159	159
카드(권)	165	165	174	176	176	176	176	176
시청각기록물(점)	1,365	1,419	1,451	1,454	1,462	1,780	2,109	1,646
MF(롤)	212	216	224	230	240	254	254	254
기타	12	13	14	17	20	23	55	163

출처 : 국가기록원, 『국가기록원 40년사』, 2009, 111쪽 ; 「국가기록원 정보공개청구결과 (2009)」.

국가기록원은 노무현 정부가 추진한 기록관리혁신을 토대로 하여 2009년에는 다가올 미래를 능동적으로 개척하기 위하여 '국가기록관리선진화전략'을 새롭게 추진하고 있다. 선진화 전략은 국가기록관리의 선진화를 통하여 세계적으로 경쟁력있는 기록관리를 실현함으로써 이명박 정부의 국가비전인 '선진일류국가' 달성에 기여하는 데 주된 목적이 있다.[43) 이러한 선진화를

---

43) 일부 논자는 이명박 정부 하에서 수립된 '국가기록관리선진화전략'이 종전의 '기록관리혁신'을 폐기하고 이명박 정부의 이념인 '성장주의' '국가경쟁력 강화'를 기록관리에서도 채택했다고 평가하기도 한다. '국가기록관리선진화전략'에서는 노무현 정부 하에서 최초로 제기되었고 발전시킨 거버넌스적 관점 하에서의 기록관리, 민주적 가치를 반영한 기록관리, 비밀기록관리의 체계화 등에 대해서는 강조되지 않고 있다. 그리고 기록관리의 운용과정에서 민주적 가치나 국민의 권리보장의 측면보다는 행정기관의 편의성만을 강조하는 경향이 나타나고 있다. '국가기록관리선진화전략'에 대한 비판적 검토에 대해서는 다음의 논문 참조 곽건홍, 「자율과 분권, 연대를

달성하기 위하여 국가기록원은 4대 목표, 12개 과제, 36개 세부과제를 선정했다.

<표 1-14> 국가기록관리선진화전략의 세부실천과제

목표	과제	세부실천과제
<목표 1> 내실있는 기록관리로 신뢰받는 정부 구현	과제1. 주요 국정기록에 대한 생산단계부터의 철저한 관리	1-1-1 각급기관 처리과 기록관리체계 확립
		1-1-2 대통령기록의 수집 관리체계 확립
		1-1-3 회의록 등 정책결정과정 기록의 관리체계 구축
		1-1-4 시청각기록물 전자적 관리체계 구축
		1-1-5 행정정보 데이터세트 및 웹기록의 체계적인 관리
	과제2. 체계적인 기록관리를 통한 업무의 효율성 제고	1-2-1 전자기록관리시스템 확산을 통한 그린 IT 실현
		1-2-2 기록관리 표준 고도화 및 확산
		1-2-3 기록물분류 및 평가체계 확립
		1-2-4 기록관리업무 자동화를 통한 녹색근무환경조성
	과제3. 모든 기록에 대한 안전한 보존 관리	1-3-1 정부산하 공공기관 기록관리체계 구축
		1-3-2 구전자문서의 관리체계 구축
		1-3-3 전자기록 보존전략 및 재해복구체계 마련
		1-3-4 신뢰받을 수 있는 전자기록관리체계 구축
		1-3-5 필수기록물(vital record) 관리체계 구축
		1-3-6 대통령기록물의 철저한 보존관리체계 확립
<목표 2> 국가기록관리 기반 강화로 선진 인프라 확충	과제1. 기록물관리기관 구축을 통한 행정의 효율성 제고	2-1-1 지역특성에 맞는 지방기록물관리기관 설치 지원
		2-1-2 헌법기관기록물관리기관과의 협력체계 구축
		2-1-3 중간기록관리시설 건립
	과제2. 기록관리 전문인력 양성 및 배치	2-2-1 기록관리 전문인력 양성 및 전문성 강화
		2-2-2 각급기관 기록물관리전문요원 배치 지원
	과제3. 산,관,학 협력을 통한 기록관리 기반강화	2-3-1 산, 관, 학 협력을 통한 친환경 기록관리 연구개발
		2-3-2 쾌적한 녹색생활 공간 조성을 위한 민간아카이브 활성화
		2-3-3 대통령기록 관련기관과의 협력체계 확립

기반으로 한 국가기록관리 체제 구상」『기록학연구』 22, 2009 ; 서혜란, 「한국 공공기록관리정책의 연대기적 검토」『한국기록관리학회지』 9-2, 2009.

<목표 3> 기록정보 자원화와 편리한 서비스로 지식정보사회 선도	과제1. 기록의 지식자원화를 통한 기록정보 이용활성화	3-1-1 기록물 기술강화를 통한 기록정보 지식자원화 추진
		3-1-2 다양한 콘텐츠 개발로 기록정보 활용분야 확대
		3-1-3 디지털 기록의 통합관리체계 구현
	과제2. 지역,기관의 경계를 뛰어넘는 통합서비스기반 강화	3-2-1 대국민서비스를 위한 기록물 공개제도 개선
		3-2-2 각급기관 주요 기록물 통합을 통한 정보자원 그린화
		3-2-3 기록정보 유통체계 구축을 통한 종이없는 녹색행정 실현
	과제3. 기록정보이용의 편리성 제고	3-3-1 고객 중심의 기록정보서비스체계 마련
<목표 4> 우리 기록문화의 글로벌 국가브랜드화로 국제적 위상 제고	과제1. 우수한 기록문화의 세계적 전파	4-1-1 기록문화의 국가브랜드화 추진으로 녹색성장 기반 조성
		4-1-2 세계 각국에 우리 기록문화의 우수성 적극 홍보
	과제2. 국제사회와의 협력체계 강화	4-2-1 외국과의 기록관리분야 협력 내실화
		4-2-2 기록관리 국제 교류협력 강화
	과제3. 기록유산의 발굴, 보존을 통한 문화국가로의 도약	4-3-1 해외 한인 기록유산의 종합 수집 활용
		4-3-2 남북 기록관리기관간 교류 협력 추진

출처 : 국가기록원, 『국가기록원 40년사』, 2009, 66~67쪽.

4대 목표는 선진화의 4가지 추진방향을 의미한다. 첫째 목표인 내실있는 기록관리는 '회의록 등 주요 국정기록을 생산단계부터 철저한 관리체계를 마련하는 것, 전자기록관리시스템 확산 및 기록관리 표준 고도화로 업무의 신뢰성 제고, 전자기록 인증 및 재해복구체계 마련으로 안전한 보존관리를 구현하는 것' 등을 목표로 하고 있다.

둘째 목표인 국가기록관리 기반강화는 '기록물관리기관 설치 등 기록관리 인프라 구축을 통한 행정의 효율성 제고, 미래의 국가기록관리 전문인력 양성 및 전문성 강화로 인적 인프라 구축, 산·관·학 협력의 친환경 연구개발 확대를 통한 기록관리 기반강화' 등을 목표로 하고 있다.

셋째 목표인 기록정보자원화를 통한 지식정보사회 선도는 '기록물 기술 강화 및 콘텐츠 개발로 기록정보의 지식자원화 구현, 기록정보 통합기반

조성으로 범국가적 기록물 유통·보호체계 구축, 모든 국민이 원하는 정보를 쉽고 편리하게 이용할 수 있는 체계 실현'을 목표로 하고 있다.

넷째 목표인 기록문화의 글로벌 국가브랜드화는 '기록문화의 국가브랜드화로 세계에 우리 기록문화의 우수성 전파, 국제기구 및 기록물관리기관과 협력체계 강화를 통한 국가이미지제고, 기록을 매개로 해외 한인·남북한을 아우르는 민족 동질성 회복' 등을 목표로 하고 있다.

국가기록관리선진화전략은 2013년까지 단계적으로 추진할 것을 계획하고 있다. 궁극적으로는 입법, 사법 등 헌법기관, 정부산하 공공기관, 민간영역 등을 포함하는 범국가적 기록관리체계를 구축할 계획이다. 또한 새로운 국가패러다임 녹색성장을 위한 신성장 동력 개발사업을 발굴하여 기록관리를 통한 국가발전에도 기여할 수 있도록 할 계획이다.[44] 단계별 추진전략은 다음 <표 1-15>와 같다.

국가기록원은 1999년 기록관리법 제정을 계기로 크게 발전해 왔음을 알 수 있다. 이 같은 발전을 단순히 법 제도의 정비만으로는 설명할 수 없다. 국가기록원의 적극적인 노력과 함께 한국국가기록연구원, 한국기록학회, 한국기록관리학회, 정보공개센터 등의 민간기관과의 협력, 기록학자, 역사학자 등의 적극적인 문제제기를 수용한 결과라고 볼 수 있다. 한국의 기록문화를 확산하고 발전시키는데 민간부문의 역할이 대단히 컸다.

국가기록원은 기록관리 인프라의 측면에서는 높은 수준에 이미 도달했다고 평가할 수 있다. 다만, 국가기록관리의 제도화가 아래로부터 시작되어 확산된 것이 아니라 대통령을 중심으로 하는 공공부문에서 확산되었다는 한계 때문에 정치적인 논란에 의해서 쉽게 변화될 가능성이 있다. 앞으로 국가기록원은 기록관리에 대한 인식과 관행을 전 사회적으로 확산해야 하는 역할을 수행해야 하며, 정치적 흐름과는 무관하게 국민의 권리와 학문발전에

---

44) 국가기록원, 『국가기록원 40년사』, 2009, 65~66쪽.

서비스할 수 있는 문화기관으로 발전해야 할 것이다.

<표 1-15> 국가기록관리선진화전략의 단계별 추진계획

분야	현재 (2009)	고도화 단계 (2010)	선진화 단계 (2013)
시스템 분야	▪중앙부처 전자기록관리체계 구축 -기록관리시스템 중앙부터 확산 완료	▪지자체, 교육청, 기타 공공기관 전자기록관리체게계 확산 -기록관리시스템 및 영구기록관리시스템 확산 추진 ▪기록관리 표준인증 기반 마련	▪범국가적 전자기록관리체계 구축 -모든 공공기관 기록관리시스템 도입완료 -영구기록관리시스템 확산 완료 ▪기록관리 표준확산 및 인증체계 구축
인프라 분야	▪기록물관리기관 일부 설치 -지방기록물관리기관(0%) ▪중앙부처 기록물관리전문요원 배치	▪기록물관리기관 설치 확산 -지방기록물관리기관(10%) ▪지자체, 교육청, 기타 공공기관 기록관리전문요원 배치	▪범정부적 기록물관리기관 설치 -지방기록물관리기관(50%) ▪기타 공공기관 기록물관리 전문요원 배치
서비스 분야	▪일부 기관과의 통합 검색 서비스	▪정부, 민간, 공공기관 기록정보 통합활용 기반 구축	▪정부, 민간, 공공기관 기록정보 통합활용 기반 구축
세계화 분야	▪기록관리 국제교육 협력기반 조성 및 국가브랜드 개념 정립 -인터파레스 심포지움 개최 ▪해외 한인기록유산조사	▪ICA 집행이사회, 국제엑스포 등 국제행사 개최 및 국가브랜드 기반조성 ▪해외한인기록 수집 기반 조성	▪기록관리 후발국 지원 등 국제사회 기록관리 선도로 세계 최고의 기록문화 브랜드 실현 ▪해외 한인 기록유산 네트워크 구축

출처 : 국가기록원, 『국가기록관리선진화전략』, 2009, 6쪽.

이를 위하여 앞으로 국가기록원은 기록관리 업무의 전문화와 질적인 발전을 추구할 필요가 있다. 전체적으로 보면 지금까지 국가기록원은 각 행정기관에 보관되어 있던 영구보존기록물을 수집, 정리하는 기본 업무에 집중되었다고 볼 수 있다. 그러나 앞으로는 보존기록물을 조사 분석하는 연구기능의 확대를 추진할 필요가 있다. 보존되어 있는 기록을 통해서 한국사회의 역사와 문화, 문학 등의 발전에 도움이 될 수 있는 기초자료로서 잘 활용될 수 있어야 할 것이다.

5. 맺음말 : 국가기록원의 문제점과 개선 방안

공공부문의 기록관리 업무가 기록관리법에 의해서 구체적으로 규정되고 법적인 구속력도 강화되면서 국가기록원의 기록관리상의 리더십도 보다 강해졌고 인력도 크게 증원되었다. 국가기록원 소장 기록물이 1977년에는 약 5만 권에 불과했으나 2010년에는 약 200만 권으로 크게 증가하면서 한국을 대표하는 기록문화기관으로 자리매김할 수 있게 되었다.

또한, 기록관리법을 수단으로 국가기록원은 공공부문 뿐만 아니라 전 사회적으로도 기록관리의 인식과 수준을 높이는데 크게 기여했다고 평가할 수 있다. 국가기록원은 기록관리 인프라를 대폭 확충하고 전문인력도 배치함으로써 기록관리제도는 세계적 수준에 도달해 있다고 말할 수 있다.

그러나 국가기록원이 명실상부한 국가기록관리의 총괄기관으로서 역할을 제대로 수행하기 위해서는 업무상 개선할 점이 적지 않다. 이 장에서는 국가기록원의 업무를 중심으로 몇 가지 제언을 하고자 한다. 국가기록원의 정치적 독립성과 인력의 전문화 문제에 대해서는 제1부에서 이미 언급했으므로 이 장에서는 업무를 중심으로 개선안을 제안하도록 하겠다.

(1) 역사기록의 수집체계 개선

국가기록원은 주로 공공기록을 이관의 방식으로 수집받아 관리하고 있으나 기록관리법에서는 역사적 가치가 있는 주요 기록물도 체계적으로 수집할 것을 규정하고 있다. 그러나 근현대 역사기록의 수집에 대하여 아직까지는 국가기록원의 관심이 적은 편이고 또한, 근현대 기록수집의 전문성을 확보하고 있다고 보기도 어렵다.

예컨대, 현재도 주요 공공기관에는 근·현대 시기 주요 역사기록들이 산재되어 있으나 국가기록원은 그 실태조차 파악하지 못하고 있는 실정이다. 1910년대 전반에 조선총독부가 실시한 호구조사 혹은 토지조사를 통하여 작성한 호구자료나 토지소유관계 자료들이 각 지방자치단체에서 파편적으로 보관되어 있다. 또한, 일제시대 수리조합 관련 일부 자료들은 한국농어촌공사의 각 지사에 보관되어 있는데 관리가 제대로 이루어지지 못하고 있다. 이 기록들은 멸실의 위험성이 있고 또 역사학 연구자들이 이용하기에도 매우 불편한 상태에 놓여 있다.[45] 각 지방자치단체 및 공공기관에 보관되어 있는 한국전쟁 이전의 기록물 일제조사를 실시하여 그 보존대책을 세워야 한다. 그리고 국가기록원이 소장하고 있는 기록물 중에서 대한민국 초기 국가운영의 실태를 보여주는 1950~70년대 기록물의 소장량이 매우 적기 때문에 단계적으로 이 시기의 기록수집을 추진해야 한다.

이를 위해서 국가기록원이 적극 수집해야 하는 역사기록의 범위를 명확히 규정할 필요가 있다. 역사기록의 범위를 1945년 해방 이전의 기록 또는 한국전쟁 종료 이전의 기록[46]으로 규정하고 각 공공기관 등에 소장되어 있는 역사기록 일체를 국가기록원으로 이관하거나 지방기록물관리기관이 수집 관리할 수 있도록 유도해야 할 것이다. 이를 위해서는 각 공공기관이 소장하고 있는

---

45) 이영학, 「국가기록관리정책의 미래」 『한국기록관리학회지』 9-2, 2009.
46) 한국전쟁 이전의 기록을 역사기록으로 규정하는 이유는 전쟁으로 인하여 많은 고기록들과 대한민국 초기의 주요 기록들이 산일되었기 때문이다.

기록 중에서 1945년 해방 이전의 기록 또는 한국전쟁 종료 이전의 기록물 목록 일체를 국가기록원에 송부하고 국가기록원은 이 같은 목록들에 대한 조사와 연구를 통해서 관리방안을 마련해야 할 것이다.

또한, 이승만 정부와 박정희 정부 시대의 기록화를 위한 별도의 수집계획이 있어야 하지 않을까 생각한다. 국가기록원에 소장되어 있는 기록물 중에서 이승만 시대와 박정희 집권 초기의 기록이 적기 때문에 현대사 연구에 애로가 있는 실정이다. 따라서 국가기록원이 이 시기 기록물의 체계적인 수집에 노력해야 한다. 필요하다면, 문자기록 뿐만 아니라 생존 인물들을 대상으로 구술기록화도 진행할 필요가 있다.

국가기록원은 한국 근현대사에 대한 철저한 연구와 국가기록원 소장 기록물의 분석을 통해서 수집업무를 획기적으로 개선해야 할 것이다.

(2) 영구보존기록의 평가체제 개선 : 기능별 평가분류위원회 설치 및 운영

한국의 영구보존기록의 선별은 공문서보존기간책정기준표(1964~2003)→기록물분류기준표(2004~2006)→기록관리기준표(2007~현재) 등 처리일정표에 근거해서 이루어져왔다. 기록물분류기준표와 BRM에 기반한 기록관리기준표는 1964년에 확립된 기록물처리일정표의 기본구조를 수용하면서도 선진 외국의 사례를 참고하여 새롭게 설계한 것이라고 볼 수 있다. 그 구조를 소개하면 다음과 같다.

다음 표에서 알 수 있듯이, 과거 한국에서 운용된 기록물처리일정표들은 모두 기능분류에 기반하고 있다는 것이 공통점이다. 다만, 분류절차, 기술요소, 분류방법 등에서 발전되어 왔다. 또한, 공문서보존기간종별책정기준표와 기록물분류기준표는 기록분류이지만 기록관리기준표는 업무분류표를 그대로 활용하는 차이가 있다.

<표 1-16-1> 1992년의 공문서분류및평가기준표의 구조

1차분류	2차분류	3차분류	4차분류	5차분류	단위업무	보존기간

*분류원칙 : 십진기능분류

<표 1-16-2> 기록물분류기준표의 구조

구분	처리과 코드	기능분류번호				보존분류 기준						검색어
	처리과명	대기능	중기능	소기능	단위업무	보존기간	보존방법	보존장소	비치기록물여부/이관시기	열람예상빈도	주요열람용도	특수목록

*분류원칙 : 기능분류

<표 1-16-3> 기록관리기준표의 구조

조직분류	업무분류체계(BRM)						기록관리항목					
	기능분류											
처리과명	1레벨(정책분야)	2레벨(정책영역)	3레벨(대기능)	4레벨(중기능)	5레벨(소기능)	6레벨(단위과제)	업무설명	보존기간	보존기간책정사유	비치기록물 여부	비치종결시점	기능분류

*분류원칙 : 기능분류

제도상으로 보면 기록물분류기준표[47] 단계를 제외한다면 기록의 선별에서 기록생산기관의 역할이 크다는 특징이 있다. 기록물분류기준표에서는 국가기록원이 최종적으로 기록물분류기준표를 제정하지만, 현실적으로는 각 생산기관에서 작성한 내용을 대부분 수용하는 방식으로 운용되었다. 기록관리기준표의 경우 공통업무는 국가기록원이 책정하지만 고유업무는 국가기록원이 제시한 준칙을 참고하여 각 기관에서 제정하게 된다.

지금까지 한국의 기록물처리일정표는 분류방법과 기술요소를 중심으로 발전해 왔다고 볼 수 있다. 그러나 앞으로는 이 같은 미시적인 개선보다는 좀 더 거시적 차원의 검토가 필요하다고 생각한다. 현재, 한국의 기록물처리일정표는 대체로 각 공공기관에서 작성하고 국가기록원과 협의하는 절차를 거치지만 각 공공기관에서 작성한 처리일정표의 적절성 여부를 검증하는 종합적인 절차는 사실상 없다고 볼 수 있다.

따라서 기록관리기준표를 검증하는 절차로서 각 '기능별 평가분류위원회'[48]를 국가기록원이 운영할 것을 제안한다. 국가의 주요 기능을 20~30여 개 기능으로 크게 구분하고 이 20~30여 개 기능의 세부기능에 대한 보존기간 책정의 적절성을 주기적으로 심의 검토할 필요가 있다. '기능별 평가분류위원회'는 국가기록원 담당자 뿐만 아니라 각 기능의 특성에 따라서 기록학자, 역사학자, 문헌정보학자, 정치학자, 행정학자, 사회학자, 경제학자 등 관련 전문가들의 참여를 보장하고 이외에 각 기관에서 오랜 행정경험을 쌓은 공직자 등을 참여시킬 필요가 있다.

---

47) 기록물분류기준표에 대해서는 다음의 논문 참고. 이승억, 「한국공공분야 '기록보유(Recordkeeping)'체제 전망」『기록학연구』4, 2001 ; 박유진, 「기록물분류기준표의 운영과 과제」『기록학연구』8, 2003.

48) 여기에서 제안하는 기능별 평가분류위원회는 기록관리법 시행령에서 규정하고 있는 '기록평가심의회'와는 성격이 다르다. '기록평가심의회'는 보존연한이 만료된 기록물을 대상으로 폐기 여부를 심의하는 기구이나 기능별 평가분류위원회는 기록관리기준표 등과 같은 처리일정표의 적절성 여부를 심의하는 기구이다.

그리고 '기능별 평가분류위원회'를 3~5년마다 주기적으로 개최하여 행정 및 업무상의 변화를 반영하고 새로운 평가이론에 따른 선별기준의 적용도 적극적으로 시도할 필요가 있다. 평가는 주관적 성격을 띠기 때문에 얼마나 잘 계획된 영구보존기록을 남기는가가 중요하다고 할 수 있다. 어떠한 평가이론을 적용하는가는 어떠한 기록을 후세에 남겨주는가와 직결된다는 점에서 평가절차와 평가요소 등과 같은 미시적 접근과 함께 거시적 차원의 선별노력도 필요하다고 생각한다.

'기능별 평가분류위원회'가 제대로 운영되기 위해서는 그 기초가 되는 국가기록원의 평가체제의 개선도 필요하다. 현재 한국정부가 수행하는 주요 기능은 이미 밝혀졌으나 어떠한 기능을 영구보존할 것인지에 대해서는 세밀한 절차와 지표는 개발되지 못한 실정이다. 기록관리법 시행령에서 영구보존 기록의 유형이 일부 제시되어 있으나 이러한 지표만을 가지고는 각 행정기관에서 영구보존기록을 선별하는 것에는 한계가 있다.

캐나다와 호주의 평가절차와 방법을 참고해서 거시적 차원의 기록화 계획을 수립 운영할 필요가 있다. 물론, 한국인들이 중요하게 생각하는 기능은 호주와 캐나다와는 크게 다를 수 있으나 주요 기록을 선별하는 절차와 평가지표의 개발방법 등은 충분히 한국에 맞게 변형해서 활용할 수 있을 것이다.[49)

(3) 당대사 기록화 제도 운영

당대사 기록화 지정제도를 운영할 것을 제안한다. 이 제도는 현재 진행되고 있거나 최근에 발생한 정치적·사회적 사건 중에서 역사로서 남겨야 할 것으로 판단되는 사건을 국가기록원이 지정하여 관련 기관에서 영구보존기록물로 관리하고 사건 종료 직후 바로 국가기록원으로 이관토록 하거나 수집하는

---

49) 이승억, 「공공기록에 대한 거시평가 적용 시론」 『기록학연구』 14, 2006 ; 이승억, 「한국공공분야 '기록보유(Recordkeeping)'체제 전망」 『기록학연구』 4, 2001.

제도이다.[50]

현재에도 국가지정기록물제도가 있으나 이 제도는 사건 혹은 주제 중심의 선별보다는 개별 문서 중심으로 지정되는 경향이 있다. 따라서 주요 사건 전체를 종합적으로 기록하는 제도는 아니다. 예컨대, '광주민주화운동' '촛불시위' '한미 FTA' '남북협상' '여운형' '김구' 등 주제/사건/인물/지역 등을 선별하여 장기적이고 종합적인 기록으로 남길 수 있는 제도를 운영할 필요가 있다. 그리고 이 같은 당대사 기록화 제도를 통해서 수집한 기록은 10~30년 단위로 재평가를 하여 지속적으로 보존할 필요가 있는지 여부를 결정한다.

⑷ 국가기록 통합검색 시스템 개발 및 정보검색 시스템 기능 향상

현행 국가기록포털의 검색기능을 획기적으로 개선해야 한다. 현재 국가기록포털은 국민이 원하는 정보를 효과적으로 제공할 수 없다. 필자가 국가기록원의 역사와 수리조합, 기록관리체제 등에 관련된 검색을 수행한 바가 있는데 조건제한 검색 등 기능이 제대로 구현되지 못하고 있다.

국가기록포탈은 전국대학도서관을 통합 검색할 수 있는 한국교육학술정보원의 검색시스템보다도 기능적으로 취약한 것 같다. 국가기록원은 하루빨리 기록검색의 효율성을 높이는 방향으로 검색시스템을 전면적으로 보완할 필요가 있다. 그래야 한국 현대사 전공자 등 주요 연구자 집단들이 국가기록원 소장 기록물을 사료로서 접근할 것이기 때문이다.

그리고 중장기적으로는 국가기록포털이라는 이름에 걸맞게 헌법기관이 소장하고 있는 기록물도 검색할 수 있도록 통합검색체제를 구축해야 한다. 현행 국가기록포털은 행정부에서 소장하고 있는 기록의 검색만이 가능한데 앞으로는 헌법기관의 기록관리시스템 개발을 국가기록원이 적극 지원하여

---

50) 당대사 기록화 제도에 대한 이론적 토대에 대해서는 미국의 다큐멘테이션 전략론을 참고할 것. 오항녕 역, 『기록학의 평가론』, 진리담구, 2005.

국가기록원 뿐만 아니라 헌법기관에서 소장하고 있는 기록도 통합 검색이 가능하도록 검색시스템을 연계해야 할 것이다. 다만, 하나의 검색시스템에서 많은 기관의 기록물을 검색하게 되면 필연적으로 나타나는 방대한 검색결과를 어떻게 처리할 것인지에 대해서 철저히 대비해야 할 것이다.

⑸ 역사학 등 유관 학문분야에 대한 적극적 서비스 제공

국가기록원의 존재 이유를 사회적으로 알리기 위해서는 소장 기록물들을 국민과 연구자들이 많이 활용할 수 있도록 지원해야 한다. 아직까지 한국 현대사 전공자들은 국가기록원의 주요 고객은 아니다. 오히려 현대사 연구자들은 미국의 NARA, 국사편찬위원회 등 다른 기관에서 소장하고 있는 기록물을 많이 활용하고 있는 것이 사실이다. 국가기록원은 이 같은 원인을 잘 분석하여 그 대안을 마련해야 한다. 역사 전공자들이 찾지 않는 국가기록원이 과연 어떠한 의미를 가질 수 있을지 의문이다. 그리고 국가기록원은 한국 현대사 전공자들에게 얼마나 매력적인 정보제공자였는지를 심각히 반성할 필요가 있다. 한국 현대사 전공자들이 과연 국가기록원에 소장되어 있는 사료를 어느 정도로 활용하고 있는지, 어떠한 기록들이 주로 활용되는지 등을 면밀히 분석하고 국민들이 국가기록원 소장 기록을 더 많이 활용할 수 있도록 힘써야 한다.

⑹ 국가기록연구소 설치

국가기록원의 조사·분석 및 연구기능을 대폭 강화할 필요가 있다. 현재, 국가기록원의 인력수준과 업무의 배치상황에서는 국가기록원이 소장하고 있는 국가기록을 철저히 분석하고 미래에 대한 정책대안을 제시하는데 한계가 있다. 또한, 다년에 걸쳐 연구가 필요한 영역에서는 연구직 공무원들은 직무상의 한계가 있어 장기간에 걸친 연구가 사실상 어렵다. 따라서 국가기록원 부설연구소로서 국가기록연구소를 설치하고 박사급 인력을 많이 채용하여 연구를 안정적·체계적으로 수행할 필요가 있다.

연구기능과 연계되지 않은 국가기록원은 전문화와 발전에 한계가 있다. 역사학, 기록학 등 유관 학문분야의 박사학위 소지자들을 채용하여 기록관리 기법, 한국의 기록관리제도사, 최신 기록학 이론의 동향 소개 및 분석, 소장 기록물의 분석, 외국의 기록관리제도의 소개 및 비교 연구 등의 조사 연구 기능을 대폭 강화해야 한다. 이 같은 연구를 기반으로 하여 국가기록관리의 미래를 설계하고 정책대안을 개발하는 연구소로 발전시켜야 할 것이다.

⑺ 기록학 관련 전문 학술지 출판 및 학술지원

1987년에 정부기록보존소에서 출판한『기록보존』지를 부활할 것을 제안한다.『기록보존』이 1987년 무렵부터 매년 출판되면서 한국의 기록관리기법의 향상과 기록학의 발전에 크게 기여했다. 그러나『기록보존』지가 단종되면서 단순 소식지 수준으로만 발간되고 있는 실정이다. 국가기록연구소가『기록보존』과 같은 전문학술지를 발행하고 향후 10~20년 사이에 국제적 수준의 학술지로 발전시켜 한국의 기록관리를 세계에 알릴 수 있고 최신의 기록학 동향이 한국에 소개될 수 있는 네트워크로 만들어야 한다.

현재, 한국의 기록학은 외국의 제도를 단순히 소개하는 수준에 머물러 있는데 이제는 독창적인 한국의 기록관리 기법과 이론들을 개발하여 외국에 소개하는 것도 생각해야 하지 않을까. 또한 국가기록연구소의 연구결과물이 국립기록청의 업무개선으로 연결될 수 있도록 다양한 피드백 시스템을 구축해야 한다.

그리고 기록관리 관련 학회와 연구자들의 활동을 지원할 필요가 있다. 학술대회 지원이나 학술지 출판 지원 등을 통하여 기록관리학의 학문적 수준을 높이는데 국가기록원이 적극적으로 나설 필요가 있다. 이와 함께 기록관리 관련 전문연구자의 육성을 위하여 포스트 닥 지원이나 특정 선도연구주제를 선정하여 2~5년간 연구를 수행토록 지원하는 것도 생각할 필요가 있다.

(8) 국가기록관리 기본 통계업무의 철저화

한국의 기록관리의 수준을 단적으로 보여주는 것이 과거 정부기록보존소의 소장량 통계를 비롯한 기본업무에 대해서 제대로 파악하지 못하는 것이다. 특히, 주요 행정기관의 매년 기록생산량이 어느 정도이고 보존연한별 기록물의 비율은 어느 정도인지 등에 대해서 제대로 파악하지 못하고 있다. 국가기록원은 최근 통계수치만을 가지고 있기 때문에 한국기록관리의 역사를 연구하는데 어려움이 있을 뿐만 아니라 국가기록원의 장기계획 수립을 마련하는데 필요한 기초자료가 부실한 실정이다.

국가기록원은 한국기록물관리기관 전체를 대상으로 하는 통계업무에 착수하고 매년 이 같은 조사결과를 발표할 필요가 있다. 이 같은 조사가 축적되어야 국가기록관리를 위한 기본정책 입안과 중요 의사결정을 위한 기초자료로 활용할 수 있고 한국기록관리의 역사가 제대로 밝혀질 수 있으며 계량화된 수치에 근거한 장기발전계획도 수립이 가능할 것이다.

제2장 대통령기록관과 대통령 기록관리

1. 머리말

한국에서는 1948년에 제정된 제헌헌법 이래로 대통령 중심제를 채택하고 대통령에게 강력한 권한을 부여했다. 대한민국 헌법은 대통령에게 외국에 대하여 국가를 대표하는 지위를 부여하고 있으며, 조약의 체결·비준에 관한 권한, 외교사절의 신임 접수·파견에 관한 권한, 선전포고와 강화에 관한 권한 등을 규정하고 있다. 또한, 행정부의 수반으로서 공무원의 임면권을 행사하여 행정부를 조직하고, 국무회의의 의장으로 국무회의를 주재하고 행정 각부의 업무를 총괄한다.

이외에도 법률안 제출권, 예산안 제출권, 국군통수권, 대통령령을 발하는 등의 권한을 행사할 수 있으며[1] 감사원장과 감사위원의 임명, 대법원장과 대법관의 임명, 헌법재판소의 장과 재판관의 임명, 중앙선거관리위원회의 위원 3인의 임명 등 헌법기관을 구성하는 권한까지 가지고 있다.

헌법에서 보장된 대통령 지위와 권한의 크기에 비례하여 대통령기록물은 다른 국가기관에서 생산한 기록물에 비하여 그 중요성이 대단히 크다고 할 수 있다.[2] 그러나 이 같은 중요성에 비하여 과거 한국에서는 대통령기록물

---

1) 「대한민국헌법(헌법 제10호, 1987.10.29)」.
2) 정상우, 「대통령기록물 관리에 관한 법률에 관한 연구」, 『헌법학연구』 15-1, 2009, 354쪽.

을 체계적으로 보존하여 후세에 전승하는 전통은 만들어내지 못했다.

국가기록원의 이승만 대통령 시절의 경무대 문서는 '대통령비서실' 문서로 분류되어 있는데 사진 자료와 외국인사 접견에 관한 문서, 지시사항 몇 건 이외에 중요한 회의의 기록이나 비밀문서의 경우 1건도 없는 실정이다. 이승만 대통령의 제1공화국의 경우 비록 대통령 재임 이전의 문서가 주류이기는 하지만 오히려 대통령 개인자료인 『우남사료』(연세대 중앙도서관 소장, 연세 대 국제학대학원부설 현대한국학연구소 관리)가 더 유용하다는 견해도 있 다.3) 박정희 대통령의 청와대 문서는 서거 이후 중요한 것은 소실되거나 개인소장으로 돌려졌다. 전두환, 노태우 대통령의 통치문서 역시 퇴임 이후에 개인사저로 이관되었으며 극히 일부기록만이 국가기록원에 소장되어 있는 실정이다.

대통령 직위의 중요성에 비하여 관련 기록이 제대로 남아 있지 않은 것은 한국의 정치문화도 관계가 있다. 한국에서 대통령은 선거에 의하여 선출되는 비교적 단기간의 선출직 공무원임에도 불구하고 정치적 권력이 매우 강력한 특징이 있으며 이 같은 강력한 정치권력을 획득하고 유지하는 과정에서 합법적 수단만이 활용된 것은 아니었다. 따라서 후임자에게 권력이 이양되는 것을 꺼려했으며 특히 주요 국정운영 과정에서 생산된 주요 통치기록이 후임자에게 넘어가는 것도 두려워했다. 또한, 대통령의 국정행위를 낱낱이 볼 수 있도록 국정기록물을 국민이 열람할 권한이 있다는 관념도 민주주의의 성숙과 함께 최근에야 공식화되었다.

이 같은 정치문화의 문제점 뿐만 아니라 대통령 기록관리의 제도적인 한계도 있었다. 1999년 기록관리법과 2007년 대통령기록관리법이 제정되기 전에는 대통령기록물의 관리에 관한 간단한 법규조차 제정되지 않았었다.

---

3) 이완범, 「한국의 통치사료보존 전통과 그 현대적 계승」 『국회도서관보』 45-6, 2008, 33~34쪽.

다만, 1986년도에 정부기록보존소가 대통령문서고를 설치하여 각 기관에서 보관하고 있던 대통령 결재문서를 제한적으로 수집하였을 뿐이었다.

그러나 기록관리법과 대통령기록관리법에서는 대통령기록물이 국가소유임을 명시하고 전문적인 대통령기록관을 설치 운영할 수 있도록 규정함으로써 대통령기록물의 파기와 무단유출을 되풀이해온 전통을 단절할 수 있는 계기를 마련할 수 있었다. 그러나 이 같은 법규상의 정비에도 불구하고 대통령기록물은 여전히 정치적 논란의 중심에 있다. 고 노무현 대통령이 퇴임 이후 연구목적으로 사저에 대통령기록물 복사본을 옮겨 관리하다가 이를 반환하는 과정에서 국가기록원장이 대통령기록관리법의 무단유출 조항을 근거로 노무현 대통령을 고발하였고 2008년 8월에는 서울고등법원장의 영장이 발부되었으며 같은 해 12월 2일 국회에서는 이른바 쌀 직불금 감사은폐 의혹을 밝히기 위하여 대통령지정기록물 열람을 의결[4]하는 등 대통령기록물을 둘러싼 정치적 논란이 심각하게 전개되었다.[5]

2008년의 일련의 사건은 대통령기록관리법이 얼마나 강력한 처벌체계를 가지고 있었는가를 단적으로 보여주는 것이면서도 대통령기록물이 학술적 목적이나 국민의 국가정보 접근의 관점에서 활용되는 것이 아니라 정치적으로 쉽게 이용될 수 있다는 것을 보여주는 것이다. 특히 2010년 3월 15일에는 청와대 메시지기획관리관실 행정관이 대통령기록관장으로 임명되는 등 대통령기록을 둘러싼 논란은 계속되고 있다.[6] 현직 대통령의 측근이 전직 대통령

---

4) 쌀직불금 관련 지정기록물은 정치적 논란 속에서 주목받았으나 결국 열람을 통해서 얻게 된 정치적 이익은 거의 없었다. 현재 국회에 이송된 쌀직불금 관련 대통령지정기록물은 국회사무처에서 국회기록보존소로 이관되어 비공개 관리되고 있다. 국회기록보존소는 대통령지정기록물의 국회의원의 접근권한을 둘러싼 대책회의에서 별도의 국회의결이 없다면 어떠한 국회의원도 열람이 불가능한 것으로 해석하여 관리하고 있다.
5) 이 과정에서 대통령기록관장의 직무가 정지되었다.
6) 그동안 대통령기록관장은 노무현 정부 시절 기록관리비서관인 임00씨가 재직해왔으나 정권교체 기간 동안 대통령기록을 봉하마을로 유출했다는 이유로 직권면직 되었

기록물을 관리할 수 있는 직위에 임명된 것은 현재의 기록문화에서 보면 대단히 우려스러운 일이다.

대통령기록물은 대통령의 국정행위를 일목요연하게 드러낸다는 점에서 매우 중요한 사료이다. 2007년 대통령기록관리법은 관련 학계가 줄기차게 요구해온 제안들을 일부 수용했다는 점에서는 높이 평가할 수 있으나 대통령 기록물의 관리프로세스 개선에 지나치게 치중한 나머지 거시적 측면에서의 대통령기록관리의 정치적 독립성과 전문성을 확보하는데에는 제도적으로 미비한 측면이 있다.[7]

이 장에서는 대한민국의 핵심 국정기록인 대통령관련 기록물관리의 역사를 검토함으로써 좀 더 나은 관리체계를 구상할 수 있도록 안을 제시하는 것에 있다. 종전의 대통령 기록관리에 관한 연구에서는 현행 기록물관리체제의 한계들을 지적하고 그 대안을 주로 모색했다. 그러나 이제는 대통령기록물이 어떻게 취급되어 관리되었는지에 대한 역사적 분석이 필요한 시점이다.

다.

7) 지금까지 대통령기록관리에 대해서는 다음의 연구들을 참조할 수 있다. 조영삼, 「대통령기록관리의 현황과 전망」『기록학연구』21, 2009 ; 정상우, "대통령기록물 관리에 관한 법률'에 관한 연구」『헌법학연구』15, 2009 ; 이영학, 「대통령기록관리제도 시행의 의의와 과제」『역사문화연구』33, 2009 ; 이완범, 「한국의 통치사료보존 전통과 그 현대적 계승」『국회도서관보』45-6, 2008 ; 남태우·오지영·유보현, 「대통령기록물관리법에 관한 연구」『한국기록관리학회지』7-2, 2007 ; 곽건홍, 「대통령기록 관리기구의 기능과 역할」『기록학연구』4, 2001 ; 김성수·서혜란, 「대통령기록관의 설립 및 정부기록보존소의 위상에 관한 연구」『한국기록관리학회지』2-1, 2002 ; 김판석·김관보·권영주, 「대통령기록물 보존·관리제도 실태분석과 선진화 방향」『한국행정학보』37-4, 2003 ; 박찬승, 「역대 대통령기록관 설립을 제안함」『역사와현실』34, 1999 ; 이상민, 「대통령기록관의 설립과 운영방향」『기록학연구』6, 2002.

2. 대통령기록관리법 제정 이전의 대통령 기록관리

대한민국 헌법은 대통령의 공적인 행위는 반드시 문서로써 하여야 한다고 규정하고 있으며 군사에 관한 것도 예외가 아니라고 규정하고 있다.[8] 법령에서 정하고 있는 대통령의 행위는 언제나 문서로 시행하여야 하므로 문서 이외의 방법으로 의사표시를 하는 행위는 그 효력이 인정될 수 없다. 따라서 대통령은 국정 수행과정에서 중요한 문서를 직접 생산하거나 관련 부처가 생산한 문서를 접수하여 보유하게 된다. 대통령의 국법상의 행위를 문서로 시행하도록 규정한 이유는 대통령의 권한행사를 신중히 하고 법적 증거와 효력을 명확히 하기 위한 것이다. 뿐만 아니라 권한행사에 따른 책임소재를 확실하게 하여 책임을 물을 수 있도록 하고 대통령의 공적인 행위에 대해서 국민의 접근을 용이하게 하기 위한 것이다.[9]

다만, 헌법과 법률에서는 대통령의 권한을 충분히 행사하기 위한 절차와 방법 등에 대해서는 포괄적으로 규정했으나 대통령기록의 보존 관리에 대해서는 제대로 규정하지 못했다. 1999년 기록관리법 제정 이전에는 대통령비서실 및 경호실 등이 보유하고 있는 대통령기록물은 정부기록보존소도 접근이 불가능하였으며 관련 법규도 없었다.

대통령비서실도 국가기관의 일종이었음에도 불구하고 국가기록물관리의 측면에서는 통제되지 못한 영역이었다. 원래, 1948년 한국정부 수립 이후에 행정부의 공문서의 생산 및 유통 보존절차 등이 확립되었으나 대통령비서실 기록은 이 같은 법규들이 제대로 적용되지 않았다. 1980년대 초반까지 정부공문서는 "행정기관내부 또는 상호간이나 대외적으로 공무상 작성 또는 시행된 문서 및 행정기관이 접수한 모든 문서"로 정의되어 대통령직속기관의 포함

---

8) 「대한민국헌법(헌법 제10호, 1987.10.29)」, 제82조.
9) 정상우, 「대통령기록물 관리에 관한 법률에 관한 연구」『헌법학연구』15-1, 2009, 356쪽.

여부가 명확하지 않았다. 그러다가 1984년에 「정부공문서규정」을 개정하여 "중앙행정기관(대통령직속기관 및 국무총리 직속기관을 포함한다) 및 그 소속기관, 지방자치단체의 기관과 군의 기관에서 사용되는 공문서의 작성·처리 및 통제와 그 보관·보존"을 적용범위로 확대하는 데까지는 성공하였다.[10)]

더 나아가 1987년에 「정부공문서규정」[11)]에서는 대통령의 결재를 받은 문서(대통령에게 보고된 문서를 포함한다)는 총리령이 정하는 바에 따라 정부기록보존소에 이관하여 보존하도록 규정했다. 당시 「정부공문서규정」의 적용범위가 중앙행정기관(대통령직속기관 및 국무총리 직속기관을 포함한다) 및 그 소속기관, 지방자치단체의 기관과 군의 기관에서 사용되는 공문서였기 때문에 대통령 직속기관도 정부기록보존소로 대통령기록물을 이관해야 하는 것으로 해석할 수 있다. 그러나 일련의 법규 개정에도 불구하고 대통령직속기관이 생산한 기록물은 이관되지 않았다. 역대 대통령비서실이 대통령기록물의 생산과 유통 보존을 담당했을 것으로 추정되지만 과거 대통령비서실 직제는 그 비밀주의 때문에 업무분장이나 조직 등이 제대로 규정되어 있지 않았다. 법규만으로는 역대대통령 비서실의 현황과 업무조차 제대로 파악할 수 없는 실정이다.[12)]

1980년대 중반부터 정부기록보존소는 외국의 기록관리 실태를 조사하면서 국가기록물관리체계의 전반적 개편과 함께 대통령기록물에 대한 수집의 필요성을 깨달았다. 정부기록보존소는 각 행정기관에서 보유하고 있는 대통령 결재문서를 수집하는 우회적인 방법으로 관리할 것을 계획하고 1986년 6월 14일에 정부기록보존소직제를 개정하여 대통령기록문서고를 설치하고 관련

---

10) 「정부공문서규정(대통령령 제11547호, 1984.11.23)」.
11) 「정부공문서규정(대통령령 제12222호, 1987.8.1)」.
12) 역대 대통령의 직무를 수행하기 위하여 설치된 대통령비서실, 경호실 등의 직제는 매우 포괄적, 추상적으로 규정되어 있다. 이는 대통령 업무의 비밀주의적 관행을 만드는 좋은 수단이 되지 않았을까 생각한다.

기록물을 수집하기 시작했다.[13] 이 당시 수집대상 기간은 1980년 5월 31일부터 1986년 12월 31일까지였으며 수집실적은 아래와 같다.

<표 2-1> 대통령기록물의 수집실적(1986)

구분	총계	문서			기타기록물 (휘호, 도서등)
		소계	일반	비밀	
제1~제4공화국	29,370	29,352	29,351	1	18
제5공화국	6,510	6,469	6,381	88	41
총계(건)	35,880	35,821	35,732	89	59

출처 : 정부기록보존소, 『업무보고』, 1987

<표 2-2> 대통령기록물의 수집실적(1989)

구분	총계	문서			기타기록물
		소계	일반	비밀	
제1~제4공화국	30,721	29,545	29,544	1	176
제5공화국	13,897	9,905	9,767	138	3,992
총계	43,618	39,450	39,311	138	4,168

출처 : 정부기록보존소, 『업무보고』, 1989

정부기록보존소는 대통령관련 기록물의 중요성을 고려하여 수집기록물 전량을 마이크로필름으로 수록하고 부본을 제작하였다.[14] 1989년에는 대통령관련 기록물 수집업무의 전문성이 축적되어 좀 더 효과적인 관리체제 구축이 시도되었다. 즉, 역대 대통령관련 기록물의 집중관리와 영구보존체제의 구축을 목표로 세우고 대통령기록물의 수집대상 기관을 중앙행정기관 및 지방자치단체와 정부투자기관 및 이에 준하는 기관으로 확정했다. 그러나 대통령경호실과 국가안전기획부, 국방부는 대상기관에서 제외되었다.[15] 수집대상 기록물의 유형은 다음과 같다.

---

13) 「政府記錄保存所職制(대통령령 제11930호, 1986.6.14)」.

14) 정부기록보존소, 『업무보고』, 1987.

15) 정부기록보존소, 『업무보고』, 1989.

   ○ 대통령 결재문서 : 법령, 임용, 서훈 및 중요정책 문서
   ○ 대통령 보고문서 : 연두보고, 수시보고 및 정책보고서
   ○ 기타 관련 기록물 : 사진, 영화, 필름, 테이프, 우표, 기념메달, 휘호 등
     일체

대통령기록물은 이관을 통해서가 아니라 각 행정기관에서 보유하고 있는 대통령 결재문서를 정부기록보존소가 직접 수집하기 때문에 수집시기는 1년에 2회 6개월 단위로 총무처장관이 결정하였다.[16] 대통령기록물은 법규상의 미비에도 불구하고 1986년 정부기록보존소가 대통령문서고를 설치하면서 대통령기록물의 수집량도 일정하게 증가했다.

<그림 30> 대통령관련 기록물의 수집 및 보존과정

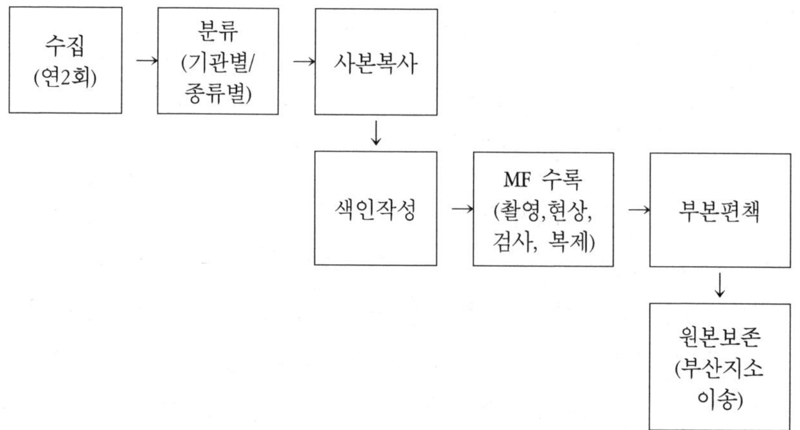

출처 : 정부기록보존소, 『업무보고』, 1989

대통령기록물을 수집 관리하면서 정부기록보존소는 대통령관련 기록물의 수집 관리 업무의 증가에 따른 필요 인력의 부족이 심화되었고 이관기간이 너무 짧아서 각 기관이 문서 활용상 지장을 초래한다는 지적이 제기되었다.

---

16) 정부기록보존소, 『업무보고』, 1989.

이 같은 문제점을 해결하기 위하여 정부기록보존소는 제1공화국에서 제4공화국 대통령관련 기록물을 연차적으로 정리하고 작업은 분류, 색인작성, MF 수록, 부본 편책 등의 순서로 수행하기로 했다. 특히 대통령관련 기록물의 수집 관리 요원을 보강하기로 했다. 또한 이관기간(6개월)의 조정은 검토하되 문서목록만큼은 정기보고로 계속 수집할 것을 계획했다.[17]

<표 2-3> 일반 공문서 이관절차

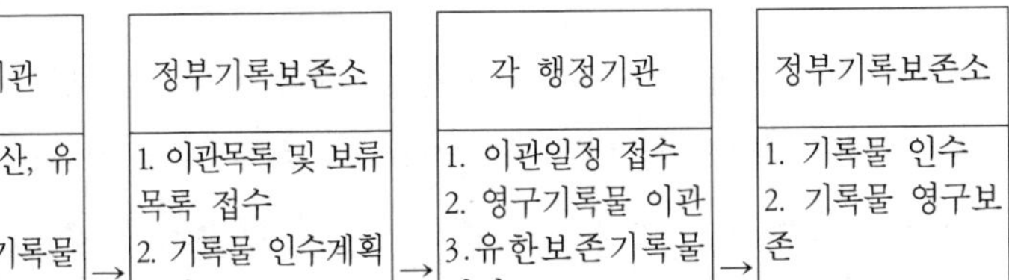

각 행정기관	정부기록보존소	각 행정기관	정부기록보존소
1. 기록물 생산, 유통, 완결 2. 영구보존기록물 이관목록 제출 3. 이관보류 목록 제출	1. 이관목록 및 보류목록 접수 2. 기록물 인수계획 수립 3. 각 기관에 이관일정 통보	1. 이관일정 접수 2. 영구기록물 이관 3. 유한보존기록물 관리 4. 보존연한 만료 기록물 폐기	1. 기록물 인수 2. 기록물 영구보존

<표 2-4> 대통령 재가문서의 이관절차

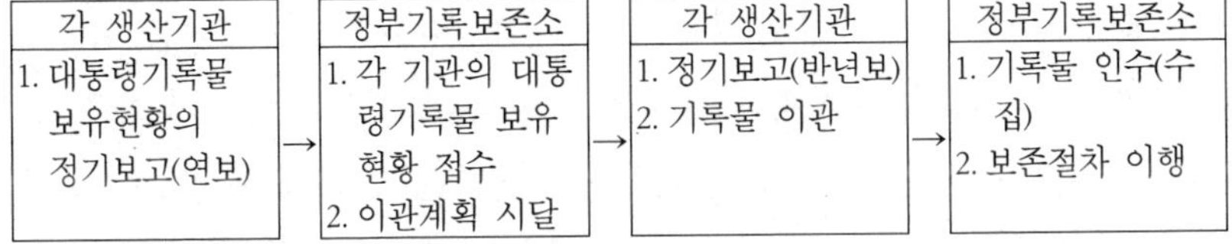

각 생산기관	정부기록보존소	각 생산기관	정부기록보존소
1. 대통령기록물 보유현황의 정기보고(연보)	1. 각 기관의 대통령기록물 보유현황 접수 2. 이관계획 시달	1. 정기보고(반년보) 2. 기록물 이관	1. 기록물 인수(수집) 2. 보존절차 이행

그러나 이 같은 정부기록보존소의 노력에도 불구하고 대통령비서실 등이 생산, 보유하고 있는 기록물에 대해서는 제대로 이관받지 못하는 결정적인 한계가 있었다. 대통령기록물의 핵심은 대통령비서실과 경호기관 등에서 생산된 기록물이었으나 정부기록보존소는 이 같은 권력기관에 대한 관리권을 전혀 행사하지 못했다. 특히, 대통령의 재임기간을 비롯하여 다양한 정치활동 과정에서 생산한 기록물을 생애차원에서 수집하는 체계를 갖추지도 못하였

---

17) 정부기록보존소, 『업무보고』, 1989.

다. 대통령기록물의 실태는 한국기록관리의 관행과 그 문제점을 가장 단적으로 보여준다고 할 수 있다.

3. 대통령기록관리법의 시행과 대통령기록관리체제의 수립

1) 대통령기록관리법의 제정 과정

대통령기록물에 대한 관리가 본격적으로 논의되기 시작한 것은 1999년 기록관리법에서이다. 이 법에서는 대통령기록물의 수집과 보존 및 대통령기록관의 설치에 관하여 구체적으로 규정했다는 점에서 종전보다는 획기적으로 개선된 것으로 볼 수 있다. 우선, 대통령과 그 보좌기관이 대통령의 직무수행과 관련하여 생산 또는 접수한 모든 기록물은 중앙기록물관리기관의 장이 이를 수집하여 보존하여야 한다는 것을 분명히 했다.

대통령관련 기록물의 범위는 ① 대통령이 결재하거나 보고받은 기록물, ② 대통령과 그 보좌기관이 생산 또는 접수한 기록물, ③ 공공기관이 대통령 또는 그 보좌기관에 제출한 기록물의 원본, ④ 대통령 또는 차관급 이상의 대통령의 보좌기관이 참석하는 정책조정을 위한 각종 회의의 회의록, ⑤ 대통령의 업무와 관련한 메모, 일정표, 방문객명단 및 대화록, 연설문 원본 등 사료적 가치가 높은 기록물, ⑥ 대통령의 영상 또는 육성이 수록된 시청각기록물, ⑦ 대통령 가족의 공적 업무활동과 관련한 기록물, ⑧ 기타 중앙기록물관리기관의 장이 대통령관련 기록물로 지정한 기록물 등으로 규정하였다.

대통령기록물을 생산 또는 접수한 공공기관의 장은 당해 기록물의 생산 또는 접수일이 속하는 해의 다음 연도 6월 30일까지 대통령관련 기록물의 목록을 중앙기록물관리기관의 장에게 제출하여야 하도록 했으며 다만, 대통령의 임기가 종료되는 해의 전년도에 처리한 대통령관련 기록물의 목록은 대통령의 임기가 종료되는 해의 1월 10일까지 제출하도록 했다.

그리고 중앙기록물관리기관의 장은 대통령관련 기록물의 목록을 대통령 임기종료 40일 전까지 대통령당선자가 지명하는 자에게 통보하고, 지명된 자는 대통령 임기종료 20일전까지 대통령관련 기록물 중 중앙기록물관리기관으로 이관하지 아니하고 차기 대통령과 그 보좌기관이 계속 활용할 필요가 있는 기록물의 목록을 중앙기록물관리기관의 장에게 통보하도록 했다. 이 규정은 대통령당선자가 업무의 연속성과 국정운영을 쉽게 파악하기 위한 것이다.

그리고 누구든지 대통령관련 기록물을 무단으로 폐기·훼손하거나 보존하고 있는 공공기관 밖으로 반출하여서는 아니되며 대통령관련 기록물의 효율적 관리와 전시를 위하여 필요한 경우에는 중앙기록물관리기관 소속하에 대통령기록관을 설치·운영할 수 있도록 했다.

그러나 학계와 시민단체에서는 대통령기록물 관리를 위한 특별법의 제정을 요구했다. 1998년에 참여연대는 유재건 의원의 소개로 제출한 청원서에서 "국가적으로 중요한 대통령의 직무와 관련된 기록물의 보존과 관리를 위해 대통령기록보존법"을 제정할 것을 청원하였다. 이 청원서는 대통령기록의 소유권을 국가에 두고 보존 관리의 효율성을 꾀하기 위하여 대통령기록보존소 설치와 대통령기록관리관제도를 신설할 것을 제안했다.[18) 국회는 해당 청원을 심사한 결과 당시 이미 기록관리법에서 대통령기록물의 보존 관리에 관한 규정이 설치되어 있기 때문에 청원의 목적이 달성되었다고 심사하여 국회본회의에 이송하지는 않았다.

이후 2002년에는 한국국가기록연구원 등 기록학, 역사학 관련 단체들이 철저한 대통령기록관리를 위해 대통령기록관 설립을 주장했다. 2003년에는 전국 역사학 교수 및 교사 399명이 적극적인 정보공개와 철저한 국정의

---

18) 「大統領記錄保存法 제정청원」. 참여연대의 청원문서는 국회 홈페이지의 의안관리시스템에 접속하면 원문을 열람할 수 있다.

기록을 촉구하는 전국역사학자 선언문을 발표하면서, 역대 대통령기록관 등의 문제에 대한 근원적인 해결책을 요구하고 대통령기록의 독립적, 전문적 관리를 위한 통합형 대통령기록관 설립을 주장하기도 했다. 이어 행정개혁시민연합도 2003년에 '대통령기록물 관련 법제 개선에 관한 토론회'를 개최하여 투명한 통치와 국정운영, 그리고 정권인수기에 전직 대통령들의 성공, 실패 사례들을 분석하여 성공하는 대통령을 만드는데 '대통령기록관리법' 제정의 필요성을 강조했다.[19]

2005년 11월 22일에는 정문헌 의원 등 73명의 국회의원이 예문춘추관법안을 제안했다. 예문춘추관법에서는 대통령기록물을 ① 대통령의 직무관련 발언록, ② 대통령이 결재하거나 보고받은 기록물, ③ 대통령과 그 보좌기관이 생산한 기록물, ④ 공공기관이 대통령 또는 그 보좌기관에 제출한 기록물의 원본, ⑤ 대통령 또는 차관급 이상의 대통령의 보좌기관이 참석하는 각종 공식적 또는 비공식적 회의의 속기록, 녹음기록 또는 회의록, ⑥ 대통령의 업무와 관련한 메모, 일정표, 방문객명단 및 대화록, 연설문 원본, 이메일, 정보통신망 게시물 등 사료적 가치가 높은 기록물, ⑦ 대통령의 정보통신망을 활용한 전자문서 및 행정정보물, ⑧ 대통령 또는 그 보좌기관의 정치적 행위로서 대통령의 직무수행과 관련되거나 직접적인 영향이 있는 행위에 관한 기록물, ⑨ 대통령의 영상 또는 육성이 수록된 시청각기록물, ⑩ 대통령 가족의 공적 업무활동과 관련한 기록물, ⑪ 대통령과 그 가족의 사료·유물적 보존가치가 있는 行政博物, ⑫ 대통령이 받은 일정금액 이상의 선물류, ⑬ 그 밖에 예문춘추관이 지정한 기록물 등으로 규정하였다.[20]

예문춘추관법에서는 대통령기록물의 국가소유 원칙을 천명하고 대통령은 기록물 보존을 위하여 성실히 노력해야 함을 선언하였다. 이 규정은 종전

---

19) 조영삼, 「대통령기록관리체계의 형성과 쟁점」『지배문화와 민중의식』, 한신대출판부, 2008, 347쪽.
20) 「예문춘추관법안」.

참여연대가 청원했던 것과 같은 입법 정신에서 비롯된 것으로 볼 수 있으며 다른 한편으로는 미국의 대통령기록관리법을 참고했던 것으로 보인다.

이와 함께 대통령기록의 철저한 관리와 정치적 독립성을 위하여 각별한 관심을 기울인 점이 특징이다. 우선 이 법안이 정한 목적을 달성하기 위하여 예문춘추관을 두고, 예문춘추관은 그 업무를 독립하여 수행하도록 했다. 춘추관은 춘추의장 1인을 포함한 9인의 춘추위원으로 구성하며 국회가 선출하는 3인, 대통령이 지명하는 3인, 대법원장이 지명하는 3인을 대통령이 임명하도록 하였다. 춘추의장은 장관급, 춘추위원은 차관급으로 구성하는 등 그 직급을 높였다. 예문춘추관법은 대통령기록관리기구의 독립성을 최대한 보장하기 위하여 제도적인 고려를 한 것으로 볼 수 있다.

그리고 춘추관은 대통령기록물의 효율적인 공개와 관리를 위하여 대통령기록관을 설치·운영하도록 했다. 춘추관은 대통령기록물이 이 법이 정하는 바에 따라 춘추관으로 이관되지 않은 사실을 안 때에는 즉시 해당 대통령기록물을 보관하고 있는 자에게 춘추관으로 이관할 것을 요구할 수 있도록 하였다. 이외에 국사편찬위원회는 이 법에 의하여 예문춘추관 소속으로 하되, 그 운영은 독자적으로 하도록 하였다. 예문춘추관법안은 별도의 예문춘추관제도를 도입하고 외부의 전문가를 임용하여 대통령기록물 관리기구의 독립성과 전문성을 확보하고자 한 점이 특징이다.

이와 별도로 정부에서는 2005년 10월 9일에 "대통령관련 입법은 정부혁신위와 충분히 논의하여 방향과 내용을 결정하되, 국가기록원 확대 보완, 대통령기념관을 두는 방안 등을 연구 검토"하라는 노무현 대통령의 지시에 따라서 국가기록원, 대통령비서실, 정부혁신지방분관위원회 기록관리전문위원회 등이 '대통령기록관리혁신T/F'를 구성하여 대통령기록관리법의 제정을 위한 논의를 시작했으며 2006년 7월 18일에 대통령기록관리법안을 국회에 제출했다. 국회에서는 정문헌 의원 등이 제출한 예문춘추관법안과 정부가 제출한 법안을 검토하여 국회행정자치위원회가 代案을 새롭게 만들어 2007년 4월 2일 국회본회의에서 의결, 4월 27일 공포, 7월 28일부터 시행되었다.[21]

2) 대통령기록관리법의 주요 내용

대통령기록관리법은 총칙, 대통령기록관리위원회의 설치, 대통령기록물의 관리, 대통령기록물의 공개 및 열람, 대통령기록관의 설치 및 운영, 보칙 등 모두 6개장 30개조로 구성되어 있다. 대통령기록관리법의 특징은 기록물관리에 관한 주요 내용을 시행령에 위임하지 않고 직접 법률로 규정하였다는 점에 있는데 이는 대통령기록을 철저히 관리하기 위한 것이었다.

(1) 대통령기록물의 정의

대통령기록관리법은 대통령기록물의 범위와 그 생산기관을 구체적으로 규정하여 그 적용범위를 명확히 했다. 즉, 대통령기록물은 대통령의 직무수행과 관련하여 대통령(본인, 권한대행, 대통령 당선인을 포함한다)과 그 보좌기관(대통령비서실), 자문기관(헌법에서 규정하고 있는 대통령 자문위원회와 개별 법령이나 규정에서 정의된 대통령 자문위원회), 대통령의 경호업무를 수행하는 기관(대통령경호실), 대통령직 인수위원회 등에서 생산·접수하여 보유하고 있는 기록물과 국가적 보존가치가 있는 대통령상징물(대통령을 상징하는 문양이 새겨진 물품 및 행정박물 등을 말한다. 이하 같다)로 정의된다.[22] 이들 기관에서 생산되는 기록물은 모두 대통령기록물로 규정되어 대통령기록관리법에 의해 적용을 받게 된다.

<표 2-5> 대통령기록물 생산기관현황(2010.1)

구분	생산기관
보좌기관	대통령실
경호기관	대통령실 경호처
자문기관	민주평화통일자문회의, 국가교육과학기술자문회의, 국가균형발전위원회, 국가생명윤리심의위원회, 경제사회발전노사정위원회, 아시아문화중심도시조성위원회, 지방분권촉진위원회, 국가지속가능발전위원회, 도서관정보정책위원회, 미래기획위원회, 국가경쟁력강화위원회, 국가건축정책위원회, 국가우주위원회, 국가에너지위원회, 국가인적자원위원회 등 ※ 국가안전보장회의, 국민경제자문회의(대통령실 내 설치)
기타	대통령직인수위원회

이외에 대통령 개인의 기록물도 수집 관리할 수 있도록 했는데, 개인기록물이란 대통령의 사적인 일기·일지 또는 개인의 정치활동과 관련된 기록물로서 대통령의 직무와 관련되지 아니하거나 그 수행에 직접적인 영향을 미치지 아니하는 대통령의 사적인 기록물을 말한다. 개인기록물은 역대 대통령의 재임 전·후 및 재임 당시에 생산한 기록물에 대해 국가적 보존할 가치가 인정되는 경우 소유자의 동의를 받아 수집·관리할 수 있다.[23] 대통령은 선출직 공무원이기 때문에 대통령 전 생애를 기록화한다는 측면에서 개인기록물로 분류되는 주요 기록들을 수집할 필요가 있다.

(2) 대통령기록물의 국가소유 원칙과 강력한 처벌규정

대통령기록관리법에서는 대통령기록물의 소유권은 국가에 있으며, 국가는 대통령기록물을 법에서 정한 바에 따라 관리해야 한다는 원칙을 확고히 했다.[24] 원칙적으로 해석하면 대통령도 국가공무원이기 때문에 공적인 업무 수행과정에서 생산되는 기록물은 당연히 국가기록물로 취급되어야 했으나 과거의 관행에서는 대통령비서실 등 보좌기관 등에서 생산한 기록물을 개인

---

23) 「대통령기록물 관리에 관한 법률(법률 제10009호, 2010. 2.3)」, 제26조.
24) 「대통령기록물 관리에 관한 법률(법률 제10009호, 2010. 2.3)」, 제3조.

적으로 관리하는 경향이 강했다. 대통령기록관리법에서는 대통령기록물의 소유권이 국가에 있다는 원칙을 처음으로 만들어 대통령 본인도 국가기록물에 대해서는 함부로 유출, 훼손, 파기할 수 없다는 것을 분명히 했다.

만약, 대통령기록관리법을 위반하여 대통령기록물을 무단으로 파기하거나 무단으로 국외로 반출하는 경우에는 10년 이하의 징역이나 3천만 원 이하의 벌금에 처하도록 했고 대통령기록물을 무단으로 은닉 또는 유출한 자 및 대통령기록물을 무단으로 손상 또는 멸실시킨 자는 7년 이하의 징역 또는 2천만 원 이하의 벌금에 처한다. 이외에 비밀누설의 금지 등을 위반한 자는 3년 이하의 징역이나 금고 또는 7년 이하의 자격정지에 처한다. 중대한 과실로 대통령기록물을 멸실하거나 일부 내용이 파악되지 못하도록 손상시킨 자는 1천만 원 이하의 벌금에 처하도록 했다.[25] 기록관리법의 처벌조항보다 강력한 처벌을 받도록 함으로써 대통령기록물 보호에 만전을 기했다고 볼 수 있다.

⑶ 특별법으로서의 대통령기록관리법

대통령기록물의 관리에 관하여는 다른 법률에 우선하여 대통령기록관리법을 적용하되, 이 법에 규정되지 아니한 사항에 관하여는 기록관리법을 적용하도록 했다.[26] 이 규정은 대통령기록물 관리에 대해서는 특별한 보호조치와 함께 철저한 수집 보존을 염두에 두었기 때문이다.

⑷ 대통령기록물의 관리기구

대통령기록물의 효율적 보존·열람 및 활용을 위하여 중앙기록물관리기관의 장은 그 소속에 대통령기록관을 설치하도록 했다. 대통령기록물의 영구보존에 필요한 시설 및 장비와 이를 운영하기 위한 전문인력을 갖추고 대통령기

---

25) 「대통령기록물 관리에 관한 법률(법률 제10009호, 2010. 2.3)」, 제30조.
26) 「대통령기록물 관리에 관한 법률(법률 제10009호, 2010. 2.3)」, 제4조.

록물을 영구적으로 관리하는 기관으로 정의되었다.[27) 대통령기록관은 ①
대통령기록물의 관리에 관한 기본계획의 수립·시행, ② 대통령기록물의
수집·분류·평가·기술·보존·폐기 및 관련 통계의 작성·관리, ③ 비밀기
록물 및 비공개 대통령기록물의 재분류, ④ 대통령지정기록물의 보호조치
해제, ⑤ 대통령기록물의 공개열람·전시·교육 및 홍보, ⑥ 대통령기록물
관련 연구 활동의 지원, ⑦ 개인기록물의 수집·관리, ⑧ 그 밖에 대통령기록물
의 관리에 관하여 필요한 사항 등에 관한 업무를 수행한다.

대통령기록관의 장은 대통령기록물의 관리 및 대통령기록관의 운영과
관련한 제반 사무를 통할하고, 소속 직원을 지휘·감독한다. 대통령기록관의
장의 임기는 5년으로 하였는데 이는 임기보장을 통해서 정치적 중립성을
확보하려는 의도였다. 그리고 대통령기록관의 장은 대통령기록관의 운영에
관한 주요 사항을 결정하려는 경우에는 대통령기록관리전문위원회(이하 "전
문위원회"라 한다)의 심의를 거쳐야 하며, 전문위원회의 심의 결과를 존중하
도록 했다.

대통령기록관리법에 따르면 중앙기록물관리기관 소속이 아닌 개별 대통령
기록관의 설치가 가능하다. 즉, 중앙기록물관리기관의 장은 특정 대통령의
기록물을 관리하기 위하여 필요한 경우에는 개별 대통령기록관을 설치할
수 있도록 했는데, 개인 또는 단체가 대통령령으로 정하는 기준에 따라 특정
대통령의 기록물을 관리하기 위한 시설을 건립하여 「국유재산법」 제13조에
따라 국가에 기부채납하는 경우에는 위원회의 심의를 거쳐 개별 대통령기록
관을 설치할 수 있도록 했다. 중앙기록물관리기관의 장은 개인 또는 단체가
국가에 기부채납할 목적으로 특정 대통령의 기록물을 관리하기 위한 시설을
건립하고자 하는 경우에는 위원회의 심의를 거쳐 필요한 경비의 일부를
예산의 범위 안에서 지원할 수 있다. 만약, 개별 대통령기록관을 설치하는

---

27) 「대통령기록물 관리에 관한 법률(법률 제10009호, 2010. 2.3)」, 제2조.

경우에 해당 전직 대통령은 그 개별 대통령기록관의 장의 임명을 추천할 수 있다.[28]

한편, 대통령기록물의 관리에 관한 사항을 심의하기 위하여 기록관리법 제15조 제1항에 따른 국가기록관리위원회에 전문위원회를 두었다.[29] 전문위원회는 대통령기록물의 관리 및 전직 대통령의 열람에 관한 기본정책, 대통령기록물의 폐기 및 이관시기 연장의 승인, 대통령지정기록물의 보호조치 해제, 비밀기록물 및 비공개 대통령기록물의 재분류, 개별 대통령기록관의 설치에 관한 사항, 대통령기록관의 운영에 관한 주요 사항, 그 밖에 대통령기록물의 관리와 관련한 사항 등을 심의한다. 종전 대통령기록관리법에서는 규정되지 않았던 전직 대통령의 열람에 관한 기본정책 업무가 추가된 것이 특징이다.

전문위원회는 위원장 1인을 포함한 9인 이내의 위원으로 구성하되, 국가기록관리위원회의 위원, 대통령기록관의 장, 대통령기록물의 관리에 관한 학식과 경험이 풍부한 자 중에서 국가기록관리위원회 위원장이 임명 또는 위촉한다. 다만, 위원의 2분의 1 이상은 대통령기록물의 관리에 관한 학식과 경험이 풍부한 자로 위촉하도록 했다. 이는 대통령기록관리의 전문성을 확보하기 위한 노력의 일환이라고 할 수 있다.[30]

⑸ 대통령기록물의 이관 및 관리체제

대통령의 직무수행의 과정과 결과를 기록화하고 철저히 관리하도록 세밀한 규정을 설치했다. 특히, 대통령은 5년 단임의 선출직 공무원이기 때문에 기록관리법을 직접 적용하여 이관 관리하는 것이 바람직하지 않다고 판단하여 대통령의 특성에 맞게 이관 및 관리체제를 새롭게 정비했다.

---

28) 「대통령기록물 관리에 관한 법률(법률 제10009호, 2010. 2.3)」, 제21조~제25조.
29) 종전 대통령기록관리법에서는 대통령기록관리위원회였으나 2010년 2월에 개정하여 대통령기록관리전문위원회로 개칭하고 그 업무를 규정했다.
30) 「대통령기록물 관리에 관한 법률(법률 제10009호, 2010. 2.3)」, 제5조.

우선, 대통령기록물생산기관의 장은 대통령기록물을 각 처리과에서 보관한 후 보존기간의 기산일부터 2년 이내에 관할 기록관으로 이관하도록 했으며 대통령의 임기가 종료되는 해와 그 전년도에 생산된 대통령기록물은 대통령의 임기가 종료되기 전까지 관할 기록관으로 이관하도록 했다. 다만, 대통령기록물생산기관이 폐지되어 그 사무를 승계하는 기관이 없을 경우에는 대통령기록물생산기관의 장은 지체 없이 그 기관의 대통령기록물을 관할 기록관 또는 중앙기록물관리기관으로 이관하여야 한다.

이와 함께 대통령실 기록관의 장은 대통령의 임기가 시작되면 지체 없이 대통령이 대통령 당선인으로서 직무수행과 관련하여 생산한 대통령기록물을 대통령실의 기록관으로 이관 받아야 한다. 대통령 권한대행은 권한대행의 자격이 상실되면 지체 없이 대통령 권한대행인으로서의 직무수행과 관련하여 생산한 대통령기록물을 대통령실의 기록관으로 이관하여야 한다.

그리고 대통령 경호업무를 수행하는 기관의 장은 대통령 경호관련 기록물의 이관시기를 연장하려는 경우에는 대통령의 임기가 끝나기 6개월 전에 대상 대통령기록물의 목록, 연장시기 및 사유 등을 기재하여 중앙기록물관리기관의 장에게 이관시기 연장을 요청하여야 하도록 했다. 그리고 이관시기의 연장을 요청받은 중앙기록물관리기관의 장은 전문위원회의 심의를 거쳐 이관시기의 연장 여부 및 이관시기 등을 정하여야 한다.

대통령기록물생산기관의 기록관의 장은 대통령 임기종료 6개월 전부터 이관대상 대통령기록물의 확인·목록작성 및 정리 등 이관에 필요한 조치를 강구하여야 한다. 이 경우 중앙기록물관리기관의 장은 기록물정리인력 등 대통령기록물의 이관에 관하여 필요한 사항을 지원할 수 있다.

대통령기록물생산기관의 장은 보존기간이 경과된 대통령기록물을 폐기하려는 때에는 위원회의 심의를 거쳐 폐기하여야 한다. 대통령기록물생산기관의 장은 제1항에 따라 대통령기록물을 폐기하려는 경우에는 폐기대상 목록을

폐기하려는 날부터 60일 전까지 대통령기록관의 장에게 보내야 하며, 대통령
기록관의 장은 목록을 받은 날부터 50일 이내에 위원회의 심의를 거쳐 그
결과를 대통령기록물생산기관의 장에게 통보하여야 한다. 이 경우 대통령기
록물 생산기관의 장은 폐기가 결정된 대통령기록물의 목록을 지체 없이
관보 또는 정보통신망에 고시하여야 한다. 대통령기록관의 장은 이관된 대통
령기록물 중 보존기간이 경과된 대통령기록물을 폐기하려는 경우에는 국기록
관리위원회의 심의를 거쳐야 한다. 이 경우 대통령기록관의 장은 위원회의
심의를 거쳐 폐기가 결정된 대통령기록물의 목록을 지체 없이 관보 또는
정보통신망에 고시하여야 한다.

<표 2-6> 대통령기록관 소장현황(2010.1)

	문서류	시청각	전자기록	행정박물	합계(권/건/점)
이승만	4,029	3,387	0	14	7,430
허정(권한대행)	172	13	0	0	185
윤보선	1,572	468	0	0	2,040
박정희	25,501	12,046	0	487	38,034
최규하	901	1,283	0	45	2,237
박충훈(권한대행)	66	3	0	1	70
전두환	16,221	26,181	0	676	43,078
노태우	8,476	12,667	0	401	21,544
김영삼	13,812	3,091	0	1,696	18,599
김대중	149,709	20,466	30,624	1,549	202,348
노무현	508,901	695,334	704,6375	3,105	8,253,715
이명박(인수기관)	6,302	118	44,774	141	51,335
합계	735,670	775,057	7,121,773	8,115	8,640,615

⑹ 공개 및 열람

대통령기록물은 공개함을 원칙으로 하였다. 그러나 「공공기관의 정보공개
에 관한 법률」에서 정의한 비공개 정보를 포함하고 있는 경우에는 이를
공개하지 아니할 수 있다. 공개/비공개 지정의 방법과 시기에 대해서도 구체적
으로 규정하고 있는데 대통령기록물생산기관의 장은 소관 기록관으로 대통령

기록물을 이관하려는 때에는 당해 대통령기록물의 공개 여부를 분류하여 이관하도록 했다. 대통령기록관의 장은 비공개로 분류된 대통령기록물에 대하여는 이관된 날부터 5년이 경과한 후 1년 내에 공개여부를 재분류하고 그 첫 번째 재분류 시행 후 매 2년마다 전문위원회의 심의를 거쳐 공개 여부를 재분류하도록 했다. 비공개 대통령기록물은 생산연도 종료 후 30년이 경과하면 공개함을 원칙으로 한다. 다만, 공개될 경우 국가안전보장에 중대한 지장을 초래할 것이 예상되는 대통령기록물에 대하여는 위원회의 심의를 거쳐 당해 대통령기록물을 공개하지 아니할 수 있는 예외를 두었다.

한편, 대통령기록관의 장은 전직 대통령이 재임 시 생산한 대통령기록물에 대하여 열람하려는 경우에는 열람에 필요한 편의를 제공하는 등 이에 적극 협조해야 한다는 규정을 설치하여 전직 대통령의 기록물 활용에 대한 법적 근거를 마련해 두었다(제18조). 그러나 이 같은 열람편의 제공의 범위와 절차 방법 등에 대해서는 논란의 여지가 있다. 즉, 대통령기록관리법 제정 이후에 전직 대통령에 대한 열람에 필요한 제공의 범위가 열람 외에 복사(사본제작)가 인정되는지, 나아가 복사본의 소유 혹은 점유·관리권을 전직 대통령에게 인정할 수 있는지 등이 문제된 바가 있다.

그러나 전직 대통령의 열람에 대한 '편의제공'에 전직 대통령 사저에 전용선을 설치하여 손쉽게 접근할 수 있는 방안을 마련하는 것은 대통령기록관이 충분히 해결할 수 있는 문제이다. 지금까지 논란이 된 것은 첫째 열람의 장소이고, 둘째 열람의 편의 제공에 따른 대통령지정기록물의 정보유출의 위험성이다. 우선 열람의 장소와 관련해서는 특정 대통령의 기록물을 관리하기 위하여 필요한 경우에 개별 대통령기록관을 설치할 수 있는 상황에서 반드시 현재의 대통령기록관 혹은 대통령기록관의 장이 관리하는 범위 내에서 이루어져야 하는 것은 아니라고 해석할 수 있다. 예컨대 전직 대통령의 고향 인근에 개별 대통령기록관을 세울 수도 있다. 또한 천재지변이나 유사시

대통령기록물의 물리적 훼손 가능성에 대비하여 사본을 제작하여 개별 대통령기록관에 보관하는 것도 필요할 수 있다. 따라서 열람의 장소는 크게 문제가 되지 않는다고 본다.[31]

다만, 문제는 전용선 설치에 따른 정보의 기술적 유출의 위험성이다. 적어도 열람은 누설이 가능한 방법으로 제공되는 것은 바람직하지 않기 때문에 대통령지정기록물의 중요성, 정보유출시 국가안전보장에 중대한 위험을 초래할 수 있는 점을 종합적으로 고려하여 열람방법이 결정되어야 할 것이다.[32] 그러나 2008년 노무현 대통령의 경우와 같이 매우 제한된 범위에서만 열람의 편의제공을 해석한다면 대통령기록관리법의 입법취지는 손상될 우려가 있다. 앞으로 전직 대통령에 대한 열람 편의제공을 적극적으로 고려할 필요가 있다.

이상과 같은 문제점을 일부 해결하기 위하여 2010년에 대통령기록관리법을 개정하여 전직 대통령의 열람에 관한 사항을 구체적으로 규정하였다. 우선, 대통령기록관의 장은 전직 대통령이 재임 시 생산한 대통령기록물에 대하여 열람하려는 경우에는 열람에 필요한 편의를 제공하는 등 이에 적극 협조하여야 하며, 편의 제공에 관한 협의 진행상황 및 편의제공의 내용 등을 문서로 기록하여 별도로 관리하도록 규정했다. 그리고 열람의 편의를 위하여 전직 대통령은 「전직대통령 예우에 관한 법률」 제6조 제1항에 따른 비서관 중 1명을 포함하여 필요한 범위에서 대리인을 지정할 수 있도록 했다.[33]

그리고 대통령기록관의 장은 제1항에 따라 대통령지정기록물 및 비밀기록물을 제외한 기록물에 대하여 「정보통신망 이용촉진 및 정보보호 등에 관한

---

31) 정상우, 「대통령기록물 관리에 관한 법률에 관한 연구」 『헌법학연구』 15-1, 2009, 372~373쪽.
32) 정상우, 「대통령기록물 관리에 관한 법률에 관한 연구」 『헌법학연구』 15-1, 2009, 373쪽.
33) 「대통령기록물 관리에 관한 법률(법률 제10009호, 2010. 2.3)」, 제18조.

법률」 제2조 제1항 제1호에 따른 정보통신망을 이용한 열람(이하 "온라인 열람"이라 한다)을 위한 편의를 제공할 수 있다. 이 같은 법규정은 온라인 열람할 수 있는 방법을 규정함으로써 전직 대통령의 기록활용에 대한 편의를 좀 더 적극적으로 수용한 것으로 볼 수 있다.

(7) 대통령지정기록물 보호제도

대통령기록관리법에서 가장 주목되는 제도가 대통령지정기록물제도이다. 대통령기록물은 그 중요성과 특수성에 비추어 공개될 경우 국가안전보장에 중대한 위험을 초래하거나 정치, 사회, 경제적으로 논란을 불러일으킬 가능성이 높기 때문에 기록물을 엄격히 비공개할 필요가 있다. 또한 정권이 바뀌게 되어 현실적으로 대통령 재임시 기록이 공개될 것이 예상되면 퇴임하는 대통령 측근과 보좌기관은 자신들이 생산한 대통령기록을 이관하지 않거나 대통령기록물을 은닉 또는 무단파기를 초래하는 등의 역효과가 일어날 수 있다. 따라서 대통령기록물 가운데 일부분에 대해서는 고도의 보호체계를 구축함으로써 국가의 중요 자산인 대통령기록물을 효과적으로 생산 보존 관리하기 위해서 대통령지정기록물 제도를 도입한 것이다.[34]

대통령지정기록물은 정보공개법에 의한 비공개기록 또는 보안업무규정에 의한 비밀기록과는 별도로 대통령이 생산한 기록물을 일정한 기간 동안 비공개할 수 있도록 하는 특별한 것이다. 대통령지정기록물의 보호제도는 그 동안 역대 대통령의 기록이 제대로 보존되어 있지 못한 것은 대통령기록의 철저한 보호체계가 마련되어 있지 않았기 때문이라는 지적 때문에 설치된 것이다.

대통령기록관리법은 일정한 요건에 해당하는 대통령기록물에 대하여 열람

---

34) 최성렬, 「대통령지정기록물 관리 방안에 관한 연구」, 한국외국어대학 석사학위논문, 2009, 26쪽.

·사본제작 등을 허용하지 아니하거나 자료제출의 요구에 응하지 아니할 수 있는 기간(이하 "보호기간"이라 한다)을 따로 정할 수 있도록 했다. 다만, 대통령지정기록물은 고도의 비공개 수단이기 때문에 무분별한 지정을 막기 위하여 법률에 6가지 유형을 구체적으로 규정했다. ① 법령에 따른 군사·외교·통일에 관한 비밀기록물로서 공개될 경우 국가안전보장에 중대한 위험을 초래할 수 있는 기록물, ② 대내외 경제정책이나 무역거래 및 재정에 관한 기록물로서 공개될 경우 국민경제의 안정을 저해할 수 있는 기록물, ③ 정무직 공무원 등의 인사에 관한 기록물, ④ 개인의 사생활에 관한 기록물로서 공개될 경우 개인 및 관계인의 생명·신체·재산 및 명예에 침해가 발생할 우려가 있는 기록물, ⑤ 대통령과 대통령의 보좌기관 및 자문기관 사이, 대통령의 보좌기관과 자문기관 사이, 대통령의 보좌기관 사이 또는 대통령의 자문기관 사이에 생산된 의사소통기록물로서 공개가 부적절한 기록물, ⑥ 대통령의 정치적 견해나 입장을 표현한 기록물로서 공개될 경우 정치적 혼란을 불러일으킬 우려가 있는 기록물 등이다. 대통령지정을 위한 구체적인 기준은 아래 표와 같다.

보호기간의 지정은 각 기록물별로 하되, 중앙기록물관리기관으로 이관하기 전에 하여야 하며, 지정 절차 등에 관하여 필요한 사항은 대통령령으로 정한다. 보호기간은 15년의 범위 이내에서 정할 수 있다. 개인의 사생활과 관련된 기록물의 보호기간은 30년의 범위 이내로 할 수 있다.[35]

---

35) 대통령지정기록물 제도를 활용한 노무현 전 대통령은 총 280만 건의 대통령기록물을 이관했는데 이 중에서 약 37만 건을 대통령지정기록물로 규정했다. 이영학, 「대통령기록관리제도 시행의 의의와 과제」『역사문화연구』33, 2009.

<표 2-7> 참여정부의 지정기록 기준

지정 대상 구분 (대통령기록관리법 제17조 제1항)	지정기록기준
국방·외교·통일에 관한 비밀기록	1. 군사·외교·대북관계의 국가기밀에 관한 사항으로서 그 발표로 말미암아 국가안위에 중대한 영향을 미치는 경우 2. 대통령의 안전을 위협하는 경우
경제정책·무역거래 및 재정 관련기록	1. 진행 중인 대외협상전략이 드러나 국가이익을 훼손하는 경우 2. 공개시 국가적 경제위기를 초래할 수 있는 경우 3. 시장에 일대 혼란을 초래하거나 국민 사이의 심각한 갈등을 초래하는 경우
정무직 공무원 등의 인사기록	1. 대통령이 임명하는 정무직 공무원에 대한 인사추천 및 평가사항 2. 대통령이 임명하는 정무직 공무원에 대한 인사검증 결과 3. 인재발굴에 관한 기록 중 개인의 성향, 정보 등이 수록되어 프라이버시를 침해할 우려가 있는 사항
개인 사생활 기록	1. 대통령 및 대통령 가족의 프라이버시를 침해하는 경우 2. 대통령의 친인척 및 특수 관계자의 프라이버시를 침해하는 경우 3 대통령의 직무수행과 관련한 이해당사자의 사회생활에 심대한 영향을 끼칠 정도로 프라이버시를 침해할 우려가 있는 경우 4. 고위 공직자에 대한 첩보·감찰·사정기록 중 개인의 프라이버시를 침해할 우려가 있는 경우
대통령·보좌기관·자문기관 사이의 의사소통 기록	1. 대통령의 일정 및 의전에 관한 기록 중 공개가 부적절한 경우 2. 대통령의 발언 및 참석자들과 나눈 대화기록 중 공개가 부적절한 경우 3. 검토 및 참고단계에서 대통령의 개인적인 의견이나 업무지시사항이 기록되어 있어 공개가 부적절한 대통령의 친필 메모 4. 대통령 직무수행을 위한 대응전략 수립에 관한 기록 중 공개가 부적절한 경우
대통령의 정치적 의사표현 기록	1. 대통령이 정치권 등과의 행사에서 표명한 정치적 견해나 입장 중 공개시 정치적 혼란을 초래할 우려가 있는 경우 2. 대통령이 정치적 사안에 대해 개인, 단체 등에 자문을 요청한 경우 중 공개시 정치적 혼란을 불러일으킬 수 있는 경우

출처 : 조영삼, 「대통령기록관리의 현황과 전망」『기록학연구』21, 2009

<그림 31> 대통령지정기록물의 지정 및 관리 절차

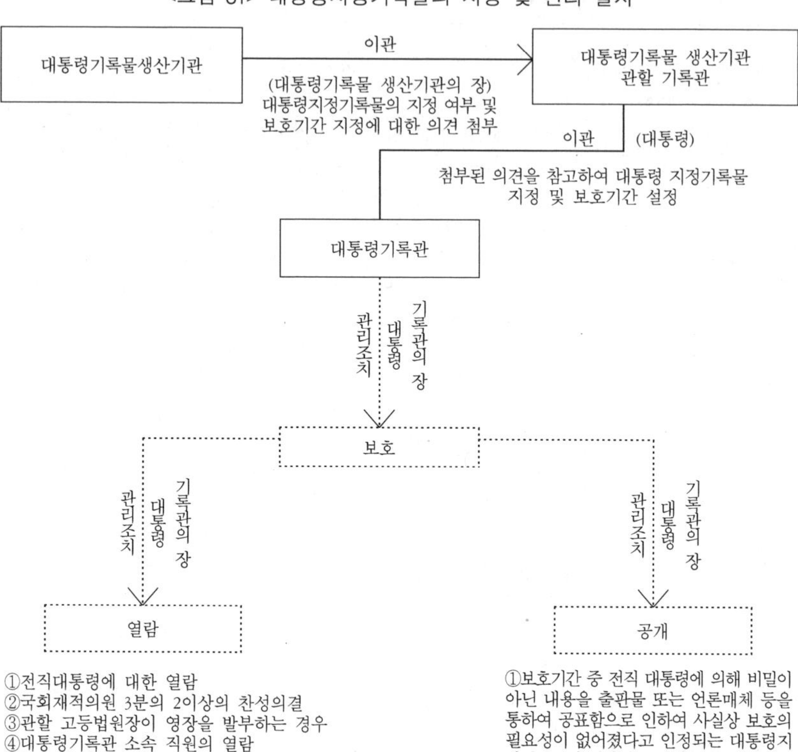

출처 : 최성렬, 「대통령지정기록물 관리 방안에 관한 연구」, 한국외국어대학 석사학위논문, 2009

그러나 국회재적의원 3분의 2 이상의 찬성의결이 이루어진 경우이거나 관할 고등법원장이 해당 대통령지정기록물이 중요한 증거에 해당한다고 판단하여 발부한 영장이 제시된 경우에는 최소한의 범위 내에서 열람, 사본제작 및 자료제출을 허용하였다.[36] 그리고 대통령기록관 직원이 기록관리 업무수

---

36) 관할 고등법원장은 열람, 사본제작 및 자료제출이 국가안전보장에 중대한 위험을 초래하거나 외교관계 및 국민경제의 안정을 심대하게 저해할 우려가 있다고 판단하

행상 필요에 따라 대통령기록관의 장의 사전 승인을 받은 경우에는 접근이
가능하다.

대통령기록물 관리업무를 담당하거나 담당하였던 자 또는 대통령기록물에
접근·열람하였던 자는 그 과정에서 알게 된 비밀 및 보호기간 중인 대통령지
정기록물에 포함되어 있는 내용을 누설하여서는 아니된다. 다만, 전직 대통령
또는 전직 대통령이 지정한 대리인이 제18조에 따라 열람한 대통령지정기록
물에 포함되어 있는 내용 중 비밀이 아닌 사실에 대하여는 그러하지 아니하다.

4. 맺음말 : 대통령 기록관리의 문제점과 개선 방안

과거 한국에서는 대통령기록물을 수집 관리하여 후세에 전승하는 전통을
세우지 못했으나 1999년에 기록관리법이 제정되고 2007년에 특별법으로서
대통령기록관리법이 제정되면서 한국에서도 대통령기록물을 보존하고 국민
이 향유할 수 있는 법적 근거를 마련했다고 볼 수 있다. 이로써, 대통령의
국정행위를 국민이 알 수 있도록 체계적으로 보존하고 서비스한다는 관념이
제도화될 수 있게 되었다.

그러나 노무현 전 대통령을 둘러싼 정치적 논란 속에서 현행 대통령기록물
관리체계가 근본적인 문제점을 드러내기도 했다.[37] 원래, 대통령기록물은

는 경우 등에는 영장을 발부하여서는 아니된다.

[37] 현행 대통령기록관리법에서는 정치적 독립성을 제도적으로 보장하기 위하여 대통령
기록관리전문위원회의 구성 및 운영, 대통령기록관장의 임기제 도입, 대통령기록관
업무를 법률로 구체적으로 규정한 것 등이다. 그러나 이 같은 제도들은 대통령기록
유출 논란과 쌀직불금 논쟁 등 정치적 논란 과정에서 효력이 없었다. 예컨대 대통령기
록관장의 임기를 5년으로 보장했음에도 불구하고 '대통령기록 유출 논란' 과정에서
국가기록원장이 대통령기록관장을 고발하여 직무가 정지되는 등 정치적 논란에서
자유롭지 못했다. 물론 대통령을 포함하여 국회의원 등의 헌법기관도 법률을 위반하
게 되면 법률에 따라서 법적 처벌을 받는 것은 당연하다. 그러나 대통령 기록의
유출논란을 통해 정치저 관점에 따라서 기록물의 접근이 얼마나 위험한지를 알

정치적으로 이용하려는 환경에 쉽게 노출되거나 대통령직에 도전하려는 유력 정치인이 현직 대통령의 국정수행상의 문제점을 집요하게 지적하면서 자신의 집권에 활용하려는 수단이 될 수 있다. 다른 한편으로는 정치적 상대를 제압하는 수단으로서 대통령기록물은 좋은 소재가 될 수도 있다.

현행 대통령기록관리법은 관리프로세스와 절차, 방법 등에서는 획기적으로 개선을 이룩했으나 대통령기록물을 보호하기 위한 거시적 차원의 접근은 대단히 취약한 측면을 보여주었다. 집권세력이든 비집권세력이든 대통령의 직무수행과정에서 발생한 주요 사건들의 정치쟁점화를 시도하려 하고 그 같은 시도는 결국은 기록물의 공개를 둘러싼 논쟁으로까지 연결되기 쉽다. 궁극적으로 대통령기록을 정치적으로 이용하려는 정치문화가 없어져야 근본적인 해결이 된다. 그러나 정치의식과 문화는 쉽게 바꾸기 어렵기 때문에 정치의식의 성장과 문화가 성숙해질 때까지는 법과 제도의 힘으로 보완할 필요가 있다.

최근에 대통령기록관의 독립성 보장을 위하여 독립행정위원회로 설치하거나 국가기록원을 독립기관화하고 그 소속으로 대통령기록관을 두는 방안이 제안되고 있다.[38] 이 같은 논의방향이 매우 바람직하고 기록학계 뿐만 아니라 국가지도자들 사이에서도 폭넓게 이해될 필요가 있다고 생각한다. 다만, 이러한 방안들과 함께 대통령기록관을 다양한 형식으로 설치하는 방안도 함께 고려할 필요가 있지 않을까 생각한다. 즉, 현행과 같이 중앙기록물관리기관 소속 하에 설치된 대통령기록관 뿐만 아니라 미국의 대통령기록관을 참고하여 독립기관으로 설치하는 것도 적극 고려할 필요가 있다.

한국의 대통령기록관은 경제성과 효율성을 바탕으로 통합형으로 설립되었으나 통합형 대통령기록관은 대통령제를 표방하는 미국에서도 시행하지 않는

___

수 있다.

38) 조영삼, 「대통령기록관리의 현황과 전망」 『기록학연구』 21, 2009, 299쪽.

형식으로 세계에서 유일한 형태이다. 이 같은 통합형 관리는 효율성과 비용절감의 측면에서는 긍정적일 수는 있으나 각 대통령 특성에 맞는 기록관을 운영한다는 관점에서 보면 지나치게 획일적인 체제일 수도 있다.

(1) 공공법인 성격의 대통령기록관 설치

현행 대통령기록관리법에서는 중앙기록물관리기관 소속으로 대통령기록관을 설치하되 일부 예외를 인정하여 개별 기록관도 설립할 수 있도록 규정되어 있다. 따라서 현행 법률에서는 중앙기록물관리기관 소속으로 설치하는 것이 일반 원칙이라고 할 수 있다. 그러나 중앙기록물관리기관이 행정안전부 소속기관에 불과한 상황에서 대통령기록관이 정치적으로 독립적인 운영이 가능한지 의문이다.

대통령중심제 국가에서는 일반적인 행정부 기관의 경우 대통령의 정치적 의중에서 벗어나는 정책결정을 할 수 없는 근본적인 한계가 있다. 만약 대통령기록관의 독립성 문제를 최우선적으로 해결하는 것이 중요한 과제라고 생각한다면, 국가기록원의 소속보다는 개별 기록관 형태를 장려하는 것도 검토할 수 있지 않을까 생각한다. 예컨대, 대통령이 관련 비용을 조달하여 기록관을 직접 설립하거나 대통령기록관 설립 비용의 50%를 국가가 제공하고 나머지는 민간이 기부형식으로 50%를 제공하여 개별 기록관을 설치한다면 정치적 논란에서 벗어날 수 있지 않을까. 일부에서는 개별 기록관을 설치하는 경우에 막대한 예산을 우려하는 시각도 있다. 현재와 같이 국가기록원에서 통합적으로 대통령기록관을 운영하는 것보다 개별 기록관을 설립하게 되면 비용이 증가할 것은 분명하다. 그러나 대통령기록관리체제의 안정화를 위하여 국가가 100~200억 원을 지출하는 것이 과연 의미없는 낭비는 아니라고 판단된다. 한국의 경제규모로 볼 때, 오히려 그 이상을 지출해서라도 대통령기록의 후세전승을 위한 안전한 제도를 확립할 필요가 있지 않을까.

개별 대통령기록관의 설립과 운영 비용을 획기적으로 줄일 수 있는 방안도 있다. 즉, 대학, 민간도서관, 단체 등도 대통령기록물을 이관받아 관리할 수 있는 제도를 신설하게 된다면 비용을 대폭 줄일 수 있다. 이 방식은 민간단체에서 자금의 출자가 불가능한 경우에는 대학 등에 기록물 일체를 이관하고 대학의 연구자료로 제공하는 방식이 될 것이다. 대학에 기록물을 기증하게 되면 서고와 보존시설의 설치의 측면에서 비용을 많이 줄일 수 있을 것이다.

다만, 대통령기록물 관리의 중요성을 고려하여 민간에 기증하는 경우에는 해당 기관을 '국가지정대통령기록관(가칭)'으로 규정하여 대통령기록관리위원회의 체계적인 지도와 감독을 받도록 해야 할 것이다. 그리고 개별 대통령기록관의 설치가 불가능하거나 대학 등에서 운영하는 것도 불가능한 대통령의 경우에는 현재와 같이 국가기록원에서 대통령기록관을 설치 운영하는 방식을 병행할 필요가 있다.

대통령기록관리위원회는 각 개별 대통령기록관의 통일적인 운영, 공개, 열람 등의 주요 정책을 수립하는 업무를 수행하되 국가역사기록관리위원회 소속으로 구성하도록 한다.[39] 그러나 현재의 국가기록관리위원회의 성격과 위상으로는 대통령기록관리의 독립성을 보장하기 어렵다. 따라서 국가기록관리위원회의 구성과 그 성격을 근본적으로 개편해야 한다. 이미 제1부 제5장에서 언급했듯이 국가기록관리위원회를 (가칭) 국가역사기록관리위원회로 변경하고 그 성격을 단순한 심의기구가 아니라 국가기록관리의 정책을 입안하고 추진하는 정책기구로 재편할 것을 제안한다.

대통령기록관리위원회는 위원장 1인을 포함한 9인 이내의 위원으로 구성하되, 국가역사기록관리위원회 위원, 대통령기록관의 장, 대통령기록물의 관리에 관한 학식과 경험이 풍부한 자 중에서 국가역사기록관리위원회 위원장이 임명 또는 위촉한다. 다만, 위원의 2분의 1 이상은 대통령기록물의

---

39) 국가역사기록관리위원회에 대해서는 본서 제1부 제5장 참조.

관리에 관한 학식과 경험이 풍부한 자로 위촉한다.

(2) 대통령기록관장의 임용방식 개선

대통령기록관장의 임용절차와 방법을 개선할 필요가 있다. 현행 법률에서 대통령기록관장은 대체로 대통령이 임명하고 그 임기를 보장하는 방식이었다. 이 방식과 함께 개별기록관, 민간단체, 대학도서관 소속의 형식을 띠는 경우에는 전임대통령이 대통령기록관장의 추천권을 퇴임 후 10~30년간 행사할 수 있도록 보장해주고 대통령기록관리위원장이 임명하는 것이다. 만약 전임대통령이 사망한 경우에는 그 유족이 행사하도록 한다.

대통령기록관장을 전임대통령이나 그 유족이 행사하도록 하되, 가급적 역사학자, 기록학자, 정치학자 등이 추천될 수 있도록 하는 것도 고려할 수 있지 않을까 생각한다. 전문연구자들이 대통령기록에 대한 이해가 높고 정치적 입장보다는 긴 안목에서 대통령기록을 관리하려는 의지가 있지 않을까 생각한다.

(3) 학술적 접근 보장과 역대대통령 연구 지원

정치문화가 기록문화를 보호하는 방식으로 나아가지 않는다면 한국민족의 역사와 미래는 불투명할 수밖에 없다. 뿐만 아니라 대통령기록을 포함하여 모든 공공기록은 사회에 봉사하지 않으면 그 의의가 없다. 일반 국민은 물론 대통령기록을 연구하는 전문연구자들에게 적극적으로 열람기회를 제공하는 것을 최우선 과제로 삼아야 한다. 대통령기록물을 활용한 학술연구는 국가경영을 위한 좋은 참고자료가 될 수 있고 더 나아가 대통령기록의 중요성과 학술적 가치도 널리 인식될 수 있는 계기가 된다. 정치적 이해관계보다는 역사적 관점에서 널리 내다보는 학계의 관심도 일부 필요하지 않을까 생각한다.

현재 국가기록원이 소장하고 있는 기록물에 대한 전문연구자들의 활용도는 그리 높지 않다고 볼 수 있다. 한국 현대사 전공자들은 주로 미국 NARA의 기록물은 많이 활용하지만 국가기록원 소장 기록물은 극히 제한적으로만 활용할 뿐이다. 이 같은 이유는 국가기록원 소장 기록물의 사료적 가치를 현대사 전공자들이 제대로 파악하지 못해서라기보다는 전문연구자들에 대한 열람방법과 절차가 까다롭기 때문이 아닌가 생각한다.

대통령기록물은 학술연구적 가치가 대단히 높기 때문에 적극적으로 관련 학자들에게 제공함으로써 국정운영에 필요한 연구를 지원해야 한다. 이 같은 연구들이 활발해지면 대통령기록관의 조사, 연구, 교육 기능을 활성화하는 데에도 참고가 될 수 있으며 대통령의 국정운영에 필요한 참고자료가 될 수 있을 것이다.

⑷ 전직 대통령의 기록열람권의 철저한 보장

전직 대통령이 학술적, 공익적 목적으로 재임기간에 생산한 기록물을 열람하고자 하는 경우에는 대통령기록관은 이에 응해야 한다. 그 열람방법과 절차는 전직 대통령의 요구에 따르되 열람방법이 많은 비용과 인력이 필요한 경우에는 대통령기록관리위원회에서 결정한다. 또한 전직 대통령을 보좌하기 위하여 파견되는 비서관 중 1인은 퇴임 10년간 전임 대통령 기록물의 수집과 관리 등을 전담하도록 하며 기록관리 및 사료편찬 업무를 지원할 수 있도록 보장할 필요가 있다.

한국이 대통령 중심제 국가로서 출발한 지 60여 년이 흘렀으나 대통령이 생산한 기록물을 보존하고 후세에 전승하기 위한 법제도를 시행한지는 10여 년에 불과하다. 한국에서 대통령 직위는 정치적 논란의 중심에 있기 때문에 관련 기록물도 정치적 영향에서 벗어나기가 쉽지 않은 형편이다. 그러나 수백 년간 이어온 조선왕조의 사관들이 실록을 생산하고 보존한 기록관리의 전통과 자세를 정치인들과 현대 기록학 전공자들이 유념한다면, 대통령기록물도 『조선왕조실록』과 같은 종합적 사료로서 후세들에게 전승할 수 있지 않을까 생각한다.

제3장 국회기록보존소와 입법부 기록관리

1. 머리말

국회는 행정부, 사법부와 구분되는 국가기관으로 입법권을 행사하는 헌법
상의 기구이다.[1] 대한민국 헌법에서는 국민의 주요 권리와 의무에 관한 사항,
국정의 중요 사항 등 국가운용의 근거가 되는 사항은 모두 법률로써 수행하도
록 규정함으로써, 국민의 권리를 보호하고 국정운영의 투명성을 확보하도록
했다. 이 같은 입법행위, 즉 법률의 제정 및 개정·폐지는 국회의 가장 중요하
고 본질적인 권한에 속한다.

이외에 헌법은 국가 예산안의 심의 및 확정권을 국회에 부여하고 있으며,
또한 국정감·조사를 통해 국정운영의 실태를 정확히 파악하고 국정의 잘못
된 부분을 적발·시정함으로써 입법·예산심의·국정통제를 효율적으로 수
행할 수 있도록 권한을 부여하고 있다.[2] 그리고 국회는 대법원장·헌법재판소
장·국무총리·감사원장·대법관 임명동의권, 헌법재판소 재판관 3인 및
중앙선거관리위원회 위원 3인의 선출권과 탄핵소추권[3] 등 헌법기관을 구성

---

1) 「대한민국 헌법(헌법 제10호, 1987.10.29)」, 제40조 및 제41조.
2) 국정감사권은 제9차 개정헌법에 의하여 1988년 부활되었으며, 국회는 매년 9월
   10일부터 20일간 국정전반에 대하여 감사를 실시한다.
3) 탄핵소추의 대상은 대통령·국무총리·국무위원·행정각부의 장·헌법재판소 재판
   관·법관·중앙선거관리위원회 위원·감사원장·감사위원 기타 법률이 정한 공무
   원 등이다

하는 권한도 일부 가지고 있다.[4]

이렇듯 한국이 대통령 중심제 국가이지만 헌법에서는 국가 운영에 관한 핵심 기능을 국회에 부여하고 있기 때문에 국회는 중요 국가기록물을 생산하고 있다. 특히, 국회는 국민의 보통·평등·직접·비밀선거에 의하여 선출된 국회의원들의 회의체 국가기관이라는 특성을 가지고 있기 때문에 국회회의록과 의안문서 등으로 대표되는 국회 고유의 기록들을 생산한다. 국회회의록과 의안문서는 국회기록관리의 특징을 나타내는 기록들이기 때문에 이 기록들이 어떻게 보존 관리되었는지에 대해서 이해해야 국회기록관리의 특성을 파악할 수 있다.

국회의 기록관리체제는 1960년대 초반에 정비되었다. 1948년 국회 설립 후에는 행정부의 「정부처무규정」을 참고하여 제정한 「국회사무처처무규정(1949)」, 「민의원사무처처무규정(1957)」 등으로 기록관리를 수행했다. 그러다가 1964년에 「문서보존내규(1964)」를 제정하여 국회기록을 관리했는데 「문서보존내규」는 행정부의 「공문서보관·보존규정(1963)」의 내용을 준용하면서도 국회의 실정을 일부 반영하여 제정된 기록관리 기본법규이다. 다만, 「공문서보관·보존규정」의 제정을 계기로 행정부는 영구기록물관리기관인 정부기록보존소를 설치하였으나 「문서보존내규」에서는 문서보존의 책임을 총무과로 지정함으로써 국회 내에서는 전문적인 기록물관리부서를 설치하지 않았다. 1971년에는 의안문서의 보존책임부서로서 의사과를 지정하여 의안문서는 별도로 보존 관리되었다.[5] 이외에 국회회의록은 「국회법」과 국회회의록

---

4) 국회는 긴급명령, 긴급재정경제처분, 명령승인권, 계엄해제 요구권, 일반사면에 대한 동의권, 선전포고 및 국군의 해외파견 외국군대주류에 대한 동의권 등 국정 전반에 걸쳐 권한을 행사할 수 있다. 그리고 국회가 조약의 체결·비준에 대한 동의권을 행사할 수 있는데 이것은 조약이 국민의 권리·의무와 국가 재정에 상당한 영향을 미칠 뿐 아니라 국내법과 동일한 효력을 가지므로 이에 대한 국민적 합의가 필요하기 때문이다.

5) 1979년에는 「문서보존내규」를 다시 개정하여 의안문서의 보존책임을 의사과에서

관련 내규에 근거하여 일찍부터 속기과에서 관리하는 관행이 정착되었다.[6]

국회는 「문서보존내규(1964)」 등에 근거하여 총무과, 의안과, 속기과 등에서 영구보존기록물을 각각 관리하였으나 1999년에 기록관리법이 제정되면서 전문적인 기록물관리부서로서 2000년에 국회기록보존소가 설치되었고 2001년 「국회기록물관리규칙」의 제정을 계기로 의안과, 속기과 등의 기록물 보존 권한이 법적으로 부정되었다. 이에 따라 국회의 모든 기록물은 국회기록보존소에서 집중 관리할 수 있게 되었다.

기록관리법의 제정을 계기로 추진된 국회기록물관리체제의 개편은 한국 국가기록관리체제가 헌법기관에서 어떻게 작동되는지를 잘 보여주는 사례이다. 「공문서보관 · 보존규정」과 「정부공문서규정(1985)」 등은 모두 대통령령으로 제정되어 헌법기관에 적용할 필요는 없었으나 1999년에 기록물관리법이 제정되면서 이 법이 헌법기관에까지 시행되자 각 헌법기관에서는 후속조치가 필요하게 되었다. 다만, 헌법기관은 기록물관리법의 시행을 위한 하위 법규를 독자적인 규칙 등으로 제정할 수 있기 때문에 관련 하위규칙이 어떻게 제정되는가에 따라서 헌법기관의 기록관리체제는 특징을 띠게 된다.

국가기록관리체제는 국가기록원이 주도하는 행정부 관리체제 뿐만 아니라 국회를 비롯한 헌법기관의 기록관리체제를 포괄하고 있음에도 불구하고 국회의 기록관리제도와 보존실태에 대해서는 거의 알려진 바가 없다. 일부 연구에서 현행 국회기록관리제도를 간략히 소개하고 있을 뿐,[7] 현행 국회기록물관리

　　의안과로 변경하였다.
　6) 국회회의록의 보존에 관하여는 「회의록취급규정(1965.7.20)」, 「회의록작성및취급에관한규정(1973.09.20)」, 「국회회의록의발간및보존등에관한규정(1985.3.22)」 등에 의하여 국회법에 따라 서명 · 날인한 후 보존하도록 되어 있으나 구체적으로 어디에서 보존할 것인지에 대한 규정은 없다. 다만, 관행적으로 국회회의록은 속기과가 작성, 배부, 보존하였다.
　7) 김익한, 「기록관리법의 시행과 국회 기록관리」 『국회보』 400, 국회사무처, 2000 ; 이원영, 「국회기록의 관리방안」 『국회도서관보』 40-4, 국회도서관, 2003 ; 서연주 · 양승민, 「국회 기록관리 체제정비에 관한 연구」 『정보관리학회지』 2-3, 한국정보관리학회,

체제가 어떠한 과정을 거쳐서 수립되었고 기록물보존실태는 어떠한지에 대한 종합적인 조사는 없었다. 이 장에서는 기록물관리법이 국회에 어떻게 영향을 미쳤고 국회는 기록물관리법의 시행에 어떻게 대응하였으며 국회기록물 관리 체제는 어떻게 개편되었는지를 중심으로 소개하도록 하겠다.

2. 기록관리법 시행 이전의 국회기록관리

1) 「문서보존내규」의 제정과 국회기록관리체제의 정비

대한민국 국회는 1948년 5월 10일 총선거를 실시하여 국회의원을 선출하고 1948년 5월 31일 원구성에 착수하였다. 1948년 7월 12일에는 내각책임제 요소가 가미된 대통령중심제 헌법을 의결하였고 7월 17일에는 국회의장이 이에 서명하여 공포하였다. 국회는 헌법이 정한 절차에 따라 7월 20일에 이승만 국회의장을 대통령으로 선출하였고 8월 4일에는 신익희 부의장을 국회의장으로, 김약수 의원을 부의장으로 선출하였다. 8월 5일에는 김병로 대법원장 임명승인요청을 동의함으로써 정부수립을 위한 기본적인 조치를 완료하였다. 이에 따라 8월 15일에 대한민국 정부수립이 선포되었다.

이후 국회는 「국회법」과 「국회사무처법」 등을 제정하였고 1948년 12월 13일에는 「국회사무처직제」를 의결함으로써 국회 관련 법규가 정비되었다. 당시 국회사무처는 총무국, 의사국, 법제조사국 등 3국 7과로 구성되었는데 총무국에는 서무과, 후생과, 재무과가 설치되었고 의사국에는 의사과, 속기과, 경위과, 법제조사국에는 전문위원실과 위원과가 설치되었다.[8]

국회의 주요 기관들이 설치됨에 따라서 업무 수행에 필요한 공문서 제도를 수립할 필요가 있었다.[9] 제헌국회 개원 이후부터 1949년 8월 31일까지는

2005.

8) 국회의 입법지원조직은 국회법, 국회사무처법, 국회도서관법, 국회예산정책처법, 국회입법조사처법 등 관련 법규의 제정에 따라 여러 차례 변천을 겪었다.

국회의 공문서 관리에 관한 독자적인 제도가 마련되지 않아 제헌국회의원선거를 위하여 구성된 국회선거관리위원회의 문서관리제도와 1949년에 행정부가 제정한 「정부처무규정(1949.7.15)」을 준용하였다.

그러다가 1949년 9월 1일에 「국회사무처처무규정」이 제정됨으로써 비로소 국회사무처의 문서관리에 일반적인 제도가 마련되었다. 이 처무규정은 문서관리에 관한 사항 이외에도 복무, 회계사무, 당직, 청사단속 및 비상경비 등에 관한 사항을 망라한 국회사무처의 일반사무처리에 관한 총괄적 의장훈령이다.10)

「국회사무처처무규정」은 1957년 6월 3일 「민의원사무처처무규정」으로 개정되어 제5대 국회까지 시행되었는데 제2장 제3절에 문서의 편철 및 보관에 관한 사항이 간략히 규정되어 있다. 그 내용을 살펴보면, 첫째 완결된 문서는 각 건마다 관계문서 전부를 날짜순으로 합철하되 부피는 8센티미터를 표준으로 편철하여 총무과에 인계하도록 했다. 둘째, 문서의 보종종별을 갑종, 을종, 병종, 정종으로 구분하되 보존기간은 갑종은 영구, 을종은 10년, 병종은 3년, 을종은 1년으로 하였다.11) 셋째, 보존기간이 경과한 문서는 주무과장의 합의

---

9) 국회사무처, 『國會事務處三十八年史』, 1987, 485~495쪽. 국회에서의 문서는 국회사무처가 그 사무를 집행함에 있어 대내외적으로 공무상 작성 시행되는 문서(도면, 사진, 테이프, 필름, 슬라이드 포함)와 외부로부터 접수된 문서를 말하며 그 성질에 따라 법규문서, 지시문서, 공고문서와 일반문서로 구별되며 그 내용에 따라 보존연한, 관리방법 등이 달라져 왔다. 이와 함께 국회에서 문서의 작성은 문서의 용지, 용어, 문서작성 원칙, 문서의 구성 및 관인날인 등에 관한 제반절차를 말하며, 문서의 처리는 문서의 접수, 기안 및 결재, 시행, 발송, 통제 등에 관한 제반절차를 통일적 체계적으로 수행함을 의미하였다.

10) 「국회사무처처무규정」이 1957년 6월 3일에는 「민의원사무처처무규정」으로 개정되어 제5대 국회까지 시행되었다.

11) 갑종은 본회의 또는 위원회의 의결 및 이에 관한 주요 서류, 규칙, 규정, 기타 예규에 관한 서류, 사무처인계서류, 諸대장원부류, 통계서류, 직원의 이력, 진퇴 및 상벌에 관한 서류, 회의록, 속기록, 국정감사보고서, 입법조사연구에 필요하다고 인정되는 서류와 기타 영구보존의 필요가 있다고 인정되는 서류, 을종은 중요한 청원, 보고서 및 왕복서류, 경리에 관한 서류, 문서건명부, 기타 을종보존의 필요가 있다고 인정되는

를 얻어 폐기하되 보존기간이 경과하지 아니한 문서라도 보존의 필요가 없다고 인정할 때에는 폐기할 수 있도록 하였다.

「민의원사무처처무규정」은 문서보존에 관해서 매우 소략하게 규정하고 있는데 내용상으로는 「정부처무규정(1949.7.15)」을 거의 그대로 준용한 것이다. 국회는 「국회사무처처무규정」과 「민의원사무처처무규정」으로 제헌국회 이후 생산된 문서를 분류, 보존하여 왔으나 문서의 분류가 기능화·구체화되어 있지 않았고 문서의 편철방법과 지질, 보존시설의 불량한 상태가 지속되었다. 특히 한국전쟁 당시의 수차에 걸친 피난과 1961년 5·16 군사쿠데타 등으로 보존문서의 상당수가 소실되었다.

그러다가 1960년대 초반에 국회의 문서보존제도가 정비되었다. 국회의 문서보존제도가 개편된 것은 행정부의 영향이 컸는데 1961년에 국가재건최고회의가 공공부문의 행정효율화를 추진하면서[12] 「정부공문서규정」을 새롭게 제정하고 기록관리에 관한 단행법규인 「공문서보관·보존규정(1963. 12.16)」을 제정하자 국회도 이 같은 움직임에 대응하여 국회기록물을 체계적으로 관리할 수 있는 단행법규를 새롭게 제정했다.

국회는 1964년 4월 8일 공문서의 작성 및 처리에 관한 「국회공문서내규」를 제정한 후 10월 26일에는 「문서보존내규(국회사무처내규 제5호)」를 제정하여 현대적인 보존문서의 관리방법을 마련했다. 「국회공문서내규」와 「문서보존내규」의 제정은 종전까지 사무관리 법령에 통합되어 있던 기록의 생산과 관리 내용을 법규상 분리한 것이며 특히, 「문서보존내규」는 국회 최초의

서류, 병종은 직원의 신분에 관한 願書 신고 및 근무관계서류원부 또는 대장에 기입을 완료한 재료에 관한 서류, 기타 병종보존의 필요가 있다고 인정되는 서류, 정종은 일시적인 처리문서로서 1년 이상 보존의 필요가 없는 서류, 기타 갑 을 병종에 속하지 않는 서류로 규정했다.

12) 한국정부의 국가기록관리체제의 수립과정과 그 특징에 대해서는 다음의 논문 참조. 이승일, 「1960년대 초반 한국 국가기록관리체제의 수립과정과 제도적 특징」『한국기록관리학회지』 7-2, 2007.

전문적인 문서보존 법규로 평가할 수 있다.

「문서보존내규」는 「국회공문서내규」에 의하여 작성된 문서의 보존방법과 절차 및 편철, 이관, 보존 등에 관한 사항을 포괄적으로 규정하고 있다. 문서의 보존기간은 영구보존, 10년보존, 5년보존, 3년보존, 1년보존 등 5종으로 구분하되 문서의 보존기간은 <표 3-1>의 문서보존기간기준표에 따르도록 하였다.13) 다만, 보존기간이 정해진 문서 중 정세의 변화 또는 기타 특수한 사정으로 인하여 소정의 보존기간을 연장 또는 단축할 필요가 있을 때에는 사무총장의 승인을 얻어 변경할 수 있도록 했다.

이 문서보존기준표는 국회에서 생산된 모든 공문서의 보존연한을 구체적으로 지정한 최초의 처분지침이라고 말할 수 있다. 다만, 당시 행정부에서 운용되던 공문서보존기간종별책정기준표와는 그 구조와 성격에서 매우 다르다. 행정부는 계층별 기능분류와 문서기능에 기반하여 보존연한을 책정하였으나 국회는 기록물의 양이 많지 않았기 때문에 기능분류를 수행하지 않았고 기록물 성격과 유형에 따라서 보존연한을 책정하였다. 이러한 처분지침은 당시 국회에서 생산된 모든 기록물의 보유기간과 영구보존기록물의 유형을 확정해 줌으로써 적절한 폐기와 영구보존을 위한 표준적인 지침으로 활용될 수 있었다.

이와 함께, 보존문서를 체계적으로 관리하기 위하여 총무과에 문서보존책임자를 두었다. 행정부는 1969년에 영구보존문서를 전문적으로 관리하기 위하여 영구기록물관리기관(정부기록보존소)을 별도로 설치하여 운영하였으나 국회는 총무과가 문서보존책임부서로 지정되어 전문적인 기록물관리부서는 설치하지 않았다.14)

---

13) 보존기간은 처리 완결한 翌年 1월 1일부터 기산하도록 하였다.

14) 보존문서는 주기적으로 관리하도록 하였는데 우선 보존책임자는 보존상태를 확인하기 위하여 연1회 이상 기록대장과 보존문서를 대조하도록 했으며, 보존문서의 변질, 충해 등을 방지하기 위하여 정기적으로 소독을 실시하도록 했다. 만약, 보존기간이

<표 3-1> 문서보존기준표 (1969.11.12)

보존연한	문서유형
영구보존	국회의원등록서류, 관인날인대장, 연금카드및대장, 의원및직원명부, 신분상이동자명부, 상벌관계서류, 사건처리부, 소청관계서류, 인사명령근거서류, 제법규칠, 국유재산관계서류, 도면, 법률안, 各議案(동의,승인,건의,결의,규칙안 등), 예산결산관계서류, 법률공포서류, 역대국회의원이력사항, 국회사료, 국제회의관계서류, 의원외국공식방문관계서류, 외빈공식초청관계서류, 의사당신축설계서, 설계도
10년보존	제증명서발행대장, 채용시험실시관계서류, 각종중요계획서, 인사관계각종통계, 국정감사관계서류, 지출부, 지출원인행위부, 업무인계인수서, 수표발행부, 원천징수정리부, 청원관계서류, 의사당건립관계각종회의록, 의사당관립관계각종공사서류철, 의사당건립관계설계관계서류철, 의사당건립관계자재관리부, 의사당건립관계자재출납부
5년보존	중요행사관계서류, 문서발한번호부, 출장대장, 지출증빙서, 세입세출외현금출납부, 유가증권수불부, 비품거래부, 물품출납부, 진정서관계서류, 교섭단체관계서류, 상임위원선임관계서류, 국무위원관계서류, 삼임위원회관계서류, 회의사항서류, 의원출석관계서류, 국회의원해외여행관계서류, 국제회의관계일반문서류, 의사당건립관계각종자료수집관계서류철, 의사당건립관계자재운영철, 의사당건립본설계업무일지, 의사당신축공사감독일지, 의사당신축기공식관계서류
3년보존	일반행사관계서류, 문서접수및발송, 교육관계서류, 연금관계서류, 신원조사의뢰서류, 참고및회보철, 주소록, 출근부, 일반행정서무관계서류, 문서및일일명령, 각종일반계획서, 도서배포대장, 추산부, 영선대장, 관영요금대장, 검수대장, 차량수리대장, 소모품거래부, 물품운영및검사관계서류, 의사일정에관한서류, 의원청가·출장결석관계서류, 기자등록부대장, 방청권발행대장, 외빈접대관계서류, 의전관계서류
1년보존	각종시험관계서류, 각종업무일지, 신원조사회보부, 근무성적평정서류, 승진후보자명부, 제급여신청확인서, 전언통신문, 협조전, 출장신청서, 특근부, 재직증명서발급신청서, 각종의뢰서, 각종소모품대장, 계약서, 각종배부대장, 각종원고, 예정상황서류, 국회참관관계서류, 보도관계서류, 기타일반잡종서류

출처 : 「문서보존내규(1969.11.12)」

　　1967년에 국회는 제헌국회 이래의 구문서를 보존 관리하는데 필요한 시설이 조잡하고 장소가 협소한 점을 감안하여 보존기간이 경과한 문서를 총괄적

끝난 문서는 기록대장에 붉은 글씨로(朱書) 폐기일자를 기입한 후 폐기하도록 하였으며 폐기문서는 소각히지 않고 재생 활용할 수 있도록 합을 원칙으로 하였다.

으로 폐기하고 보존창고의 소독, 서가보수, 貸出標識를 부착하고 보존문서를 창고별 부서별 보존연한별로 재분류 정리하였다.[15]

이후 국회의 보존문서 관리체제는 국회의 업무 전문성이 강조되면서 의안문서와 국회회의록에 대하여는 「문서보존내규」에 예외를 두거나 새로운 특별 규정을 설치하여 관리하기 시작하였다. 즉, 1971년 6월 14일에는 「문서보존내규」를 개정하여 의사관계 각종문서를 일반문서와 분리하여 의사과에 별도의 문서보존책임자를 두어 보존 관리하도록 하였다.[16] 이 같은 변화는 국회가 의안문서를 특별 관리하기 위한 조치의 일환이었다.

1979년 6월 11일에는 「문서보존내규」를 다시 개정하여 ① 국회의원의 임기연장에 따라 문서의 보존기간을 5종에서 6종으로 변경하고, ② 의안문서의 보존처 및 문서책임을 의사과에서 의안과로 변경하였다. 1979년에는 보존기간이 정해진 문서 중에서 정세의 변화 또는 기타 특수한 사정으로 인하여 소정의 보존기간을 연장 또는 단축할 필요가 있을 때에는 사무총장의 승인을 얻어 이를 변경할 수 있도록 하였다. 이와 함께 보존문서를 관리하기 위하여 총무과 및 의안과에 문서보존책임자를 두도록 하였다.[17]

한편, 국회의 문서보존체제가 다시 개편되는 시기는 1985년이다. 이 시기는 행정부의 국가기록관리체제가 크게 개편된 시기이기도 하다. 행정부에서 문서관리 관련 법령을 정비하여 통합하는 등의 변화가 나타났는데 국회도 이 같은 움직임에 부응하여 관련 법규를 통합 정비하는 작업을 추진하였다. 1985년 4월 6일 「국회사무처직제」의 대폭 개정 등으로 종전의 국회사무처와 국회도서관에서 별도로 시행하던 「문서보존내규」와 「국회공문서내규」를 통합한 「국회공문서내규」를 새로 제정하고 문서의 보관 보존에 관한 사항을 규정하였다.[18] 그러나 문서의 분류번호 및 문서보존기간의 종별 책정기준에

---

15) 국회사무처, 『國會事務處三十八年史』, 1987, 496쪽.
16) 국회사무처, 『國會事務處三十八年史』, 1987, 496쪽.
17) 「문서보존내규(국회사무처내규 제108호, 1979.6.11)」.

대해서는 경과조치를 두어 별도의 규정을 제정할 때까지는 문서의 분류번호, 보존기간, 편철 및 보관의 서식방법과 절차 등은 종전의 규정에 의하도록 하였다.[19]

<표 3-2> 국회보존문서의 유형

보존기간	보존문서의 유형
영구보존	역사적 가치가 있는 문서 중 영구적으로 보존할 필요가 있는 문서, 의안문서, 법규문서 중 원본문서, 그 밖의 문서로서 영구적으로 보존할 필요가 있는 문서
준영구보존	준영구 보존은 영구적으로 보존할 필요는 없으나 10년을 초과하여 보존할 필요가 있는 문서
10년보존	10년보존은 지침·수칙·예규의 원본문서, 제도에 관한 계획·조사·연구 및 보고문서로서 6년 이상 10년 이하의 기간동안 보존할 필요가 있는 문서, 그 밖의 문서로서 6년 이상 10년 이하의 기간동안 보존할 필요가 있는 문서
5년보존	사무처의 예산 및 결산 등의 관계문서, 각종 감사관계문서, 그 밖의 문서로서 4년 이상 5년 이하의 기간동안 보존할 필요가 있는 문서
3년보존	각종 증명서의 발급관계문서, 주요업무계획 관계문서, 그 밖의 문서로서 2년 이상 3년 이하의 기간동안 보존할 필요가 있는 문서
1년보존	일일명령 등 단순업무처리에 관한 지시문서, 사무처 내부 또는 타기관과의 단순한 자료요구, 업무연락, 통보, 조회 등을 위한 문서, 그 밖의 문서로서 영구, 준영구, 10년, 5년, 3년으로 보존기간을 부여하여 보존할 필요가 없는 문서

이 내규는 국회공문서의 작성, 처리 및 통제와 그 보관 보존에 관한 사항을 규정함으로써 문서의 처리 및 관리의 능률화와 표준화를 기함을 목적으로 하였다. 주요 내용은 1984년 「정부공문서규정」을 거의 그대로 준용하였고

---

18) 1980년대 초반에 문서의 분류·보관·보존 등을 과학적 체계적으로 관리하기 위하여 문서의 기능에 따라 10진 분류하는 분류기호제도의 도입을 위한 연구가 있었으나 국회문서의 특수성에 따른 운영상의 곤란 등으로 이루어지지 못하였다. 국회사무처, 『國會事務處三十八年史』, 1987, 493쪽.

19) 「국회공문서내규」의 전부 개정은 1984년 행정부의 「정부공문서규정」의 개정에 따라 이루어진 것이다. 이에 관해서는 다음의 논문 참조. 이승일, 「1980~90년대 국가기록관리체제의 개편과 제도적 특징」 『한국기록관리학회지』 8-2, 2008.

국회의 상황에 맞게 일부 변형한 것이다.

이 중에서 기록관리와 관련된 부분은 제3장 문서의 보관·보존 및 제4장 폐기이다. 국회공문서내규는 문서의 보존기간을 영구, 준영구, 10년, 5년, 3년, 1년의 6종류로 구분하고 각 보존연한의 개략적인 기준을 정의하였다.

이상과 같은 대강의 기준을 설정하고 국회기록물의 유형을 구체적으로 제시하였다. 그 방식은 기존과는 달리 일정한 기능별 분류를 그 토대로 하고 있었다. 국회는 국회에서 생산되는 기록물을 모두 10개 항목으로 구분하고 해당 항목 하위에 구체적인 기록물의 유형을 열거하는 방식을 취하였다.

<표 3-3> 국회 문서보존기준표 서식

분류	단위업무별 기능	보존기간
1. 의사·의안·회의록	-국회집회요구관계문서 -국회의원이동관계문서 -교섭단체 및 정당관계문서 (이하 생략)	영구 영구 영구
2. 기획 및 국회관계법규	-운영위원회현황보고문서 -기본업무계획 -월중주요업무계획문서 (이하 생략)	10년 5년 3년
3. 인사관리	-신원조회회보문서 -상훈관계문서 -인사기록카드 (이하 생략)	영구 영구 영구
4. (이하 생략)	(이하 생략)	(이하 생략)

국회의 공문서는 기능별, 보존기간별로 편철하도록 하였으며 다만, 기능별로 문서철을 편성하되 문서의 발생량과 성질에 따라 보존기간별로 상위기능으로 통합하여 문서철을 만들도록 하였다. 문서는 당해 문서(1건 문서의 경우에는 그 내용을 최종적으로 종결하는 최근문서를 말한다)가 처리 완결된 날이 속하는 연도의 말일까지 처리과에서 이를 보관하고 보존기간이 만료된

문서는 문서과에 인계하여 보존하도록 했다. 계속적으로 활용할 필요가 있는 문서는 문서과의 장과 협의하여 처리과에서 계속 보존할 수 있도록 하였다.

그리고 상임위원회의 의안문서는 당대 국회가 끝날 때까지 각 처리과에서 보존하였다가 의안과 문서보존관리책임자에게 인계하도록 했다. 문서는 생산년도, 보조기관, 보존기간별로 보존하여야 하며, 보존하고 있는 문서의 현황을 파악하기 위하여 문서과 및 처리과에 보존문서기록대장을 비치하도록 하였다.

문서는 서류함에 보관·보존하도록 하였으며, 보관·보존문서를 문서과에 이관할 때는 보존문서이관서를 2부 작성하여 1부는 수령인을 받아 자체 보관하고 1부는 이관될 문서와 함께 이관하도록 했다. 문서과에서 보존 중인 문서는 7일의 기간 내에서 대출할 수 있으며 이 경우 대출기록부에 대출상황을 기록하고 유지하도록 하였다. 문서과는 다른 보조기관이 그 업무를 수행하기 위하여 문서과에서 보존하고 있는 문서를 열람 또는 복사하고자 할 때에는 이에 응하여야 하며 문서보존관리책임자는 보존하고 있는 문서를 일반인이 열람 또는 복사하고자 할 때에는 특별한 사유가 없는 한 이를 허가할 수 있었다.

보존문서 중에서 사무총장이 필요하다고 인정하는 문서는 마이크로필름에 수록할 수 있도록 하였는데, 마이크로필름에 수록하는 문서는 문서과의 장이 수록하도록 하였다. 이 경우 문서과의 장은 사무처의 촬영능력, 보존가치, 활용빈도 등을 고려하여 수록 대상문서 및 수록 우선순위를 결정하여야 했다. 그리고 필름은 안전한 방법으로 관리하여야 하며, 당해 문서의 보존기간까지 보존하도록 하였다.

문서는 보존기간이 경과한 때에 이를 폐기하도록 했는데 이 경우 보존기간이 10년 이하인 문서로서 처리과에서 보존하고 있는 문서에 대하여는 처리과의 장이 문서과의 장과 미리 협의하여야 했다. 다만, 보존기간이 준영구인 문서는 당해 문서의 처리과의 장 또는 문서과의 장이 당해 문서를 보존할 필요가 없다고 인정할 경우에 사무총장의 승인을 얻어 이를 폐기할 수 있었다. 이 경우 문서과에서 보존하고 있는 문서에 대하여는 문서과의 장이 당해 문서를 이관한 처리과의 장과, 처리과에서 보존하고 있는 문서에 대하여는 처리과의 장이 문서과의 장과 미리 협의하도록 했다.

그리고 문서(보존기간이 영구인 문서 중 사무총장이 정하는 문서를 제외한다)가 마이크로필름에 수록된 때에는 당해 문서의 보존기간에도 불구하고 이를 폐기할 수 있도록 했는데, 이 경우 문서과에서 보존하고 있는 문서에 대하여는 당해 문서를 이관한 처리과의 장과 협의하도록 했다. 특히, 의안문서의 보존관리책임자는 상임위원회의 의안문서와 의안과 자체보존 의안문서의 중복여부를 판단하여 중복되는 의안문서는 이를 폐기할 수 있었다. 그리고 문서과의 장 및 처리과의 장은 문서를 폐기하고자 할 경우 보존문서기록대장에 폐기사실을 빨간색으로 기입하고 당해 문서에는 폐기인을 날인하여 폐기하도록 했다.

「국회공문서내규」는 1990년에 전부 개정되었는데 1985년의 「국회공문서내규」와는 큰 차이는 없다. 이 법규는 2001년도에 「국회기록물관리규칙」이 제정될 때까지 국회공문서의 생산, 유통, 보존 등에 관한 일반 법규로서 기능했다.

3. 국회기록보존소 설치와 기록관리체제의 개편

1) 기록관리법의 제정과 국회기록보존소의 설치

기록관리법의 국회 시행은 국회기록관리에 큰 영향을 미쳤다. 종전까지 국회에서 기록관리를 위하여 준용했던 행정부의 「공문서보관·보존규정(1963)」「정부공문서규정(1985)」 등은 대통령령으로 제정되어 국회에 그대로 시행할 의무가 없었으나 기록관리법은 '법률' 형식으로 제정되었기 때문에 국회도 법률 시행에 따른 후속조치를 취해야 했다. 특히, 기록관리법에서는 국회에 기록물관리기관을 설치할 수 있도록 하되, 만약 기록물관리기관을 설치하지 아니한 경우에는 영구보존기록물을 정부기록보존소로 이관하도록 규정함으로써 국회가 전문적인 기록물관리기관을 설치하도록 유도하였다.[20]

국회는 정부기록보존소로 영구보존기록물을 이관하지 않는다는 방침을 세우고 기록물관리기관의 설치와 기록관리 업무 개선에 착수하였다. 우선, 국회기록물의 보존실태를 전반적으로 조사하고 이 조사를 기반으로 하여 기록관리 업무를 개선할 것을 계획하였다. 당시 국회기록물 보존실태에 대해서는 조사가 제대로 이루어진 바가 없었기 때문에 1999년에 수행된 국회기록물관리 실태조사는 매우 중요한 의미가 있다.

<표 3-4>는 1999년 기록물관리 실태조사의 결과를 도표로 나타낸 것이다.

이 표에서 알 수 있듯이, 국회에서는 기록물의 성격에 따라서 관리주체와 시설을 달리하였다. 일반행정문서는 총무과가 보존책임을 맡았으나 의안문서는 의안과, 국회회의록은 속기과, 헌정자료는 헌정자료과, 영상기록물은 방송과에서 관리하였다. 국회기록물이 이렇게 분산·관리된 것은 「문서보존내규」에서 문서보존책임자를 총무과 외에 의안과에도 두고 의안문서는 의안과에서 별도 보존하도록 규정하였기 때문이다. 국회회의록은 국회회의록에 관한 법규를 제정하여 속기과가 작성, 발간, 보존하고 있었다.

이 중에서 헌정자료과와 방송과만이 기록물의 보존에 적합한 시설과 장비를 갖추고 있었고 그 외의 기록물은 국회의사당 지하에 서가를 설치하여 관리하는 등 관리시설이 매우 취약하였다. 특히, 의안문서 및 회의록 등과 같은 국회의 핵심기록물조차도 항온항습 및 보안기능 등이 구비된 전문서고가 충분히 마련되지 않은 곳에서 관리되는 실정이었다.

---

20) 「공공기관의기록물관리에관한법률(법률 제5705호, 1999.1.29)」.

<표 3-4> 1999년 당시 국회의 주요 기록물(문서) 보존실태

보존부서	관리인원	보존장소	문서량	보존실태	시설
일반문서 (총무과)	<서무담당> 행정주사 : 2인 편집원 : 3인	B148호실 (17평)	4,297권 (의안 990권 포함)	-일반문서와 의안문서의 혼재 -오래된 영구보존문서 보존상태 불량(종이부스러짐 현상 발생, 코팅처리 등 시급한 조치 필요) -방재설비, 항온·항습장치 등 미설치	-모빌랙 서가 8set (1set는 7단, 길이는 3.6m) -2set 비어있음
의안문서 (의안과)	<의안1담당> 라미네이팅실 기계원 : 2인	B123호실 (11평)	2,772권	-문서의 원본 및 사본이 동일장소에서 보관되고 있어 화재 등 사고발생시 의안문서가 모두 유실될 우려가 있음 -방재설비, 항온·항습장치 등 미설치 -15대 국회에서 생산되는 의안문서 비치공간 부족예상	-모빌랙 서가 11set (1set는 7단, 길이는 1.8m) -1set 비어있음
회의록 (속기과)	<편집담당> 배부담당자 1인	B1 탁구장 옆 (12평)	1,635권 (원본 1,458권)	-영구보존문서 보관장소로서의 환경이 지극히 열악함 -회의록 보존용 금고(9개)를 모두 사용함에 따라 추가 구입 필요함	-이중 철제금고 9개 -금고 1개당 100~120권 보관
헌정자료 (헌정자료과) *현행은 9인임	과장 : 1인 사료관(4급) : 1인 사무관 : 1인 사무관 또는 별정직 5급 : 1인 별정직 6급 : 5인 행정주사 : 3인 기계원 : 1인 사무원 : 4인	헌정 기념관 지하1층 (150평)	12,228점	-항온·항습 및 화재방지(할론가스) 설비 설치로 영구보존 환경 구비 -각종 헌정자료 보관 -대부분 자료수집, 전시업무 종사 -지하기획전시실, 1~2층 전시실 및 보관 3층에 약 226점 전시 중	-보관대 83대(65대 증설 가능) -항온항습기 2대
영상 기록물 (방송과)	녹음편집요원 : 1인 방송기술요원 : 2인 계약직 : 1인	B1 방송과 (30평)	14,388개 (필름, 테이프)	-항온·항습시설 및 소화기 구비	-보관대 : 2대 -목재함 : 2대 *5년정도 여유, 증설 가능
계		192평	20,932권		

출처 : 행정관리담당관실, 「국회기록물관리개선(안)」 『사무분장철(1997~1999)』, 1999.
비고 : 기록물 총량 계산에 차이가 있으나 관련 문서에 있는 내용을 그대로 수록하였음.

국회는 이 같은 조사결과를 바탕으로 하여 국회기록물관리체제 개편에 착수하였다. 국회는 1999년 6월에 「국회기록물관리 개선(안)」을 마련하여 국회기록물의 보존 뿐만 아니라 활용방안에 중점을 두는 쪽으로 관리체계를 개선할 것을 계획하였다. 그리고 헌정자료담당관에게 국회기록물관리체계 개선의 업무를 담당하도록[21] 하는 한편 관련 업무를 추진할 '국회기록물관리 개선실무위원회'를 발족하고[22] 국회기록물의 관리체계 개선, 장비보강, 활용방안 등 세부 계획안을 마련하였다.

<표 3-5> 국회기록물관리개선실무위원회 구성

구분	소속 및 직급	비고
구성인원 (9인)	기획조정실 행정관리담당관 기획조정실 행정관리담당 의안과 의안담당 헌정자료담당관 헌정자료담당 총무과 서무담당 방송과 방송담당 6급이하 실무자 3인 도서관 1인	위원장 간사
추진내용	국회기록물관리 세부개선안 수립 -법규정비 -기록물보존실 확보 -소요인력(전문인력) 조정 -소요장비, 설비 등 보강 -소요 예산조치	
추진기간	7개월(1999.6~1999.12)	
소요예산	약350만원(50만원×7개월)	

<표 3-5>에 나타나 있듯이, 국회기록물관리개선실무위원회는 7개월간의 활동을 예정하고 있었으나 이 실무위원회는 약 50년간 수행된 국회기록물관리체제의 개편 방향을 결정한다는 점에서 매우 중요한 의미가 있다.

국회기록물관리 개선(안)에서는 기록관리법의 공포 및 시행에 따라 국회

---

21) 행정관리담당관실, 「국회기록물관리관련 업무분장 통보」『사무분장철(1997~1999)』, 1999.

22) 행정관리담당관실, 「국회기록물관리개선실무위원회구성」『사무분장철(1997~1999)』, 1999.

주요 기록물에 대한 체계적인 수집과 기록물 관리에 대한 투명성 확보, 책임행정 구현, 기록물의 훼손·멸실 방지와 공공기록물의 효율적 활용방안을 마련하기 위하여 6가지 세부 계획을 수립하였다.

국회는 국회기록물관리체계 개선을 위하여 6가지 수행과제를 정하고 그에 따른 세부계획을 수립하였다. 우선, 기록물관리법의 제정에 따라 「국회공문서내규」를 폐지하고 「(가칭)국회기록물관리규정」의 제정을 계획하였다. 종전까지 국회의 기록물관리에 관해서는 '국회사무처내규'의 형식으로 규율하였으나 앞으로는 법규의 형식을 국회규정으로 조정할 것임을 보여주는 것이다. 특히, 기록물관리법의 입법취지에 맞게 국회에 영구기록물을 전문적으로 관리하는 부서의 설치가 계획되었다.

기록물관리법에서는 헌법기관에 "영구보존을 위한 시설 및 장비와 전문인력을 갖추고 기록물관리업무를 전문적으로 수행하는 기관을 설치"할 것을 규정하였을 뿐, 영구기록물관리기관의 설치위치와 그 성격에 대해서는 언급하고 있지 않다. 따라서 국회는 국회규칙에서 영구기록물관리기관의 설치위치와 그 성격을 별도로 규정할 수 있었는데 헌정자료담당관을 기록물관리부서로서 지정하여 독립적인 기록관리부서의 설치를 계획하였다.[23] 이 같은 조치는 국회가 기록물관리법의 입법취지를 충분히 이해하였고 기록물관리체계 개편에도 매우 적극적이었다는 것을 보여주는 것이다.

이 부서는 국회기록물 관리에 관한 기본계획의 수립 및 시행, 기록물의 수집·보존·활용, 기록물 관리에 관한 지도·감독권을 행사할 수 있도록 하였으며 종전까지 영구보존문서를 일부 관리하던 의안과와 속기과는 비영구보존문서관리를 보관하도록 업무를 조정하였다.

---

23) 헌정자료담당관실은 1978년에 국회의 헌정자료의 수집, 관리하는 홍보자료관에서 출발하였으며 이 같은 기록물 수집, 관리부서가 국회소속기관의 기록물 관리 업무까지 수행하는 방식으로 관리부서가 설치될 것임을 보여주는 것이다.

<표 3-6> 국회기록물관리개선 주요계획

주요 과제	세부 계획
1. 법규 제정 및 정비	(가칭) 국회기록물관리에관한규정 : 국회자료관리규정 및 국회공문서내규 정비
2. 기록물관리의 체계화	(1) 총괄부서(준영구 및 영구보존문서 관리) : 헌정자료담당관 -국회기록물 관리에 관한 기본계획의 수립, 시행 -기록물의 수집, 보존, 활용 -기록물관리에 관한 지도 감독 -정부기록물관리기관과의 협조 (2) 각 소관부서(비영구보존문서관리) -의안문서 : 의안과 -회의록 : 속기과 -일반문서 : 총무과 -영상기록물 : 방송과
3. 종합기록물보관실 설치	(1) 현 기록물 보관실태 -보관장소의 산재와 Data Base 미 구축으로 자료에 대한 접근 및 활용이 용이하지 않고, 일반인의 정보공개 요구시 신속한 대응 곤란 -통풍, 배기 등 시설미비로 인한 문서 훼손 우려 -영구보존기록물(특히 의안문서)의 계속적 증가에 따른 공간 부족 (2) 개선방안 -국회종합기록물보존실로 헌정기념관 지하 자료보관실(150평 이상)을 활용
4. 소요인력 충원	(1) 단기적 : 헌정자료과 기존인력(5급 1인, 6급 상당 인), 총무과 편집원 1인, 의안과 코팅실 기계원 2인 (2) 중장기적 : 국회기록물관리전문요원(Archivist) 양성 및 전문요원의 증원으로 기록물관리에 전문화를 기함
5. 소요예산 조달	(1) 메인 컴퓨터, 듀크박스(광디스크 보관 및 자동탐색기), 스캐너, 각종 시청각 전산장비, 기록물보관대 등 보강 및 소프트웨어 개발비 소요 (2) 소요예산은 99년도 종합문서보관실 설치비 예산(약3억 2500만원)을 전용하여 활용
6. 기록물관리 시스템 개선	(1) 준영구, 영구보존문서 및 보존필요 기록물 : 생산부서 3년동안 자체 보관 후→종합기록물보관실(헌정자료담당관)로 이관 보존 활용 (2) 20년 이하 보존문서 : 생산부서 3년 동안 자체 보관 후→총무과 문서창고로 이관 및 보관 후→폐기

따라서 국회의 주요 기록물인 의안문서, 회의록 등에 대한 관리권이 의안과,

속기과에서 새로 설치될 영구기록물관리부서로 이관될 예정이었다. 그리고 기록물의 영구보존이 가능한 헌정기념관의 자료보관실을 국회기록물의 보존 서고로 활용하기로 하였다.

이와 함께 국회기록물의 관리프로세스를 개선하기로 하였는데, 준영구 및 영구보존문서는 생산부서에서 3년 동안 자체 보관하고 영구기록물보존시설로 이관하되, 20년 이하 보존문서는 생산부서에서 3년 동안 자체 보관 후에 총무과 문서창고로 이관하여 보존기간 만료시 폐기할 것을 계획하였다. 추진 일정은 다음 <표 3-7>과 같다.

<표 3-7> 국회기록물관리개선 추진 일정

추진일자	추진내용	비고
1999.6	실무위원회 구성 국회기록물관리 세부개선안 수립	
1999.10	법규정비 -국회기록물관리에관한규정 제정 -국회자료관리규정 등 정비	정부시행령제정(9월중)
	기록물보존실 확보	헌정기념관 활용
	소요인력조정	직제시행내규 개정시
1999.11	기록물관리장비, 소프트웨어 보강	종합문서보관실 설치비 예산전용 활용(약3억)
2000.1	시행	

국회는 1999년 6월부터 11월까지 개선작업을 마치고, 그 결과를 바탕으로 「국회사무처직제」를 개정하여 2000년 1월 1일에 국회기록보존소가 국회사무처의 보조기관으로 설치되었다.24) 「국회사무처직제」에서는 국회기록보존소를 사무차장 밑에 위치하도록 하였으며 주된 업무는 아래와 같다.

① 국회기록물 관리에 관한 기본계획의 수립·시행
② 국회기록물의 수집·보존 및 활용

---

24) 「국회사무처직제(국회규칙 제106호, 1999.11.26)」.

③ 국회기록물 관리에 관한 지도·감독
④ 중앙기록물관리기관과의 협조에 의한 기록물의 상호활용 및 보존의 분담
⑤ 정보공개청구에 관한 사항
⑥ 헌정기념관 운영
⑦ 국회사료 등 헌정자료의 수집·편집 및 발간

<그림 32> 국회의 조직도(2008.9.1)

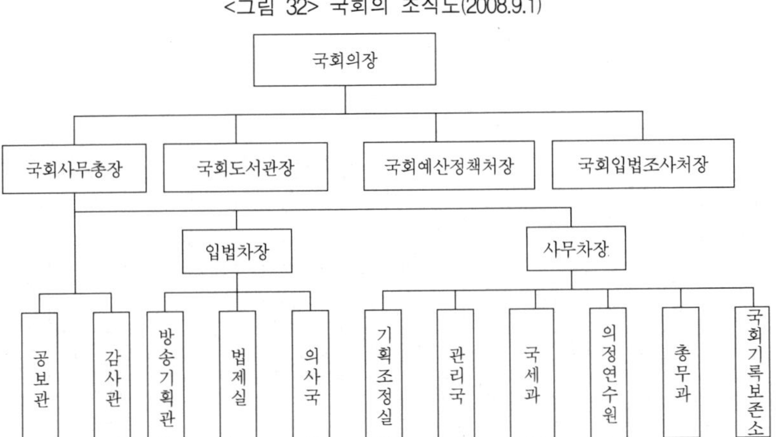

<표 3-8> 국회기록보존소의 인력 구성(2008.9.1)

구 분	정원	일반직			기능직	별정직
		행정직	전산직	기록연구직		
기록보존소	24(명)	8(33.3%)	1(4.16%)	2(8.3%)	8(33.3%)	5(20.8%)

2008년에는 국회도서관으로 국회기록보존소가 이관되었다. 국회기록보존소는 국회도서관의 부서로 설치되어 있으나 업무의 성격상으로 보면 국회사무처와 국회도서관, 국회예산정책처, 국회입법조사처의 기록관리 업무를 지도 감독하는 독립적 성격을 강하게 띠고 있는 부서이다.

국회기록보존소는 종전 사무처 및 도서관의 각 부서에 분산되어 있던 기록물의 수집 보존 등의 업무를 모두 흡수·관할하게 되어 명실상부한 국회의 전반적

기록물 수집 보존 및 편찬 부서로서의 위상을 확보하였다. 다만, 2008년에는 국회기록보존소가 국회도서관으로 소속이 변경되었는데 종전 국회기록보존소 업무 중에서 헌정기념관 운영과 헌정자료의 수집·편집 및 발간 등의 업무는 국회사무처 홍보담당관실에서 수행하고 국회기록보존소는 국회소속기관의 기록관리 업무만을 수행하도록 변경되었다.

<그림 33> 2010년 국회기록보존소

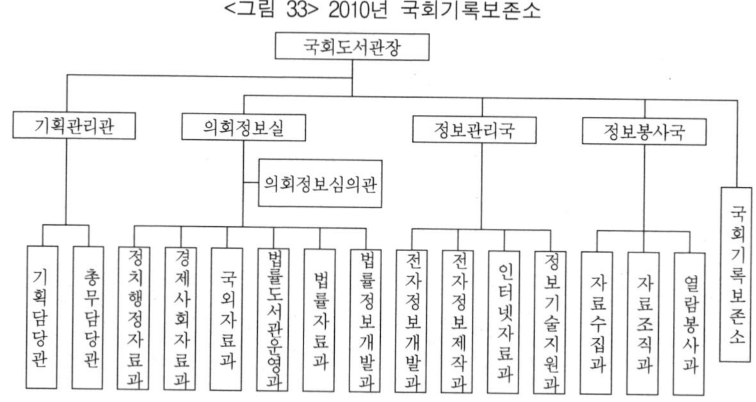

국회기록보존소는 설치 직후에 기록관리법의 규정에 따라 기록물의 체계적 관리와 효율적 활용을 위하여 기록물분류기준표의 제정과 기록물 정리·이관에 필요한 기록물 현황 조사작업을 추진하였다.[25] 이 작업은 2000년 2월 14일부터 4월 19일까지 수행되었고 조사대상 기록물은 국회가 생산 또는 접수한 문서, 도면, 대장, 카드, 도서, 시청각물, 전자문서 등 모든 형태의 기록정보자료로 정의되었다. 이 작업을 토대로 국회 각 행정부서에서 보존하고 있는 기록물의 현황과 보존실태를 조사하고 국회기록물관리시스템 구축, 관련 법규 정비, 기록물분류기준표의 제정 등의 작업을 수행할 예정이었다.

이를 위하여 국회는 국회기록보존소장을 총괄 단장으로 하는 국회기록물

---

25) 「기록물 현황조사 및 업무협의에 대한 협조의뢰」『국회기록물관계철』, 2000.

관리추진단을 구성하고, 기록물조사서 평가분석반(14명), 법규반(5명), 전산 프로그램 및 장비도입반(7명), 기록물분류기준표 작성반(7명) 등 4개반을 운영 하였다.[26] 2000년 조사에 따르면, 기록물의 보존부서가 총무과, 의안과, 속기 과, 방송과, 구 헌정자료보관실 등으로 다원화되어 있어서 보존장소, 시설의 이용이 비효율적이고 기관차원의 통합관리가 이루어지지 않고 있다는 점이 문제점으로 지적되었다.

<표 3-9> 국회의 소장 기록물 현황 및 보존장소

부서	보존장소	소장량(권)	보존상태
각 부서·위원회 (일반문서)	일반 캐비닛 창고 서가	25,751	보존환경 열악 문서관리상태 불량
의안과 (의안문서)	본관 B123호 (11평)	2,771	보존장소 항온항습시설 부재 (라미네이팅 보존)
속기과 (국회회의록)	본관B1 탁구장옆 (12평)	1,635	철제 캐비닛에 보존 별도의 보존시설 및 관리부재
총무과 (일반문서)	본관 B148호 (150평)	4,544	보존상태 및 관리 열악 별도의 항온항습 시설 부재
방송과 (영상자료)	본관 B107호 (30평)	14,388	보존환경 비교적 양호 필름환경이 정부와 상이
도서관	일반캐비닛 및 도서관 5층(5평)	1,391	보존상태 및 환경이 열악
기록보존소 (헌정자료)	헌정기념관 B1(150평)	12,454	보존환경 비교적 양호

출처 : 「국회기록물 현황조사 및 업무협의 결과보고」 『국회기록물관계철』, 2000.

<표 3-10> 2000년 현황조사 결과 추가로 파악된 문서

합계	위원회	사무처	도서관
12,412(권)	1,895	3,931	6,586

출처 : 「국회기록물 현황조사 및 업무협의 결과보고」 『국회기록물관계철』, 2000.

그리고 각 부서 및 위원회는 사무실이나 창고의 캐비닛과 서가에 문서를

---

26) 「기록물 현황조사 및 업무협의에 대한 협조의뢰」 『국회기록물관계철』, 2000.

보존하고 있으며 의안과는 본관 지하 1층에 문서보관실에 라미네이팅[27]을
하여 보존하고 있었다. 방송과 영상물은 항온항습 시설을 갖추어 비교적
보존환경이 양호하나 필름의 경우 상온 보존하고 있어 정부기록보존소의
보존온도와 차이가 있다는 점이 지적되었다.[28]

이 조사에 의하여 2000년 4월 국회가 소장하고 있는 기록물은 58,600여
점으로 사무처가 43,924점, 도서관이 8,509점, 위원회가 6,165점으로 파악되
었다.[29] 1999년에는 총무과, 의안과, 속기과, 방송과를 중심으로 기록물 소장
현황을 조사하였으나 2000년에는 국회소속기관 전 처리과를 대상으로 실태조
사가 수행되었다.

<표 3-11> 국회기록물의 보존기간별 소장 현황(권)

구분	영구	준영구	20년	10년	5년	3년	합계
위원회	3,328	120	0	837	1,579	301	6,165
사무처	36,299	776	0	2,304	1,949	2,596	43,924
도서관	1,383	1,076	1	1,451	2,649	1,949	8,509
합계	41,010	1,972	1	4,592	6,177	4,846	58,598

출처 : 「국회기록물 현황조사 및 업무협의 결과보고」 『국회기록물관계철』, 2000.

<표 3-12> 보존기간별 기록물 현황 비율(%)

합계	영구	준영구	10년	5년	3년
100(%)	70	3.4	7.8	10.5	8.3

출처 : 「국회기록물 현황조사 및 업무협의 결과보고」 『국회기록물관계철』, 2000.

---

27) 국회에서는 문서의 습해 등에 따른 보존상태의 불량과 관리상의 문제점을 해소하고
    의안문서를 영구적으로 보존하기 위하여 1983년에 최초로 문서를 코팅하여 보존하는
    라미네이팅 작업을 수행하였다. 이 작업은 국회기록보존소 설립 이후에는 중단되었
    다.
28) 「국회기록물 현황조사 및 업무협의 결과보고」 『국회기록물관계철』, 2000.
29) 「국회기록물 현황조사 및 업무협의 결과보고」 『국회기록물관계철』, 2000.

<표 3-13> 보존형태별 기록물 현황

합계	문서철	M/F	광디스크	카드	도면	녹음테잎	비디오테잎	사진·영화필름	회의록	CD-R	기타
600,900	27,315	5,893	50	6,780	5,893	3,335	2,682	527,408	1,715	8,459	11,370

*① 문서철은 각 부서에서 소장하고 있는 1998년까지의 3년보존 이상 문서임
　② 필름은 방송과 영사기필름, 홍보과 사진필름, 기록보존소 헌정자료를 합산한 것임
　③ 도서관 소장 M/F 7483롤 40245핏쉬(135,867매)는 제외

　국회가 소장하고 있는 기록물의 보존기간을 살펴보면 준영구보존 이상이 73% 이상을 차지하고 있다. 이 같은 비율은 국회기록물이 모두 중요한 것으로 평가되어 보존된 것을 보여주는 것이 아니라 유한보존으로 분류된 기록물을 체계적으로 관리하지 못한 결과가 아닌가 생각된다.

　이와 함께 국회기록물 관리를 위한 전산프로그램을 개발하였고 2000년 12월 19일에는 기록물분류기준표를 제정하여 20일에 각 부서에 배포하는 등 기록물관리법 시행에 따른 국회 차원의 대응을 진행하였다. 종전까지 국회는 기록물의 처리에 대해서는 개략적인 보존기간책정기준표를 제정하였을 뿐이었으나 기록물분류기준표 제정을 계기로 합리적인 기록물 통제가 가능해졌다.

　그리고 국회기록보존소의 설치 이후에 기록물관리법의 국회시행을 위하여 「국회기록물관리규칙」을 비롯한 관련 법규들을 순차적으로 제정하였다.

<표 3-14> 국회기록물관리 관련 법규

법규	주요 내용
국회기록물관리규칙(2001.11.13)	공공기록물 관리에 관한 법률의 위임 사항을 규정 국회소속기관의 기록물관리에 관한 일반 법규
국회기록물관리규정(2001.12.22)	국회기록물관리규칙의 위임 사항을 규정 의안문서의 이관시기와 방법 등에서 예외 인정
국회기록물관리내규(2002.5.15)	국회기록물관리규정의 위임 사항을 규정
헌정기념관운영내규(1999.2.11)	대한민국 의회정치에 관련된 주요 기록물(민간)의 수집, 정리, 보존, 전시

「국회기록물관리규칙」의 주요 내용을 살펴보면, 국회에 설치하는 영구기록물관리기관은 국회기록보존소로 하였다. 그리고 국회사무처, 국회도서관, 국회예산정책처, 국회입법조사처에 기록물관리법에서 규정한 기록관을 설치하도록 하였는데, 만약 이를 설치하지 아니한 경우에는 국회기록보존소가 국회소속기관의 기록관의 업무를 대행하도록 하였다.

이외에 국회기록물관리 기본계획 등에 관한 사항을 심의하기 위하여 국회사무처에 국회기록물관리위원회를 두도록 하였다. 국회기록물관리위원회는 국회사무차장을 위원장으로 하고 국회소속 공무원으로 구성하도록 하였다.[30]

국회가 관리하는 기록물은 소속기관이 생산 또는 접수한 기록물, 국회의 제도·운영 및 활동과 관련하여 국회기록물관리규정이 정하는 사항에 대한 조사·연구·검토서, 회의록 및 시청각기록물, 국회의장·부의장·위원회위원장 및 소속기관의 장의 주요 업무활동 관련 기록물, 기타 국회기록보존소장이 국회기록물로 관리하는 것이 필요하다고 인정하는 기록물 등으로 정의되었다.

특히, 「국회기록물관리규칙」에서는 기록물관리를 위한 전문인력을 구체적으로 규정하였는데 기록물관리법에서 규정한 기록물관리전문요원을 ① 기록물관리학 석사학위 이상의 자, ② 역사학 또는 문헌정보학 석사학위 이상을 취득한 자로서 국회사무총장이 정하는 1년 이상의 기록물관리학 교육과정을 이수한 자, ③ 기록물관리업무에 3년 이상 종사한 자로서 국회사무총장이 정하는 1년 이상의 기록물관리학 교육과정을 이수한 자로 규정하였다. 그리고 국회기록보존소에는 2인 이상, 기록관에는 1인 이상의 기록물관리전문요원을 배치하도록 규정하였다. 기록물관리전문인력의 배치에 관하여는 부칙에서 이 규칙 시행 당시 기록물관리기관에서 기록물관리업무에 종사하는 일반적 및 별정직 공무원은 2004년말까지 기록물관리전문요원으로 간주하여

---

30) 「국회기록물관리규정(국회규정 제515호, 2001.12.22)」.

기록물관리전문요원을 2004년말까지는 배치하도록 규정하였다.

「국회기록물관리규정」은 「국회기록물관리규칙」에서 위임된 사항과 그 시행에 관하여 필요한 사항을 정하기 위하여 제정되었다. 주요 내용을 살펴보면 첫째, 소속기관은 국회의 제도 및 주요정책의 결정·변경시 조사·연구·검토서를 작성하도록 하고, 주요 정책관련 회의의 회의록, 주요행사 또는 대규모 사업관련 시청각기록물 등의 생산의무를 부과하여 관련기록물이 적절히 생산·보존되도록 하였다. 둘째, 기록물은 생산단계부터 전산으로 기록물등록대장에 등록하여 관리하고, 기록물분류기준표에 따라 보존기간·방법·장소·공개여부 등을 분류하여 관리하도록 하였다. 셋째, 소속기관이 비밀기록물을 생산한 때에는 당해 비밀원본의 비밀보호기간과 함께 그 보존기간을 동시에 책정하도록 하였다. 넷째, 기록물의 폐기는 기록물관리전문요원의 심사 및 기록물폐기심의회의 심의를 거쳐 기록물관리기관의 장이 행하도록 하였다.

「국회기록물관리규칙」 및 「국회기록물관리규정」은 행정부의 기록물관리법 시행령의 입법취지에 맞게 제정되었다. 이 법규들에 의하여 국회기록물의 관리방법, 보존시설, 전문인력 등에서 표준적 관리가 실현되었으며 국회가 관행적으로 수행해온 의안문서, 국회회의록 등의 분산관리는 부정되어 국회기록보존소로 이관하는 법적 근거가 마련되었다.[31]

2) 국회기록물분류기준표의 운영

⑴ 국회기록물분류기준표의 특징

기록물관리법 제정 이후 국회기록물의 관리방법에서 나타난 가장 큰 변화는 기록물분류기준표의 작성과 시행이다. 국회기록물이 처리과에서 생산되

---

31) 의안문서의 이관에 대해서는 국회기록보존소장과 의사국장이 협의하여 따로 이관시기를 정할 수 있도록 하였다.

어 국회기록보존소로 이관되는 전체 과정을 통제하는 도구가 기록물처리일정
표의 일종인 기록물분류기준표이다.

<표 3-15> 행정부의 기록물분류기준표

처리과 기관코드	기능분류번호				보존분류기준					검색어 지정수준			
	대기능	중기능	소기능	단위업무	보존기간	보존방법	보존장소	비치기록물여부	비치기록물이관시기	특수목록위치	제1특수목록	제2특수목록	제3특수목록

<표 3-16> 국회기록물분류기준표

처리과 기관코드	기능분류기준					보존분류기준				
	대기능	중기능	소기능	단위업무	기록물철	보존기간	보존방법	보존장소	비치기록물여부	비치기록물 이관시기

일반적으로 기록물처리일정표는 조직의 기능이나 업무와 관련하여 어떤
기록을 누가 얼마동안 어디에서 보유해야 하는지를 체계적으로 명시한 도구
이다.[32] 종전 한국의 공공기관에서는 공문서분류번호및보존기간표가 그 역
할을 수행하였으나 기록물관리법의 제정 이후에는 기록물분류기준표가 처리
일정표의 역할을 수행하고 있다.[33]

---

32) 설문원, 「공공업무의 체계적 기록화를 위한 보유일정표 설계방안」, 『한국문헌정보학
회지』 49-4, 2006, 200쪽.

행정부에서는 2004년 1월 1일부터 기록물분류기준표를 시행하였으나 국회에서는 독자적인 조사와 준비를 거쳐 2001년부터 시행하였다. 기록물분류기준표의 시행에 따라서 기록관리에 관련된 주요 정보를 사전에 입력·관리함으로써 전문적인 기록물관리기관에 의한 일관된 처리가 가능하게 되었다. 특히, 기록물분류기준표의 작성 및 고시의 주체를 국회기록보존소로 설정함으로써 전문성 강화의 획기적 계기를 마련할 수 있게 되었다.

국회기록물분류기준표는 행정부의 기록물분류기준표를 참고하여 작성되었으나 국회의 특성을 일부 반영하여 단위업무 구분, 처리과명(처리과코드), 단위업무명(단위업무코드) 및 단위업무 설명, 기록물철명 및 기록물철 설명, 보존기간 등으로 구성되었다.[34]

그리고 단위업무의 구분도 행정부와는 다르다. 국회기록물관리규정에서는 "업무의 성격, 처리절차, 형태 등이 거의 동일한 업무의 최소단위로, 직제개정이나 타부서로 업무를 이관할 때 2개 이상의 업무로 또 다시 분리되지 않을 정도로 세분화된 지속성 있는 업무관리 단위"를 단위업무로 정의하고 처리과 공통업무 및 고유업무, 위원회 공통업무 및 고유업무 등으로 구분하였다.

<표 3-17> 국회 단위업무의 구분

처리과 공통업무	각 처리과에서 공통적으로 수행하는 단위업무
처리과 고유업무	각 처리과가 수행하는 고유 단위업무
위원회 공통업무	각 위원회에서 공통적으로 수행하는 단위업무
위원회 고유업무	타 위원회에서는 수행하지 않는 고유한 단위업무

출처 : 국회기록보존소, 『국회기록물관리업무편람』, 2002.

---

33) 국회기록물분류기준표 시행 이전에 국회는 행정부의 공문서분류번호및보존기간표를 참고로 하여 보존기간을 책정하는 간략한 문서보존기준표를 마련하여 시행하였다.

34) 현재 행정부는 기록관리기준표에 의하여 기록물을 처리하고 있으나 여기에서는 국회기록물분류기준표의 토대가 된 행정부의 기록물분류기준표와 비교하였다.

처리과 공통업무에는 위원회를 포함한 모든 처리과에서 공통적으로 수행하는 단위업무가 속해 있다. 위원회 공통업무는 상임위원회와 특별위원회가 공통적으로 수행하는 업무이고 위원회 고유업무는 운영위원회, 법제사법위원회, 통일외교통상위원회, 윤리특별위원회에만 설치되어 있다. 위원회는 입법 심의 및 예·결산 심사, 국정감사, 인사청문회 등의 기능을 공통적으로 수행하기 때문에 대부분의 업무가 공통업무로 분류되는 특징이 있다. 다만, 위원회 고유업무는 위원회의 특성상 타 위원회에서는 수행하지 않는 일부 단위업무를 설정한 것이다. 국회운영위원회의 고유단위업무를 소개하면 다음과 같다.

<표 3-18> 국회운영위원회 고유업무분류기준표

단위업무명	단위업무설명	기록물철명	기록물철명설명	보존기간
총무,수석부총무회담		총무,수석부총무회담철		영구
회기결정및의사일정협의		회기결정및의사일정협의관계철		영구
국회규칙안심사		( )안 심사관계철		영구
특별위원회구성		특별위원회 구성관계철		영구

출처 : 국회기록보존소,『국회기록물관리업무편람』, 2002.

<표 3-18>에서 알 수 있듯이, 국회기록물분류기준표는 단위업무에 관리정보가 입력되어 있는 것이 아니라 기록물철에 입력되어 있는 것이 가장 큰 특징이다. 예컨대, "국회규칙안심사"라는 단위업무에 대해서는 관련 업무의 내용을 기술하도록 하였고 그 단위업무에 국회규칙안심사에 관련된 기록물철을 등록하여 그에 대한 구체적인 내용을 기술하도록 하였다. 단위업무를 수행하기 위한 구체적인 설명은 업무의 성격이 나타날 수 있도록 작성하도록 하였으며 발생, 경과, 완결의 관계로 연결되는 사안별 기록물철은 기록물철등

록시 사안명 또는 안건명을 ( )에 기록하여 등록할 수 있도록 하였다. 이 같은 구조상의 특징은 보존기간 책정을 비롯한 기록물통제의 최소단위를 단위업무가 아니라 기록물철로 설정한 것에서 비롯되었다. 국회기록물분류기준표에서는 기록물철에 관리정보가 기재되기 때문에 국회에서 생산되는 모든 기록물철에 대한 조사서를 별도로 조사하고 있으며 단위업무조사서와 기록물철조사서를 동시에 접수하여 기록물분류기준표에 입력하고 있다.[35]

보존기간은 행정업무 참고기간, 증빙자료 유효기간, 관계법령 보존의무기간, 역사적 가치 등 4가지로 구분하여 각각의 보존기간을 정하고, 이 4가지의 요소를 종합 판단하여 책정하도록 하였다. 보존기간 분류는 1년, 3년, 5년, 10년, 20년, 준영구보존, 영구보존 등 7종으로 분류하고 준영구 기록물은 인적기록, 물품관리기록, 시설관련기록 등과 같이 장기보존은 필요하지만 관리대상인 인물, 물건, 시설 등이 사망하거나 소멸되면 더 이상 보존할 필요가 없는 기록물로 정의하였다. 보존기간의 책정은 각 처리과에서 국회기록보존소에 신청을 하게 되면 국회기록보존소가 접수하여 최종적으로 확정·고시하게 된다.

(2) 국회기록물의 보존기간 책정비율 분석

국회기록물분류기준표는 국회에서 생산되는 모든 기록물의 등록과 분류, 보존기간을 제어하는 처리일정표의 기능을 수행하고 있으나, 국회기록물분류기준표의 분류 및 보존분류 상황에 대한 종합적인 검토가 이루어진 바가 없다. 따라서 기록물분류기준표에 등록된 기록물철을 조사하고 기록물철에 책정된 보존기간 책정의 적절성 여부에 대한 분석을 수행할 필요가 있다.

---

35) 행정부의 기록물분류기준표는 단위업무에 보존분류사항이 입력되어 있기 때문에 처리과 담당자가 단위업무에 입력되어 있는 기재사항을 참고로 하여 기록물철의 보존분류사항을 입력하지만 국회기록물분류기준표에서는 기록물철에 보존기간이 이미 입력되어 있다.

행정부의 기록물분류기준표는 단위업무에 보존기간을 책정하지만 국회기록물분류기준표는 단위업무 하위에 등록되는 기록물철에 직접 보존기간을 책정하는 방식이기 때문에 분류기준표 조사를 통하여 비교적 정확한 통계자료를 구할 수 있다.

여기에서는 2008년에 국회 홈페이지에 게시된 기록물분류기준표를 토대로 하여 국회소속기관별, 단위업무 유형별 보존기간 책정 비율을 조사하였다. 그리고 행정부의 공문서분류번호및보존기간표의 보존기간 책정 비율과 비교함으로써 국회 보존체제 개선을 위한 좋은 참고자료를 작성할 수 있을 것으로 생각한다.36) <표 3-19>는 국회소속기관의 기록물철의 보존기간 책정 상황을 소개한 것이다.

<표 3-19> 국회소속기관 기록물철의 보존기간별 상황

	영구	준영구	20년	10년	5년	3년	1년	총 계
기록물철종류	1,041	320	13	352	1,945	722	740	5,133
비율(%)	20.16	6.19	0.25	6.85	37.67	13.98	14.33	100

국회소속기관에서 생산되는 기록물철의 종류는 모두 5,133종으로 조사되었다. 5,133종은 국회에서 생산되는 기록물철의 총량을 의미하는 것은 아니다. 국회기록물분류기준표의 기록물철의 등록양식을 보면 <( ) 법률안 심사>의 형식으로 되어 있다. 이 <( ) 법률안 심사>철은 1종으로 기록물분류기준표에 등재되지만 실제 생산되는 기록물철의 수는 각 위원회에 상정되는 의안의 건수에 따라서 결정된다. 따라서 실제로 국회에서 생산되는 기록물철은 이보다 많다. 국회 기록물의 보존비율을 행정부와 비교하면, 1992년 행정부의 공문서분류번호및보존기간표에서는 영구보존이 9.4%, 준영구보존은 13.5%로 분류되었으나 국회는 영구보존기록물이 20.16% 준영구보존기록물은

---

36) 국회기록물분류기준표의 통계수치는 필자가 직접 전수 조사한 것으로 통계수치의 결과에 대해서는 필자의 책임임을 밝힌다.

6.19%로 분류되었다.[37) 영구보존 비율이 행정부에 비하여 국회가 약 2배 정도 높다.[38) 행정부의 경우에는 영구보존 비율이 준영구에 비해서 낮은 편이지만 국회의 경우에는 영구보존 비율이 훨씬 높은 점도 특징이다. 이 같은 현상은 단위업무 유형에 따른 보존기간 책정 비율의 조사를 통하여 그 원인을 파악할 수 있다.

<표 3-20> 단위업무 유형별 보존기간의 책정 비율

	영구	준영구	20년	10년	5년	3년	1년	총 계
위원회 공통업무	646	133	0	114	95	0	0	988
	65.38	13.46	0	11.53	9.61	0	0	100(%)
위원회 고유업무	14	0	0	1	0	0	0	15
	93.33	0	0	6.66	0	0	0	100(%)
처리과[39)공통업무	0	0	0	0	1183	364	637	2,184
	0	0	0	0	54.16	16.66	29.16	100(%)
처리과 고유업무	381	187	13	237	667	358	103	1,946
	19.57	9.60	0.66	12.17	34.27	18.39	5.29	100(%)
총계	1,041	320	13	352	1,945	722	740	5,133

<표 3-20>은 국회기록물의 업무유형에 따른 보존비율을 보여주는데, 위원회의 공통업무는 영구와 준영구를 합하면 78.84%이고 10년보존이 11.53%, 5년보존이 9.61%이고 3년보존 이하 단기 보존기록물은 없는 것으로 조사되었

---

37) 공문서분류번호및보존기간표는 단위업무에 보존기간이 책정되고 국회기록물분류기준표는 기록물철에 보존기간이 책정된다는 점을 유의할 필요가 있다. 다만, 보존기간 책정 단위의 차이에도 불구하고 행정부와 국회기록물의 보존기간 책정 양상을 비교할 수는 있을 것으로 생각한다.

38) 1964~79년 사이의 행정부 공문서의 기능별 보존기간 책정비율에 대해서는 다음의 논문 참조. 이승일, 「1960년대 초반 한국 국가기록관리체제의 수립과정과 제도적 특징」『한국기록관리학회지』7-2, 2007 ; 이승일·이상훈, 「보존문서정리작업과 국가기록관리체계의 개편(1968~1979)－공문서분류표와 보존연한책정기준의 개편을 중심으로」『한국기록관리학회지』8-1, 2008.

39) 처리과는 국회사무처, 국회도서관, 국회예산정책처, 국회입법조사처의 처리과의 수를 합산하였다.

다. 위원회 고유업무는 10년보존이 1개에 불과하고 나머지는 모두 영구보존으로 분류되었다. 이에 반해서 처리과 공통업무는 10년 이상 장기보존은 없고 5년보존이 54.16%, 3년보존이 16.66%, 1년보존이 29.16%로 분류되어 중요한 기록물이 생산되는 업무영역이 아님을 알 수 있다. 처리과 고유업무는 영구보존이 19.57%, 준영구보존이 9.6%로 분류되었다. 10년보존이 12.17%, 5년보존이 34.27%, 3년보존이 18.39%이다. 처리과 고유업무의 경우에는 보존기간별로 고르게 분포되어 있음을 알 수 있다.

국회에서는 위원회 공통업무와 위원회 고유업무가 다른 단위업무에 비해서 영구보존비율이 압도적으로 높다는 것을 알 수 있다. 이 같은 현상은 국회의 특성으로 설명이 가능하다. 위원회의 공통업무는 입법, 국정감·조사, 예·결산 심의에 해당되는 기능으로 구성되어 있으므로 모두 영구보존으로 분류된다. 그리고 각종 의안 및 회의록의 생산비중이 높기 때문에 의안이 많아질수록 영구보존 기록물의 양도 증가하게 된다. 다만, 국회의 입법지원을 담당하는 처리과 고유업무는 영구 및 준영구 보존비율이 상대적으로 낮다. 국회소속기관별 고유업무의 보존기간 책정 비율은 다음과 같다.

<표 3-21> 소속기관별 고유업무의 보존기간 책정 상황[40]

	영구	준영구	20년	10년	5년	3년	1년	총 계
국회사무처	290	118	13	124	332	213	59	1,149
	25.23	10.26	1.13	10.79	28.89	18.53	5.13	100(%)
국회도서관	49	43	0	45	181	109	24	451
	10.86	9.53	0	9.97	40.13	24.16	5.32	100(%)
국회예산정책처[41]	20	13	0	36	77	18	10	174
	11.49	7.47	0	20.68	44.25	10.34	5.74	100(%)
국회입법조사처[42]	22	13	0	32	77	18	10	172
	12.79	7.55	0	18.60	44.76	10.46	5.81	100(%)
총계	381	187	13	237	667	358	103	1,946
	19.57	9.60	0.66	12.17	34.27	18.39	5.29	100(%)

---

40) 위원회의 공통업무 및 고유업무와 처리과 공통업무를 제외한 수치이다.

국회사무처는 영구보존 비율이 25.23%이고 준영구는 10.26%로서 국회도서관이나 예산정책처, 입법조사처와는 그 양상이 다르다. 국회도서관의 영구보존 비율이 10.86%, 예산정책처가 11.49%, 입법조사처가 12.79%로 나타나고 있는 것과 비교하면 국회사무처가 수행하는 업무의 중요성을 보여주는 것이기도 하다.

그리고 국회소속기관 중에서는 국회사무처가 수행하는 고유업무가 압도적으로 많다. 국회사무처의 처리과 고유업무는 1,149개이고 국회도서관은 451개, 국회예산정책처는 174개, 국회입법조사처는 172개로 국회사무처의 고유업무 기록물철의 수가 전체의 59.04%를 차지하고 있다. 국회도서관은 23.17%로 조사되었다. 이 같은 현상은 국회사무처의 처리과의 수 및 인력, 단위업무가 가장 많다는 것을 보여주는 것이다. 국회예산정책처와 국회입법조사처는 최근에 설치된 기관이고 예산 및 입법조사의 특화된 업무를 수행하기 때문에 기록물철의 수가 적은 것으로 판단된다.

한편, 국회사무처에서는 의사국>관리국>국제국>총무과>기획조정실>의정연수원>기록보존소>방송기획관>공보관>감사관>법제실의 순으로 기록물철 종류의 수가 많다. 이 같은 비율은 업무의 중요도와 업무량을 측정하는 간접적인 수단이 될 수 있다.

영구보존의 책정상황을 보면 의사국과 국제국이 가장 높은 비율을 점하고 있다. 의사국은 본회의 의사진행을 보좌하고, 교섭단체·의석배정 및 위원선임, 위원회 일반행정업무 지원 및 회의상황을 종합하며, 의안 등의 접수·배부·회부·이송 등의 업무를 수행하고 진정·청원 기타 민원의 접수 처리에 관한 업무, 본회의 및 위원회의 회의록 작성과 편집을 담당한다. 국제국은

---

41) 「국회예산정책처법(법률 제6931호, 2003.7.18)」, 「국회예산정책처직제(국회규칙 제123호, 2003.10.28)」. 국회예산정책처는 2004년에 설치되었다.
42) 「국회입법조사처법(법률 제8263호, 2007.1.24)」, 「국회입법조사처직제(국회규칙 제140호, 2007.7.2)」.

외국의원 및 외빈의 초청과 영접, 의원의 방문외교활동에 관한 사항 및 의회관계 의원연맹 등에 관한 업무, 국제회의 및 국제기구와의 업무협조 등을 담당하고 있다.[43] 이 같은 점을 반영하여 단위업무의 수도 많고 영구보존의 비율도 높다고 판단된다.

국회소속기관의 처리과별 분석에서 특징적인 기관은 예산정책처와 입법조사처이다. 이 두 기관들은 예산분석실, 경제분석실, 사업평가국, 정치행정조사실, 경제사회조사실과 같은 부서가 고유업무를 수행하고 있으나 이 부서가 수행하는 기록물철은 처리과별로 1종에 불과하고 나머지는 모두 공통업무로 분류되는 기록물철을 생산하는 것으로 조사되었다. 그리고 보존기간도 10년으로 제시되어 있어서 이 부분에 관해서 재조사가 이루어져야 하지 않을까 생각된다. 예산정책처와 입법조사처의 영구 및 준영구 보존기록물은 기획관리관 또는 기획협력관이 주로 생산되는 것으로 조사되었다. 기획관리관 또는 기획협력관은 예산정책 및 입법조사 기능을 지원 기획하는 부서인데 고유업무를 수행하는 부서들이 준영구 이상 기록물이 없는 것과는 대조적이다. 또한 20년 보존이 국회사무처 외에는 다른 소속기관에는 없는 것도 특징이다. 20년 보존기간을 없애든가 10년 이하의 보존기간을 20년으로 조정하는 것도 고려할 필요가 있다.

이상의 조사를 통하여, 국회의 영구보존 기록물은 위원회 및 국회의원과 관련된 업무에서 집중적으로 생산되고 있음을 알 수 있다. 이 같은 결과는 국회가 대한민국의 입법과 예산 심의, 국정감사 등의 업무를 수행하고 있으며 이 업무들이 모두 대한민국헌법에 규정되어 있는 국가 핵심 기능이라는 점에서 이해가 가능하다. 국회기록물분류기준표의 단위업무별 통계수치와, 외국 및 행정부의 사례를 참고하여 영구보존기록물의 유형을 제시하면 다음과 같다.

---

43) 「국회사무처 직제(국회규칙 제140호, 2007.7.3)」.

<표 3-22> 영구보존기록물의 유형

보존 연한	기록물의 유형
영구	1. 법률안·예산안·동의안·규칙안 등 의안문서 및 청원문서 2. 본회의·위원회 및 국정감·조사 관련 기록물 및 회의록 3. 본회의·위원회 및 국정감·조사 관련 시청각기록물 4. 공청회·청문회 관련 기록물 및 해당 시청각기록물 5. 국회의장의 국내·외 의정활동 관련 기록물 6. 교섭단체의 장의 공식적인 연설문, 기고문, 인터뷰 및 브리핑 자료 7. 국회의원의 의정활동에 관한 기록물 중 중요 기록물 8. 외국의 원수 및 의회지도자의 국회 방문 관련 기록물 9. 주요 정당의 설립, 활동, 해산에 관한 중요 기록물 10. 국회와 중앙행정기관, 지방의회 및 지방자치단체 간에 주고받은 공식적인 기록물 중 중요기록물 11. 북한의 의회제도 및 남·북한 국회교류에 관한 기록 12. 국제의회기구 및 외국의회에 관한 중요 기록 13. 국회 운영에 관련된 주요 정책의 결정 및 변경에 관한 중요기록 14. 소속기관의 조직 및 기능의 변화, 권한 및 책무의 변화, 기관장 등 주요 직위자의 임면사항 및 국회의 연혁과 변천사를 규명하는데 유용한 중요 기록물 15. 국회기록물관리규정에 따라서 작성된 조사·연구·검토서 중 영구보존이 필요한 기록물 16. 국회기록물관리규정에 따라서 작성된 회의록 중 영구보존이 필요한 기록물 17. 국회기록물관리규정에 따라서 생산된 시청각기록물 중 영구보존이 필요한 기록물 18. 소속기관의 연도별 업무계획과 이에 대한 추진과정, 결과 및 심사분석 관련 기록물, 외부기관의 기관에 대한 평가에 관한 기록물 19. 시민단체, 공공기관 등에서 보유하고 있는 국회 관련 기록물 중에서 영구보존이 필요한 기록물 20. 다른 법령에서 영구 보존하도록 규정된 기록물 21. 다수 국민의 관심사항이 되는 주요 의정활동 관련 기록물 22. 그 밖에 국회기록보존소장이 역사자료(헌정자료)로서의 보존가치가 높다고 인정한 기록물

다만, 국회기록물분류기준표에서 취약한 측면을 드러내고 있는 것이 <표 3-22>의 13호, 14호, 18호, 22호 등이다. 국회 운영에 관련된 주요 정책 및 변경에 대한 기록물, 국회소속기관의 조직 및 기능의 변화, 권한 및 책무의 변화, 기관장 등 주요 직위자의 임면사항 및 국회의 연혁과 변천사를 규명하는

데 유용한 기록물, 소속기관의 연도별 업무계획과 이에 대한 추진과정, 결과 및 심사분석 관련 기록물, 외부기관의 기관에 대한 평가에 관한 기록물 등에 대해서는 좀 더 면밀한 조사가 필요한 실정이다.

4. 국회기록물의 관리현황

1) 국회 주요 기록물의 보존실태

국회기록보존소가 설치된 이래 국회기록물은 「국회기록물관리규칙」에서 규정한 보존환경과 보존장비 설치기준에 맞는 보존서고에서 관리되고 있다. 현재 국회의 보존시설은 <표 3-23>과 같다.

<표 3-23> 국회기록물 보존시설 현황

	국회기록보존소 서고	헌정자료보관실	시청각기록물보존서고
총면적	707㎡(약 210평) (국회의정관 지하)	462㎡(139평) (헌정기념관 지하)	100㎡(30평) (국회본청 1층)
보존기록물	국회소속기관의 기록물 (국회간행물 포함)	헌정자료(수집기록물)	시청각기록물
서가	전동식 이동서가 61대(4,136m)	수동식 이동서가	수동식 이동서가
공기조화 설비	항온·항습, 공기청정장비 구비	항온·항습, 공기청정장비 구비	항온·항습, 공기청정장비 구비
소화설비	자동소화시설(할론가스)	자동소화시설(할론가스)	자동소화시설(할론가스)
보안장비	CCTV(2대)/방폭용 금고문	CCTV(1대)/방폭용 금고문	-
작업실	업무용 면적 5평	업무용 면적 5평	-
설치시기	2007년 완공	1998년 완공	-
관리주체	국회도서관 국회기록보존소	국회사무처 홍보담당관실	국회방송국

국회의 보존서고는 3곳이다. 국회기록보존서고는 국회의정관 지하에 위치

하고 있으며 총면적이 707㎡이고 전동식 이동서가 61대가 설치되어 있다. 서가의 총 길이는 4,136m이다. 헌정자료보관실은 헌정기념관 지하에 위치하고 있으며 총면적이 462㎡이고 국회가 수집한 다양한 유형의 기록물이 보존되어 있다. 1998년에 헌정기념관이 완공된 이래로 헌정자료보관실이 설치되어 헌정자료를 보존하고 있고 2000년에 국회기록보존소가 설치된 이후에는 국회소속기관의 기록물까지 보존 관리하다가, 2007년에 국회의정관에 보존서고를 새로 설치하면서 국회소속기관의 기록물과 국회간행물 일체를 이전하였다. 국회시청각기록물은 국회방송국에서 관리하고 있다. 국회기록보존소가 시청각기록물을 이관받지 못하는 이유는 시청각기록물전용서고를 아직까지 마련하지 못하였기 때문이다. 2007년 국회기록보존소와 국회방송국의 시청각기록물의 일원적 관리를 위한 대책을 협의한 결과,[44] 국회기록보존소가 관련 시설을 구비하지 못한 관계로, 국회기록보존소가 전용서고를 마련할 때까지 국회기록보존소와 국회방송국이 공동 관리하는 것으로 협의가 이루어졌다.

(1) 국회기록물의 이관 및 관리

국회기록보존소가 설치된 직후에 가장 먼저 착수한 업무는 국회소속기관의 각 부서에 흩어져 있던 국회기록을 수집·이관하는 것이었다. 국회기록보존소는 설치와 함께 영구보존기록물을 종합적으로 관리하는 부서로서 영구기록물들을 수집 이관받기 시작하였다. 다만, 국회의 경우에는 20년 이하 유한보존문서를 수집 관리하는 기관으로서 국회소속기관에 기록관을 설치하되 만약 기록관을 설치하지 아니한 경우에는 국회기록보존소가 기록관을 업무를 대행하도록 하는 규정이 있었다.[45] 따라서 국회기록보존소로 이관되는 기록물은

---

44) 국회기록보존소, 「2007년도 국회의장 업무보고시 의장님 지시사항에 대한 조치계획 제출」, 『업무계획철』, 2007 ; 국회기록보존소, 「의장지시사항에 대한 추진실적 제출」 『일반행정문서철』, 2007.

영구기록물 뿐만 아니라 유한보존문서도 포함되었다. 2000년부터 2008년도 까지의 국회기록물의 연도별 이관 현황은 다음과 같다.

<표 3-24> 2000~2008년 국회기록물 이관현황[46]

이관연도	이관대상 기록물	권수	면수
2000	1995년도 이전 생산 기록물	14,490	-
2001	전년도 이관량 과다로 미이관	-	-
2002	1996년도 이전 생산 기록물	1,251	-
2003	1997년도 이전 생산 기록물	4,865	634,619
2004	1998년도 이전 생산 기록물	3,899	968,106
2005	1999년도 이전 생산 기록물	5,292	1,101,136
2006	2000년도 이전 생산 기록물	1,078	388,849
2007	2001~2002년도 생산 기록물	6,373	832,816
2008	2003~2004년도 생산 기록물[47]	7,728	885,191
합계		44,976	4,810,717

국회기록보존소의 기록물 이관은 매년 11월에 차년도 기록물수집계획을 수립하고, 이에 따라 수집시기, 수집대상, 수집방법 등을 결정한다. 「국회기록 물관리규칙」 및 「국회기록물관리규정」에 따르면 국회기록물은 기록물의 완 결 후 2년간 처리과에서 보관한 후에 기록관으로 이관하고 기록관은 이관 기록물을 보존한 후 9년이 경과한 다음에 국회기록보존소로 이관하도록 되어 있으나 국회에는 기록관이 설치되지 않은 관계로 각 처리과가 2년간 보관한 후 국회기록보존소로 직접 이관하고 있는 형편이다. 국회의 기록물 처리체계는 다음과 같다.

---

45) 당시에는 국회의 실정상 각 소속기관에 기록관을 설치하는 것보다는 국회기록보존소 가 기록관의 업무를 수행하는 것이 비용절감 및 효율성의 측면에서 효과적이라고 판단하여 국회기록보존소가 기록관 업무까지 맡게 되었다.

46) 국회방송기획관에서 보관하고 있는 시청각기록물은 국회기록소가 시청각기록물 전용서고 마련 후 이관받기로 협의하였다.

47) 국회는 2004년 9월 1일부터 전자문서시스템을 운용하였는데, 현재 국회는 전자기록관 리시스템을 개발하여 전자기록의 경우에는 전자적 방법으로 이관되고 있다.

<표 3-25> 국회기록물의 처리 프로세스(종이기록)

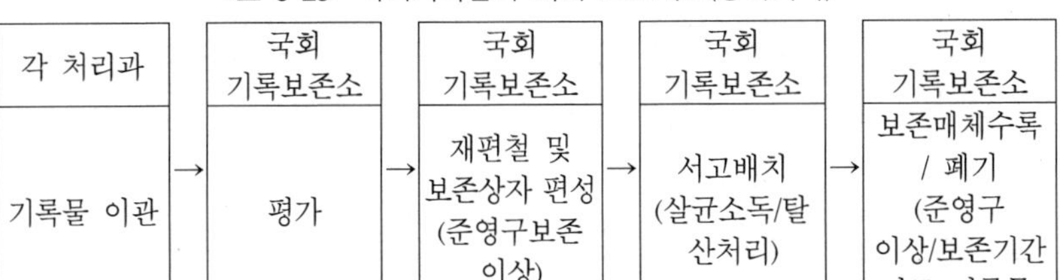

국회기록물의 처리프로세스는 일반적인 기록물처리와 유사하다. 그러나 재편철 프로세스는 국회기록보존소가 수행하는 독특한 관리방법이라고 할 수 있다. 재편철 업무는 국회의 모든 기록물을 대상으로 하는 것이 아니라 준영구보존 이상 기록물을 대상으로 하고 있으며, 2001년 「국회기록물관리규칙」 제정 이전에 생산된 기록으로 국한된다. 이 기록물들에 대한 재편철 방법은 종전의 「국회공문서내규」에 따라서 보존용 표지 및 목록작성, 재편철을 수행하고 있다.

<표 3-26> 국회기록보존소 기록물 보존현황(2008. 8)

구분	국회회의록(제헌~제17대)	의안문서(제2대~제16대)	일반문서(준영구이상)	도면	카드	시청각기록물	M/F	CD	간행물
수량(권)	2,584	3,251	14,314	2,949매	280점	33점	3,205롤	583매	3,744(254종)

<표 3-27> 기록물 보존현황(처리과별)

구분	기간	기록물수량(권)
위원회	1951~2000	8,393
특별위원회	1986~2004	1,061
실 국 (과)	1948~2000	4,399
의안문서	제2대 국회~제16대 국회	3,251
도서관	1962~2000	461
계		17,565

2002년도부터 생산된 기록물은 재편철 작업을 수행하지 않고 있으며 「국회기록물관리규정」에 따라서 보존상자에 별도로 편성하여 보존하고 있다. 이 같은 수집에 따른 보존기록물의 현황은 위의 표와 같다.

(2) 국회 의안문서의 보존 관리

의안문서는 국회에 제출되는 의안에 대하여 제출에서부터 심의, 의결하여 완결하기까지의 모든 의사결정 과정에 대한 공문과 의안 및 심의의결 내용 등에 관한 원안을 수록한 문서이다. 의안문서에는 ① 제출 원안 ② 소관위원회 결정 및 회부공문 ③ 위원회의 심사보고서 ④ 본회의에서 최종 의결된 의안의 확정 및 이송에 관한 공문 ⑤ 법률안 등에 대한 정부의 공포통지문 ⑥ 기타 의안 처리와 관련되는 서류 등이 포함된다.[48]

원래, 의안문서는 제6대 국회 전반기까지 일반문서와 함께 제본되어 문서보관창고에 보존되었으나 제6대 국회 후반기에 의안문서의 중요성을 인식하여 참고에 용이하도록 대별, 회기별, 의안종류별 일련번호를 붙여 통풍, 온도, 습도 등이 맞도록 특별히 마련한 의안문서창고에 보관하고 의원과 직원이 열람 복사 등 활용하는데 편리하도록 의안과에서 관리하는 등 관리주체와 방법을 변경했다.

제헌 이래 역대 국회에서 처리 완료된 의안문서는 원본 1부만을 영구보존용으로 작성 보존하여 온 관계로 불의의 사고로 인하여 손실될 경우를 대비하고 의안문서 이용자의 열람을 용이하게 하기 위하여 의안문서를 마이크로필름화하였다.[49] 1976년 9월 14일에는 의사과 복제실이 국회도서관 마이크로촬영실

---

48) 국회사무처, 『國會事務處三十八年史』, 1987, 124~125쪽.
49) 1970년 국회사무처에서는 역대 국회의안 및 회의록의 영구보존과 이용을 위한 마이크로필름화 작업을 효율적으로 추진하기 위하여 동년 10월에 3인(의사과 2인, 속기과 1인)의 요원을 한국생산성본부 및 한국마이크로필름협회에 파견하여 마이크로필름의 이론과 기기조작방법 및 필름의 활용과 보존방법에 관한 실습강좌를 수강시킨 후 1971년 마이크로필름화 작업인력(2인)의 확보와 기기의 구입(카메라, 리다 프린트

로 흡수됨에 따라서[50] 의사과 복제실의 마이크로필름화 시스템과 필름이 도서관으로 이관되었다. 국회기록보존소가 설립된 이후에는 국회기록보존소로 이관하고 있다.

(3) 국회회의록의 보존 관리

국회회의록은 의안문서와 함께 국회의 대표적인 기록으로 분류된다. 국회사무처는 1948년 5월 31일 개회된 제헌국회 제1회 임시회 제1차 본회의부터 현재에 이르기까지 국회회의록을 발간하고 있는데 국회회의록은 의원의 발언 등 의사의 전 과정을 속기방법에 의하여 빠짐없이 기록하는 동시에 개의, 회의중지와 산회일시, 의사일정, 출석의원수, 의안의 제출 및 회부, 부의안건과 그 내용, 위원회의 보고서, 의원의 발언보충서, 서면질문과 답변서 기타 의장 또는 위원장이 필요하다고 인정하는 사항 등을 게재 작성하여 국회의 회의공개원칙에 따라 의원에게 배부하고 일반에게 반포하고 있다.

국회회의록의 작성과 보존에 관해서는 「국회법」과 「회의록취급규정(1965.7.20)」에 규정되어 있다. 「회의록취급규정」은 국회법에서 규정한 회의록의 작성방법과 그 보존에 대해서 간략히 서술하고 있는데, 회의록은 국회법에 의한 서명·날인 후 이를 정본으로서 영구보존하도록 했다. 이외에 속기원문·원고 및 녹음테이프의 경우에는 회의가 있는 날로부터 1년으로 규정했으

기, 리더기) 등의 준비과정을 거쳐 동년 2월부터 의사과에서 각종 의안, 회의록 및 중요문서에 대한 마이크로필름화 작업에 착수하였다. 국회사무처, 『國會事務處三十八年史』, 1987, 496쪽.

50) 한편, 사무처와는 별도로 도서관에서는 1967년도부터 열람과에 복사계를 신설하여 국내외 중요도서 신문 잡지 중요국회문서 등에 대하여 마이크로필름화 작업을 진행하였는 바, 사무처와 도서관이 각각 추진함으로써 업무의 중복과 인력 및 시설의 낭비 등의 문제점이 있다고 보아, 1976년 9월 14일 국회사무처에서 시행하던 마이크로필름화 업무 및 이에 따른 인원 장비 기타 일체를 도서관에 이관시켜 그 이후 국회사무처의 의안문서, 회의록 등에 대한 마이크로필름화 작업은 도서관에서 수행토록 하였다. 국회사무처, 『國會事務處三十八年史』, 1987.

며 녹음테이프의 보존은 회의가 있는 날로부터 1개월로 한다. 다만, 특히 의장이 필요하다고 인정할 때에는 그 기간을 연장할 수 있도록 했다.[51]

이후, 국회회의록의 작성과 그 취급에 관해서는 1973년 「회의록작성 및 취급에 관한 규정(국회규정 제39호, 1973.9.20)」이 제정되었는데 이 규정은 종전의 「회의록 취급규정」과 「회의록작성에 관한 내규」를 통합한 것이었다. 이후 이 규정은 「국회회의록의 발간・보존등에 관한 규정(국회규정 제190호, 1985.3.22)」, 「국회회의록의 발간 및 보존등에 관한 규정(국회규정 제428호, 1995.7.22)」, 「국회회의록 작성 등에 관한 내규(국회사무처내규 제318호, 1995. 7.11)」 등으로 개정되었다.

국회본회의회의록(원본)은 국회법의 규정에 따라 의장 또는 의장을 대리한 부의장과 사무총장(위원회회의록은 위원장 또는 간사)이 서명 날인하여 보존 하고 있다. 제헌국회부터 제4대 국회까지는 회의요지만을 기록한 회의록에만 서명하였고 속기록에는 서명하지 아니하였다. 또한 1949년 9월 1일 의장이 결재한 민의원사무처처무규정에 의하면 회의록과 속기록은 영구보존하도록 되어 있다.

제헌이래 제4대 국회까지의 의장 등이 서명한 회의록은 한국전쟁 전 제본하 지 않은 채 관리했기 때문에 현재 보존되어 있지 않으나 속기록은 전부 보존하고 있다. 제5대 국회 이후 회의록은 국회법에서는 의장 등이 서명 날인하여 국회에서 보존하도록 했으나 제5대 국회회의록은 5・16군사쿠데타 로 서명 날인을 받지 못한 채 보존하고 있으며 제6대 국회 이후의 회의록은 의장 등이 서명 날인하여 보존되고 있다.

제헌국회와 제2대 국회의 속기록은 한국전쟁으로 인하여 국회가 대구, 부산 등으로 이전하는 과정에서 제대로 관리를 하지 못하였다. 9월 28일 수복 후에 제헌국회 속기록을 국회사무처에서 신문광고에 의하여 수집하기도

---

51) 「회의록취급규정(1965.7.20)」.

하고 당시 근무했던 속기사로부터 또는 도서실 등에서 수집하였다. 그 후 1·4후퇴로 서울을 다시 철수할 때에 국회속기록은 국회중요서류와 함께 후송하였으나 후송을 담당한 직원의 관리소홀로 일부가 분실되었다.[52]

제3대 국회부터 제5대 국회에 이르는 동안 국회속기록은 태평로 국회의사당(1987년 당시 서울시민회관별관) 속기과회의록 창고 등에 보관하였으나 5·16군사쿠데타 당시 국가재건최고회의와의 인수인계가 불명확하여 관리가 소홀하게 되었다. 다만, 국가재건최고회의에 근무했던 속기사들이 제5대 국회 민·참의원회의록의 미제본된 부분을 제본하여 보존용으로 20부씩 확보하였다.

제6대 국회 이후에도 속기록을 계속 정리하여 1971년경에 태평로의사당 제2별관 속기과장실에 진열하기는 하였으나 결본속기록이 있는 등 관리상태가 미흡하였다. 1975년 국회의사당이 여의도로 이전된 후 1977년에 종합적으로 회의록을 재정리하기 위하여 속기과 직원이 국립도서관, 서울대학교규장각, 동아일보조사실에 출장 조사하고 부산의 동아대학교도서관 등에 서한으로 문의 조사하였으나 보존관리상태가 미비하여 별 도움이 되지 못하였다. 그 후 1979년 결본된 속기록은 국회도서관으로부터 대출하여 전12책 9,295면을 복제함으로써 비로소 제헌국회 이래 전 회의록 1질을 속기과장실 목제서가에 보존관리하게 되었다.

또한, 발간한 지 30여 년이 되어 지질의 파질 파본으로 영구보존이 곤란한 제1회부터 제28회 국회의 속기록 총 30책 2만9,990면을 1985년부터 연차적으로 복제하였다. 국회회의록 원본은 속기과에서 보존관리하고 있으며 배부용

---

52) 속기록을 비롯한 중요문서 일부의 분실문제는 1951년 2월 3일 제10회 국회 제21차 본회의에서 진상규명론이 제기되어 사무처 일부 행정상의 비리까지도 함께 감사를 하기 위한 국회사무처감사특별위원회를 구성하는 계기가 되었다. 1951년 3월 27일 제10회 국회 제52차 본회의에서 보고한 사무처감사보고 가운데 서류분실 부분에 관한 보고요지에 잘 나와 있다. 國會事務處, 『國會事務處三十八年史』, 1987, 157~158쪽 ; 국회사무처, 『제2내국회회의록(제10회성기국회제52호)』, 25~26쪽.

회의록은 국회도서관(3질, 1질은 마이크로필름화)과 정부기록보존소(1질)에서 보존하고 있다.

회의록은 대별 회기별로 본회의와 위원회(단권으로 부적합할 경우 분권 또는 합권)로 구분하였으며 표지는 본회의록, 위원회회의록 공히 적색으로 하여 오다가 제11대 국회 이후 회의록부터는 표지 뒷면에 후세에 의사당 장소를 알리기 위하여 의사당 전경 사진을 넣었고 본회의회의록은 적색, 위원회회의록은 청색으로 하여 제본하였다. 1987년 당시 제헌국회 이래의 속기록과 회의록은 속기과에 비치된 금고형내화성 철제서가에 보존했다.[53]

이후 국회회의록은 국회기록보존소가 2000년에 설치되면서 단계적으로 이관되었다.

(4) 시청각기록물의 관리

국회에서 공식적인 음성기록물은 1964년에 국회속기록을 작성하기 위한 보조수단으로서 본회의, 위원회의 회의를 녹음하기 시작한 것에서 그 유래를 찾을 수 있다. 그리고 영상기록물을 본격적으로 생산하게 된 제도적 기반은 1988년부터 1995년 사이에 만들어졌다. 1988년에 국회의사 중계방송을 위한 근거를 「국회법」에 마련하였고 1991년에는 「국회에서의 중계방송 등에 관한 규칙」 등이 제정되었다. 1995년에는 국회방송시설이 준공되었고 국회 구내 시험방송이 실시되면서 국회에서도 영상기록물이 본격적으로 생산되기 시작하였다. 현재 국회영상기록물에 관계되는 법규는 「국회법」, 「국회에서의 중계방송 등에 관한 규칙」, 「국회방송에 관한 규정」, 「국회방송 운행지침」 등으로 구성되어 있다. 「국회법」은 국회 의사에 관련된 모든 법규의 상위법으로서 회의 공개와 관련된 각종 규정을 설치하고 있으며 관련 규칙과 규정에서는

---

53) 국회회의록의 보존 관리에 대해서는 다음의 저서를 정리했음. 國會事務處, 『國會事務處三十八年史』, 1987.

영상기록물에 대한 세부 규정을 마련해 놓고 있다.

(가) 국회법에서의 시청각기록물

「국회법」에서는 본회의와 위원회를 공개하는 것을 원칙으로 하고 녹음, 녹화, 촬영 및 중계방송에 관해서는 국회규칙에 위임하고 있다.[54] 본회의 또는 위원회의 회의장 안에서의 녹음, 녹화, 촬영, 중계방송은 회의의 공개와 관련하여 필요한 것이기 때문에 공개회의의 경우에는 국회규칙이 정하는 바에 따라서 활동을 신속하고 정확하게 알 수 있도록 본회의 또는 위원회의 의사진행을 음성 또는 영상으로 방영할 수 있는 제도를 마련하는 한편, 이를 위하여 TV카메라의 설치 등 공정하고 객관적인 방송을 위하여 필요한 제도를 국회규칙으로 정하도록 하였다.

종전에는 국회에서 녹음, 녹화, 촬영, 중계방송을 하고자 할 경우 의장 또는 위원장의 허가를 받아야 하였으나 제13대 국회 초의 국회법 개정에서 TV 등 방송매체를 통하여 국민에게 직접 알리는 의사중계방송제도를 명문화 함과 동시에 실제 운영에 필요한 제도의 마련에 대해서는 국회규칙으로 정하도록 한 바 있으며 제13대 국회 후반의 국회법 개정은 이를 다시 보완하였 다.[55] 이를 통하여 국회 본회의와 위원회 회의는 시청각기록물이 생산될 수 있는 제도적 기반이 마련되었다.

국회에서 전문적으로 영상기록물을 생산하는 곳은 국회방송국이다. 국회 내에서 역사적 가치가 있는 시청각기록물을 생산할 가능성이 높은 조직이 국회방송국이라고 할 수 있다. 기록물관리법이 시행되고는 있으나 가치있는 시청각기록물을 생산할 수 있는 전문장비를 갖춘 곳이 현재로서는 국회방송 국이기 때문이다. 국회방송의 연혁을 살펴보면 다음과 같다.

---

54) 「국회법(법률 제9129호, 2008.8.28)」.
55) 국회사무처, 『국회법해설』, 2004, 553쪽

<표 3-28> 국회 방송의 연혁

날짜		세부 내용
1988년	06월	국회의사중계 방송을 위해 국회법에 근거 마련
1991년	12월	국회에서의 중계방송 등에 관한 규칙 제정
1992년	10월	국회운영위원회 방송심의 소위원회 구성
1993년	03월	국회 의사중계방송에 대한 기본계획 수립
1994년	09월	국회 의사중계방송에 따른 공청회 개최
1995년	05월	국회방송시설 준공식 거행 및 국회 구내 시험방송
1998년	10월	제198회 국회예산결산특별위원회 대국민생중계실시
2002년	11월	국회방송 전용 채널 확보, 운용방안 연구팀 운영
2003년	09월	국회운영위원회, 국회방송 전용채널 확보의 건 승인
	09월	방송채널사용사업자 및 공공채널 지정 신청
	10월	방송위원회 PP등록증 교부
	12월	방송위원회 공공채널 지정
2004년	05월	시험방송, 국회방송 개국

국회방송에 관한 일반적 지침은 2004년 1월 31일에 제정된 「국회방송운행지침」에 규정되어 있다. 여기에서는 방송운행의 주무부서를 방송기획관실의 기획편성담당관실로 규정하였다.[56] 방송운행책임자는 기획편성담당관이 되며, 방송의 기획, 편성 및 운행을 총괄 지휘하고 긴급시 방송기획관의 업무를 대행한다. 방송제작책임자는 방송제작담당관이 되며 방송프로그램 및 국회 관련 각종 영상기록물의 제작 업무를 담당한다. 국회방송국에서는 의사중계 방송 외의 방송도 프로그램을 편성 제작 방송할 수 있으나 주요한 영상기록물은 아래와 같은 기준에 의해 생산된다.

① 국회 또는 의원의 입법활동
② 국회사무처, 국회도서관 또는 국회예산정책처, 국회입법조사처의 입법지원활동
③ 국회의 의정사
④ 국회에 대한 국민의 제안

---

56) 「국회방송운행지침(지침 제160호, 2004.1.31)」.

⑤ 그밖에 국회와 관련된 소식이나 정보 교양 등[57]

국회방송국에서 생산하는 영상기록물의 성격이 국회의 본연의 기능이라 할 수 있는 입법활동에 관한 것임을 알 수 있다. 이와 함께 국회사무처, 도서관, 예산정책처 등의 입법지원 활동도 영상기록물의 생산 대상이고 또한, 국회에 대한 국민의 의견과 각종 정보 및 교양 프로그램을 제작하도록 하였다.

그리고 국회관련 법규 외에 기록물관리법이 1999년에 제정되면서 시청각기록물을 체계적으로 생산·관리할 수 있는 규정이 마련되었다. 「국회기록물관리규정」에서는 다음과 같은 사항에 관해서 시청각기록물의 생산의무를 부과하였다.

① 국회의장, 부의장, 위원회 위원장 및 소속기관의 장의 업무관련 활동과 인물사진
② 다수 국민의 관심사항이 되는 주요 의정활동으로서 시청각기록물로 작성 보존할 필요가 있는 사항
③ 국제기구 또는 외국과 관련한 주요 의원외교 활동
④ 대규모의 예산이 투입되는 주요 사업 또는 공사
⑤ 기타 시청각기록물의 생산이 필요하다고 인정되는 사항

「국회기록물관리규정」의 기록물의 보존기간별 분류기준 제3항에 보면 "본회의, 위원회 및 국정감조사 관련 시청각기록물"을 영구기록으로 분류하고 있다. 이것을 통해서 미루어 본다면 본회의와 위원회 등 국회속기록이 작성되는 회의는 시청각기록물을 생산할 필요가 있다고 볼 수 있으며 영구보존 대상으로 분류됨을 알 수 있다.

---

57) 「국회방송에관한규정(국회규정 제614호, 2007.7.11)」.

(나) 국회시청각기록물의 생산 및 보존현황

국회방송국 영상자료실에는 영상기록물과 음성기록물을 포함하여 약 11,152점의 시청각자료를 보유하고 있다. 국회에서 보존 관리하고 있는 시청각기록물은 크게 비디오 테이프와 오디오 테이프, 필름으로 구성되어 있다. 비디오 테이프는 1995년 국회에서 구내방송을 시작한 이래로 생산되어 관리되는 것이고 오디오 테이프는 각종 회의의 음성녹음기록과 행사관련 녹음 및 인터뷰 등으로 구성되어 있다. 필름은 기록영화로 구성되어 있다. 아래는 국회방송국 영상자료실의 자료 현황을 도표로 정리한 것이다.

<표 3-29> 국회방송국 영상자료실 자료 현황(약 30평)

	비디오 테이프	오디오 테이프		CD	필름 (사진,앨범)
		릴테이프	카세트테이프		
국회방송 소장	6,600	3,326		4,491*2 (원본*사본)	61(기록영화)

<표 3-30> 국회방송국 영상자료실 소장 비디오 테이프 현황(1995.05~2005.11.31)

구분	Digital-Ⅲ	Beta-Large	Digital-Beta	합계
본회의	916	54	145	1,115
예산결산특위원회		935	120	1,055
상임위원회		345	505	850
특별위원회		568	98	666
자체제작			1,032	1,032
외주제작			544	544
구매		210	207	417
국회행사		225	25	250
각종 프로그램		166		166
기록홍보안내		137		137
자체방송		41		41
보도뉴스 등		266	61	327
합 계	916	2,947	2,737	6,600

비고 : 입법정보화 담당관실에서 보존 중인 디지털 형식의 시청각기록물은 제외

1995년 국회 구내 시험방송이 실시된 이래 비디오 테이프가 대량 생산되어 매년 약 2,400여 개의 비디오 테이프가 생산되고 있는 실정이다. 국회에서 생산되는 비디오 테이프는 국회 본회의, 상임위원회, 특별위원회 등을 실황 중계하는 의사중계와 방송국의 제작 프로그램으로 구성되어 있다. 이 중에서도 각종 회의 중계와 관련된 시청각기록물들이 가장 중요한 기록물로서 영구보존 대상으로 선별할 수 있다. 국회에서는 본회의, 각종 위원회 회의를 모두 시청각기록으로 남기고 있는데, 정보위원회와 같은 비공개회의는 시청각기록생산에서 제외되어 있다. 비공개회의의 경우에는 속기록을 통해서 확인할 수밖에 없는 상황이다.

위 도표는 국회방송국 영상자료실에서 자료를 관리하면서 자체적으로 분류한 것인데 자체 제작은 국회방송국이 제작한 프로그램, 외주 제작은 외주 제작한 프로그램을 의미한다. 각종 프로그램은 타 방송에서 만든 국회관련 방송프로그램을 수집한 것이다. 또한 자체방송은 국회방송국이 개국하기 이전에 자체적으로 만들어 방영한 프로그램이고, 보도뉴스는 타 방송국이 국회관련 방송한 뉴스들의 묶음을 의미한다.

이 중에서 본회의와 위원회 회의를 중계한 것이 3,686개로 가장 많은 수를 차지하고 있다. 중계방송은 본회의 및 위원회의 회의(공청회, 청문회, 국정감사와 국정조사 포함)를 대상으로 하고 있다. 그리고 국회규칙에 따르면 대통령 또는 국빈의 국회연설, 교섭단체대표연설, 예산안에 대한 정부의 시정연설, 의원의 대정부질문, 공청회, 청문회, 중요안건의 심의, 예산결산특별위원회의 예산안 심사 등은 우선적인 중계방송의 대상으로 고려된다.[58] 그 다음이 자체 제작한 프로그램, 외주 제작한 프로그램의 순이다. 앞으로도 회의중계와 제작프로그램의 생산량이 다수를 점할 것으로 예상하고 있다.

오디오 테이프는 1964년 1월 10일 제6대 국회부터 생산되기 시작하여

---

58) 「국회에서의중계방송등에관한규칙(국회규칙 제113호, 2000.12.1)」.

1995년 3월 18일 제14대 국회 본회의까지 생산되었다. 1964년부터 생산된 녹음기록은 과거 속기록을 발간하기 위한 속기의 보조수단으로 활용하기 위한 것이 대부분이다. 과거 국회의 녹음기록은 주로 본회의 및 위원회의 회의록 녹음, 각종행사 관련 녹음, 인터뷰 등으로 구성되어 있다.

오디오 테이프는 1995년 국회방송국 개국과 함께 비디오 촬영이 시작되면서 생산이 중단되었고 비디오 테이프에 의한 동영상 제작이 주류를 이루었다. 그러나 녹음기록의 수집이 지속될 가능성이 있기 때문에 앞으로도 주요하게 관리해야 할 항목이라 할 수 있다. 오디오 테이프는 릴테이프와 카세트테이프 형식으로 총 3,326점을 보존하고 있는데, CD 등의 매체 변환을 완료하였다. 변환 상황은 다음과 같다.

<표 3-31> 오디오 테이프의 매체 변환 상황(2006.6)

종류	WAV CD-ROM	MP3 CD-ROM	DVD-ROM	총 계
수량	4,047	373	71	4,491(*2)

기록영화(16mm-Reel)는 총 61건으로 국회방송국에서 자체 제작하거나 수집한 자료들로 구성되어 있다. 이 필름은 각 대별 기록영화다. 기록영화 전체를 대상으로 텔레시네[59]가 필요한 상황이지만, 예산의 확보가 어려워 실행이 어려운 상태이다. 앞으로 기록영화 필름에 대한 보존은 지속적으로 이루어져야 하지만 국민들에 대한 영상 서비스를 고려한다면 디지털 신호로의 전환이 이루어져야 할 것이다.

2) 헌정자료의 수집 및 관리현황

헌정자료의 수집과 보존 및 전시에 관한 업무는 1978년 3월 1일 국회도서관

---

59) 텔레시네는 디지털신호로 변경하는 것을 말한다.

총무과에 설치했던 홍보자료관으로부터 시작되었다.[60] 홍보자료관의 설치목적은 국회도서관 홍보를 강화하는데 있었으나 국회사무처의 요청에 의하여 국회본회의 및 상임위원회 회의 실황과 의전행사를 촬영하는 것을 계기로 하여 실제로는 국회도서관 홍보와 국회활동상을 기록(촬영, 편집)하고 보존하는 업무도 병행하였다.

이후 1981년 2월 4일 입법회의규칙 제4호에 의해 「국회도서관직제」가 개정되어 홍보자료관이 도서관장 직속의 헌정자료관으로 개칭되었고 헌정자료관의 사무가 구체적으로 규정되었다.[61] 1981년 9월 17일에 국회도서관은 헌정자료의 수집 제작 및 관리운영에 관한 중요사항을 심의하기 위하여 '국회도서관헌정자료심의위원회'를 구성하였다. 위원장은 도서관장으로 하고 위원에는 입법조사국장, 사서국장, 자료국장, 국회운영위원회입법심의관, 의사과장, 의전과장을 위촉하였다.

1984년 12월 14일에는 국회운영위원회에서 「국회사무처법」을 개정하여 국회도서관이 국회사무처에 흡수 통합됨에 따라 1985년 3월 1일에 헌정자료관은 국회사무처 의사국 소속으로 편입되었고 헌정자료담당 1인, 행정주사 1인, 제도원 1인, 타자원 1인이 증원되어 총 10인이 되었다.

1985년 4월 6일에는 국회도서관헌정자료심의위원회를 '국회헌정자료심의위원회'로 개칭[62]하고 동 위원회의 위원장 및 위원을 개편하였다. 위원장에는 입법차장을, 위원에는 경제과학위원회전문위원, 상공위원회전문위원, 의사국장, 기록편찬국장, 섭외국장, 국회운영위원회입법심의관, 관리국장을 위촉하였다. 이 심의위원회는 ① 헌정자료의 수집 관리 및 전시 등에 관한 사항 ② 헌정자료의 평가 및 사례에 관한 사항 ③ 국회기록영화제작에 관한 사항을 심의 결정하도록 했다.

---

60) 「국회도서관직제(국회규칙 제13호, 1978.2.25)」.
61) 「국회도서관직제(입법회의규칙 제4호, 1981.2.4)」.
62) 「국회헌정자료심의위원회내규(국회사무처내규 제143호, 1985.4.6)」.

이후 1988년「국회사무처법」의 개정[63]에 의하여 헌정자료의 담당부서가 국회사무처 의사국에서 국회도서관 수서정리국으로 다시 변경되었다. 1994년 7월 14일「국회도서관법(법률 제4762호, 1994.7.14)」이 또다시 개정됨에 따라 국회도서관 수서정리국에서 국회사무처 공보국으로 헌정자료 업무가 이관되어 국회사무처에 국회기록보존소가 설치되기까지 공보국의 헌정자료 담당관이 업무를 수행하였다.

<그림 34> 헌정자료 담당부서의 변천과 주요 업무

국회도서관총무과 홍보자료관실 (1978.3.1)	국회도서관장직속 헌정자료관 (1981.2.4)	국회사무처의사국 헌정자료관 (1985.3.1)	국회도서관수서정리국 헌정자료관 (1989.12.29)
1. 국회도서관 홍보 2. 국회기록영화제작 3. 슬라이드 제작 상영 4. 영화제작용 자료 수집	1.헌정자료의 수집 제작 2.국회기록의 촬영 보존 3. 국회기록영화 관장	1. 헌정자료의 수집, 정리, 보존 2. 헌정자료의 제작, 편집 3. 국회기록영화 제작 4. 각종기록 촬영 보존	1. 헌정자료의 수집, 정리, 보존 2. 헌정자료의 제작, 편집 3. 국회기록영화 제작 4. 각종기록 촬영 보존

국회사무처공보국 헌정자료담당관 (1994.4.14)	국회사무처 국회기록보존소 (2000.1.1)	국회사무처 홍보담당관실 (2009.4.27)
1. 헌정자료의 수집, 정리 및 보존관리 2. 헌정자료의 제작 및 편집 3. 헌정자료의 전시 이용 안내 및 헌정자료전시실 운영	1. 헌정자료의 수집, 정리 및 보존관리 2. 헌정자료의 제작 및 편집 3. 헌정자료의 전시 이용 안내 및 헌정자료전시실 운영	1. 헌정자료의 수집, 정리 및 보존관리 2. 헌정자료의 제작 및 편집 3. 헌정자료의 전시 이용 안내 및 헌정자료전시실 운영

2000년 1월 1일 국회기록보존소가 설치되면서 헌정자료의 수집 및 관리는 국회기록보존소 업무로 규정되었다. 2008년에는 국회도서관직제 및 국회사

---

63)「국회사무처법(법률 제4036호, 1988.12.29」.

무처직제가 개정되어 국회소속기관의 기록물 관리는 국회기록보존소가 담당하고 헌정자료의 수집 및 관리는 국회사무처 홍보담당관실에서 관리하는 것으로 변경되었다.

종전 헌정자료의 수집과 관리에 관해서는 별도의 규정이 있었고 「국회기록물관리규칙」이 제정된 이후에도 법적 효력을 그대로 유지하였다. 따라서 국회 소속기관에서 생산·접수된 기록물은 「국회기록물관리규칙」 등에 의하여 보존 관리되지만 현재 헌정자료의 수집 관리는 「헌정기념관운영내규」를 통하여 규정되고 있는 실정이다.[64]

「헌정기념관운영내규」는 헌정자료의 수집·관리·전시와 헌정기념관 전시실 운영에 필요한 사항을 규정함을 목적으로 제정되었는데 수집대상 자료는 대한민국의 의회정치와 관련된 주요 자료로 정의된다.

① 대한민국국회의 구성 및 운영과 관련된 자료
② 전·현직 국회의원의 의정활동과 관련된 자료
③ 역대 정당과 관련된 자료
④ 대한민국임시의정원 및 남조선과도입법의원과 관련된 자료
⑤ 기타 의회정치와 관련된 자료

헌정자료의 수집은 구입, 기증, 대여 등 다양한 방법으로 수행하고 있으며 수집된 자료는 전시하는 경우를 제외하고는 헌정자료보관실에 보관하도록 하였다. 자료보관실의 운영을 위하여 헌정기념관에 보관책임자를 두도록 하였으며 보관책임자는 ① 자료의 분류·정리 및 보관, ② 자료의 출납, ③ 자료보관실 출입자 관리, ④ 기타 자료보관실 운영에 필요한 사항 등의 업무를

---

64) 「헌정기념관운영내규」는 국회기록물관리규칙 및 국회기록물관리규정의 폐기 규정과 충돌하는 측면이 있어 국회기록보존소 설치 이후에 헌정자료 폐기업무는 수행하고 있지 않다. 헌정자료의 폐기 절차와 방법도 일반 기록물의 폐기절차와 동일하게 관련 규정을 개정할 계획이다.

수행하도록 하였다.

<표 3-32> 헌정자료 수집현황(2008)

유형	1979~2000	2001	2002	2003	2004	2005	2006	2007	2008	합계
문서 및 기록류	2,674	186	111	102	73	84	39	19	15	3,303
책자, 간행물, 팜플렛, 전단	5,879	270	358	192	258	157	154	195	137	7,600
휘호, 회화, 도자기, 병풍, 조각 등 미술품	258	1	-	9	1	-	4	23	8	304
사진, 슬라이드, 기록필름, 음반, 녹음, 녹화테이프	1,195	8	3	44	10	3	8	28	21	1,320
포스터, 벽보, 신문, 달력	483	7	11	24	18	4	4	43	17	611
인장, 훈장, 상장, 임용장, 추천장, 당선인통지서, 신분증 등 각종 증명서	699	4	-	8	-	-	10	37	8	766
서한, 일기, 메모, 안내장, 초청장, 인사장, 연하장	713	-	-	1	2	-	-	7	1	724
기념패, 감사패, 상패, 명패 등 각종패	387	12	1	20	1		5	7	14	447
배지, 메달, 버클, 패넌트, 마크, 문진, 벽걸이	145	-	2	6	1	-	-	2	1	157
옷, 신발, 모자, 어깨띠, 완장, 표찰	98	-	4	4	-	-	2	-	-	108
기, 간판, 표지판, 팻말, 의사봉, 의사당모형, 투표함, 의석, 서명판 등 기물, 기기류	195	3	-	3	5	1	10	6	3	226
애완품(유품) 등 각종 기념품	422	9	1	17	21	26	42	16	15	569
기타	89	-	-	-	-	-	-	-	-	89
합계	13,237	500	491	430	390	275	278	383	240	16,224

　　수집된 헌정자료는 자료관리대장에 등록하고 등록번호를 부여하여 관리하되, 자료의 외부반출은 금지하고 있다. 다만, 보수 등 자료의 유지관리를 위하여 필요한 경우에는 일정 서식의 반출대장에 기재한 후 반출할 수 있다. 자료는 1년마다 1회씩 재고조사를 실시하고 이 경우 보관할 가치가 없다고 인정되는 자료는 사무총장의 승인을 얻어 폐기하거나 기증인에게 반환할 수 있다.

보관책임자는 자료의 목록을 기념관에 비치하여 자료를 이용하고자 하는 자의 편의를 제공하고 사무총장은 자료에 대한 이용신청이 있는 경우에는 이용목적 등 타당성을 검토하여 이를 허가할 수 있도록 하였다. 다만, 이용은 자료보관실내에서 행하는 것을 원칙으로 하고 있다.

국회소속기관의 기록물은 관련 법규에 의하여 이관이 가능하지만 전·현직 국회의원, 정당기록물 등의 헌정자료는 국회기록보존소가 적극적으로 수집하지 않으면 산일될 가능성이 매우 높다. 따라서 국회기록보존소에서는 중점 업무추진과제로서 헌정자료의 체계적 수집 관리체제를 수립할 필요가 있다. 이와 함께 헌정자료의 과학적 관리체계 마련을 위하여 「헌정기념관운영내규」를 기록물관리법 및 「국회기록물관리규칙」의 입법취지에 맞게 정비할 필요가 있다.

5. 맺음말 : 국회기록관리의 문제점과 개선 방안

이상으로 기록물관리법의 제정에 따른 국회기록관리체제의 개편과 기록물의 보존현황을 소개하였다. 그동안 국회기록보존소는 기록관리법과 「국회기록물관리규칙」, 「국회기록물관리규정」 등에서 규정하고 있는 사항을 준수하는 쪽에 관심을 기울여 왔다고 평가할 수 있다. 그러나 기록관리법이 전부 개정됨에 따라서 국회의 관련 법규와 관리체제도 개편해야 하는 상황에 처해 있다. 여기에서는 향후 국회의 기록관리체제를 한 단계 발전시키기 위하여 필요한 몇 가지 제안을 하면서 마무리하고자 한다.

첫째, 현행 기록관리법의 시행을 전제로 한다면, 국회기록보존소의 독립성과 전문성을 제고하기 위한 방안을 구체적으로 모색해야 한다. 기록관리법에서는 헌법기관에 영구기록물관리기관을 설치할 수 있도록 규정했을 뿐, 영구기록물관리기관의 설치 위치에 대해서는 규정이 없다. 따라서 종전까지 국회는 「국회사무처직제」와 「국회도서관직제」에서 국회기록보존소의 설치 위치를 정했다.

현재는 국회도서관 소속으로 국회기록보존소가 설치되어 있다. 그러나 국회도서관으로 국회기록보존소가 이관된 이후에 우려할 만한 일이 벌어지고 있다. 대표적인 사례가 국회사무처의 기록이관연기 신청이 크게 증가했다는 점이다. 국회기록보존소가 국회사무처 소속이었을 때에는 각 처리과에서 이관연기를 신청하는 사례도 적었고 양도 많지 않았으나 국회도서관으로 옮긴 이후에는 갑자기 이관연기 신청이 증가했다. 이는 국회사무처에서 기록을 이관하는 것을 꺼리기 시작했다는 것을 반영한다.

또한 국회기록보존소가 국회도서관으로 소속을 옮기면서 종전의 헌정자료 수집 업무를 국회사무처의 홍보담당관실에서 수행하도록 했다. 기록관리법에서는 영구기록물관리기관의 업무로 규정한 행정박물, 수집자료 등의 관리를 전문인력이 배치되지 못한 홍보부서에서 수행하고 있는 실정이다.

이 같은 문제점들을 해결하기 위해서는 국회기록보존소를 국회소속기관의 보조기관의 형태로 설치하지 말고 독립기관의 형태로 설치해야 한다.

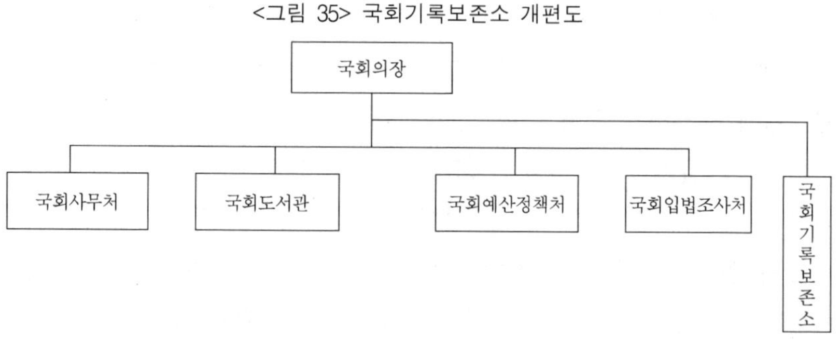

<그림 35> 국회기록보존소 개편도

예컨대, 국회의장의 직속기관으로 독립시키는 방안이 가장 좋을 것이다. 국회의장 직속기관이 된다면 국회소속기관의 기록물 이관을 원활히 할 수

있을 뿐만 아니라 국회의원들과 각 정당기록인 헌정자료의 수집 능력도 크게 향상될 수 있을 것이다.

둘째, 「국회기록물관리규칙」과 「국회기록물관리규정」 및 「국회도서관직제」에서 규정하고 있는 권한과 업무를 충분히 행사할 수 있는 쪽으로 국회기록보존소의 업무를 강화할 필요가 있다. 관련 법규에 따르면 국회기록보존소는 국회기록물관리에 대한 기본계획의 수립, 기록물관리 실태조사, 교육훈련 등의 업무를 수행할 수 있으나 아쉽게도 이 같은 업무를 제대로 수행하고 있지 못한 실정이다.

셋째, 영구기록물관리기관으로서의 역할을 제고할 필요가 있다. 현재 국회기록보존소가 수행한 업무를 살펴보면 주로 기록관이 수행하는 업무에 치중되어 있음을 알 수 있다. 물론 국회기록보존소가 기록관 업무를 대행하고 있기 때문에 이 같은 상황은 불가피한 측면도 있으나 동시에 국회소속기관의 기록관리를 지도 감독하고 영구기록물관리기관의 성격을 동시에 지니고 있으므로 영구기록물관리기관에 적합한 업무를 적극적으로 개발할 필요가 있다. 영구기록물관리기관에서 수행하여야 할 국회의원의 입법지원 업무, 대국민 서비스 등의 방향에 맞추어 국회기록물관리체제를 보존중심에서 적극적인 활용 중심으로 업무 체계를 개편할 필요가 있다.

넷째, 국회기록보존소의 헌정자료 수집체계의 개선이 절대적으로 요구되고 있다. 국회기록보존소의 업무 영역에서 가장 취약한 지점이 헌정자료 수집관리의 전문성 제고라고 할 수 있다. 신문기사에서 나오고 있듯이 국회의원 임기 종료와 동시에 국회의원실에서는 많은 기록물들이 파기되고 있다. 특히 비밀기록물도 일부 파기되는 것으로 보도된 바가 있다. 현재 국회기록보존소에서는 현직 국회의원실 기록물에 대한 수집관리가 미흡하고, 의원직 상실 국회의원 기록물에 대한 제도적인 관리는 사실상 불가능한 상황이다. 특히 대한민국 의정사에서 빼놓을 수 없는 핵심기록물이 주요 정당들의 기록물이지만 현행 법체계 하에서는 주요 정당들의 회의록과 중요기록물을 수집할 수 있는 방법이 없는 실정이다. 앞으로 국회기록보존소는 이 같은 기록물들을 어떻게 수집 관리할 것인지에 대한 과제가 남아 있다.[65]

다섯째, 관련 법규 정비이다. 기록물관리법이 2006년에 전부 개정되고 2007년에 시행되고 있으나 「국회기록물관리규칙」 등을 아직까지 개정하지 못한 상황이다. 향후 국회기록보존소는 기록물관리법의 전부 개정에 따라 관련 국회규칙과 국회규정 등을 전부 개정할 필요가 있다. 이와 함께 국회기록물관리규칙과 국회기록물관리규정에 헌정자료의 수집관리 등에 관한 규정을 설치하여 종전의 「헌정기념관운영내규」를 폐지하거나 「헌정기념관운영내규」는 법규명과 같이 헌정기념관의 전시 및 운영에 관한 법규로만 남겨둘 필요가 있다.

이상에서 살펴보았듯이, 국회기록관리는 기록물관리법의 제정에 따라 정비되었으나 앞으로 개선해야 할 점도 적지 않다. 국가기록관리체제는 국가기록원이 주도하는 행정부 관리체제 뿐만 아니라 헌법기관의 기록관리체제를 포괄하고 있다는 것을 생각하면 국회를 비롯한 헌법기관의 기록관리가 체계적으로 이루어져야 할 것이다. 이는 각 헌법기관의 기록관리 실태가 객관적이고 상세히 공개되어야 가능하리라 생각한다.

---

[65] 국회의원 보좌직원들에 대한 기록물관리 교육의 실시와 함께 국회의원실 기록물관리를 위하여 국회기록보존소가 관련 인력을 파견 지원해주는 방안 등을 고려할 수 있다. 이와 함께 정당기록물의 관리를 위해서는 국가예산으로 정당기록보존소 설치를 지원하거나 국회기록보존소가 각 정당과 기록물관리에 관한 협약을 체결하여 관리해주는 방안 등을 고려할 필요가 있으며 가능하다면 관련 입법추진도 고려할 필요가 있다.

제4장 법원기록보존소와 사법부 기록관리

1. 머리말

사법부는 행정부, 입법부와 구분되는 국가기관으로 사법권을 행사하는 헌법상의 기구이다. 헌법 제101조는 "사법권은 법관으로 구성된 법원에 속한다"라고 규정함으로써 법원에 사법권을 부여하였고 동 제27조에서는 "모든 국민은 헌법과 법률이 정한 법관에 의하여 법률에 의한 재판을 받을 권리를 가진다"라고 규정하여 일정한 자격을 갖춘 법관에 의하여 법원으로부터 정당한 재판을 받을 것이 국민의 기본권임을 밝히고 있다.[1]

법원이 사법부로서의 임무를 다하도록 하기 위하여, 헌법 제103조는 "법관은 헌법과 법률에 의하여 그 양심에 따라 독립하여 심판한다"고 규정하여 사법권의 독립을 선언하고 있다. 사법권의 독립은 민주주의의 기본 원리인 삼권분립의 요청이며 법치국가의 가장 중요한 조직적 표현 중의 하나이다.

법원은 대한민국 국민의 법적인 권리 또는 법률관계를 둘러싼 분쟁을 해결하거나 검사에 의하여 기소된 형사 피고인에 대하여 유·무죄를 가리고, 유죄로 인정되는 경우에 형벌을 부과하는 국가기관이다. 법원은 대한민국 국민의 법적인 권리와 의무관계를 증빙·부과하는 업무를 담당하기 때문에 법원기록물은 일반 행정기록과는 다른 특수성을 가진다. 특히, 법원기록물의

---

[1] 「대한민국헌법(헌법 제10호, 1987.10.29)」.

핵심을 구성하는 민사재판 및 형사재판 기록물은 법원 내부에서 생산된 재판서 등으로만 구성되는 것이 아니라 소송 당사자들의 민사사건기록 및 검찰의 공소로 인하여 접수되는 형사사건기록 등 다양한 출처의 기록들이 함께 관리된다. 법원기록물은 이 같은 생산출처가 다른 기록물들이 공판절차를 거치면서 법원의 독특한 관리체계에 의해서 보존 관리된다고 볼 수 있다. 따라서 법원기록물은 기록관리에 대한 일반적인 이해 뿐만 아니라 공판절차와 재판기록물의 구성체제에 대한 이해가 필요하다.

법원의 한국적 기록관리체제는 1959~62년에야 비로소 수립되었다. 그것은 각급법원이 1949년에 설치되었음에도 불구하고 법원기록물은 조선총독부재판소와 검사국의 규정을 활용하여 관리되고 있었기 때문이다. 한국정부가 1950년대까지 「조선총독부처무규정」을 준용한 「정부처무규정」으로 기록을 관리했다면 법원은 조선총독부재판소와 검사국의 기록관리 법규의 효력을 그대로 인정하고 있었던 것이다.

이 같은 식민지적 관리체제는 1959년에 「법원사무규정」과 1962년에 「법원공문서규칙」 및 「법원사무규칙」이 제정되면서 비로소 청산되었다. 「법원사무규정」과 「법원사무규칙」은 법원의 사무처리에 관한 일반 법규로서 법원공문서의 생산과 유통 및 그 보존방법을 규정했다. 특히, 법원공문서를 행정기록과 사건기록(재판기록을 포함한다)으로 구분하고 행정기록과 사건기록의 보존 및 관리방식을 각각 규정한 특징이 있다.[2]

이와 함께 1962년에 「법원영구보존문서중앙관리소규칙」을 제정하여 영등포 등기소 내에 법원의 영구보존문서를 집중관리하는 부서를 설치하였다. 1973년에는 「법원보존문서관리규칙」을 제정하여 법원보존문서관리소를 청주지방법원, 광주지방법원, 대구지방법원, 부산지방법원에 각각 설치했다. 그러나 법원영구보존문서중앙관리소와 법원보존문서관리소는 기록관리업

---

2) 「법원사무규정」에서는 서무기록과 사건기록으로 구분했다.

무를 전담하는 기록관리기구라고 볼 수 없다. 법원에 설치된 법원영구보존문서중앙관리소와 법원보존문서관리소는 기록관리를 위한 기본적인 시설과 장비, 전문인력 등을 제대로 갖추지 못했으며 해당 기구의 소장도 총무과장 또는 민사과장이 겸직하였기 때문이다.

법원의 기록관리체제는 1999년 기록관리법이 제정되면서 크게 개편될 수 있었다. 법원에도 기록관리법이 시행되면서 2004년 1월 1일에 법원기록보존소가 설립되었고 2005년에는 「법원기록물관리규칙」이 제정되었던 것이다. 이때부터 법원에도 기록관리 시설과 장비, 전문인력 등이 배치되기 시작했으며 기록관리 법규도 전문적인 내용을 갖추기 시작했다. 「법원기록물관리규칙」은 각급법원에서 생산된 기록물의 관리방법을 종합적으로 규정한 기록관리 일반법규이지만 재판, 등기, 공탁, 가족관계 등록(이하 포괄적으로 재판기록이라고 한다)에 관한 기록물에 대해서는 별도의 대법원 규칙에 따를 수 있도록 예외규정을 폭넓게 인정했다.

따라서 법원에서는 행정기록과 재판기록의 관리방식이 서로 다르며 재판기록의 특수성을 전제로 수립된 법원기록물의 관리체제는 다른 국가기관보다도 특수성이 강하다고 할 수 있다. 법원기록물의 관리체제가 매우 특수함에도 불구하고 법원기록물의 관리제도와 방식에 대해서는 거의 알려져 있지 않은 실정이다. 최근에야 법원기록의 유형과 관리제도를 소개하는 글이 발표되고 있을 뿐이다.[3] 이 장에서는 법원기록물에 대한 관리체제를 1949년 법원 설립 이후부터 현재까지 역사적으로 분석하고 그 문제점을 진단함으로써 올바른 관리체제 수립을 위한 대안을 모색하기로 한다.

---

3) 고선미, 「법원기록의 유형과 관리제도」 『기록인』 창간호, 2007 ; 최정애, 「법원기록보존소의 과제와 성과」 『헌법기관 기록물, 어떻게 관리되고 있나(제3회 기록관리포럼자료집)』, 2008.

2. 기록관리법 제정 이전의 법원기록관리

1) 법원기록관리체제의 수립과정

한국에서는 1949년에 「법원조직법(법률 제51호, 1949.9.26)」이 제정되어 현대적인 법원조직이 만들어졌다.[4] 1949년 「법원조직법」에서는 법원이 민사소송, 형사소송, 행정소송, 선거소송 및 기타 법률적 쟁송을 심판하는 비송사건과 다른 법률에 의하여 법원에 속하는 사건을 관장하고, 등기, 호적, 집달리, 사법서사에 관한 사무를 관장 또는 감독하도록 규정하였다. 법원의 종류로서 대법원, 고등법원, 지방법원 등이 규정되었고 지방법원의 사무의 일부를 처리하기 위하여 그 관할구역 내에 지원을 둘 수 있도록 하였다.[5]

이후 헌법이 여러 차례 바뀌고, 그에 따라 법원의 조직을 정하는 법원조직법이 개정되면서, 대법관 및 법관의 임명방법, 대법관의 수, 재판관할, 헌법재판제도 등 사법제도에 관하여 여러 가지 변화가 있었고 새로운 법원도 설치되었지만 기본적으로 법원의 종류를 3종으로 한 3심제는 그대로 유지되었다.

한국정부 수립 당시 3개의 지방법원으로 출발한 법원은 현재 5개의 고등법원과 1개의 특허법원, 18개의 지방법원과 1개의 행정법원 및 1개의 가정법원으로 늘어났고, 사법연수원, 법원공무원교육원 및 법원도서관도 설치되었다. 이와 함께 대법원은 근대사법 100주년을 맞이하여 각계각층의 다양한 여론을

---

4) 1945년 8월 15일에 일본의 식민지배로부터 해방이 되었으나 곧바로 미군정이 실시되어 일제시대의 법률 및 사법제도가 일시 그대로 유지되었다. 다만 법원의 명칭은 1945년 10월 11일에 고등법원이 대법원으로, 복심법원이 공소원으로 바뀌었고, 1947년 1월 1일에는 공소원이 고등심리원으로, 지방법원 및 지방법원 지청이 지방심리원 및 지방심리원지원으로 다시 변경되었다. 1948년 6월 1일에는 남조선과도정부법령 제192호로 법원조직법이 시행됨에 따라 미군정청 사법부에서 관장하던 법원행정이 대법원으로 이관되고, 법원의 종류를 대법원, 고등법원, 지방법원 및 간이법원으로 나누되, 지방법원 관할구역 내에 지방법원 지원을 설치할 수 있도록 했다.

5) 법원의 종류는 상고심으로 최고법원인 대법원, 항소심으로 고등법원, 제1심으로 지방법원과 그 지원을 두어 3심제를 채택하였다.

수렴하여 효율적이고 전문성을 갖춘 사법제도를 구축하기 위하여, 전문법원 및 시·군법원을 설치하였고, 1995년 10월 28일에 서소문에 위치하였던 옛 청사를 떠나 서초동의 신청사로 이전하였다.

한국의 법원조직은 1949년 이후 여러 차례 개편되었으나 법원을 운용하는 관리기법에서는 식민지적 체제를 상당기간 탈피하지 못하였다. 즉, 일제의 식민지에서 해방되었음에도 불구하고 법원을 운용하는 방법에서는 식민지 법규인 「조선총독부재판소급검사국서기과처무규정」과 「조선총독부재판소급검사국서류보존규정」 등이 1959년 9월 1일 「법원사무규정」[6]으로 폐지될 때까지 약 10여 년간 법적인 효력을 유지했던 것이다.[7]

<표 4-1> 1962년에 시행된 법원 기록물의 생산 및 관리 규정

법규	주요 내용
법원공문서규칙(1962.1.1)	법원공문서의 규격, 생산방식 등을 규정
법원사무규칙(1962.7.31)	법원사무에 관한 기본원칙, 재판기록(사건기록 포함)의 유통 및 관리절차와 보존방식을 규정
법원영구보존문서중앙관리소 (1962. 9.21)	법원에서 생산한 영구보존기록물의 보존장소를 규정

법원공문서의 생산 및 관리방식은 1962년도에 본격적으로 개편되었는데, 이 같은 개편은 행정부의 사무관리제도의 정비와 밀접한 관련이 있었다. 행정부가 1961년 9월 13일에 「정부공문서규정(각령 제137호)」을 제정하고 1963년에는 「공문서보관·보존규정」을 제정하면서 기록의 생산 및 관리체제를 정비하자 법원도 이에 대응하여 「법원공문서규칙(대법원규칙 제90호, 1961.12.29)」과 「법원사무규칙(대법원규칙 제133호, 1962.7.31)」[8]을 제정하

---

6) 「법원사무규정」은 법원의 통일적인 사무처리를 위하여 제정되었다. 이 규정에서는 법원기록물을 2종으로 대별하여 행정사무에 관한 것을 서무기록, 재판사무에 관한 것을 사건기록으로 구분하였으며, 각 기록별로 부책 및 보존기간을 정하여 관리하였다.

7) 「법원사무규정(대법원규칙 제57호, 1959.9.1)」.

였던 것이다.

「법원공문서규칙」은 법원공문서의 작성과 처리에 관한 사항을 규정하기 위해 제정되었는데 이 규칙에서 법원공문서는 법원에서 재판사무에 관하여 사용되는 문서와 행정사무에 관하여 사용되는 문서로 정의했다.[9] 그러나 다른 한편으로 재판사무에 관한 문서의 작성과 처리는 다른 법령 또는 규칙에 특별한 규정이 있으면 해당 규칙을 따르도록 하여 재판사무에 관한 공문서에 대해서는 예외를 인정했다.[10] 「법원공문서규칙」은 행정부의 「정부공문서규정」을 준용하여 제정된 것으로 법원공문서의 서식체계와 그 작성절차만을 규정한 것이다.

「법원사무규칙」은 법원사무의 분장과 그 처리절차에 관하여 규정했는데 각종 민사 및 형사사건의 처리절차와 공문서의 유통방법 및 보존에 관한 것이 주된 내용이다. 그러나 법원기록물의 이관, 보존절차, 보존방법 등에 대해서는 제대로 규정하지 않는 등 기록관리의 측면에서는 매우 한계가 있는 법령이라고 할 수 있다.

「법원사무규칙」에서는 법원기록물을 행정기록과 사건기록으로 구분하였는데 행정기록은 행정사무에 관한 것을 말하고 사건기록은 재판 및 조정사무에 관한 것을 의미하였다.[11] 일반적으로 행정기록과 사건기록은 생산절차와 완결 이후의 편철 방법, 보존연한 책정의 기준 등에서 서로 달랐기 때문에

---

8) 「법원사무규칙」이 제정됨으로써, 1912년 조선총독부훈령 제28호 「조선총독부재판소급검사국서기과처무규정」과 1912년 조선총독부훈령 제3호 「조선총독부재판소급검사국서류보존규정」 중 법원에 관한 부분, 대법원규칙 제52호 「법원행정처각과소관사항에관한건」과 대법원규칙 제57호 「법원사무규정」은 폐지되었다.

9) 「법원공문서규칙」은 1961년 「정부공문서규정」을 참고하여 제정된 것이었으나 행정부와 다르게 법원에서는 재판기록과 사건기록이 특수하다고 판단하여 일찍부터 별도의 법규를 제정하였다. 「법원공문서규칙(대법원규칙 제90호, 1961.12.29 제정, 1962.1.1 시행)」

10) 「법원공문서규칙」, 제9조.

11) 「법원사무규칙」, 제34조.

양자를 구분하는 것이 법원기록관리의 특징을 이해하는 데 중요하다.

<표 4-2> 1962년 「법원사무규칙」에서 정의한 법원기록물의 유형

유형	종류
행정기록	예규에 관한 기록, 법원조직에 관한 기록, 대법원판사회의에 관한 기록, 감독사무에 관한 기록, 기밀사항에 관한 사항, 현재 직원이력서집, 법관의 진퇴 기타 신분에 관한 기록, 징계에 관한 기록, 서무에 관한 기록, 국정감사에 관한 기록, 예산에 관한 기록, 결산에 관한 기록, 심계에 관한 기록, 국유재산에 관한 기록, 영선에 관한 기록, 호적사무 결의 사항에 관한 기록, 기류사무의 감독에 관한 기록, 집달리 감독에 관한 기록, 공탁에 관한 기록, 사법서사 감독에 관한 기록, 민사에 관한 기록, 형사에 관한 기록, 법관의 조사연구에 관한 기록, 법원공보 발행에 관한 기록, 심사분석에 관한 기록, 각종 통계에 관한 기록, 개폐에 속한 예규에 관한 기록, 법원공보집, 행정회보집 등 58종
사건기록	각종 민사사건 및 형사사건 기록, 재판서 등

행정기록의 경우에는 사건이 완결된 순서에 따라 매년 편찬하고 각 사건에 속하는 문서의 순서는 그 경과순서에 의하도록 했으며,[12] 완결된 기록과 부책은 일정한 장소에 보관하도록 했다. 그러나 사건기록은 매 사건마다 별책으로 편철하도록 하였고 사건기록에는 반드시 사건번호를 부여하고 사건번호는 서기년수의 10단위 이하의 아라비아 숫자로 사건별 부호문자와 진행번호를 표시하였다. 사건번호는 해당 기록물의 식별과 검색의 측면에서 대단히 중요했기 때문에 최초에 붙인 사건번호와 사건명은 그 사건이 종결될 때까지 사용되었다.[13]

그리고 사건기록과 보존기간을 달리하는 재판원본, 화해조서, 인락조서 또는 포기조서 조정이 성립된 조정조서(조정위원회의 조정조서는 인가결정이 있는 것)와 상급심의 재판, 화해조서, 인락조서 또는 포기조서의 정본은 사건완결 후 지체없이 이를 사건기록에서 분리하여 사건완결의 순서에 의하

---

12) 「법원사무규칙」, 제57조.
13) 「법원사무규칙」, 제37조.

여 각각 편찬하고 표지와 목록을 붙였다. 그러나 민사의 재심에 관한 것은 불복대상이 된 재판원본과 함께 이를 편찬하고 상급심의 재판 화해조서 인락조서 또는 포기조서의 정본은 제1심 재판원본의 다음에 편찬하도록 했다.[14] 사건기록과 부책은 그 종별에 따라 일정한 기간 이를 보존하도록 했는데 기록과 부책의 보존기간은 갑종 50년, 을종 20년, 병종 10년, 정종 5년, 무종 2년 등으로 구분되었다.

<표 4-3> 「법원사무규칙」 제49조에 따른 기록과 부책의 보존 종별

보존종별	기록의 유형
갑종	1. 민사, 행정, 선거소송사건과 비송사건에 관한 다음의 재판원본 가. 판결, 나. 가집행 선고있는 지급명령(확정판결과 동일한 효력이 있는 것), 다. 금치산과 한정치산에 관한 본안재판, 라. 파산, 복권과 화의에 관한 본안재판, 마. 상법 제386조 제1항 제8호와 제454조 제1항 제5호의 사정(사정)재판, 바. 기타 상고심에서 상소를 종결한 재판 2. 화해조서, 인락조서 또는 포기조서와 조정이 성립된 조정조서(조정위원회의 조정조서는 인가결정이 있는 것) 3. 파산사건, 화의사건의 채권표와 파산사건의 배당표 4. 인가결정이 있는 주주표(주주표) 5. 법원의 조직에 관한 기록 6. 기밀사항에 관한 기록 7. 비현재직원의 이력서집 8. 직원의 진퇴 기타 신분에 관한 기록 9. 호적사무 결의사항에 관한 기록 10. 년표와 년집계표의 관내집계표집(처내) 11. 관보집 12. 법원공보집 13. 기념사진첩 14. 부책과 행정기록보존부 15. 사건기록 보존부 16. 각종사건부 17. 형사상소결과부 18. 비현재집달리이력서집 19. 비현재 사법서사이력서집 20. 국유재산에 관한 기록 21. 압수표 22. 압수물대장 23. 압수물가출부 24. 형사사건에 관한 다음의 재판등본 가. 판결 나. 약식명령 다. 형법 제36조 또는 제39조제3항에 의하여 다시 형을 정하는 결정, 형의 집행유예 취소의 결정과 공소(공소)기각의 결정
을종	1. 집달리의 신분에 관한 기록 2 사법서사의 신분에 관한 기록 3. 비현재집달리명부 4. 비현재사법서사명부 5. 비현재사법서사사무원명부 6. 강제화의 또는 화의인가의 결정원본(파산절차를 속행한 경우를 제외)
병종	1. 개폐에 속한 예규에 관한 기록 2. 감독사무에 관한 기록(경미한 것을 제외) 3. 고시와 전형에 관한 기록 4. 징계에 관한 기록 5. 의전과 섭외에 관한 기록 6. 출장, 순회와 회동에 관한 기록 7. 대법원판사 회의에 관한 기록 8. 예산에 관한 기록 9. 예산영달서와 시달서집 10. 결산에 관한 기록 11. 출납공무원 명면에

---

14) 「법원사무규칙」, 제59조.

병종	관한 기록 12. 심계에 관한 기록 13. 영선에 관한 기록 14. 호적사무 감독에 관한 기록 15. 집달리 감독에 관한 기록 16. 사법서사 감독에 관한 기록 17. 법관의 조사연구에 관한 기록 18. 반년표 기표와 월표의 관내 집계표집(처내) 19. 민사와 비송사건에 관하여 각심급에서 사건을 종국한 재판의 원본(본조에서 특별한 규정을 한 것을 제외) 20. 민사소송 사건기록(사건이 재판에 의하지 아니하고 완결된 것은 제외) 21. 본안의 재판을 한 금치산 한정치산사건기록 22. 본안의 재판을 한 실종사건기록 23. 파산선고를 한 파산사건기록 24. 화의개시 결정을 한 화의사건기록 25. 소년보호사건의 결정원본 26. 소년보호사건 관찰에 관한 기록 27. 소년보호사건의 각종부책
정종	1. 근무상황카드집 2. 문서건명부 3. 기류사무의 감독에 관한 기록 4. 민사에 관한 기록 5. 형사에 관한 기록 6. 서무에 관한 기록 7. 병사에 관한 기록 8. 교육훈련에 관한 기록 9. 해외파견에 관한 기록 10. 국정감사에 관한 기록 11. 호적사무협의회에 관한 기록 12. 호적재제(재제)에 관한 기록 13. 공탁에 관한 기록 14. 판결집 발행에 관한 기록 15. 법원공보 발행에 관한 기록 16. 계획수립에 관한 기록 17. 심사분석에 관한 기록 18. 수정과 조정에 관한 기록 19. 시정평가에 관한 기록 20. 통계에 관한 기록 21. 년표와 집계표집 22. 반년표 기표와 월표집 23. 비송사건 절차법규에 의한 과태료의 재판원본 24. 사건이 재판 의하지 아니하고 완결될 민사소송사건기록 25. 파산선고에 이르지 아니하고 완결될 파산사건기록 26. 화의개시 결정에 이르지 아니하고 완결될 화의사건기록 27. 민사집행사건기록 28. 비송사건기록(과태료에 관한 기록을 제외) 29. 민사신청사건기록 30. 형사신청사건기록 31. 조정위원명부 32. 사령원부 33. 소년보호사건기록
무종	1. 감독사무에 관한 기록(모든 허가등 경미한 것) 2. 잡사에 관한 기록 3. 행정회보집 4. 비밀파기증명서집 5. 민사소송사건기록(구법의 궐석판결에 의하여 완결된 것) 6. 화해사건기록 7. 독촉사건기록, 8. 비송사건기록(과태료에 관한 것) 9. 조정사건기록 10. 각종영장신청서 11. 특근부 12. 당직지정부 13. 당직일지 14. 출장명령부 15. 사송부 16. 도서차람부 17. 비밀문건관리기록부 18. 보존기록부책 출입부 19. 기일부 20. 기일통지부 21. 재감인소환부 22. 집달리송달부 23. 우편송달부 24. 열람과 등사부 25. 구속영장원부 26. 압수수색영장원부 27. 조정사건기록 열람 등사 정본 등 초본증명서교부부 28. 형사재판결과통지부

보존기간은 사건의 종국 완결 또는 기입을 마친 다음해부터 기산하고 보존기간을 달리한 관련서류는 그 기간의 긴 것에 따르되, 특별한 사유에 의하여 보존의 필요가 있는 기록 또는 서류는 보존기간 경과 후라도 그 사유가 존속하는 한 이를 보존하도록 했다. 보존하는 기록과 부책에는 그 표지에 보존종료년도를 붉은 글씨로 작성(朱書)했으며[15] 기록과 부책은 이를

일정한 장소에 보관하였다.[16] 그리고 보존기간이 경과된 기록과 부책은 소속청의 장의 인가를 받아 지체없이 이를 폐기하도록 했다.[17]

1962년 9월에는 「법원영구보존문서중앙관리소규칙」을 제정하여 영구보존기록물 관리부서를 지정했다.[18] 이 규칙은 각급법원(지원포함)에 보존되어 있는 영구보존문서를 중앙에 집중보존함으로써 협소한 창고의 혼잡을 제거하고 영구보존문서의 부패손괴를 방지하기 위하여 제정되었다.

법원영구보존문서중앙관리소는 서울지방법원 영등포등기소 내에 설치하기로 하였는데, 중앙관리소에서 관리하는 영구보존문서라 함은 「법원사무규칙」 제49조에 규정되어 있는 기록 및 부책을 말하며 1945년 이전에 생산된 것에 한하여 보존하도록 하였다.[19] 따라서 1946년 이후에 생산된 기록은 여전히 각급기관의 처리과(총무과, 민사과, 형사과 등)에서 보존 관리하였다. 「법원사무규칙」에 따르면, 법원기록물의 보관부서는 기록의 성격에 따라서 달랐는데 법원행정처의 경우 기록보존 부서는 총무과, 민사과, 형사과로 구분되었다. 총무과는 재판문서를 제외한 행정문서의 정리와 보존을 담당했고 민사과와 형사과는 민사 및 형사사건에 관한 기록물의 정리와 보존을 담당했다.

각 법원에서 설치된 총무과, 민사과, 형사과 등은 기록물의 영구보존을 수행하는 부서가 아니라 법원영구보존문서중앙관리소로 이관하기 이전까지 임시적으로 관리하는 부서였다. 대체로 행정기록은 총무과가 보관했으며

---

15) 「법원사무규칙」, 제62조.
16) 「법원사무규칙」, 제63조.
17) 「법원사무규칙」, 제64조.
18) 「법원영구보존문서중앙관리소규칙(대법원규칙 제147호, 1962. 9.21)」.
19) 다만, ① 비현재직원의 이력서철, ② 직원의 진퇴 기타 신분에 관한 기록, ③ 비현재 집달리 이력서철, ④ 비현재 사법서사 이력서철 중에서 사망한 것이 확인된 자 또는 사망하였다고 추측되는 자(현연령 80세 이상) 등에 관한 문서 중 영구보존할 가치가 없다고 인정되는 부분은 대법원장의 인가를 얻어 폐기처분한 후 보존할 수 있었다.

민사 및 형사기록 등은 민사과와 형사과에서 보관했음을 알 수 있다.

<표 4-4> 법원기록물의 보관 및 관리부서

주요 기관	기록의 보관책임부서	기록관련 주요업무
법원행정처	총무과	재판문서를 제외한 문서의 보존(행정기록)
	민사과	기록과 부책의 정리와 보존에 관한 사항(민사기록)
	형사과	기록과 부책의 정리와 보존에 관한 사항(형사기록)
	조사과	사법자료의 수집에 관한 사항
	특별과	기록과 부책의 정리와 보존에 관한 사항
고등법원 사무국	총무과	재판문서를 제외한 문서의 접수 발송 보존
	민사과	기록 및 문서의 작성처리와 기록부책의 보존에 관한 사항
	형사과	기록 및 문서의 작성처리와 기록부책의 보존에 관한 사항
지방법원 사무국	총무과	재판문서를 제외한 문서의 접수 발송 보존
	민사과	기록 및 문서의 작성처리와 기록부책의 보존에 관한 사항
	형사과	기록 및 문서의 작성처리와 기록부책의 보존에 관한 사항
지방법원지원	사무과	기록부책의 정리와 보존에 관한 사항

법원영구보존문서중앙관리소에는 소장 1명, 서기 1명이 근무하도록 되어 있었는데 소장은 법원행정처 총무과장이 겸직하고 관리소 업무를 관장하며 직원을 지휘감독하였다. 서기는 소장의 명을 받아 문서의 보존관리 및 목록작성, 등초본 및 증명의 교부문서 취기에 대한 응신 열람의 참여, 통계표 작성 등의 업무를 수행하였다.

1962년에 설치된 법원영구보존문서중앙관리소는 전문적인 기록관리를 위한 시설, 장비, 전문인력 등을 갖춘 전문관리기관은 아니었다. 법원에서 생산되는 영구보존문서 관리를 위해 소장 1인과 서기 1인으로는 제대로 기록관리 업무를 수행했다고 볼 수 없다. 이 같은 점을 감안하여 1963년 12월에는 법원영구보존문서중앙관리소에 소장 1명, 서기관 1명 등을 두고 소장은 법원행정처 총무과장이, 서기관은 서울민사지방법원 영등포등기소장이 각각 겸직하도록 했다.

그러나 1968년과 1975년에 행정부에서 정부소산계획을 수립하면서 후방 지역에 문서를 분산 배치하는 작업을 추진하자 법원도 각 지역별로 문서보존소를 분산 설치하기로 했다. 이에 따라서 1974년에 「법원영구보존문서중앙관리소규칙」을 폐지하고 「법원보존문서관리규칙」[20]을 새롭게 제정했다. 이 규칙은 각급법원에 보존되어 있는 보존문서를 각 고등법원 단위로 집중 보존케 하여 협소한 창고의 혼잡을 피하고 문서의 훼실을 미연에 방지함을 목적으로 제정되었다. 이 규칙에서 보존문서는 「법원사무규칙」 제49조에서 규정한 갑종에 해당되는 기록과 재판원본 및 부책으로서 30년간 각급법원에서 보존하고 있는 문서와 1945년 이전분으로서 각급법원에서 보존하고 있는 문서로 규정되었다. 그리고 법원보존문서관리소를 서울지구법원 보존문서관리소를 청주지방법원에, 대구지구법원 보존문서관리소를 대구고등법원에, 광주지구법원 보존문서관리소를 광주고등법원에 두도록 하였으며, 서울지구법원 보존문서관리소는 대법원 법원행정처 사법연수원 및 서울고등법원과 그 관할구역내의 각급법원 보존문서를, 대구지구법원 보존문서관리소는 대구고등법원과 그 관할구역내의 각급법원보존문서를, 광주지구 법원문서관리소는 광주고등법원과 그 관할구역내의 각급법원보존문서를 각각 보존 관리하도록 하였다.

각 지구단위 보존문서관리소는 소장 1인과 간사 1인을 두고 소장은 각지구 보존문서관리소의 관장 법원의 총무과장이, 간사는 동법원 민사과장이 겸직하도록 했다. 소장은 각 관리소의 업무를 관장하며, 문서의 관리상태를 감독하고 간사는 소장의 명을 받아 업무를 처리하였다. 보존문서관리소는 각 지구별로 설치하였으나 전문적인 독립기구가 아니라 관장 법원의 총무과장과 민사과장이 사실상 겸직 운영하도록 했다는 점에서 종전의 문제점은 해결되지 못한 채 그대로 유지되었다.[21]

---

20) 「법원보존문서관리규칙(대법원규칙 0546호, 1973.12.12)」.

그리고 각급법원에서 보존하는 문서 중에서 보존기간이 30년이 경과한 문서는 그 법원을 관할하는 법원보존문서관리소에 매년 2월말까지 이관하여 보존하도록 했다.[22] 따라서 30년이 경과하지 않은 문서는 여전히 각급 법원에서 보존 관리했다. 종전의 「법원사무규칙」에서는 완결된 기록의 이관시기가 구체적으로 규정되어 있지 않았으나 「법원보존문서관리규칙」에서는 이관시기와 이관대상 기록을 구체적으로 규정했다는 특징이 있다. 기록의 폐기에 관한 규정도 설치되어 있는데 보존년한이 만료되어 보존가치가 없는 문서는 관리소장이 관리소 소속원장의 허가를 얻어 폐기하도록 했다.

이후 「법원보존문서관리규칙」은 여러 차례 개정되었는데 1995년에는 법원의 영구 및 준영구 보존문서(도면, 사진, 디스크, 테이프, 필름 및 슬라이드를 포함한다), 기타 중요기록물을 관리, 보존 및 열람하게 하기 위하여 법원보존문서관리소를 두도록 했으며 그 설치위치도 일부 변경했다. 「법원보존문서관리규칙」은 법원기록보존소의 보존서고가 신축된 2008년도에 폐지되었다.[23]

<표 4-5> 1995년 당시 법원보존문서관리소의 관리대상 문서

법원보존문서관리소	관리대상 문서
서울 및 대전지구 법원보존문서관리소	대법원, 법원행정처, 사법연수원, 법원공무원교육원, 법원도서관, 서울고등법원, 대전고등법원 및 특허법원과 그 각 관할구역내의 각급법원 보존문서
대구지구 법원보존문서관리소	대구고등법원과 그 관할구역내의 각급법원 보존문서
부산지구 법원보존문서관리소	부산고등법원과 그 관할구역내의 각급법원 보존문서
광주지구 법원보존문서관리소	광주고등법원과 그 관할구역내의 각급법원 보존문서

2) 재판기록물의 관리체제

---

21) 법원보존문서관리소가 수행하는 업무도 문서의 보존관리, 등초본 및 제증명의 교부, 문서 송부의뢰에 대한 처리, 열람의 참여, 통계표작성, 기타 문서관리에 필요한 사항 등으로 종전과 크게 달라지지 않았다.

22) 「법원보존문서관리규칙(대법원규칙 0546호, 1973.12.12)」, 제7조.

23) 「법원기록물관리규칙」.

법원기록물의 생산 및 보존에 관한 일반법규는 1962년에 제정된 「법원사무규칙」이었다. 이 규칙에서는 행정기록과 사건기록에 관한 사항을 모두 규정했으나 1993년에는 「법원사무관리규칙」[24]과 「재판사무처리규칙」[25]을 제정하여 행정사무와 재판사무를 구분하고 각 사무에서 생산되는 기록물의 생산 및 관리 방식을 별도로 규정했다. 「법원사무관리규칙」은 행정부의 「사무관리규정」을 준용하여 제정된 것으로 주로 사법행정기록물에 적용되었다.

「법원사무관리규칙」은 종전 「법원사무규칙」의 법규상의 문제점을 보완한 것으로 기록물의 이관시기와 그 절차, 분류, 이관대상 기록의 유형을 구체적으로 규정했다는 특징이 있다. 「법원사무관리규칙」에서는 문서를 기능별 십진분류 방법에 따라 분류하되, 그 분류기준은 대법원 내규로 별도로 정하도록 했다. 완결된 문서는 그 보존기간을 영구·준영구·10년·5년·3년 및 1년 등 6종으로 구분하였다.

문서는 보존기간의 기산일부터 3년간 처리과에서 보존하고 처리과에서 보존이 끝난 문서는 첫째, 보존기간이 5년 이상 10년 이하인 문서는 문서과에 이를 인계하여 문서과에서 그 보존기간이 만료될 때까지 보존하도록 했고 둘째, 보존기간이 영구·준영구인 문서는 문서과에 이를 인계하여 문서과에서 7년간 보존한 후 법원보존문서관리소에 이관하여 법원보존문서관리소에서 보존하도록 했다.

이와 함께 보존기간이 경과한 문서는 지체없이 폐기하도록 했다. 보존기간이 준영구인 문서는 당해문서를 처리·보존하고 있는 기관의 장 또는 법원보존문서관리소장이 당해문서를 더 이상 보존할 필요가 없다고 인정하는 경우에는 이를 폐기할 수 있는데 이 경우 법원보존문서관리소에서 보존하고 있는 문서는 법원보존문서관리소장이 당해문서를 이관한 기관의 장과, 문서

---

24) 「법원사무관리규칙(대법원규칙 제1265호 1993.09.08)」.
25) 「재판사무처리규칙(대법원규칙 제1276호, 1993.12.28)」.

과에서 보존하고 있는 문서는 당해문서를 처리·보존하고 있는 기관의 장이
법원보존문서관리소장과 미리 협의하여야 한다.[26]

<표 4-6> 법원기록관리에 관한 법규

	연도	법규
1기	1949~1959	조선총독부재판소급검사국서기과처무규정/조선총독부재판소급검사 국서류보존규정
2기	1959~1962	법원사무규정(1959)
3기	1962~2004	법원공문서규칙(1962) 법원사무규칙(1962)→법원사무관리규칙(1993)/법원재판사무규칙(1993) 재판서·사건기록등에관한 보존예규(1979~현재) 법원영구보존문서중앙관리소규칙(1962~1974)/법원보존문서관리규칙 (1974~2008) 법원사자료의 수집 관리 및 법원사편찬에관한 내규(1998~현재)
4기	2005~현재	법원기록물관리규칙 및 동규정 재판서·사건기록등에관한 보존예규(1979~현재) 법원사자료의 수집 관리 및 법원사편찬에관한 내규(1998~현재) 법원재판사무규칙(1993~현재)

「재판사무처리규칙」은 법원의 재판사무, 조정사무, 기타 이와 관련된 사무
의 처리에 관한 사항을 정함을 목적으로 제정되었으며 재판사무 등의 처리에
관하여는 다른 법령에 특별한 규정이 있는 경우를 제외하고는 이 규칙이
정하는 바에 의하되, 그 성질에 반하지 아니하는 범위 내에서 법원사무관리규
칙을 준용하도록 규정했다.[27]

「재판사무처리규칙」은 「법원기록물관리규칙」이 제정된 이후에도 여전히
재판기록물의 보존 관리에 관해서 법적인 효력을 유지하고 있다. 「재판사무처
리규칙」이 법원기록관리에서 중요한 이유는 법원의 핵심기록이라 할 수 있는

---

26) 「법원사무관리규칙(대법원규칙 제1265호 1993.09.08)」.
27) 「법원사무관리규칙」과 「재판사무처리규칙」은 「공공기록물 관리에 관한 법률」 및
    「법원기록물관리규칙」이 법원에서 시행된 이후에도 여전히 법적 효력을 가지고
    있다.

사건기록의 생산, 유통, 보존 관리에 대해서 규정하고 있기 때문이다. 「재판사무처리규칙」은 재판사무 등에 관한 문서의 양식, 비치 및 사용 등에 관한 사항은 대법원예규로 정하도록 했으며 재판사무 등에 관한 문서는 용지의 위로부터 45밀리미터, 왼쪽 및 오른쪽으로부터 각 20밀리미터, 아래로부터 30밀리미터의 여백을 두도록 하였다.

기록의 편철방법 및 목록 작성에 관해서도 별도의 규정이 있다. 기록을 접수하거나 작성하는 때에는 표지를 붙여 편철하며, 그 뒤에 접수 또는 작성한 것은 순서에 따라 이를 가철하되, 기록의 장수가 많은 것은 500매 내외를 기준으로 하여 분책한다.

사건기록의 이관도 법원기록물관리규칙과 절차를 달리하고 있는데 사건이 완결된 때에는 담임법원사무관 등은 완결 후 1개월 이내에 기록을 보존담당부서에 인계하고 형사사건 또는 치료감호사건이 완결된 때에는 담임법원사무관 등은 지체없이 사건기록과 재판서를 그 법원에 대응하는 검찰청에 송부하도록 했다.

기록보존에 관한 사항도 재판서, 기타 이에 준하는 문서의 종류별 보존기간을 별도로 정했으며 그밖에 사건기록 및 장부의 종류별 보존기간과 재판서, 사건기록 및 장부 등의 보존절차와 방법 등에 관한 사항은 「재판사무처리규칙」에서 특별히 정한 경우를 제외하고는 대법원예규로 정하도록 했다. 다만, 역사적 가치가 있거나 특별한 사유에 의하여 보존의 필요가 있는 사건기록 및 장부는 보존기간이 경과한 후라도 그 사유가 존속하는 한 이를 보존할 수 있었다.[28] 그리고 보존한 기록 및 장부에는 그 표지에 붉은 글씨로 보존종료 연도를 기재하도록 했다.

한편, 재판서 및 사건기록 등의 보존에 관해서는 별도의 예규가 있다. 「재판서·사건기록 등의 보존에 관한 예규(재일 2005-2)」[29]는 「법원재판사무

---

28) 「법원사무관리규칙」, 제31조.

처리규칙」에 따라 완결된 사건기록을 보존담당부서에 인계하는 요령 및 사건기록의 종류별 보존기간과 재판서·사건기록 및 장부의 보존절차와 방법 등에 관하여 필요한 사항을 규정하고 있다.

사건기록의 보관책임을 맡고 있는 사건담당부서는 제1심에서 사건이 완결된 경우에는 완결일로부터 1개월 이내에 사건기록을 보존담당부서에 인계하고 상소심에서 완결된 사건의 경우에는 상소심으로부터 제1심법원의 법원사무관 등이 사건기록을 송부받은 때로부터 2주 이내에 인계하여야 한다. 그리고 보존담당부서는 인계받은 기록을 사건별 부호문자에 따라 분류하고 다시 인계순서에 따라 구분한 다음 인계순서가 같은 사건의 기록은 사건번호순으로 정리한다.

<표 4-7> 사건기록의 인계 및 이관체제

사건담당부서[30] (A) 1. 사건기록 접수 완결 2. 완결된 사건기록의 인계	인계 →	보존담당부서[31] (B) 1. 완결된 사건기록 접수 2. 일정기간 보존 또는 폐기	이관 →	법원기록보존소 (C) 1. 재판서 접수 및 보존

재판서 원본은 매년 6월말 및 12월말에 두 번 제본함을 원칙으로 하지만 특별한 사정이 있는 때에는 수시로 제본하며 제본 후에 함께 보존하여야 할 재판원본이 있는 경우에는 삽입하여 풀로 붙여 첨부하고 목록을 정리하도록 했다.

---

29) 「재판서·사건기록 등의 보존에 관한 예규」는 1979년 5월 7일에 제정된 이래 현재까지도 재판서와 사건기록의 보존에 관해서는 법적 효력을 유지하고 있다.

30) 사건담당부서는 진행중인 사건, 즉 완결되기 전의 사건기록의 보관책임을 맡고 있는 법원서기관, 법원사무관, 법원주사, 법원주사보(이하 "법원사무관등"이라 한다)의 근무부서를 말한다.

31) "보존담당부서"라 함은 사건담당부서로부터 완결된 사건기록을 인계받은 다음 이를 보존 또는 폐기하는 책임을 맡고 있는 법원사무관등의 근무부서를 말한다.

사건기록의 보존방법으로는 보존할 사건기록은 두께 30㎝를 기준으로 끈이 달린 제질용지로 묶어 보존하거나 22㎝×31㎝×26㎝ (A4용지상자) 정도 크기의 상자에 넣어 보존한다. 각 질 또는 보존상자의 앞면에 순차번호, 사건기록종류, 보존년도 및 보존종료년도, 보존기간을 기재한 표지를 붙여야 하고, 각 질 또는 보존상자의 뒷면에 기록목록을 첨부하여야 한다. 그리고 이 같은 조치를 취한 다음 재판사무시스템의 사건보존항목에 전산 입력한다.

보존기록은 구획시정할 수 있는 보존창고에 보관하고 보존담당부서 과장의 감독 하에 보존계장이 관리하여야 하고, 보존창고의 출입에는 담당 과장의 허가를 얻어야 한다. 보존기록을 보존창고 외의 다른 데에 교부 또는 송부하는 때에는 보존기록 부책출입부에 등록하고 보존된 편질의 해당 장소에는 삽지 (전산양식 A2255)를 삽입하여 놓아야 한다. 법원기록보존소 또는 수도권 법원기록관리센터에서 보존기록을 관리하는 경우에는 "법원기록보존소장·서울고등법원 총무과장 또는 법원기록보존소장·서울고등법원 총무과장이 지정하는 자"를 "사무국장 또는 담당과장"으로 본다.

재판기록물의 폐기와 이관은 보존기간이 만료된 재판서·사건기록 및 장부는 그 다음해 3월 31일까지 폐기절차를 이행하도록 규정했다. 폐기를 하는 경우에는 폐기할 기록과 장부의 목록을 작성하여 각급법원장(법원기록 보존소에서 보존하는 기록과 장부의 경우에는 법원행정처장, 수도권 법원기록관리센터에서 보존하는 기록과 장부의 경우에는 서울고등법원장) 또는 법원사무관리규칙의 규정에 따라 각급법원장으로부터 결재권을 위임받은 자의 인가를 받아 폐기절차를 밟은 후 재판사무시스템의 사건보존 항목에 전산입력하여야 한다.

다만, 역사적 가치가 있거나 특별한 사유에 의하여 보존의 필요가 있는 사건기록 및 장부는 각급법원장의 인가를 받아 보존기간 경과 후라 할지라도 그 사유가 존속하는 한 보존하여야 하며, 이 경우 사건기록은 보존된 질에서 분리하여 새로 편질하고, 재판사무시스템의 사건보존 항목에서 질 정보 및 기록보존기간 등을 수정하여야 한다.

특히, 각급법원에서 보존하고 있는 영구 또는 준영구로 정한 재판서 기타 이에 준하는 문서와 보존기간 경과 후에도 계속하여 보존하는 사건기록 및 장부 중에서 보존기간이 30년을 경과한 것은 법원기록보존소에 이관하여 보존하여야 한다. 다만, 각급법원은 청사 공간의 효율적인 활용을 위하여 필요한 때에는 이러한 규정에도 불구하고 법원기록보존소 또는 수도권 법원기록관리센터와 협의하여 다음의 재판서 및 사건기록 등을 해당 기관에 이관할 수 있다.

○ 제1심 법원에서의 보존기간이 10년을 경과한 재판서 및 기타 이에 준하는 문서 : 수도권 법원기록관리센터[32]
○ 「재판사무시스템 등을 이용한 공증사무 처리지침(재일 2007-1)」 제11조 제1호에 따라 재판서 정·등본의 전산발급이 가능한 재판서 기타 이에 준하는 문서 : 법원기록보존소
○ 제1심 법원에서의 보존기간이 2년을 경과한 보존기간 5년 이상인 사건기록 및 장부 : 수도권 법원기록관리센터

이상은 사건기록의 일반적인 인계 및 이관을 소개한 것이다. 그러나 사건기록 중에서 민사사건과 형사사건은 그 소송절차가 다르기 때문에 관련 기록물의 성질과 보존에서도 차이가 있다. 우선, 민사사건은 원고나 그의 대리인이 제1심 법원인 지방법원, 지방법원 지원과 시·군 법원에 소장을 제출함으로써 시작되는데 소장이 접수되면 법원은 피고에게 그 부본을 송달하고 변론기일을 지정하여 원·피고를 소환한다. 당사자가 주장과 증거제출을 마치면 법원

---

32) 수도권법원기록관리센터는 서울고등법원, 서울중앙지법, 서울동부지법, 서울북부지법, 서울서부지법, 의정부지법, 인천지법, 부천지원, 수원지법, 성남지원 등 10개 법원의 3년이 경과된 사건기록과 10년이 경과된 판결서를 보존하고 있다

은 변론을 종결한 후 판결을 선고하고 판결문을 원·피고에게 송달한다.

<표 4-8> 민사재판기록의 보존과정

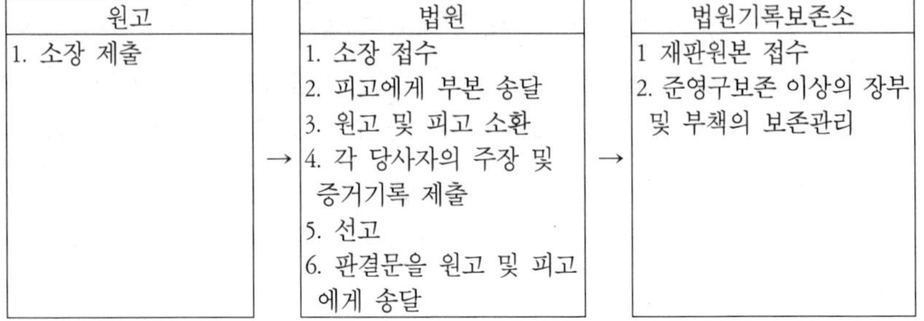

원고	법원	법원기록보존소
1. 소장 제출	1. 소장 접수 2. 피고에게 부본 송달 3. 원고 및 피고 소환 4. 각 당사자의 주장 및 증거기록 제출 5. 선고 6. 판결문을 원고 및 피고에게 송달	1 재판원본 접수 2. 준영구보존 이상의 장부 및 부책의 보존관리

<표 4-9> 형사재판기록의 보존과정

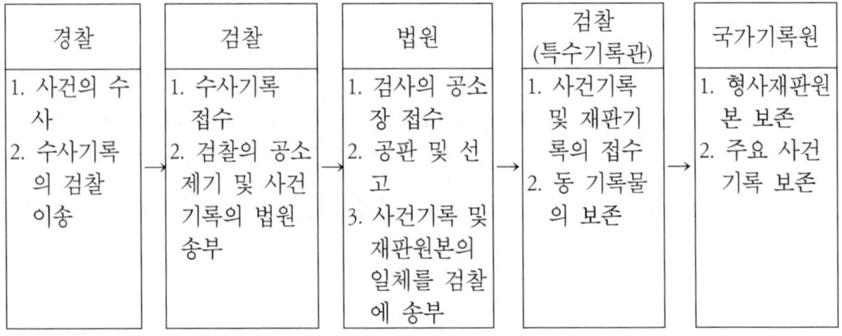

경찰	검찰	법원	검찰 (특수기록관)	국가기록원
1. 사건의 수사 2. 수사기록의 검찰 이송	1. 수사기록 접수 2. 검찰의 공소 제기 및 사건 기록의 법원 송부	1. 검사의 공소장 접수 2. 공판 및 선고 3. 사건기록 및 재판원본의 일체를 검찰에 송부	1. 사건기록 및 재판기록의 접수 2. 동 기록물의 보존	1. 형사재판원본 보존 2. 주요 사건기록 보존

　　형사재판기록은 검찰기록물과 매우 밀접한 관련을 맺고 있다. 왜냐하면 형사재판은 원칙적으로 검사의 공소제기가 있어야 시작되기 때문이다. 형사재판은 공판기일에 공판정에서 공개하여 진행되며, 그 절차는 재판장이 피고인의 성명과 연령 등을 묻는 인정신문으로부터 시작된다. 그 후 검사의 기소요지의 진술, 검사의 피고인에 대한 직접신문, 변호인의 반대신문, 증거조사, 검사의 의견진술(구형), 변호인의 변론, 피고인의 최후진술 순으로 진행된다. 판사는 이러한 절차가 끝나면 심리를 종결하고 판결을 선고한다.

이상에서 살펴보았듯이, 법원기록물은 행정기록과 재판기록물에 따라 적용되는 법규가 다르고 기록의 편철, 보존기간, 폐기, 이관절차 등 거의 모든 측면에서 차이가 있다. 따라서 법원기록물관리규칙이 기록관리에 관한 일반 법규이기는 하지만 재판서 원본과 사건기록에 대해서는 별도의 관리지침을 이해할 필요가 있다.

3. 기록관리법의 법원 시행과 기록관리체제의 개편

1) 기록관리법의 제정과 법원의 대응

법원은 1997년부터 법원기록관리체제의 개편을 모색했다. 1997년에 행정쇄신위원회가 「국가기록물 관리 및 보존제도 개선」을 과제로 채택하고 국회와 법원 등에 의견을 수렴하자 이에 본격적으로 대응했다. 당시 행정쇄신위원회는 국가기록물 관리체제 수립(안)을 크게 두 방향으로 계획했는데 제1안은 국가기록물의 집중 관리를 위하여 국회와 법원 등의 기록도 가칭 국립기록보존원으로 이관하여 통합적으로 관리하는 것이 내용이었다. 제2안은 사법, 입법, 행정의 기록물을 각각 분산 관리하는 것이 내용이었다.

이에 대해서 법원은 제1안을 배척하고 제2안을 수용할 수밖에 없는 논거를 제출했다. 법원에서는 국가문서를 입법문서, 사법문서, 행정문서로 나누고, 사법문서(영구문서)의 대부분은 판결원본으로 이는 국민의 권리관계를 확정하거나 국가의 형벌권을 확정짓는 법규문서로서 국민의 권리관계가 지속되고 판례가 변경되지 않는 한 규범력을 잃지 않아 계속 원본이 활용되어야 하기 때문에 집중보관을 해서는 안 된다고 주장했다. 또한 문서의 생명력은 문서를 이관하여 보존하는데 있는 것이 아니라, 그 문서를 유용하게 활용하는데 있기 때문에 생산기관에서 계속 활용될 성질의 문서는 생명력이 있는 문서로서 이를 이관하여 집중보존해서는 안 된다는 이유를 제시했다.[33]

결국, 1999년에 기록관리법에서 사법부를 비롯한 헌법기관에는 독립적인 영구기록물관리기관을 설치할 수 있도록 관련 규정을 설치하자 법원에서는 새로운 관리체제 수립에 착수했다.[34] 법원이 특수기록물관리기관을 설치 운영하지 않을 경우 법원 관련 기록물을 정부기록보존소에 이관하여야 하는 바, 법원 관련 기록물은 작성방법, 용도 등에서 정부기록물과는 다른 특수성이 있으므로 독자적인 기록물관리기관을 설치하여 법원 관련 기록물을 등록, 보관, 이용할 필요가 있다고 판단했다.[35]

종전까지 법원에서는 「법원보존문서관리소규칙」에 근거하여 4개 지역에 보존문서관리소를 설치 운영했으나 앞으로는 통합적 문서보존시설을 건립할 것을 계획했다. 그 이유로는 첫째 당시 대법원 산하 보존문서관리소는 4곳(서울, 대구, 부산, 광주)에 있으나 늘어나는 보존문서를 감당할 수 없고 사실상 포화상태에 있다. 둘째, 각 지구의 보존시설 현황은 서가가 유일한 보존시설이고 영구보존에 필요한 온·습도조절장치, 변질방지 및 방충을 위한 소독시설 등이 전무한 실정이어서 영구보존의 의미를 무색하게 하고 있다. 셋째, 국민의 권리관계에 막대한 영향을 미치는 등기부의 영구보존 환경 및 상태가 그 권리관계의 중요성에 비추어 매우 형편없는 바, 등기부가 전국 각 등기소의 창고에 영구보존을 위한 아무런 별도의 시설도 없이 보존되어 있는 실정이다. 특히 각 등기소 창고의 보존시설 미비 내지 청사시설의 노후화로 인하여 구등기부의 경우에는 곰팡이가 슬거나 쥐가 갉아먹는 등 문서의 훼손이 심각한 상태이다.[36]

특히, 당시 법원보존문서관리소는 보존문서를 전담하는 직원이 없고 민사

---

33) 「행정쇄신위원회 제127차 회의개최 통보(1997.5.13)」.
34) 법원에서는 기록관리법의 시행에 따라서 법원행정처 소속의 영구기록물관리기관을 설치하기로 결정했는데 그 명칭은 법원보존문서관리소 또는 법원기록보존소 등으로 계획하다가 법원기록보존소로 결정되었다.
35) 기획조정실, 「법원보존문서관리소 신축계획(안)」, 2000.
36) 법무담당관실, 「법원기록보존소 신축규모 검토자료」, 2001.

과 또는 기록관리과 보존담당직원이 자신의 고유업무를 담당하면서 부수적으로 해당 관할 법원으로부터 이관되어 오는 문서를 받아 보존창고에 보관하는 정도에 그치고 있는 실정이었다.[37]

<표 4-10> 2000년 기록물보존서고 상황

법원	기록물 보존장소	비고
서울지방법원	서울법원종합청사 나동 5층 578호(15.3평/46.69㎡) 서울법원종합청사 나동 5층 594호(31.79평/105.9㎡)	
대구고등법원	대구지방법원 4층 보존문서관리소 보존창고(18.5평/61.16㎡) 대구지방법원 5층 보존문서관리소 보존창고(9.5평/31.4㎡)	
부산고등법원	부산법원종합청사 13층 보존문서관리소 보존창고(30.44평/100.63㎡)	
광주고등법원	광주고등법원 보존문서관리소 지하 103호 보존창고(35.1평/115.70㎡)	
합계	기록물보존창고는 총 139.44평(460.96㎡)	

출처 : 기획조정실 법무담당관실, 「법원보존문서관리소 신축을 위한 기초자료(2002.4)」

<표 4-11> 보존문서관리소의 시설현황

관장법원	서고면적 (평/㎡)	서가길이		비고
		총 보유길이(m)	실제 사용길이(m)	
서울지방법원	46.82/154.78	799	777	서가간 간격 60㎝
대구고등법원	28.0/92.5	540	540	서가간 간격 64㎝
부산고등법원	30.44/100.63	253	167	서가간 간격 70㎝
광주고등법원	35.1/116.03	747	395	서가간 간격 50㎝
계	140.36/464	2,339	1,879	

출처 : 기획조정실 법무담당관실, 「법원보존문서관리소 신축을 위한 기초자료(2002.4)」

당시 보존문서관리소에서 보존하고 있는 기록물의 대부분은 재판관련 문서이고 그 외 순수한 사법행정 등의 문서, 도면, 슬라이드 등의 자료는 영구적으로 보존하는 자료라 할지라도 당해 법원에서 보존하고 있었으며, 보존문서관리소에서 보존하지 않고 있는 실정이었다.[38]

---

37) 기획조정실 법무담당관실, 「법원보존문서관리소 신축을 위한 기초자료(2002.4)」.
38) 기획조정실 법무담당관실, 「법원보존문서관리소 신축을 위한 기초자료(2002.4)」.

<표 4-12> 5년후 재판문서의 보존(2001년 기준)

구분	권수			길이(cm)	소요 면적(평)
	92년도분까지	93~97년분	계		
서울	33,039	12,900	45,939	367,512	96
부산	5,682	2,220	7,902	63,216	21
대구	27,593	10,761	38,354	306,832	85
광주	10,702	4,174	14,876	119,008	63
계	77,016	30,055	107,071	856,568	265

법원은 법원행정처 하에 독립부서로서 법원기록보존소를 설치하기로 결정하고 기록물의 통합청사 신축을 추진했다. 법원기록보존소의 설치이유로는 첫째, 전문인력에 의하여 보다 체계적이고 종합적인 문서관리를 위해서는 분산되어 있는 법원보존문서관리소를 하나로 통합하여 운영할 필요가 있다. 둘째, 보존문서의 안전한 보존과 문서정보의 효율적 활용을 위해서는 보존시설 및 장비를 갖춘 문서관리소가 필요하고 기록관리법에 따른 특수기록물관리기관으로서의 법원보존문서관리소를 설치할 필요가 있다. 셋째, 문서보존시설은 일반건물과는 구조, 시설 등이 다른 서고, 작업실 등이 필요한 바, 기존의 일반건물을 보수하는 방법으로는 문서보존시설을 마련할 수 없다. 셋째, 현재 보존 중인 문서나 향후 보존해야 할 문서의 양을 고려할 때 문서보존시설로 적합한 새로운 청사를 신축해야 한다.[39] 이상에서 알 수 있듯이, 법원에서는 기록관리법의 시행에 대비해 독립기록보존청사 신축과 영구기록물관리기관의 설치를 계획했다.

2) 기록관리법의 법원 시행과 법원기록보존소의 설치

2004년도부터 법원은 기록관리 인프라 구축과 함께 법규 정비에도 본격적으로 착수했다. 2004년 1월 1일에 법원기록보존소가 설치되었고 205년도에는

---

39) 기획조정실, 「법원보존문서관리소 신축계획(안)」.

종전의 「법원사무관리규칙」[40]과는 별도로 「법원기록물관리규칙」[41]이 새롭게 제정되었던 것이다. 법원에서는 기록관리법에서 위임된 사항과 그 시행에 관하여 필요한 사항을 규정하기 위해서 2005년에 「법원기록물관리규칙」을 제정하여 법규를 정비했다. 「법원기록물관리규칙」은 행정부의 시행령의 주요 내용을 반영하면서도 법원의 상황에 맞게 일부를 수정한 것이다.

2007년에는 「법원기록물관리규칙」[42]을 전부 개정하여 법원기록관리체계의 중대한 변화를 가져왔다. 2007년 「법원기록물관리규칙」은 기록관리법의 전부 개정의 내용을 반영하고 전자기록 중심으로 변화된 기록생산 방식을 반영하기 위하여 법원기록관리체계를 재정비한 것이었다.

우선, 이 규칙은 법원기록물의 관리에 관한 일반적 규정으로서 법원행정처, 사법연수원, 법원공무원교육원, 법원도서관, 양형위원회, 각급법원 및 그 소속 기관에서 생산·접수되는 모든 기록물의 관리에 적용되었다. 그러나 재판, 등기, 공탁 기록물 및 가족관계 등록에 관한 기록물의 관리에 관하여는 관련 대법원규칙에 특별한 규정이 있는 경우에는 해당 규정에 따를 것을 규정하여 법원의 핵심 기록물은 별도의 규칙으로 관리할 것을 분명히 했다.

「법원기록물관리규칙」에서는 법원소관 영구기록물관리기관을 법원행정처 법원기록보존소로 규정하고,[43] 법원의 각급기관에는 기록관리법 제13조 제1항에 따른 기록관을 따로 설치하지 아니하며, 법원기록보존소가 기록관의 업무를 수행하도록 하였다.

---

40) 1962년에 제정된 「법원사무규칙」은 1993년에 폐지되었고 새롭게 「법원사무관리규칙」이 제정되었다.

41) 「법원기록물관리규칙(대법원규칙 제1932호, 2005.3.10)」.

42) 「법원기록물관리규칙(2007.7.31)」.

43) 법원기록보존소는 2004년 1월 1일에 독립부서로 설치되었으나 2009년 11월 1일에 법원행정처 전산정보관리국 소속으로 변경되었다.

<그림 36> 법원행정처 조직체계와 법원기록보존소(2010.4)

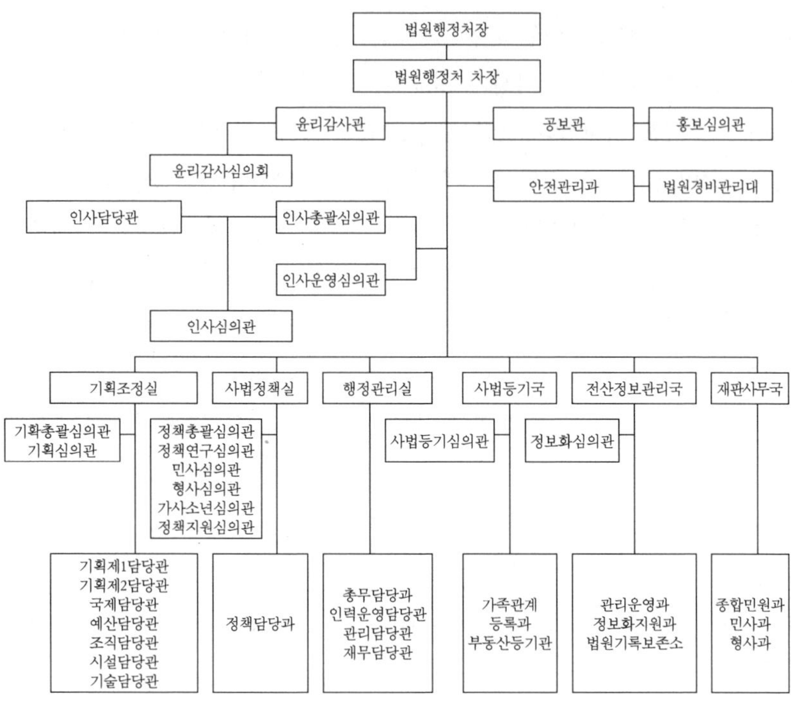

법원기록보존소는 「법원기록물관리규칙」의 적용을 받는 사법행정문서의 이관부터 보존 및 폐기 등 기록물의 관리를 수행하고 또한 「법원재판사무처리규칙」 및 「재판서·사건기록 등의 보존에 관한 예규」에서 정하고 있는 준영구 이상 기록물 중 30년이 경과된 기록물의 관리를 수행한다. 특히, 법원기록보존소는 2008년에 분당에 최신식 보존서고를 건립함으로써 기록관리 인프라를 구축하게 되었다.

<표 4-13> 서고 현황

○ 분당 법원기록보존소

서 고		면적(㎡)	위치	비 고
문서보존서고	일반문서서고	1652.9	지하 2층	전동식 이동서가 330열 고정식 서가 130열
	법원사자료서고	115.7	지하 1층	전동식 이동서가 34열 고정식 서가 1열
특수매체서고	특수매체서고 (필름, 사진)	99.2	지하 1층	전동식 이동서가 26열
	특수매체서고 (자기, 전자매체)	115.7	지하 1층	전동식 이동서가 38열

출처 : 최정애, 「법원기록보존소의 과제와 성과」『헌법기관 기록물, 어떻게 관리되고 있나』, 2008.

○ 일산 수도권 법원기록관리센터

서 고	면적(㎡)	위 치	비고
재판서원본서고	400	2층	조립식앵글서가 3360단(1단은 가로 90㎝)
사건기록서고 (서울중앙)	459.5	3층	조립식앵글서가 3290단
사건기록서고 (2004년도)	459.5	4층	조립식앵글서가 3290단
사건기록서고 (2003년도)	459.5	5층	조립식앵글서가 3290단

출처 : 최정애, 「법원기록보존소의 과제와 성과」『헌법기관 기록물, 어떻게 관리되고 있나』, 2008.

2007년 2월 1일에는 수도권 소재 각급 법원 청사 공간의 효율적인 활용을 위하여 일정기간이 경과된 사건기록과 판결문을 보존하기 위하여 경기도 일산에 수도권 법원기록관리센터를 설치하였다. 수도권 법원기록관리센터는 법원기록보존소 소속으로 출발했으나 2009년 1월 11일에 서울고등법원 소속으로 변경되었다. 수도권 법원기록관리센터에서 관리할수 있는 기록은 다음과 같다.

<표 4-14> 이관대상 기록

사건기록	제1심법원에서 3년이 경과한 기록
판결 등 재판서 원본	원심법원에서 보존기간 10년이 경과된 것임 : 민사판결, 확정된 지급명령, 이행권고결정, 화해권고결정, 조정에 갈음하는 결정, 화해조서, 청구의 인낙·포기조서, 조정조서, 확정된 화해권고결정조서 및 조정에 갈음하는 결정조서로서 원심법원에서 보존기간 10년이 경과된 것임

　　수도권 법원기록관리센터는 서울고등법원, 서울중앙지법, 서울동부지법, 서울북부지법, 서울서부지법, 의정부지법, 인천지법, 부천지원, 수원지법, 성남지원 등 10개 법원의 3년이 경과된 사건기록과 10년이 경과된 판결을 보존하고 있다. 수도권 법원기록관리센터에서 수행하는 업무는 기록에 대한 열람·등사, 제증명 발급, 재심, 판결경정, 소송비용액확정 등 사건의 기록송부 등이다.

<표 4-15>분당 법원기록보존소의 소장 기록물(2008)

종류	책/철	비고
판결 등 재판서원본	19,830	
사건부 등 장부	20,717	
사법행정기록물	3,030	보존기간 재평가 이전

<표 4-16> 일산 수도권 법원기록관리센터의 소장 기록물(2008)

종류	책/질	비고
판결 등 재판서원본	10,527	
사건부 등 장부	6,067	
사건기록	22,238	1질은 30㎝ 두께

출처 : 최정애, 「법원기록보존소의 과제와 성과」『헌법기관 기록물, 어떻게 관리되고 있나』, 2008.

　　보존기록은 분당 법원기록보존소에 재판서 원본 19,830책, 사건부 등 관련 장부가 20,717책, 사법행정 기록물이 3,030책 등 모두 약 43,5000여 책을 보존하고 있으며 일산에 소재한 수도원 법원기록관리센터에 약 38,000여 책을 보존하고 있다. 법원기록보존소에 이관되어 있는 재판기록물 등은 생산 후 30년이 경과한 문서를 대상으로 하고 있기 때문에 각급 법원에는 일부의 재판기록물이 보관되어 있다.

법원의 기록관리는 법원기록보존소 설치와 관련 규칙을 제정하면서 정비되었다고 할 수 있으나 일부 문제점도 있다. 즉 2005년 「법원기록물관리규칙」에서는 지방법원 이상의 기관에 자료관(기록관)을 설치하도록 하였으나 2007년 「법원기록물관리규칙」에서 법원의 각급기관에는 기록관리법에 따른 기록관을 따로 설치하지 아니하고 영구기록물관리기관이 기록관의 업무를 수행하도록 규정했다. 그러나 이 규정은 종전 중간기록물관리기관이었던 자료관을 폐지하고 각 처리과가 종전 자료관의 기록관리 업무를 수행하도록 규정한 것과 다름없다. 왜냐하면, 「법원기록물관리규칙」에서 보존기간이 10년 이하인 기록물은 보존기간 종료시까지 처리과에서 보존하도록 규정했으며 보존기간이 30년 이상 기록물은 보존기간 기산일부터 10년이 경과한 다음에 영구기록물관리기관으로 이관하도록 하였기 때문이다. 법원기록물의 이관 시점을 10년으로 설정하였기 때문에 기록관의 업무는 사실상 법원기록보존소가 아니라 각 처리과가 수행하게 된다. 따라서 법원기록보존소가 기록관 업무를 대행한다는 규정은 아무런 의미가 없는 것이다.

이 규정은 법원의 각급기관이 많을 뿐만 아니라 지방단위로 설치되어 있는 법원조직의 특수성을 제대로 고려하지 않은 것이다. 「법원보존문서관리소규칙」에서 전국의 영구보존문서를 4개 권역으로 분산 보존하려 했던 것과도 비교해보면 퇴행적인 규정이라고 할 수 있다.

또한, 기록관(중간기록물관리기관)을 설치하지 않은 국회의 기록관리체제와 비교하면, 법원의 법 체제가 문제가 있다는 것을 알 수 있다. 국회도 기록관을 설치하지 않고 기록관의 업무를 국회기록보존소가 수행하도록 규정하였으나 국회의 경우에는 기록관을 설치하지 않은 대신에 국회기록물을 2년간 처리과에서 보관한 후에 모두 국회기록보존소로 이관토록 규정했다. 따라서 국회는 기록관의 업무를 국회기록보존소가 수행하고 있으나 법원의 경우에는 약 10년간 각 처리과에서 기록물을 보존 관리해야 하는 책임을 지게 되었다.

<표 4-17> 2005년 법원기록물관리규칙에 의한 이관체제

처리과		자료관		법원기록보존소
1. 기록의 생산 및 유통 2. 기록의 보관	인계 →	1. 기록의 인수 2. 준영구/영구보존기록의 이관 3. 유한보존기록의 보존	이관 →	1. 준영구/영구보존기록의 인수 및 보존 2. 기록의 유지 및 활용

<표 4-18> 2007년 법원기록물관리규칙에 의한 이관체제

처리과		법원기록보존소
1. 기록의 생산 및 유통 2. 유한보존기록의 보존 3. 준영구/영구보존기록의 이관	이관 →	1. 준영구/영구보존기록의 인수 및 보존 2. 기록의 유지 및 활용

특히, 법원기록물의 평가심의와 폐기도 문제가 있다. 기록관리법 시행령 및 종전 「법원기록물관리규정」에서는 보존기간이 경과한 기록물은 기록물관리전문요원의 심사, 기록물평가심의회의 심의를 거쳐 폐기하도록 했으나 개정된 규정에서는 처리과에서 보존 중인 기록물에 대한 심사는 처리과가 평가대상기록물의 목록을 작성하여 법원기록보존소에 제출하면 법원기록보존소 기록물관리전문요원이 해당 목록을 검토하는 방식으로 수행된다. 각급 법원에서 생산된 목록을 법원기록보존소의 전문요원 1인이 제대로 수행할 수 있을지 의문이다.

그리고 법원의 기록물평가심의회의 특징은 민간전문가의 참여를 제도적으로 막고 있다는 점이다. 행정부의 주요기관에서는 기록물평가에서 민간전문가의 참여를 제도적으로 보장하고 있는데 법원에서는 5인 이내의 법원공무원으로 기록물평가심의회를 구성하도록 하고 있다.

이와 함께 2007년에 개정된 「법원기록물관리규칙」은 종전의 대법원 내규와 심각한 충돌을 일으키고 있다. 즉, 「법원기록물관리규칙」 제57조 및 제59조에서는 영구기록물관리기관의 장은 사법행정·재판 등 사법부의 고유 업무와 관련하여 영구히 보존할 가치가 있다고 인정되는 민간기록물과 주요 기록정보 자료를 수집하기 위하여 실태조사, 소재정보 데이터베이스 구축 등 관리체계를 구축할 수 있으며, 국내외 소재 사법행정·재판 등 사법부의 고유 업무와 관련한 주요 기록정보 자료 또는 민간기록물을 효과적으로 수집하기 위하여 필요하다고 인정되는 경우에는 기록조사위원 및 자문위원을 위촉할 수 있도록 규정했다.

이 규정은 종전 「법원사자료의수집·관리및법원사편찬에관한내규」와 충돌한다. 이 내규는 법원도서관이 법원사 자료를 효과적, 능동적으로 발굴·수집하여 관리·전시하고, 법원사를 편찬하는 데 필요한 사항을 규정하고 있는데 법원사 자료를 "법원과 관련된 법원 내·외부의 각종 자료 중에서 사료적 가치가 있는 자료"로 정의하고 기록물류로서는 재판서, 사건기록, 도서, 장부, 문서, 도면, 사진, 디스크, 테이프, 필름, 슬라이드 기타 각종 형태의 기록물을 의미하고 물품류로는 대법원 및 각급 법원, 등기소, 기타 사법기관의 청인, 직인, 현판, 사무용품, 법복, 명패, 기념품 등 각종 물건 등으로 정의하였다.

즉, 이 내규에서 정의하는 자료는 2007년 「법원기록물관리규칙」의 사법부의 고유업무와 관련하여 영구히 보존할 가치가 있다고 인정되는 주요 기록정보 자료와 중복되며 또한 기록관리법상의 행정박물과도 일부 중복된다. 이는 법원도서관과 법원기록보존소가 법규상의 측면 뿐만 아니라 업무의 중복을 일으키게 됨을 의미한다. 이 같은 문제점을 해결하기 위해서는 법원도서관에서 수행해 온 법원사자료 수집 및 편찬 기능을 법원기록보존소로 일원화하여 수행하여야 한다. 왜냐하면 법원사 자료의 수집 기능은 기록관리법에서는 기록물관리기관의 고유업무로 규정하고 있기 때문이다.

2007년 「법원기록물관리규칙」은 「공공기록물 관리에 관한 법률」의 입법취지와 내용에 맞게 개정했으나 오히려 핵심 내용에 있어서는 퇴보한 측면이 있다. 뿐만 아니라 종전 법원기록물 관련 법규와의 충돌도 해소하지 못하는 등 법규상 심각한 문제점을 가지고 있다. 이 같은 문제점들은 입법기술상으로는 상위법규인 기록관리법에 맞게 법원 내부의 하위 법규들을 정비하는 방식으로 해결해야 하고 기록관리학의 측면에서는 법원기록보존소의 독립성과 전문성을 확보하는 방향으로 개선되어야 한다.

4. 맺음말 : 법원기록관리의 문제점과 개선 방안

법원의 기록관리제도는 1959년에 「법원사무규정」과 1962년에 「법원사무규칙」 및 「법원영구보존문서중앙관리소규칙」이 제정되면서 비로소 수립되었다. 「법원사무규정」과 「법원사무규칙」은 법원의 사무처리에 관한 일반 법규로서 법원공문서의 생산과 유통 및 그 보존방법을 규정했다. 특히, 법원공문서를 행정기록과 사건기록(재판기록을 포함한다)으로 구분하고 행정기록과 재판기록의 보존 및 관리방식을 각각 규정한 특징이 있다.

「법원영구보존문서중앙관리소규칙」은 법원의 영구보존문서를 집중관리할 목적으로 1962년도에 제정되었으나 법원영구보존문서중앙관리소는 기록관리업무를 전담하는 기록관리기구는 아니었다. 법원기록물을 관리할 수 있는 기초적인 시설, 장비, 전문인력 등이 배치되지 못했으며 법원영구보존문서중앙관리소장은 관할 법원의 총무과장이 겸직하는 직책에 불과했다.

법원은 2004년에 법원기록보존소가 설립되고 2005년에 「법원기록물관리규칙」이 제정되면서 과학적 관리체제를 갖출 수 있게 되었다. 이와 함께 2008년 법원기록보존소가 분당의 신축 건물로 이전하면서 기록물을 이관받고 본격적인 업무를 수행하고 있다. 이관된 기록물은 그 동안 일선법원에서 거의 방치된 상태에 있었으나 앞으로는 최신식 보존서고에 의해 안전하게 관리될 수 있게 되었다.

그러나 법원기록물의 관리는 2007년 「법원기록물관리규칙」의 전부 개정으로 인하여 퇴보한 측면도 있다. 첫째, 「법원기록물관리규칙」의 개정으로 종래 처리과－자료관－법원기록보존소로 이루어지는 3단계 기록관리시스템에서 처리과－법원기록보존소 2단계 시스템으로 변경하면서 종전의 자료관을 모두 폐지했다.

그러나 이 같은 기록관리체제는 법원의 조직구성의 특수성에서 볼 때 적절치 못한 것으로 판단된다. 법원은 각급기관이 많을 뿐만 아니라 지방단위로 설치되어 있는 조직의 특수성에 비추어 볼 때 각급기관에 기록관을 설치하고 법원기록보존소는 영구보존기록물만을 전문적으로 이관받아 관리하는 것이 바람직하다. 만약, 법원의 인력과 예산의 절감을 위해서 불가피하게 모든 각급기관에 기록관을 설치하는 것이 부담된다면, 기록관을 모두 폐지하지 말고 권역별로 기록관을 설치하는 방안도 고려할 수 있을 것이다. 예컨대, 과거 법원보존문서관리소가 4개 권역에 설치되었듯이, 법원의 지역적 편제를 고려하여 4개 권역에 미국식 레코드 센터와 같은 중간기록물관리기관을 설치하는 쪽으로 관리체제를 개편하는 것도 고려할 수 있을 것이다.

둘째, 법원기록보존소의 조직적 위상이 상향 조정되어야 한다. 현재 법원기록보존소는 법원행정처 전산정보관리국 산하에 설치되어 있다. 법원기록보존소는 부서장이 과장급의 보조기관이기는 하지만 「법원기록물관리규칙」에서는 각급법원의 기록물관리에 관하여 지도 감독할 수 있는 독립적 권한을 부여하고 있다. 이 같은 성격에 맞게 법원기록보존소를 독립부서로 창설할 필요가 있다. 법원기록보존소가 독립부서로 설치되면 인사 및 예산편성 등에서 기록관리 업무를 충실히 수행할 수 있을 것이다.

셋째, 법원기록물평가심의회가 법원공무원 중심으로 구성되어 있는데 민간전문가의 참여를 보장해야 한다. 국가기록원 뿐만 아니라 행정부에 설치되어 있는 각 기록관의 기록물평가심의회는 소속공무원 뿐만 아니라 민간전문가의 참여를 제도적으로 보장하여 중요 기록물의 폐기에 신중을 기하고 있는 추세이다. 그러나 법원기록물평가심의회는 법원 소속공무원으로만 구성하도록 되어 있어서 법학, 역사학, 기록학 연구자가 참여할 수 없는 구조로 되어 있다. 하루속히 민간 전문가가 참여할 수 있도록 제도를 보완해야 한다.

넷째, 법원기록보존소의 전문성을 위한 방안이 여전히 마련되어 있지 못하다. 「법원기록물관리규칙」에서는 법원기록보존소에 배치하는 기록관리전문요원을 1인 이상으로 규정하여 사실상 법원기록보존소의 전문직 충원에 대한 의지를 전혀 보이지 않고 있다. 2007년에 개정된 기록관리법 시행령에서는 기록물관리기관 총정원의 1/4 이상을 전문요원으로 충원하도록 규정했으나 「법원기록물관리규칙」에서는 이 같은 사항을 전혀 반영하지 않고 있다. 법원기록보존소 인력의 전문화를 위한 관련 조치를 취할 필요가 있다. 이와 함께 법원기록보존소 인력을 크게 증원하여 기록관리 업무가 제대로 수행될 수 있도록 개선해야 한다.

다섯째, 「법원기록물관리규칙」과 「법원사자료의수집·관리및법원사편찬에관한내규(내규 제256호, 1998.8.28)」의 법규상의 충돌을 해소해야 한다. 내규에서는 법원사 자료의 수집 주체를 법원도서관으로 규정하고 있으나 기록관리법에서는 영구기록물관리기관이 행정박물을 비롯한 주요 기록정보 자료를 수집 관리하도록 규정하고 있다. 또한, 「법원기록물관리규칙」에서도 법원기록보존소가 법원사 자료를 수집할 수 있도록 규정하고 있음에도 불구하고 종전의 내규가 존재하기 때문에 법원도서관과 법원기록보존소가 업무상 중복 우려가 있다. 이 같은 업무상의 중복은 상위 법률인 기록관리법의 입법취지에 맡게 법원도서관의 법원사 자료 수집 및 편찬 업무를 법원기록보존소에서 통합적으로 수행하는 것을 통해 해결해야 한다.

참고문헌

관련 법령(안)

1) 행정부

「각부처직제통칙(대통령령 제5호, 1948. 9.22)」.

「공공기관의기록물관리에관한법률(법률 제5709호, 5709호)」.

「공공기록물 관리에 관한 법률(법률 제8025호, 2006.10.4)」.

「공공기관의 정보공개에 관한 법률(법률 제10012호, 2010.2.4)」.

「공문서규정(대통령훈령 제3호, 1950.3.6)」.

「공문서보관·보존규정(각령 제1759호, 1963.12.16)」.

「공문서보관·보존규정(대통령령 제3924호, 1969.5.3)」.

「공문서보존기간종별책정기준에관한건(총리령 제44호, 1964.4.22)」.

「공문서보존기간종별책정기준등에관한규칙(총리령 제223호, 1979.6.15)」.

「공문서분류및보존에관한규칙(총리령 제416호, 1992.12.31)」.

「공문서분류및보존에관한규칙(총리령 제615호, 1997.2.22)」.

「공직자윤리법(법률 제3520호, 1981.12.31)」.

「국가재건최고회의법(법률 제618호, 1961.6.10)」.

「기록문서분류정리법(육규 제345-4, 1955.9.15)」.

「기록문서십진분류법(육규 제345-3, 1955.5.1)」.

「대통령기록물 관리에 관한 법률(법률 제10009호, 2010.2.4)」.

「대한민국헌법(헌법 제1호, 1948.7.17)」.

「대한민국헌법(헌법 제10호, 1987.10.29)」.

「사무관리규정(대통령령 제13390호, 1991.6.19 제정, 10.1 시행)」.

「사무관리규정(대통령령 제14989호, 1996.5.3 개정, 1996.7.1 시행)」.

「사무관리규정(대통령령 제17811호, 2002.12.26 개정, 2004.1.1 시행)」.

「사무관리규정(대통령령 제19413호, 2006.3.29)」.

「연구직및지도직공무원의임용등에관한규정(대통령령 제18716호, 2005.2.25)」.

「전자정부구현을위한행정업무등의전자화촉진에관한법률(법률 제6439호, 2001.3.28 제정, 2001.7.1 시행)」.

「전자정부법(법률 제8171호, 2007.1.3)」.

「정부공문서규정(각령 제137호, 1961.9.13)」.

「정부공문서규정(대통령령 제2215호, 1965.9.14)」.

「정부공문서규정(대통령령 제2538호, 1966.5.21)」.

「정부공문서규정(대통령령 제3923호, 1969.5.2)」.

「정부공문서규정(대통령령 제7113호, 1974.4.19)」.

「정부공문서규정(대통령령 제3188호, 1967.8.21)」.

「정부공문서규정(대통령령 제11547호, 1984.11.23)」.

「정부공문서규정(대통령령 제12222호, 1987.8.1)」.

「정부공문서분류번호및보존기간책정기준등에관한규칙(총리령 제290호, 1984. 12.31)」.

「정부공문서분류번호의지정에관한규칙(총리령 제222호, 1979.6.15)」.

「정부공문서처리규칙(총리령 제153호, 1975.7.14)」.

「정부기록보존소직제(대통령령 제4029호, 1969.8.23)」.

「정부기록보존소직제(대통령령 제11533호, 1984.11.1)」.

「정부기록보존소직제(대통령령 제11930호, 1986.6.14)」.

「정부기록보존소직제(안)(BA0084572)」.

「정부조직법(법률 제3011호, 1977.12.16)」.

「정부조직법(법률 제3422호, 1981.4.8)」.

「정부처무규정(대통령훈령 제1호, 1949.7.15)」.

「정부처무규정(대통령훈령 제7호, 1953.3.20)」.

「정부처무규정(대통령령 제9호, 1955.3.18)」.

「중앙행정기관직제통칙(대통령령 제299호, 1950.4.1)」.

「지방연구직 및 지도직공무원의 임용 등에 관한 규정(대통령령 제19823호, 2007.1.5)」.

「총무처직제(각령 제1685호, 1963.12.16)」.

「행정관리연구위원회규정(각령 제15호, 1961.6.15)」 『관보(2883호)(BA0188622)』.

「행정조사실직제(대통령령 제10598호, 1981.11.2)」.

「조선총독부공문서규정(조선총독부훈령 제10호, 1915.3.9)」.

「조선총독부처무규정(조선총독부내훈 제20호, 1940.7)」.

「육군공문서규정」.

「예문춘추관법안」.

2) 국회

「국회기록물관리규정(국회규정 제515호, 2001.12.22)」.
「국회기록물관리규정(국회규정 제515호, 2001.12.22)」.
「국회기록물관리규칙(국회규칙 제115호, 2001.11.13)」.
「국회기록물관리규칙(국회규칙 제147호, 2009.4.27)」.
「국회도서관직제(국회규칙 제13호, 1978.2.25)」.
「국회방송에관한규정(국회규정 제614호, 2007.7.11)」.
「국회방송운행지침(지침 제160호, 2004.1.31)」.
「국회법(법률 제9129호, 2008.8.28)」.
「국회사무처직제(국회규칙 제106호, 1999.11.26)」.
「국회사무처직제(국회규칙 제140호, 2007.7.3)」.
「국회예산정책처법(법률 제6931호, 2003.7.18)」.
「국회예산정책처직제(국회규칙 제123호, 2003.10.28)」.
「국회입법조사처법(법률 제8263호, 2007.1.24)」.
「국회입법조사처직제(국회규칙 제140호, 2007.7.2)」.
「국회헌정자료심의위원회내규(국회사무처내규 제143호, 1985.4.6)」.
「국회회의록의발간및보존등에관한규정(1985.3.22)」.
「대한민국헌법(헌법 제10호, 1987.10.29)」.
「문서보존내규(국회사무처내규 제108호, 1979.6.11)」.
「헌정기념관운영내규(국회사무처내규 제348호, 1999. 2.11)」.
「국회공문서내규(1964.4.8)」.
「회의록작성및취급에관한규정(1973.09.20)」.
「회의록취급규정(1965.7.20)」.
「회의록취급규정(1965.7.20)」.
「국회사무처처무규정(1949.9.1)」.
「문서보존내규(1969.10.24)」.
「문서보존내규(1969.11.12)」.
「민의원사무처처무규정(1957.6.3)」.

3) 법원

「법원공문서규칙(대법원규칙 제90호, 1961.12.29)」.
「법원기록물관리규칙(대법원규칙 제1932호, 2005.3.10)」.

「법원보존문서관리규칙(대법원규칙 0546호, 1973.12.12)」.

「법원사무관리규칙(대법원규칙 제1256호, 1993.9.8)」.

「법원사무규정(대법원규칙 제57호, 1959.9.1)」.

「법원사무규칙(대법원규칙 제133호, 1962.7.31)」.

「법원사자료의수집·관리및법원사편찬에관한내규(내규 제256호, 1998.8.28)」.

「법원영구보존문서중앙관리소(대법원규칙 제147호, 1962.9.21)」.

「법원재판사무규칙(대법원규칙 제1276호, 1993.12.28)」.

「법원조직법(법률 제51호, 1949.9.26)」.

「재판서·사건기록등에관한보존예규(민사 제99호, 1979.5.7)」.

관련 공문서

1) 행정부

「문서 10진분류법 제정에 관한 작업계획 보고(내사행 제3083호, 1962.5.18)」『각의상정
　　　　안건철(BA0084317)』.

「문서 10진분류법 제정에 관한 작업계획」『국무회의록(제33회~제55회)(BA0085237)』.

「보존문서 정리에 따르는 폐기문서 처리 완결방안(내사행 제2785호 1962.5.3 의안 제823
　　　　호)」『각의상정안건철(BA0587752)』.

「보존문서 정리에 따르는 폐기문서 처리 완결방안(제33회)」『국무회의록(제33회~55
　　　　회)』.

「보존문서 정리에 따르는 폐기문서 처리 완결방안(제33회)」『차관회의록(제1회~46회)』.

「정부문서 분류표에 대한 제정 건의(내사행 제7578호, 1962.11.21)」『각의상정안건철
　　　　(BA0084345)』.

경찰종합학교 총무과, 「공문서보관·보존 업무처리 지침시달(1981.2.25)」『훈령예규관
　　　　계철(BA0167182)』.

대검찰청 대구고등검찰청 대구지방검찰청 영덕지청, 「보존문서 정리계획에 대한 추가
　　　　(법총 제333호, 1962.2.22)」『예규(BA0155476)』.

대검찰청서울고등검찰청수원지방검찰청여주지청, 「공문서분류번호 및 보존기간 개
　　　　편」『예규·훈령(BA0772325)』, 1992.

대통령직인수위원회, 『총무처업무보고및현안보고(CA0005386)』, 1998.

문서분류 정리제도에 의한 서류정리요령(1963.3.8 경기내서 123-1045)」『일반예규철
　　　　(BA0199961)』.

법무부, 「보존문서정리작업계획 추가지시(1975.5.7)」『예규(BA0772038)』.

수원지방검찰청 사무국 서무과, 「문서 편철 및 보존기간 설정(1963.2.25)」『예규철(BA0155118)』.

수원지방검찰청 사무국 서무과, 「법무총127.1-6703 보존문서정리작업 계획 시달(1968.4.1)」『예규철(BA0155126)』.

수원지방검찰청 사무국 서무과, 「보존문서정리작업 계획 시달(1975.4.26)」『예규원본철(BA0155134)』.

수원지방검찰청 사무국 서무과, 「보존문서정리작업 세부지침 추가(1968.6.7)」『예규철(BA0155126)』.

수원지방검찰청 사무국 서무과, 「총무127-9564 보존문서정리작업계획 추가지시(1975.5.7)」『예규철(BA0155133)』.

수원지방검찰청 사무국 서무과. 「총무127-7821 보존문서정리작업 세부지침(1968.4.22)」『예규철(BA0155127)』.

정부기록보존소, 「기록보존법제정 기본방향보고(1998.1)」, 1998.

정부기록보존소, 「기록보존업무 활성화 방안」『업무보고(1988~1990)』.

정부기록보존소, 「당면과제보고(1988.3)」, 1988(출처 : 행정자치부 정부혁신본부 혁신지원국 조직혁신과, 『총무처와그소속기관직제』, 1988).

정부기록보존소, 『80년대의 기록보존과 자료행정』, 1981.

정부기록보존소, 『공문서보존기간종별책정기준표(11-9900604-000020-01-00000000)』.

정부기록보존소, 『업무보고』, 1985, 1987, 1989.

정부기록보존소, 『정부기록보존업무에관한중장기발전계획(DA0324993)』, 1981.

총무처 의정국 의사과, 「보존문서 정리계획(내사행 제242호, 1962.1.17)」『국회참의원회의속기록철(BA0085308)』.

총무처 행정관리국 행정전산과, 「정부공문서분류및보존년한책정등에관한규칙개정에따른의견조회」『예규관계철(BA0159174)』, 1984.

총무처, 「정부공문서규정개정령안(제48회)」『국무회의안건철(제48회~50회)(BA0085054)』, 1984.

총무처, 「정부공문서분류표 및 문서보존기간종별책정기준표 정비(1978.9.16)」『관보제8056호(BA0194011)』.

총무처, 『주요업무평가 및 발전방향(C12M04733)』, 1993.

총무처, 「행정관리연구위원회규정(안)(제18회)」『각의상정안건철(제12회~제21회)(BA0084264)』.

행정관리연구위원회규정(각령 제15호, 1961.6.15)『관보(2883호)(BA0188622)』.

행정자치부 정부혁신본부 혁신지원국 조직혁신과, 『당면과제보고』, 1988.

육군본부 부관감실, 『부관역사』 제1집, 1965.

육군본부편, 『부대역사일지 육군종합(1950~1958)』.

2) 국회

국회기록보존소, 「국회기록물 현황조사 및 업무협의 결과보고」 『국회기록물관계철』, 2000.
국회기록보존소, 「기록물 현황조사 및 업무협의에 대한 협조의뢰」 『국회기록물관계철』, 2000.
국회기록보존소, 「2007년도 국회의장 업무보고시 의장님 지시사항에 대한 조치계획 제출」 『업무계획철』, 2007.
국회기록보존소, 「의장지시사항에 대한 추진실적 제출」 『일반행정문서철』, 2007.
국회기록보존소, 『국회기록물관리업무편람』, 2002.
행정관리담당관실, 「국회기록물관리개선(안)」 『사무분장철(1997~1999)』, 1999.
행정관리담당관실, 「국회기록물관리 관련 업무분장 통보」 『사무분장철(1997~1999)』, 1999.
행정관리담당관실, 「국회기록물관리개선실무위원회구성」 『사무분장철(1997~1999)』, 1999.

3) 법원

「행정쇄신위원회 제127차 회의개최 통보(1997.5.13)」.
기획조정실, 「법원보존문서관리소 신축계획(안)」, 2000.
기획조정실 법무담당관실, 「법원보존문서관리소 신축을 위한 기초자료(2002.4)」.
법무담당관실, 「법원기록보존소 신축규모 검토자료」, 2001.

관련 자료

국가기록원, 『계간 기록인(IN)』 1호~11호.
국가기록원, 『국가기록관리선진화전략』, 2009.
국가기록원, 『국가기록백서』, 2007~2008.
국가기록원, 『국가기록연보』, 2005~2006.
국가기록원, 『국가기록원 40년사』, 2009.
국가기록원, 『알기쉬운 공공기록물 관리에 관한 법령 해설집』, 2007.
군사혁명사편찬위원회, 『5·16군사혁명의 전모』, 1964.
內閣事務處, 『政府公文書分類表』, 1962.
대한민국정부, 『관보(제11451호, 1990.2.14)』.

대한민국정부, 『문서관리실무요령』, 1985.

대한민국정부, 『成長發展을 위한 制度改善白書(제2집)』, 1984.

대한민국정부, 『成長發展을 위한 制度改善白書(제4집)』, 1988.

대한민국정부, 『행정백서』, 각년도.

정부기록보존소, 『'기록물분류표' 제정을 위한 단위업무별 기록물조사서 작성지침』, 1998.

정부기록보존소, 『기록물분류조사서 작성요령』, 2000.

정부혁신지방분권위원회, 『참여정부의 기록관리혁신』, 2005.

정부혁신지방분권위원회, 『참여정부의 기록관리혁신』, 2008.

정부혁신지방분권위원회, 『참여정부의 전자정부』, 2005.

참여연대, 「大統領記錄保存法 제정청원」.

총무처, 『총무처연보』, 각년도.

총무처, 『총무처의 조직과 임무』, 1993.

총무처, 『행정관리연보』, 각년도.

총무처, 『행정백서』, 각년도.

한국군사혁명사편찬위원회, 『한국군사혁명사 제1집』, 1963.

한국정보관리학회, 『국가기록보존업무의 발전방안에 관한 연구』, 1989(인천대 도서관 소장).

韓國行政問題研究所編, 『韓國行政의 歷史的 分析(1948-1967)』, 1969.

한국행정연구원, 『國家記錄物 管理의 發展方案에 관한 연구』, 1996.

韓國行政研究院, 『韓國行政史料集(Ⅱ)』, 1996.

행정자치부, 『2006 전자정부사업 연차보고서』, 2006.

행정자치부, 『전자정부법의 이해와 해설』, 2007.

행정자치부, 『행정자치부 정책백서』, 2007.

행정자치부, 『희망대한민국 : 행정자치부 정책백서』, 2008.

관련 저서·논문

1) 저서

곽건홍, 『한국 국가기록관리의 이론과 실제』, 역사비평사, 2003.

국회사무처, 『國會事務處三十八年史』, 1987.

국회사무처, 『국회법해설』, 2004.

국회도서관, 『국회도서관50년사』, 2002.

김명훈, 『전자기록평가론』, 진리탐구, 2009.

김정현, 『문헌분류의 실제』, 태일사, 2001.

김태극, 『신사무관리론』, 博英社, 1981.

박성진·이승일, 『조선총독부 공문서』, 역사비평사, 2007.

서중석, 『한국현대사60년』, 역사비평사, 2007.

역사문제역구소 편, 『1950년대 남북한의 선택과 굴절』, 역사비평사, 1998.

오동근·배영활·여지숙, 『KDC의 이해』, 태일사, 2002.

오항녕 편역, 『기록학의 평가론』, 진리탐구, 2005.

李相助, 『事務管理論』, 동아서적, 1962.

李相助, 『行政學硏究』, 英文社, 1963.

이원규, 『한국 기록물관리제도의 이해』, 진리탐구, 2002.

총무처 행정관리국, 『정부조직변천사』, 총무처, 1980.

한국기록학회, 『기록학용어사전』, 역사비평사, 2008.

韓國圖書館協會 韓國十進分類法解說編纂委員會 編, 『韓國十進分類法解說』, 1997.

한국행정기능개발협회, 『문서와 사무관리의 실무』, 1976.

한국행정연구원 편, 『한국행정60년 : 1948~2008』 제1~2권, 법문사, 2008.

2) 논문

강대신·박지영, 「중국 일본의 기록관리 제도에 관한 연구」 『한국기록관리학회지』 4-2, 2004.

고선미, 「법원기록의 유형과 관리제도」 『기록인』 창간호, 2007.

곽건홍, 「대통령기록 관리기구의 기능과 역할」 『기록학연구』 4, 2001.

곽건홍, 「한국 국가기록 관리 체제 '혁신'의 성격」 『기록학연구』 13, 2006.

곽건홍, 「자율과 분권, 연대를 기반으로 한 국가기록관리 체제 구상」 『기록학연구』 22, 2009.

구만섭(정부기록보존소 행정사무관), 「정부기록보존의 장기발전방향」 『기록보존』 9, 1996.

김병삼, 「행정간소화의 새로운 방향」 『최고회의보』 15, 1962.

김성수, 「기록관리법의 개정과 관련한 제문제 연구」 『한국기록관리학회지』 4-2, 2004.

김성수·서혜란, 「대통령기록관의 설립 및 정부기록보존소의 위상에 관한 연구」 『한국기록관리학회지』 2-1, 2002.

김세경, 「우리나라 공공기록물 관리에 관한 법규의 변천」 『한국기록관리학회지』 7-1, 2007.

김원중, 「政府公文書分類에 對한 解說」『경찰』 2-3, 1963.
김유승, 「공공기록물 관리에 관한 법률의 제정 의의와 개선방안」『한국기록관리학회지』 8-1, 2008.
김익한, 「기록관리법의 시행과 국회 기록관리」『국회보』 400, 2000.
김익한, 「기록관리법 10년, 다시 한번의 도약을 위한 제언」『기록학연구』 21, 2009.
김재순, 「정부기록보존소의 대전이전」『기록보존』 11, 1998.
김재순, 「기록물관리법 제정과 학계의 협력과제」『역사와현실』 31, 1999.
김재순, 「기록물관리법 제정을 둘러싼 주요논점과 조정」『기록보존』 12, 1999.
김정하, 「한국의 국가기록물 관리와 역사연구」『대구사학』 90, 2008.
김정하, 「기록물관리 : 시민의 권리와 권력의 균형」『인문논총』 62, 서울대인문학연구소, 2009.
김정하, 「민주주의와 인권 그리고 기록물의 역할과 기능」『한국기록관리학회지』 9-2, 2009.
김판석·김관보·권영주, 「대통령기록물 보존·관리제도 실태분석과 선진화 방향」『한국행정학보』 37-4, 2003.
김형식, 「우리나라 문서관리제도에 관한 일반적 고찰－Filing System의 문제의식을 중심으로－」『한국문화연구원논총』 37, 1981.
남태우·오지영·유보현, 「대통령기록물관리법에 관한 연구」『한국기록관리학회지』 7-2, 2007.
노경란·박희영, 「북미지역 기록관리 체제에 관한 비교 연구」『한국기록관리학회지』 4-2, 2004.
도진순·노영기, 「군부엘리트의 등장과 지배양식의 변화」『1960년대 한국의 근대화와 지식인』, 선인, 2004.
박동찬, 「한국전쟁기 한국군의 증강문제와 군대교육의 강화」『한국학논집』 33, 한양대, 1999.
박유진, 「기록물분류기준표의 운영과 과제」『기록학연구』 8, 2003.
박찬승, 「역대 대통령기록관 설립을 제안함」『역사와현실』 34, 1999.
서연주, 「외국의 기록보존제도와 기록보존관리체제」『국회도서관보』 37-5, 2000.
서연주·양승민, 「국회 기록관리 체제정비에 관한 연구」『정보관리학회지』 2-3, 2005.
서혜란, 「한국 공공기록관리정책의 연대기적 검토」『한국기록관리학회지』 9-2, 2009.
설문원, 「국가 기록관리 표준 정비의 방향」『한국기록관리학회지』 5-1, 2005.
설문원, 「공공업무의 체계적 기록화를 위한 보유일정표 설계방안」『한국문헌정보학회지』 40-4, 2006.
설문원, 「기록정보서비스 전략계획 수립을 위한 기초 연구」『정보관리학회지』 25-3,

2008.

설문원·김익한, 「이승만시기 국무회의록과 정부부처 기록의 연관구조 분석에 기반한 역사컨텐츠 설계방안」, 『한국비블리아학회지』 17-2, 2006.

송기호·소매실, 「유럽의 기록관리 제도 및 체계에 관한 연구-영국, 프랑스, 독일을 중심으로」, 『한국기록관리학회지』 4-1, 2004.

송병호, 「기록관리시스템의 현황과 전망」, 『기록학연구』 21, 2009.

양재찬, 「공문서 보존관리 제도개선에 관한 연구」, 연세대학교 행정대학원 석사학위논문, 1984.

오항녕, 「한국기록관리와 '거버넌스'에 대한 역사적 접근」, 『기록학연구』 11, 2005.

이강로, 「정치사적 맥락에서 본 박정희, 전두환의 쿠데타와 집권과정 비교」, 『사회과학논총』 19-1, 전주대학교사회과학종합연구소, 2003.

이경용, 「한국의 公記錄管理制度(Ⅰ)」, 『기록보존』 15, 2002.

이경용, 「한국 기록관리체제 성립과정과 구조-정부기록보존소를 중심으로」, 『기록학연구』 8, 2003.

이상민, 「서구의 국가기록보존법 원칙과 기록보존관리 체제」, 『기록보존』 10, 1997.

이상민, 「위기에 처한 대통령기록물관리, 문제의 인식과 문제해결을 위한 접근방식」, 『기록학연구』 18, 2008.

이상훈, 「한국정부 수립 이후 행정체제의 변동과 국가기록관리체제의 개편(1948~64년)」, 『기록학연구』 21, 2009.

이석제, 「혁명이년간의 업적개요(내각사무처)」, 『최고회의보』 22, 1963.

이소연, 「전자기록의 속성에 기반한 기록관리의 과제」, 『기록학연구』 18, 2008.

이소연, 「전자기록 관리의 현황과 과제」, 『기록학연구』 21, 2009.

이승억, 「한국공공분야 '기록보유(Recordkeeping)'체제 전망」, 『기록학연구』 4, 2001.

이승억 역, 「호주의 공공기록 관리 전략 : 動的記述」, 『기록보존』 15, 2002.

이승억, 「호주의 정부기록 처리제도 : 처리기준표」, 『기록보존』 16, 2003.

이승억, 「공공기록에 대한 거시평가 적용 시론」, 『기록학연구』 14, 2006.

이승일, 「1960년대 초반 한국의 국가기록관리체제의 수립과정과 제도적 특징」, 『한국기록관리학회지』 7-2, 2007.

이승일, 「1980~90년대 국가기록관리체제의 개편과 제도적 특징」, 『한국기록관리학회지』 8-2, 2008.

이승일, 「기록물관리법의 제정과 국회기록관리체제의 개편」, 『기록학연구』 18, 2008.

이승일, 「법원기록관리체제 연구」, 『한국기록관리학회지』 10-1, 2010.

이승일·이상훈, 「보존문서정리작업과 국가기록관리체계의 개편(1968~1979)」, 『한국기록관리학회지』 8-1, 2008.

이승휘, 「공공기록물 관리에 있어 이명박 정부의 책임과 업적」『기록학연구』18, 2008.

이영남, 「1950~60년대 국가행정체계의 재편과 성격」, 서강대 박사학위논문, 2005.

이영학, 「국가기록관리정책의 미래」『한국기록관리학회지』9-2, 2009.

이영학, 「기록물관리전문요원의 운영 현황과 전망」『기록학연구』21, 2009.

이영학, 「대통령기록관리제도 시행의 의의와 과제」『역사문화연구』33, 2009.

이완범, 「한국의 통치사료보존 전통과 그 현대적 계승」『국회도서관보』45-6, 2008.

이원영, 「국회기록의 관리방안」『국회도서관보』40-4, 2003.

임대식, 「1950년대 미국의 교육원조와 친미 엘리트의 형성」『1950년대 남북한의 선택과
        굴절』, 역사비평사, 1998.

정부기록보존소, 「기록물분류기준표 제정절차와 제정원리」『기록보존』16, 2003.

정상우, 「'대통령기록물 관리에 관한 법률'에 관한 연구」『헌법학연구』15, 2009.

조영삼, 「대통령기록관리체계의 형성과 쟁점」『지배문화와 민중의식』, 한신대출판부,
        2008.

조영삼, 「대통령기록관리의 현황과 전망」『기록학연구』21, 2009.

지수걸, 「지방기록물관리기관 설립의 방향과 방법」『기록학연구』21, 2009.

총무처장관, 「國家記錄物 蒐集 保存의 實相과 發展方向」『기록보존』3, 1989.

최경렬(정부기록보존소 서기관), 「기록물 이관상의 문제점과 미이관 기록물 대책」『기록
        보존』11, 1998.

최성렬, 「대통령지정기록물 관리 방안에 관한 연구」, 한국외국어대 석사학위논문,
        2009.

최정애, 「법원기록보존소의 과제와 성과」『헌법기관 기록물, 어떻게 관리되고 있나(제3
        회 기록관리포럼자료집)』, 2008.

최정태·이주연, 「한국 공문서분류의 변천과 기록물분류기준표」『기록보존』16, 2003.

홍석률, 「위기 속의 정전협정─푸에블로 사건과 '판문점 도끼살해' 사건」『역사비평』
        63, 2003.

홍원기, 「대통령기록물의 수집·이관 제도에 관한 연구」, 한국외국어대 석사학위논문,
        2004.

■부록 1

공공기록물 관리에 관한 법률
(법률 제10010호, 2010.2.4)

제1장 총칙

제1조(목적) 이 법은 공공기관의 투명하고 책임있는 행정의 구현과 공공기록물의 안전한 보존 및 효율적 활용을 위하여 공공기록물의 관리에 관하여 필요한 사항을 정함을 목적으로 한다.

제2조(적용범위) 이 법은 공공기관이 업무와 관련하여 생산·접수한 기록물과 개인 또는 단체가 생산·취득한 기록정보 자료(공공기관이 소유·관리하는 기록정보 자료를 포함한다) 중 국가적으로 보존할 가치가 있다고 인정되는 기록정보 자료 등 공공기록물에 대하여 적용한다.

제3조(정의) 이 법에서 사용하는 용어의 정의는 다음과 같다.

1. "공공기관"이라 함은 국가기관·지방자치단체 그 밖에 대통령령이 정하는 기관을 말한다.

2. "기록물"이라 함은 공공기관이 업무와 관련하여 생산 또는 접수한 문서·도서·대장·카드·도면·시청각물·전자문서 등 모든 형태의 기록정보 자료와 행정박물을 말한다.

3. "기록물관리"라 함은 기록물의 생산·분류·정리·이관·수집·평가·폐기·보존·공개·활용 및 이에 부수되는 제반업무를 말한다.

4. "기록물관리기관"이라 함은 일정한 시설 및 장비와 이를 운영하기 위한 전문인력을 갖추고 기록물관리업무를 수행하는 기관을 말하며, 영구기록물관리기관·기록관 및 특수기록관으로 구분한다.

5. "영구기록물관리기관"이라 함은 기록물의 영구보존에 필요한 시설 및 장비와 이를 운영하기 위한 전문인력을 갖추고 기록물을 영구적으로 관리하는 기관을 말하며, 중앙기록물관리기관·헌법기관기록물관리기관·지방기록물관리기관 및 대통령기록관으로 구분한다.

제4조(공무원의 의무) ① 모든 공무원은 이 법이 정하는 바에 따라 기록물을 보호·관

리할 의무를 갖는다.

② 공공기관 및 기록물관리기관의 장은 기록물이 국민에게 공개되어 활용될 수 있도록 적극적으로 노력하여야 한다.

제5조(기록물관리의 원칙) 공공기관 및 기록물관리기관의 장은 기록물이 생산부터 활용까지의 전 과정에 걸쳐 진본성·무결성·신뢰성 및 이용가능성이 보장될 수 있도록 관리하여야 한다.

제6조(기록물의 전자적 생산·관리) 공공기관 및 기록물관리기관의 장은 기록물이 전자적으로 생산·관리되도록 필요한 조치를 강구하여야 하며, 전자적 형태로 생산되지 아니한 기록물에 대하여도 전자적으로 관리되도록 노력하여야 한다.

제7조(기록물관리의 표준화 원칙) 중앙기록물관리기관의 장은 기록물이 효율적이고 통일적으로 관리·활용될 수 있도록 기록물관리의 표준화를 위한 정책을 수립·시행하여야 한다.

제8조(다른 법률과의 관계) 기록물관리에 관하여 다른 법률에 특별한 규정이 있는 경우를 제외하고는 이 법이 정하는 바에 의한다.

제2장 기록물관리기관

제9조(중앙기록물관리기관) ① 기록물관리를 총괄·조정하고 기록물의 영구보존 및 관리를 위하여 행정안전부장관은 그 소속하에 영구기록물관리기관을 설치·운영하여야 한다.

② 제1항의 규정에 따라 행정안전부장관 소속하에 설치·운영하는 영구기록물관리기관(이하 "중앙기록물관리기관"이라 한다)은 다음 각 호의 업무를 수행한다.

   1. 기록물관리에 관한 기본정책의 수립 및 제도의 개선
   2. 기록물관리 표준화 정책의 수립 및 기록물관리 표준의 개발·운영
   3. 기록물관리 및 기록물관리 관련 통계의 작성·관리
   4. 기록물의 전자적 관리체계 구축 및 표준화
   5. 기록물관리의 방법 및 보존기술의 연구·보급
   6. 기록물관리 종사자에 대한 교육·훈련
   7. 기록물관리에 관한 지도·감독 및 평가
   8. 다른 기록물관리기관과의 연계·협조
   9. 기록물관리에 관한 교류·협력

　　10. 그 밖에 이 법에서 정하는 사항

　③ 중앙기록물관리기관의 장은 공공기관으로부터 이관받은 기록물의 효율적 관리를 위하여 필요한 경우에는 중간 관리시설을 설치·운영할 수 있다.

제10조(헌법기관기록물관리기관) ① 국회·대법원·헌법재판소 및 중앙선거관리위원회는 소관 기록물의 영구보존 및 관리를 위하여 영구기록물관리기관을 설치·운영할 수 있다. 이 경우 영구기록물관리기관을 설치·운영하지 아니하는 때에는 대통령령이 정하는 바에 따라 중앙기록물관리기관에 소관 기록물의 관리를 위탁하여야 한다.

　② 제1항의 규정에 따라 국회·대법원·헌법재판소 및 중앙선거관리위원회에 설치·운영하는 영구기록물관리기관(이하 "헌법기관기록물관리기관"이라 한다)은 다음 각 호의 업무를 수행한다.

　　1. 관할공공기관의 기록물관리에 관한 기본계획의 수립·시행

　　2. 관할공공기관의 기록물관리 및 기록물관리 관련 통계의 작성·관리

　　3. 관할공공기관의 기록물관리에 관한 지도·감독 및 지원

　　4. 중앙기록물관리기관과의 협조에 의한 기록물의 상호활용 및 보존의 분담

　　5. 관할공공기관의 기록물관리 종사자에 대한 교육·훈련

　　6. 그 밖에 기록물관리에 관한 사항

　③ 헌법기관기록물관리기관의 장은 중앙기록물관리기관의 장이 기록물관리에 대한 표준의 이행과 기록물관리 관련 통계현황 등 기록물의 효율적 관리를 위하여 필요한 사항에 관하여 협조를 요청하는 때에는 이에 응하여야 한다.

제11조(지방기록물관리기관) ① 특별시장·광역시장·도지사 또는 특별자치도지사(이하 "시·도지사"라 한다)는 소관 기록물의 영구보존 및 관리를 위하여 영구기록물관리기관(이하 "시·도기록물관리기관"이라 한다)을 설치·운영하여야 한다.

　② 특별시·광역시·도교육감 또는 특별자치도교육감(이하 "시·도교육감"이라 한다)은 소관 기록물의 영구보존 및 관리를 위하여 영구기록물관리기관(이하 "시·도교육청기록물관리기관"이라 한다)을 설치·운영할 수 있다. 이 경우 시·도교육감이 시·도교육청기록물관리기관을 설치·운영하지 아니하는 때에는 대통령령이 정하는 바에 따라 소관 기록물을 시·도기록물관리기관에 이관하여야 한다.

　③ 시장·군수·구청장(자치구의 구청장을 말한다. 이하 같다)은 소관 기록물의 영구보존 및 관리를 위하여 영구기록물관리기관(이하 "시·군·구기록물관리기관"이라 한다)을 설치·운영할 수 있다. 이 경우 시·군·구청장이 시·군·구기록

물관리기관을 설치·운영하지 아니하는 때에는 대통령령이 정하는 바에 따라
소관 기록물을 시·도기록물관리기관에 이관하여야 한다.

④ 지방자치단체의 장은 기록물관리의 효율적 운영을 위하여 필요한 때에는 대통령
령이 정하는 바에 따라 영구기록물관리기관을 공동으로 설치·운영할 수 있다.

⑤ 시·도기록물관리기관(제2항 후단 및 제3항 후단의 규정에 따라 시·도교육감
또는 시장·군수·구청장으로부터 소관 기록물을 이관받은 경우를 포함한다),
시·도교육청기록물관리기관, 시·군·구기록물관리기관 및 제4항의 규정에 따
라 공동으로 설치·운영하는 영구기록물관리기관(이하 "지방기록물관리기관"이
라 한다)은 다음 각 호의 업무를 수행한다.

  1. 관할공공기관의 기록물관리에 관한 기본계획의 수립·시행
  2. 관할공공기관의 기록물관리 및 기록물관리 관련 통계의 작성·관리
  3. 관할공공기관의 기록물관리에 관한 지도·감독 및 지원
  4. 관할지방자치단체의 기록물관리에 관한 지도(시·도기록물관리기관에 한한
     다)
  5. 중앙기록물관리기관과의 협조에 의한 기록물의 상호활용 및 보존의 분담
  6. 관할공공기관의 기록물관리 종사자에 대한 교육·훈련
  7. 관할공공기관 관련 향토자료 등의 수집
  8. 그 밖에 기록물관리에 관한 사항

⑥ 국가는 지방기록물관리기관의 설치·운영에 필요한 경비의 일부를 예산의
범위 안에서 보조할 수 있다.

⑦ 지방기록물관리기관의 장은 중앙기록물관리기관의 장이 기록물관리에 대한
표준의 이행, 국가위임사무에 관한 기록물의 원본 또는 사본의 이관 그 밖에
기록물관리 관련 통계현황 등 기록물의 효율적 관리를 위하여 필요한 사항에
관하여 협조를 요청하는 때에는 이에 응하여야 한다.

제12조 삭제

제13조(기록관) ① 공공기관의 기록물을 효율적으로 관리하기 위하여 대통령령이
   정하는 공공기관은 기록관을 설치·운영하여야 한다. 다만, 제14조의 규정에 의한
   특수기록관을 설치·운영하는 공공기관의 경우에는 당해 공공기관 내에 기록관을
   설치할 수 없다.

② 기록관은 다음 각 호의 업무를 수행한다.

  1. 당해 공공기관의 기록물관리에 관한 기본계획의 수립·시행

  2. 당해 공공기관의 기록물의 수집·관리 및 활용

  3. 기록관이 설치되지 아니한 관할공공기관의 기록물관리

  4. 영구기록물관리기관으로의 기록물의 이관

  5. 당해 공공기관의 기록물에 대한 정보공개청구의 접수

  6. 관할공공기관의 기록물관리에 대한 지도·감독 및 지원

  7. 그 밖에 기록물관리에 관한 사항

제14조(특수기록관) ① 통일·외교·안보·수사·정보 분야의 기록물을 생산하는 공공기관의 장은 소관 기록물을 장기간 관리하고자 하는 경우에는 중앙기록물관리기관의 장과 협의하여 특수기록관을 설치·운영할 수 있다.

② 특수기록관은 제28조제1항의 규정에 따른 시설·장비와 이를 운영하기 위한 전문인력을 갖추어야 한다.

③ 특수기록관은 다음 각 호의 업무를 수행한다.

  1. 관할공공기관의 기록물관리에 관한 기본계획의 수립·시행

  2. 당해 공공기관의 기록물의 수집·관리 및 활용

  3. 특수기록관이 설치되지 아니한 관할공공기관의 기록물관리

  4. 중앙기록물관리기관으로의 기록물의 이관

  5. 당해 공공기관의 기록물에 대한 정보공개청구의 접수

  6. 관할공공기관의 기록물관리에 대한 지도·감독 및 지원

  7. 그 밖에 기록물관리에 관한 사항

제3장 국가기록관리위원회

제15조(국가기록관리위원회) ① 다음 각 호의 사항을 심의하기 위하여 국무총리 소속하에 국가기록관리위원회(이하 "위원회"라 한다)를 둔다.

  1. 기록물관리에 관한 기본정책의 수립

  2. 기록물관리 표준의 제정·개정 및 폐지

  3. 영구기록물관리기관 간의 협력 및 협조사항

  4. 대통령 기록물의 관리

  5. 비공개 기록물의 공개 및 이관시기 연장 승인

6. 국가지정기록물의 지정 및 해제

7. 그 밖에 기록물관리와 관련하여 위원회의 위원장이 심의에 부치는 사항

② 위원회는 위원장 1인을 포함하여 20인 이내의 위원으로 구성하고, 위원은 다음의 자 중에서 국무총리가 임명 또는 위촉한다.

1. 국회사무총장·법원행정처장·헌법재판소사무처장 및 중앙선거관리위원회 사무총장이 추천하는 소속 공무원

2. 중앙기록물관리기관의 장

3. 기록물관리에 관한 학식과 경험이 풍부한 자

③ 위원회의 위원장은 위원 중에서 국무총리가 임명 또는 위촉하는 자가 된다.

④ 공무원이 아닌 위원의 임기는 3년으로 하되, 1차에 한하여 연임할 수 있다.

⑤ 위원회는 다음 각 호의 사항을 적은 회의록을 작성·보존하여야 한다. 이 경우 필요하다고 인정되면 속기·녹음 또는 녹화를 할 수 있다.

1. 일시 및 장소

2. 참석위원의 수 및 성명

3. 그 밖의 참석자 및 배석자의 성명

4. 상정안건 및 결정사항

5. 그 밖의 토의사항

⑥ 위원회의 사무를 지원하기 위하여 위원회에 간사 1인을 두되, 간사는 중앙기록물관리기관의 소속 공무원으로 한다.

⑦ 위원회의 효율적인 운영을 위하여 위원회에 전문위원회 또는 특별위원회를 둔다.

⑧ 제1항 내지 제7항에서 정한 사항 외에 위원회·전문위원회 및 특별위원회의 구성 및 운영 등에 관하여 필요한 사항은 대통령령으로 정한다.

제4장 기록물의 생산

제16조(기록물 생산의 원칙) ① 공공기관은 효율적이고 책임있는 업무수행을 위하여 업무의 입안단계부터 종결단계까지 업무수행의 모든 과정 및 결과가 기록물로 생산·관리될 수 있도록 업무과정에 기반한 기록물관리를 위하여 필요한 조치를 강구하여야 한다.

② 제1항의 규정에 따른 기록물관리를 위하여 필요한 사항은 국회규칙·대법원규

칙·헌법재판소규칙·중앙선거관리위원회규칙 및 대통령령으로 정한다.

제17조(기록물의 생산의무) ① 공공기관은 주요 정책 또는 사업 등을 추진하고자
하는 경우에는 대통령령이 정하는 바에 따라 미리 그 조사·연구서 또는 검토서
등을 생산하여야 한다.

② 공공기관은 대통령령이 정하는 바에 따라 주요 회의의 회의록·속기록 또는
녹음기록을 작성하여야 한다. 이 경우 속기록 또는 녹음기록에 대하여는 당해
기록물의 원활한 생산 및 보호를 위하여 대통령령이 정하는 기간동안 공개하지
아니할 수 있다.

③ 공공기관은 주요 업무수행과 관련된 시청각 기록물 등을 대통령령이 정하는
바에 따라 생산하여야 한다.

④ 영구기록물관리기관의 장은 주요 기록물의 보존을 위하여 관련 기록물을 직접
생산할 필요가 있다고 인정되는 경우에는 관련 공공기관의 장과 협의하여 그
공공기관 또는 행사 등에 소속 공무원을 파견하여 기록하게 할 수 있다.

제18조(기록물의 등록·분류·편철 등) 공공기관은 업무수행과정에서 기록물을 생산
또는 접수한 때에는 대통령령이 정하는 바에 따라 당해 기록물의 등록·분류·편철
등에 필요한 조치를 하여야 한다. 다만, 기록물의 특성상 그 등록·분류·편철
등의 방식을 달리 적용할 필요가 있다고 인정되는 수사·재판 관련 기록물의
경우에는 관계중앙행정기관의 장이 중앙기록물관리기관의 장과 협의하여 따로
정할 수 있다.

제5장 기록물의 관리

제19조(기록물의 관리 등) ① 공공기관은 대통령령이 정하는 바에 따라 기록물의
보존기간, 공개 여부, 비밀 여부 및 접근권한 등을 분류하여 관리하여야 한다.

② 공공기관은 대통령령이 정하는 기간 이내에 기록물을 소관 기록관 또는 특수기록
관으로 이관하여야 한다. 다만, 소관 기록관 또는 특수기록관이 설치되지 아니한
공공기관의 경우에는 대통령령이 정하는 바에 따라 공공기관의 장이 지정하는
부서에 기록물을 이관하여야 한다.

③ 기록관 또는 특수기록관은 보존기간이 30년 이상으로 분류된 기록물에 대하여는
대통령령이 정하는 기간 이내에 이를 소관 영구기록물관리기관으로 이관하여야
한다.

④ 특수기록관은 제3항의 규정에 불구하고 소관 비공개 기록물에 대하여는 생산연도 종료 후 30년까지 그 이관시기를 연장할 수 있으며, 30년 경과 후에도 업무수행에 사용할 필요가 있는 경우에는 대통령령이 정하는 바에 따라 중앙기록물관리기관의 장에게 이관시기의 연장을 요청할 수 있다.

⑤ 국가정보원장은 제4항의 규정에 불구하고 소관 비공개 기록물에 대하여 생산연도 종료 후 50년까지 그 이관시기를 연장할 수 있으며, 공개될 경우 국가안전보장에 중대한 지장을 초래할 것이 예상되는 정보업무 관련 기록물에 대하여는 대통령령이 정하는 바에 따라 중앙기록물관리기관의 장과 협의하여 이관시기를 따로 정할 수 있다.

⑥ 공공기관은 기록물의 원활한 수집 및 이관을 위하여 대통령령이 정하는 바에 따라 매년 기록물의 생산현황을 소관 기록물관리기관에 통보하여야 한다. 이 경우 중앙행정기관의 소속 기관에 기록관 또는 특수기록관을 설치한 경우에는 중앙행정기관의 기록관 또는 특수기록관이 그 생산현황을 취합하여 중앙기록물관리기관으로 통보하여야 한다.

⑦ 중앙기록물관리기관의 장은 공공기관 기록물의 관리 상태를 정기 또는 수시로 점검하여야 한다. 다만, 국가정보원의 소관 기록물에 대하여는 국가정보원장과 협의하여 그 방법 및 절차 등을 따로 정할 수 있다.

제20조(전자기록물의 관리) ① 중앙기록물관리기관의 장은 컴퓨터 등의 정보처리장치에 의하여 생산·관리되는 기록정보 자료(이하 "전자기록물"이라 한다)의 안전하고 체계적인 관리 및 활용 등을 위하여 다음 각 호의 사항을 포함하는 전자기록물 관리체계를 구축·운영하여야 한다.

1. 전자기록물 관리시스템의 기능·규격·관리항목·보존포맷 및 매체 등 관리 표준화에 관한 사항
2. 기록물관리기관의 전자기록물 데이터 공유 및 통합 검색·활용에 관한 사항
3. 전자기록물의 진본성 유지를 위한 데이터 관리체계에 관한 사항
4. 행정전자서명 등 인증기록의 보존·활용 등에 관한 사항
5. 기록물관리기관간 기록물의 전자적 연계·활용체계 구축에 관한 사항

② 전자기록물 및 전자적으로 생산되지 아니한 기록물의 전자적 관리를 위하여 그 밖에 필요한 사항은 대통령령으로 정한다.

제21조(중요 기록물의 이중보존) ① 영구보존으로 분류된 기록물 중 중요한 기록물에 대하여는 복제본을 제작하여 보존하거나 보존매체에 수록하는 등의 방법으로

이중보존함을 원칙으로 한다.

② 기록물관리기관이 보존하는 기록물 중 보존매체에 수록된 중요 기록물은 안전한 분산 보존을 위하여 대통령령이 정하는 바에 따라 해당기록물의 보존매체 사본을 중앙기록물관리기관에 송부하여야 한다.

③ 중앙기록물관리기관의 장은 국가적으로 보존할 가치가 있는 기록물에 대하여는 기록물관리기관에 당해 기록물의 보존매체에의 수록 및 보존매체 사본의 송부를 요청할 수 있다.

제22조(간행물의 관리) ① 공공기관은 간행물을 발간하고자 하는 때에는 대통령령이 정하는 바에 따라 소관 영구기록물관리기관으로부터 발간등록번호를 부여받아야 한다.

② 공공기관은 발간하는 간행물에 제1항의 규정에 따른 발간등록번호를 표기하여야 하며, 간행물을 발간한 때에는 지체 없이 당해 간행물 3부를 각각 관할 기록관 또는 특수기록관과 소관 영구기록물관리기관 및 중앙기록물관리기관에 송부하여 보존·활용되도록 하여야 한다.

제23조(시청각 기록물의 관리) 공공기관은 업무수행과 관련하여 사진·필름·테이프·비디오·음반·디스크 등 영상 또는 음성형태의 기록물을 생산한 경우에는 대통령령이 정하는 바에 따라 그 기록물을 관리하고 이를 소관 영구기록물관리기관으로 이관하여야 한다.

제24조(행정박물의 관리) 공공기관은 업무수행과 관련하여 생산·활용한 형상기록물로서 행정적·역사적·문화적·예술적 가치가 높은 기록물에 대하여는 대통령령이 정하는 바에 따라 그 기록물을 관리하고 이를 소관 영구기록물관리기관으로 이관하여야 한다.

제25조(폐지기관의 기록물관리) ① 공공기관이 폐지된 경우에 그 사무를 승계하는 기관이 없는 때에는 폐지되는 공공기관의 장은 지체 없이 당해 기관의 기록물을 소관 영구기록물관리기관으로 이관하여야 한다. 다만, 국가 또는 지방자치단체의 기관이 제3조제1호의 규정에 따른 대통령령이 정하는 기관 또는 민간기관으로 전환되는 경우에 있어서의 기록물관리에 관하여는 대통령령이 정하는 바에 의한다.

② 공공기관이 폐지된 경우에 그 사무를 승계하는 기관이 있을 때에는 폐지되는 기관의 장과 그 사무를 승계하는 기관의 장은 대통령령으로 정하는 바에 따라 기록물 인수인계가 원활히 수행될 수 있도록 조치하여야 한다.

③ 영구기록물관리기관의 장은 폐지되는 기관의 소관 기록물에 대한 체계적인 이관 및 관리 등을 위하여 필요한 경우에는 소속 공무원을 파견할 수 있다.

제26조(기록물의 회수) ① 공공기관의 장 또는 영구기록물관리기관의 장은 기록물이 유출되어 민간인이 이를 소유 또는 관리하는 경우에는 당해 기록물을 회수하거나 위탁보존 또는 복제본 수집 등의 필요한 조치를 취하여야 한다. 이 경우 기록물을 회수한 때에는 선의로 취득한 제3자에 대하여 대통령령이 정하는 기준에 따라 필요한 보상을 할 수 있다.

② 공공기관(국가기관 및 지방자치단체에 한한다)의 장 또는 영구기록물관리기관의 장은 제1항의 규정에 따른 기록물의 회수를 위하여 필요하다고 인정되는 때에는 관계공무원으로 하여금 민간인이 소유 또는 관리하는 기록물의 목록 및 내용의 확인 그 밖에 필요한 조사를 하게 할 수 있다.

③ 제2항의 규정에 따라 조사를 하는 공무원은 그 권한을 표시하는 증표를 관계인에게 내보여야 한다.

제27조(기록물의 폐기) ① 공공기관이 기록물을 폐기하고자 하는 때에는 대통령령이 정하는 바에 따라 미리 소관 기록물관리기관의 심사를 받아야 한다.

② 영구기록물관리기관이 보존 중인 기록물에 대하여 보존가치를 재분류하여 폐기하고자 하는 때에는 대통령령이 정하는 기준과 절차를 준수하여야 한다.

③ 제1항의 기록물 폐기의 시행은 민간 등에 위탁할 수 있다. 이 경우 기록물의 폐기가 종료될 때까지 관계 공무원이 입회하여 감독하는 등 기록물이 유출되지 아니하도록 필요한 조치를 취하여야 한다.

제28조(기록물관리기관의 시설·장비) ① 중앙기록물관리기관의 장은 기록물의 체계적 관리, 안전한 보존 및 효율적 활용을 위하여 대통령령이 정하는 바에 따라 기록물관리기관별 시설·장비기준을 정하여야 한다.

② 기록물관리기관의 장은 제1항의 규정에 따른 시설·장비기준을 준수하여야 하며, 이를 준수하지 아니하는 기록물관리기관에 대하여는 중앙기록물관리기관의 장이 그 시정을 요구할 수 있다.

제29조(기록매체 및 용품 등) ① 기록물관리기관이 기록물을 마이크로필름 또는 전자매체에 수록하여 관리하는 때에는 중앙기록물관리기관과 상호유통 및 활용이 가능하도록 중앙기록물관리기관이 정하는 기준에 따라 이를 관리하여야 한다.

② 중앙기록물관리기관의 장은 기록물관리에 사용되는 기록매체·재료 등에 관하여 보존에 적합한 규격을 정하여야 하며, 그 규격의 제정·관리 및 인증 등에

관하여 필요한 사항은 대통령령으로 정한다.

제30조(기록물 보안 및 재난대책) ① 기록물관리기관의 장은 소관 기록물의 안전한 관리를 위하여 대통령령이 정하는 바에 따라 기록물에 대한 보안 및 재난대책을 수립·시행하여야 한다.

② 영구기록물관리기관의 장은 전자기록물의 안전한 관리를 위하여 재난대비 복구체계를 구축·운영하여야 한다.

제30조의2(보존·복원기술의 연구개발) 중앙기록물관리기관의 장은 기록물의 과학적이고 체계적인 보존 및 복원기술의 개발과 개발된 기술의 확산을 위하여 노력하여야 한다.

제6장 삭제 <2007.4.27>

제31조 삭제 <2007.4.27>

제7장 비밀 기록물의 관리

제32조(비밀 기록물 관리의 원칙) 기록물관리기관의 장은 대통령령이 정하는 바에 따라 비밀 기록물 관리에 필요한 별도의 전용서고 등 비밀 기록물 관리체계를 갖추고 전담 관리요원을 지정하여야 하며, 비밀 기록물 취급과정에서 비밀이 누설되지 아니하도록 보안대책을 수립·시행하여야 한다.

제33조(비밀 기록물의 관리) ① 공공기관은 비밀 기록물을 생산하는 때에는 당해 기록물의 원본에 비밀 보호기간 및 보존기간을 함께 정하여 보존기간이 만료될 때까지 관리되도록 하여야 한다. 이 경우 보존기간은 비밀 보호기간 이상의 기간으로 책정하여야 한다.

② 비밀 기록물의 원본은 대통령령이 정하는 바에 따라 소관 기록물관리기관으로 이관하여 보존하여야 한다.

제34조(비밀 기록물 생산현황 등 통보) 공공기관의 장은 당해 기관이 생산한 비밀 기록물 원본에 대하여 대통령령이 정하는 바에 따라 매년 그 생산·해제 및 재분류 현황을 소관 영구기록물관리기관의 장에게 통보하여야 한다. 이 경우 통보서식 등은 행정안전부령으로 정하되, 미리 국가정보원장과 협의하여야 한다.

제8장 기록물의 공개·열람 및 활용

제35조(기록물의 공개 여부 분류) ① 공공기관은 소관 기록물관리기관으로 기록물을 이관하고자 하는 때에는 당해 기록물의 공개 여부를 재분류하여 이관하여야 한다.

② 기록물관리기관은 비공개로 재분류된 기록물에 대하여는 재분류된 연도부터 매 5년마다 공개 여부를 재분류하여야 한다.

③ 비공개 기록물은 생산연도 종료 후 30년이 경과하면 모두 공개함을 원칙으로 한다. 다만, 제19조제4항 및 제5항의 규정에 따라 이관시기가 30년 이상으로 연장되는 기록물의 경우에는 그러하지 아니하다.

④ 영구기록물관리기관의 장은 기록물 생산기관으로부터 기록물 비공개 기간의 연장 요청이 있는 경우에는 제3항 본문의 규정에 불구하고 제38조의 규정에 따른 기록물공개심의회 및 위원회의 각 심의를 거쳐 당해 기록물을 공개하지 아니할 수 있다. 이 경우 비공개로 재분류된 기록물에 대하여는 비공개 유형별 현황을 관보 및 인터넷 홈페이지 등에 공고하여야 하고, 재분류한 연도부터 5년마다 공개 여부를 재분류하여야 한다.

⑤ 기록물관리기관의 장은 통일·외교·안보·수사·정보 분야의 기록물을 공개하고자 하는 경우에는 미리 당해 기록물을 생산한 기관의 장의 의견을 들어야 한다.

제36조(영구기록물관리기관 보존기록물의 비공개 상한기간 지정) 중앙기록물관리기관의 장은 영구기록물관리기관으로 이관된 기록물에 대하여는 대통령령이 정하는 바에 따라 기록물의 성격별로 비공개 상한기간을 따로 정할 수 있다.

제37조(비공개 기록물의 열람) ① 영구기록물관리기관의 장은 당해 기관이 관리하고 있는 비공개 기록물에 대하여 열람청구가 있는 경우로서 당해 청구가 다음 각 호의 어느 하나에 해당하는 경우에는 대통령령이 정하는 바에 따라 이를 제한적으로 열람하게 할 수 있다.

1. 개인에 관한 정보로서 본인(상속인을 포함한다) 또는 본인의 위임을 받은 대리인이 열람을 청구한 경우

2. 개인 또는 단체가 권리구제 등을 위하여 열람을 청구한 경우로서 당해 기록물 외에는 관련 정보의 확인이 불가능하다고 인정되는 경우

3. 공공기관에서 직무수행상 필요에 따라 열람을 청구한 경우로서 당해 기록물 외에는 관련 정보의 확인이 불가능하다고 인정되는 경우

　　4. 개인 또는 단체가 학술연구 등 비영리 목적으로 열람을 청구한 경우로서
　　　당해 기록물 외에는 관련 정보의 확인이 불가능하다고 인정되는 경우
　② 제1항의 규정에 따라 비공개 기록물을 열람한 자는 당해 기록물에 관한 정보를
　열람 신청서에 기재한 목적 외의 용도로 사용할 수 없다.
제38조(기록물공개심의회) ① 영구기록물관리기관은 다음 각 호의 사항을 심의하기
　위하여 기록물공개심의회를 설치·운영하여야한다.
　　1. 제35조제4항의 규정에 따른 비공개 기간 연장요청에 관한 사항
　　2. 그 밖에 기록물공개 여부와 관련하여 영구기록물관리기관의 장이 심의를
　　　요청한 사항
　② 기록물공개심의회는 위원장 1인을 포함하여 7인의 위원으로 구성하며, 위원장
　및 위원의 임기는 2년으로 하되, 연임할 수 있다.
　③ 기록물공개심의회의 위원은 소속 공무원 및 기록물의 공개와 관련된 지식과
　경험이 풍부한 자 중에서 영구기록물관리기관의 장이 임명 또는 위촉하며, 그
　구성과 운영에 관한 사항은 대통령령으로 정한다.
　④ 기록물공개심의회의 회의록의 작성·보존에 관하여는 제15조제5항을 준용한
　다.
제38조의2(영구기록물관리기관 보존기록물의 활용) 영구기록물관리기관의 장은 그
　기관이 보존하고 있는 기록물의 공개 및 열람 편의를 제공하기 위하여 기록물을
　정리(整理)·기술(記述)·편찬하고, 콘텐츠를 구축하는 등의 사업을 추진하여야
　한다.

제9장 기록물관리의 표준화 및 전문화

제39조(기록물관리의 표준화) 중앙기록물관리기관의 장은 기록물의 체계적·전문적
　관리 및 효율적 활용을 위하여 다음의 사항에 대한 표준을 제정·시행하여야
　한다. 다만, 기록물관리 표준과 관련된 사항이 「산업표준화법」에 의한 한국산업규
　격으로 제정되어 있는 경우에는 그러하지 아니하다.
　1. 전자기록물의 관리체계 및 관리항목
　2. 기록물관리 절차별 표준기능
　3. 기록물종류별 관리기준 및 절차
　4. 기록물관리기관의 유형별 표쥰모델

5. 기록물 보안 및 재난관리대책

6. 그 밖에 기록물의 효율적 관리를 위하여 필요한 사항

제40조(기록물관리 표준의 제정절차 등) ① 중앙기록물관리기관의 장은 제39조의 규정에 따른 기록물관리 표준을 제정·개정 또는 폐지하고자 하는 경우에는 대통령령이 정하는 바에 따라 그 내용을 관보 등에 고시하여 이해관계인의 의견을 들어야 한다.

② 중앙기록물관리기관의 장은 기록물관리 표준의 확대·보급을 위하여 지도·교육 등 필요한 조치를 하여야 한다.

제41조(기록물관리 전문요원) ① 기록물의 체계적·전문적인 관리를 위하여 기록물관리기관에는 기록물관리 전문요원을 배치하여야 한다.

② 기록물관리 전문요원의 자격 및 배치인원 등에 관하여 필요한 사항은 국회규칙·대법원규칙·헌법재판소규칙·중앙선거관리위원회규칙 및 대통령령으로 정한다.

③ 중앙기록물관리기관의 장은 기록물관리 전문요원을 포함한 전문인력의 수요파악 및 양성 등에 관한 계획을 수립하여야 한다.

제42조(기록물관리 교육·훈련) 중앙기록물관리기관의 장은 대통령령이 정하는 바에 따라 기록물관리 종사자의 능력발전을 위한 교육·훈련대책을 강구하여야 한다.

제10장 민간기록물 등의 수집·관리

제43조(국가지정기록물의 지정 및 해제) ① 중앙기록물관리기관의 장은 개인 또는 단체가 생산·취득한 기록정보 자료 등(이하 "민간기록물"이라 한다)으로서 국가적으로 영구히 보존할 가치가 있다고 인정되는 민간기록물에 대하여는 위원회의 심의를 거쳐 이를 국가지정기록물로 지정하여 관리할 수 있다.

② 제1항의 규정에 따른 민간기록물을 소유 또는 관리하는 자는 중앙기록물관리기관의 장에게 당해 민간기록물을 국가지정기록물로 지정하여 줄 것을 신청할 수 있다.

③ 중앙기록물관리기관의 장은 제1항의 규정에 따른 국가지정기록물의 지정을 위하여 필요하다고 인정되는 때에는 소속 공무원으로 하여금 관련 민간기록물의 목록 및 내용의 확인 그 밖에 필요한 조사를 하게 할 수 있다.

④ 제26조제3항의 규정은 제3항의 규정에 따른 조사의 경우에 이를 준용한다.

⑤ 중앙기록물관리기관의 장은 제1항의 규정에 따라 국가지정기록물로 지정한 경우에는 당해 민간기록물을 소유 또는 관리하는 자에게 지정사실을 통보하여야 한다.

⑥ 중앙기록물관리기관의 장은 제1항의 규정에 따라 지정된 기록물이 국가지정기록물로서의 보존가치를 상실하였다고 판단되는 경우 또는 국가지정기록물의 소유자 또는 관리자의 신청이 있는 경우에 위원회의 심의를 거쳐 이를 해제할 수 있다.

제44조(국가지정기록물의 변동사항 관리) 제43조제1항의 규정에 따라 지정된 국가지정기록물의 소유자 또는 관리자는 당해 국가지정기록물에 관하여 다음 각 호의 어느 하나에 해당하는 변동사항이 발생한 때에는 대통령령이 정하는 바에 따라 그 사실을 중앙기록물관리기관의 장에게 신고하여야 한다.

　　1. 국가지정기록물의 처분·증여 또는 양도 등으로 소유자에 변경이 있는 때

　　2. 소유자가 관리자를 선임 또는 해임한 때

　　3. 소유자 또는 관리자의 성명·주소(단체의 경우에는 그 명칭 및 주된 사무소의 소재지를 말한다) 및 보관장소에 변경이 있는 때

　　4. 국가지정기록물이 멸실·도난 또는 훼손된 때

제45조(국가지정기록물의 보존·관리) ① 중앙기록물관리기관의 장은 국가지정기록물의 보호를 위하여 필요한 때에는 국가지정기록물의 소유자 또는 관리자에게 필요한 보존시설을 설치하도록 요청할 수 있다. 이 경우 보존시설 설치 등에 소요되는 비용은 예산의 범위 안에서 이를 지원할 수 있다.

② 중앙기록물관리기관의 장은 국가지정기록물의 소유자 또는 관리자가 제1항의 규정에 따른 보존시설을 설치할 수 없는 부득이한 사유가 있는 경우에는 소유자 또는 관리자로부터 관리를 위탁받아 보존할 수 있다.

③ 중앙기록물관리기관의 장은 국가지정기록물을 복제하거나 사본을 제작할 필요가 있는 경우에는 당해 국가지정기록물의 소유자 또는 관리자에게 이에 관한 협조를 요청할 수 있으며, 당해 소유자 또는 관리자는 특별한 사유가 있는 경우를 제외하고는 이에 협조하여야 한다.

④ 그 밖에 국가지정기록물의 보존·관리에 관하여 필요한 사항은 대통령령으로 정한다.

제46조(주요 기록정보 자료 등의 수집) ① 중앙기록물관리기관의 장은 국가적으로 보존가치가 높은 국내외 소재 주요 기록정보 자료와 민간기록물을 수집할 수

있다.

② 중앙기록물관리기관의 장은 국가적으로 보존가치가 높은 국내외 소재 주요 기록정보 자료와 민간기록물의 소유자 또는 관리자에 대하여 당해 기록정보 자료 또는 민간기록물의 목록이나 그 사본의 제출을 요청할 수 있다. 이 경우 당해 기록정보 자료 또는 민간기록물의 소유자 또는 관리자는 특별한 사유가 있는 경우를 제외하고는 이에 응하여야 한다.

③ 중앙기록물관리기관의 장은 「영화 및 비디오물의 진흥에 관한 법률」 제29조제1항의 규정에 따라 상영등급을 분류받은 영화 중에서 국가적으로 영구히 보존할 가치가 있다고 판단하여 문화체육관광부장관과 협의하여 지정하는 영화에 대하여는 당해 영화의 소유자 또는 관리자에게 원판 필름 또는 그 복사본 1벌과 대본 1부를 송부하여 줄 것을 요청할 수 있다.

④ 중앙기록물관리기관의 장은 방송(재송신은 제외한다)된 프로그램 중에서 국가적으로 영구히 보존할 가치가 있다고 판단되는 방송프로그램에 대하여는 방송통신위원회와 협의하여 수집대상 방송프로그램으로 지정할 수 있다. 이 경우 중앙기록물관리기관의 장은 「방송법」 제2조제3호가목에 따른 지상파방송사업자에게 해당 방송프로그램의 원본 또는 사본 1부를 송부하여 줄 것을 요청할 수 있다.

⑤ 제1항 내지 제4항의 규정에 따른 기록정보 자료 및 민간기록물 등의 수집·보존 등에 관하여 필요한 사항은 대통령령으로 정한다.

제11장 보칙

제47조(비밀누설의 금지) 비밀 기록물 관리업무를 담당하였거나 비밀 기록물에 접근·열람하였던 자는 그 과정에서 알게 된 비밀을 누설하여서는 아니 된다.

제48조(보존매체에 수록된 기록물의 원본 추정) 기록물관리기관이 대통령령이 정한 기준과 절차에 따라 보존매체에 수록한 기록물은 원본과 동일한 것으로 추정한다.

제49조(위임규정) 이 법의 시행에 관하여 필요한 사항은 국회규칙, 대법원규칙, 헌법재판소규칙, 중앙선거관리위원회규칙 및 대통령령으로 정한다.

제12장 벌칙

제50조(벌칙) 다음 각 호의 어느 하나에 해당하는 자(기록물을 취득할 당시에 공무원이

나 공공기관의 임·직원이 아닌 자는 제외한다)는 7년 이하의 징역 또는 1천만원 이하의 벌금에 처한다.

1. 기록물을 무단으로 파기한 자

2. 기록물을 무단으로 국외로 반출한 자

제51조(벌칙) 다음 각 호의 어느 하나에 해당하는 자(제1호 내지 제3호의 경우에는 기록물을 취득할 당시에 공무원이나 공공기관의 임·직원이 아닌 자는 제외한다)는 3년 이하의 징역 또는 500만원 이하의 벌금에 처한다.

1. 기록물을 무단으로 은닉 또는 유출한 자

2. 기록물을 중과실로 멸실시킨 자

3. 기록물을 고의 또는 중과실로 일부 내용이 파악되지 못하도록 손상시킨 자

4. 제37조제2항의 규정을 위반하여 비공개 기록물에 관한 정보를 목적 외의 용도로 사용한 자

제52조(벌칙) 다음 각 호의 어느 하나에 해당하는 자는 2년 이하의 징역 또는 300만원 이하의 벌금에 처한다.

1. 정당한 사유 없이 제26조제2항의 규정에 따른 조사를 거부·방해 또는 기피한 자

2. 제47조의 규정을 위반하여 업무처리 중 알게 된 비밀을 누설한 자

제53조(과태료) ① 다음 각 호의 어느 하나에 해당하는 자는 100만원 이하의 과태료에 처한다.

1. 제43조제3항의 규정에 따른 조사를 거부·방해 또는 기피한 자

2. 제44조의 규정에 따른 신고를 하지 아니한 자

② 제1항에 따른 과태료는 중앙기록물관리기관의 장이 부과·징수한다.

부칙 <제8025호, 2006.10.4>

제1조(시행일) 이 법은 공포 후 6개월이 경과한 날부터 시행한다. 다만, 제35조제3항의 개정규정은 2009년 7월 1일부터 시행한다.

제2조(헌법기관기록물관리기관 등에 관한 경과조치) 이 법 시행당시 종전의 규정에 의하여 국회·대법원·헌법재판소 및 중앙선거관리위원회에 설치된 특수기록물관리기관은 제10조의 규정에 따른 헌법기관기록물관리기관으로 보며, 국가정보원 및 군 기관에 설치된 특수기록물관리기관은 제14조의 규정에 따른 특수기록관으로

본다.

제3조(시·도기록물관리기관에 관한 경과조치) ① 시·도지사는 제11조제1항의 규정에 따라 시·도기록물관리기관을 설치함에 있어서 2007년 12월 31일까지 행정자치부장관 및 기획예산처장관 등 관계기관의 장과 협의하여 시·도기록물관리기관의 설치 및 운영 등에 관한 계획을 수립하여야 한다.

② 이 법 시행 후 제1항의 규정에 따라 시·도기록물관리기관이 설치될 때까지 시·도기록물관리기관의 사무는 중앙기록물관리기관이 수행한다.

제4조(기록관 및 특수기록관에 관한 경과조치) 이 법 시행당시 종전의 규정에 따라 설치된 자료관 또는 특수자료관은 각각 제13조 및 제14조의 규정에 따른 기록관 또는 특수기록관으로 보되, 이 법 시행당시 종전의 규정에 따라 공공기관에 자료관 및 특수자료관이 모두 설치된 경우에는 기록관 또는 특수기록관 중 당해 공공기관의 장이 정하는 하나의 기록물관리기관만 설치된 것으로 본다.

제5조 (비공개 기록물의 재분류에 관한 경과조치) 이 법 시행일 이전에 기록물관리기관이 보유하고 있는 기록물 중 비공개로 분류된 기록물에 대하여는 2009년 6월 30일까지 공개 여부를 재분류하여야 한다.

부칙 <제8395호, 2007.4.27> (대통령기록물 관리에 관한 법률)

제1조(시행일) 이 법은 공포 후 3개월이 경과한 날부터 시행한다.

제2조 및 제3조 생략

제4조(다른 법률의 개정) 공공기록물 관리에 관한 법률 일부를 다음과 같이 개정한다.

제12조 및 제6장(제31조)을 각각 삭제한다.

부칙 <제8852호, 2008.2.29> (정부조직법)

제1조(시행일) 이 법은 공포한 날부터 시행한다. 다만, (중략) 부칙 제6조에 따라 개정되는 법률 중 이 법의 시행 전에 공포되었으나 시행일이 도래하지 아니한 법률을 개정한 부분은 각각 해당 법률의 시행일부터 시행한다.

제2조부터 제5조까지 생략

제6조(다른 법률의 개정) ①부터 <189>까지 생략

<190> 공공기록물 관리에 관한 법률 일부를 다음과 같이 개정한다.

제9조제1항·제2항 각 호 외의 부분 중 "행정자치부장관"을 각각 "행정안전부장관"
으로 한다.
제34조 후단 중 "행정자치부령"을 "행정안전부령"으로 한다.
제46조제3항 중 "문화관광부장관"을 "문화체육관광부장관"으로 한다.
<191>부터 <760> 까지 생략
제7조 생략

　　　　　부칙 <제10010호, 2010.2.4>

이 법은 공포한 날부터 시행한다. 다만, 제25조제2항, 제30조제2항, 제30조의2, 제35조
　　제4항 및 제38조의2의 개정규정은 공포 후 3개월이 경과한 날부터 시행한다.

■부록 2

대통령기록물 관리에 관한 법률
(법률 제10009호, 2010.2.4)

제1장 총칙

제1조(목적) 이 법은 대통령기록물의 보호·보존 및 활용 등 대통령기록물의 효율적 관리와 대통령기록관의 설치·운영에 관하여 필요한 사항을 정함으로써 국정운영의 투명성과 책임성을 높이는 것을 목적으로 한다.

제2조(정의) 이 법에서 사용하는 용어의 정의는 다음과 같다.

1. "대통령기록물"이란 대통령(「대한민국 헌법」 제71조에 따른 대통령권한대행과 「대한민국 헌법」 제67조 및 「공직선거법」 제187조에 따른 대통령당선인을 포함한다. 이하 같다)의 직무수행과 관련하여 다음 각 목의 기관이 생산·접수하여 보유하고 있는 기록물 및 물품을 말한다.

    가. 대통령

    나. 대통령의 보좌기관·자문기관 및 경호업무를 수행하는 기관

    다. 「대통령직인수에 관한 법률」 제6조에 따른 대통령직인수위원회(이하 "대통령직인수기관"이라 한다)

1의2. 제1호의 기록물 및 물품이란 다음 각 목에 해당하는 것을 말한다.

    가. 「공공기록물 관리에 관한 법률」 제3조제2호에 따른 기록물(이하 "기록물"이라 한다)

    나. 국가적 보존가치가 있는 대통령상징물(대통령을 상징하는 문양이 새겨진 물품 및 행정박물 등을 말한다. 이하 같다)

    다. 대통령선물(「공직자윤리법」 제15조에 따른 선물을 말한다. 이하 같다)

2. "대통령기록관"이란 대통령기록물의 영구보존에 필요한 시설 및 장비와 이를 운영하기 위한 전문인력을 갖추고 대통령기록물을 영구적으로 관리하는 기관을 말한다.

3. "개인기록물"이란 대통령의 사적인 일기·일지 또는 개인의 정치활동과 관련된 기록물 등으로서 대통령의 직무와 관련되지 아니하거나 그 수행에 직접적인 영향

을 미치지 아니하는 대통령의 사적인 기록물을 말한다.

제3조(소유권) 대통령기록물의 소유권은 국가에 있으며, 국가는 대통령기록물을 이 법으로 정하는 바에 따라 관리하여야 한다.

제4조(다른 법률과의 관계) 대통령기록물의 관리에 관하여는 다른 법률에 우선하여 이 법을 적용하되, 이 법에 규정되지 아니한 사항에 관하여는 「공공기록물 관리에 관한 법률」(이하 "공공기록물관리법"이라 한다)을 적용한다.

제2장 대통령기록관리전문위원회

제5조(대통령기록관리전문위원회) ① 대통령기록물의 관리에 관한 사항을 심의하기 위하여 공공기록물관리법 제15조제1항에 따른 국가기록관리위원회(이하 "국가기록관리위원회"라 한다)에 대통령기록관리전문위원회를 둔다.

② 제1항에 따른 대통령기록관리전문위원회(이하 "전문위원회"라 한다)는 다음 각 호의 사항을 심의한다.

　1. 대통령기록물의 관리 및 전직 대통령의 열람에 관한 기본정책

　2. 대통령기록물의 폐기 및 이관시기 연장의 승인

　3. 제17조제1항에 따른 대통령지정기록물의 보호조치 해제

　4. 비밀기록물 및 비공개 대통령기록물의 재분류

　5. 개별대통령기록관의 설치에 관한 사항

　6. 대통령기록관의 운영에 관한 주요 사항

　7. 그 밖에 대통령기록물의 관리와 관련한 사항

③ 전문위원회는 위원장 1인을 포함한 9인 이내의 위원으로 구성하며, 위원은 다음 각 호에 해당하는 자 중에서 국가기록관리위원회 위원장이 임명 또는 위촉한다. 다만, 위원의 2분의 1 이상은 제3호에 규정된 자 중에서 위촉하여야 한다.

　1. 국가기록관리위원회의 위원

　2. 대통령기록관의 장

　3. 대통령기록물의 관리에 관한 학식과 경험이 풍부한 자

④ 전문위원회의 위원장은 제3항에 따른 위원 중에서 국가기록관리위원회 위원장이 지명한다.

⑤ 공무원이 아닌 위원의 임기는 3년으로 한다.

⑥ 전문위원회의 사무를 지원하기 위하여 전문위원회에 간사 1인을 두되, 간사는

대통령기록관의 소속 공무원 중에서 전문위원회의 위원장이 지명하는 자가 된다. <개정 2010.2.4>

⑦ 제2항제2호부터 제4호까지, 제6호 및 제7호의 사항에 대하여 전문위원회의 심의를 거친 사항은 공공기록물관리법 제15조에 따른 국가기록관리위원회의 심의를 거친 것으로 본다.

⑧ 전문위원회의 구성 및 운영 등에 관하여 필요한 사항은 대통령령으로 정한다.

제6조(위원의 정치적 중립성 유지 등) 전문위원회의 위원은 그 권한에 속하는 업무를 수행함에 있어서 정치적 중립성과 업무의 독립성 및 객관성을 유지하여야 한다.

제3장 대통령기록물의 관리

제7조(생산·관리원칙) ① 대통령과 제2조제1호나목 및 다목의 기관의 장은 대통령의 직무수행과 관련한 모든 과정 및 결과가 기록물로 생산·관리되도록 하여야 한다.

② 공공기록물관리법 제9조에 따른 중앙기록물관리기관(이하 "중앙기록물관리기관"이라 한다)의 장은 대통령기록물을 철저하게 수집·관리하고, 충분히 공개·활용될 수 있도록 하여야 한다.

제8조(전자적 생산·관리) 제2조제1호나목 및 다목의 기관(이하 "대통령기록물생산기관"이라 한다), 대통령기록물생산기관의 기록관 및 대통령기록관의 장은 대통령기록물이 전자적으로 생산·관리되도록 하여야 하며, 전자적 형태로 생산되지 아니한 기록물에 대하여도 전자적으로 관리되도록 하여야 한다.

제9조(대통령기록물생산기관의 기록관) ① 대통령기록물생산기관의 장은 대통령기록물의 체계적 관리를 위하여 대통령령으로 정하는 바에 따라 기록관을 설치·운영하여야 한다. 다만, 기록관 설치가 곤란한 대통령기록물생산기관에 대하여는 대통령보좌기관이 설치한 기록관이 제2항제1호부터 제3호까지, 제5호 및 제6호의 업무를 수행한다.

② 대통령기록물생산기관의 기록관의 장은 다음 각 호의 업무를 수행한다.

  1. 당해 기관의 대통령기록물 관리에 관한 기본계획의 수립·시행
  2. 당해 기관의 대통령기록물 수집·관리·활용 및 폐기
  3. 중앙기록물관리기관으로의 대통령기록물의 이관
  4. 당해 기관의 대통령기록물에 대한 정보공개의 접수
  5. 관할 대통령기록물생산기관의 대통령기록물 관리에 대한 지도·감독 및 지원

　6. 그 밖에 대통령기록물의 관리에 관한 사항

제10조(생산현황의 통보) ① 대통령기록물생산기관의 장은 대통령기록물의 원활한 수집 및 이관을 위하여 매년 대통령기록물의 생산현황을 소관 기록관의 장에게 통보하고, 소관 기록관의 장은 중앙기록물관리기관의 장에게 통보하여야 한다. 다만, 임기가 종료되는 해와 그 전년도의 생산현황은 임기가 종료되기 전까지 통보하여야 한다.

　② 대통령기록물 생산현황의 통보방법 및 시기 등의 절차에 관하여 필요한 사항은 대통령령으로 정한다.

제11조(이관) ① 대통령기록물생산기관의 장은 대통령령으로 정하는 기간 이내에 대통령기록물을 소관 기록관으로 이관하여야 하며, 기록관은 대통령의 임기가 종료되기 전까지 이관대상 대통령기록물을 중앙기록물관리기관으로 이관하여야 한다. 다만, 대통령직인수기관의 기록물은 「대통령직인수에 관한 법률」 제6조에 따른 존속기한이 경과되기 전까지 중앙기록물관리기관으로 이관하여야 한다.

　② 제1항에도 불구하고 대통령 경호업무를 수행하는 기관의 장이 대통령 경호 관련 기록물을 업무수행에 활용할 목적으로 이관시기를 연장하려는 때에는 대통령령으로 정하는 바에 따라 중앙기록물관리기관의 장에게 이관시기의 연장을 요청할 수 있다. 이 경우 중앙기록물관리기관의 장은 대통령 경호기관의 장과 협의하여 이관시기를 따로 정할 수 있다.

　③ 중앙기록물관리기관의 장은 제1항 및 제2항에 따라 대통령기록물을 이관 받은 때에는 대통령기록관에서 이를 관리하게 하여야 한다.

　④ 대통령기록물생산기관의 기록관의 장은 대통령 임기종료 6개월 전부터 이관대상 대통령기록물의 확인·목록작성 및 정리 등 이관에 필요한 조치를 강구하여야 한다. 이 경우 중앙기록물관리기관의 장은 기록물정리인력 등 대통령기록물의 이관에 관하여 필요한 사항을 지원할 수 있다.

제12조(회수) 중앙기록물관리기관의 장은 대통령기록물이 공공기관 밖으로 유출되거나 제11조제1항 및 제2항에 따라 이관되지 아니한 경우에는 이를 회수하거나 이관받기 위하여 필요한 조치를 강구하여야 한다.

제13조(폐기) ① 대통령기록물생산기관의 장은 보존기간이 경과된 대통령기록물을 폐기하려는 때에는 전문위원회의 심의를 거쳐 폐기하여야 한다.

　② 대통령기록물생산기관의 장은 제1항에 따라 대통령기록물을 폐기하려는 경우에는 폐기대상 목록을 폐기하려는 날부터 60일 전까지 대통령기록관의 장에게

보내야 하며, 대통령기록관의 장은 목록을 받은 날부터 50일 이내에 전문위원회의 심의를 거쳐 그 결과를 대통령기록물생산기관의 장에게 통보하여야 한다. 이 경우 대통령기록물 생산기관의 장은 폐기가 결정된 대통령기록물의 목록을 지체 없이 관보 또는 정보통신망에 고시하여야 한다.

③ 대통령기록관의 장은 제11조제1항 및 제2항에 따라 이관된 대통령기록물 중 보존기간이 경과된 대통령기록물을 폐기하려는 경우에는 전문위원회의 심의를 거쳐야 한다. 이 경우 대통령기록관의 장은 전문위원회의 심의를 거쳐 폐기가 결정된 대통령기록물의 목록을 지체 없이 관보 또는 정보통신망에 고시하여야 한다.

④ 대통령기록물의 폐기 절차 등에 관하여 필요한 사항은 대통령령으로 정한다.

제14조(무단파기·반출 등의 금지) 누구든지 무단으로 대통령기록물을 파기·손상·은닉·멸실 또는 유출하거나 국외로 반출하여서는 아니 된다.

제15조(보안 및 재난대책) 대통령기록물생산기관의 장 및 대통령기록관의 장은 소관 대통령기록물의 보호 및 안전한 관리를 위하여 대통령령으로 정하는 바에 따라 대통령기록물에 대한 보안 및 재난대책을 수립·시행하여야 한다.

제4장 대통령기록물의 공개·열람

제16조(공개) ① 대통령기록물은 공개함을 원칙으로 한다. 다만, 「공공기관의 정보공개에 관한 법률」 제9조제1항에 해당하는 정보를 포함하고 있는 경우에는 이를 공개하지 아니할 수 있다.

② 대통령기록물생산기관의 장은 소관 기록관으로 대통령기록물을 이관하려는 때에는 당해 대통령기록물의 공개 여부를 분류하여 이관하여야 한다.

③ 대통령기록관의 장은 비공개로 분류된 대통령기록물에 대하여는 이관된 날부터 5년이 경과한 후 1년 내에 공개 여부를 재분류하고, 그 첫 번째 재분류 시행 후 매 2년마다 전문위원회의 심의를 거쳐 공개 여부를 재분류하여야 한다. <개정 2010.2.4>

④ 비공개 대통령기록물은 생산연도 종료 후 30년이 경과하면 공개함을 원칙으로 한다.

⑤ 제4항에도 불구하고 대통령기록관의 장은 공개될 경우 국가안전보장에 중대한 지장을 초래할 것이 예상되는 대통령기록물에 대하여는 전문위원회의 심의를

거쳐 당해 대통령기록물을 공개하지 아니할 수 있다. 이 경우 제2조제1호나목의 기관의 장의 의견을 들을 수 있다.

제17조(대통령지정기록물의 보호) ① 대통령은 다음 각 호의 어느 하나에 해당하는 대통령기록물(이하 "대통령지정기록물"이라 한다)에 대하여 열람·사본제작 등을 허용하지 아니하거나 자료제출의 요구에 응하지 아니할 수 있는 기간(이하 "보호기간"이라 한다)을 따로 정할 수 있다.

  1. 법령에 따른 군사·외교·통일에 관한 비밀기록물로서 공개될 경우 국가안전보장에 중대한 위험을 초래할 수 있는 기록물

  2. 대내외 경제정책이나 무역거래 및 재정에 관한 기록물로서 공개될 경우 국민경제의 안정을 저해할 수 있는 기록물

  3. 정무직 공무원 등의 인사에 관한 기록물

  4. 개인의 사생활에 관한 기록물로서 공개될 경우 개인 및 관계인의 생명·신체·재산 및 명예에 침해가 발생할 우려가 있는 기록물

  5. 대통령과 대통령의 보좌기관 및 자문기관 사이, 대통령의 보좌기관과 자문기관 사이, 대통령의 보좌기관 사이 또는 대통령의 자문기관 사이에 생산된 의사소통기록물로서 공개가 부적절한 기록물

  6. 대통령의 정치적 견해나 입장을 표현한 기록물로서 공개될 경우 정치적 혼란을 불러일으킬 우려가 있는 기록물

② 보호기간의 지정은 각 기록물별로 하되, 중앙기록물관리기관으로 이관하기 전에 하여야 하며, 지정 절차 등에 관하여 필요한 사항은 대통령령으로 정한다.

③ 보호기간은 15년의 범위 이내에서 정할 수 있다. 다만, 개인의 사생활과 관련된 기록물의 보호기간은 30년의 범위 이내로 할 수 있다.

④ 보호기간 중에는 다음 각 호의 어느 하나에 해당하는 경우에 한하여 최소한의 범위 내에서 열람, 사본제작 및 자료제출을 허용하며, 다른 법률에 따른 자료제출의 요구 대상에 포함되지 아니한다.

  1. 국회재적의원 3분의 2 이상의 찬성의결이 이루어진 경우

  2. 관할 고등법원장이 해당 대통령지정기록물이 중요한 증거에 해당한다고 판단하여 발부한 영장이 제시된 경우. 다만, 관할 고등법원장은 열람, 사본제작 및 자료제출이 국가안전보장에 중대한 위험을 초래하거나 외교관계 및 국민경제의 안정을 심대하게 저해할 우려가 있다고 판단하는 경우 등에는 영장을 발부하여서는 아니 된다.

3. 대통령기록관 직원이 기록관리 업무수행상 필요에 따라 대통령기록관의 장의
   사전 승인을 받은 경우

⑤ 대통령기록관의 장은 전직 대통령 또는 전직 대통령이 지정한 대리인이 제18조
에 따라 열람한 내용 중 비밀이 아닌 내용을 출판물 또는 언론매체 등을 통하여
공표함으로 인하여 사실상 보호의 필요성이 없어졌다고 인정되는 대통령지정기록
물에 대하여는 전문위원회의 심의를 거쳐 보호조치를 해제할 수 있다.

⑥ 제4항에 따른 열람, 사본제작 및 자료제출의 방법과 절차 등에 관하여 필요한
사항은 대통령령으로 정한다.

제18조(전직 대통령에 의한 열람) ① 대통령기록관의 장은 제17조제4항에도 불구하고
전직 대통령이 재임 시 생산한 대통령기록물에 대하여 열람하려는 경우에는 열람
에 필요한 편의를 제공하는 등 이에 적극 협조하여야 하며, 편의 제공에 관한
협의 진행상황 및 편의 제공의 내용 등을 문서로 기록하여 별도로 관리하여야
한다.

② 제1항에 따른 열람을 위하여 전직 대통령은 「전직대통령 예우에 관한 법률」
제6조제1항에 따른 비서관 중 1명을 포함하여 필요한 범위에서 대리인을 지정할
수 있다.

③ 대통령기록관의 장은 제1항에 따라 대통령지정기록물 및 비밀기록물을 제외한
기록물에 대하여 「정보통신망 이용촉진 및 정보보호 등에 관한 법률」 제2조제1항
제1호에 따른 정보통신망을 이용한 열람(이하 "온라인 열람"이라 한다)을 위한
편의를 제공할 수 있다.

④ 제1항부터 제3항까지의 규정에 따른 전직 대통령과 대리인의 열람 방법ㆍ절차
및 온라인 열람에 대한 보안대책 등에 관하여 필요한 사항은 대통령령으로 정한다.

제19조(대통령지정기록물의 누설 등의 금지) 대통령기록물 관리업무를 담당하거나
담당하였던 자 또는 대통령기록물에 접근ㆍ열람하였던 자는 그 과정에서 알게
된 비밀 및 보호기간 중인 대통령지정기록물에 포함되어 있는 내용을 누설하여서
는 아니 된다. 다만, 전직 대통령 또는 전직 대통령이 지정한 대리인이 제18조에
따라 열람한 대통령지정기록물에 포함되어 있는 내용 중 비밀이 아닌 사실에
대하여는 그러하지 아니하다.

제20조(비밀기록물의 재분류) ① 대통령기록관의 장은 보존 중인 비밀기록물에 대하
여 비밀을 해제하거나 보호기간 등을 연장하려는 경우에는 대통령령으로 정하는
바에 따라 전문위원회의 심의를 거쳐 재분류를 실시하여야 한다. 이 경우 관계

기관의 의견을 들을 수 있다.

② 제1항의 경우에 그 대통령지정기록물이 비밀기록물인 경우에는 그 보호기간이 종료된 후에 재분류를 실시하여야 한다.

제5장 대통령기록관의 설치·운영

제21조(대통령기록관의 설치) 대통령기록물의 효율적 보존·열람 및 활용을 위하여 중앙기록물관리기관의 장은 그 소속에 대통령기록관을 설치하여야 한다.

제22조(대통령기록관의 기능) 대통령기록관은 다음 각 호의 업무를 수행한다.

1. 대통령기록물의 관리에 관한 기본계획의 수립·시행

2. 대통령기록물의 수집·분류·평가·기술(記述)·보존·폐기 및 관련 통계의 작성·관리

3. 비밀기록물 및 비공개 대통령기록물의 재분류

4. 대통령지정기록물의 보호조치 해제

5. 대통령기록물의 공개열람·전시·교육 및 홍보

6. 대통령기록물 관련 연구 활동의 지원

7. 제26조에 따른 개인기록물의 수집·관리

8. 그 밖에 대통령기록물의 관리에 관하여 필요한 사항

제23조(대통령기록관의 장) ① 대통령기록관의 장은 대통령기록물의 관리 및 대통령기록관의 운영과 관련한 제반 사무를 통할하고, 소속 직원을 지휘·감독한다.

② 대통령기록관의 장의 임기는 5년으로 한다.

제24조(대통령기록관의 운영) ① 대통령기록관의 장은 대통령기록관의 운영에 관한 주요 사항을 결정하려는 경우에는 전문위원회의 심의를 거쳐야 하며, 전문위원회의 심의 결과를 존중하여야 한다.

② 대통령기록관의 장은 대통령기록물에 대한 효율적 활용 및 홍보를 위하여 필요한 때에는 대통령기록관에 전시관·도서관 및 연구지원센터 등을 둘 수 있다.

③ 그 밖에 대통령기록관의 운영에 관한 사항은 대통령령으로 정한다.

제25조(개별대통령기록관의 설치 등) ① 중앙기록물관리기관의 장은 특정 대통령의 기록물을 관리하기 위하여 필요한 경우에는 개별대통령기록관을 설치할 수 있다.

② 개인 또는 단체가 대통령령으로 정하는 기준에 따라 특정 대통령의 기록물을 관리하기 위한 시설을 건립하여 「국유재산법」 제13조에 따라 국가에 기부채납하는

경우에는 전문위원회의 심의를 거쳐 이를 제1항에 따라 설치한 개별대통령기록관
으로 본다.

③ 중앙기록물관리기관의 장은 개인 또는 단체가 국가에 기부채납할 목적으로
특정 대통령의 기록물을 관리하기 위한 시설을 건립하고자 하는 경우에는 전문위
원회의 심의를 거쳐 필요한 경비의 일부를 예산의 범위 안에서 지원할 수 있다.

④ 제1항 및 제2항에 따른 개별대통령기록관의 장은 당해 대통령기록물에 대하여
제22조제2호부터 제8호까지의 규정에 따른 업무를 수행한다.

⑤ 제2항에 따라 개별대통령기록관을 설치하는 경우에 해당 전직 대통령은 그
개별대통령기록관의 장의 임명을 추천할 수 있다.

제6장 보칙

제26조(개인기록물의 수집·관리) ① 대통령기록관의 장은 역대 대통령(제25조에
따른 개별대통령기록관의 경우에는 당해 전직 대통령을 말한다)이 재임 전·후
및 재임 당시에 생산한 개인기록물에 대하여도 국가적으로 보존할 가치가 있다고
인정되는 경우에는 당해 대통령 및 해당 기록물 소유자의 동의를 받아 이를 수집·
관리할 수 있다.

② 대통령기록관의 장은 제1항의 개인기록물을 수집하는 때에는 대통령 및 이해관
계인과 해당 기록물의 소유권·공개 및 자료제출 여부 등 관리조건에 관한 구체적
사항을 협의하여 정하여야 한다.

③ 대통령기록관의 장은 제1항의 개인기록물을 수집하기 위하여 필요한 경우에는
보상을 할 수 있으며, 보상 금액 및 절차 등에 관하여 필요한 사항은 대통령령으로
정한다.

제27조 삭제 <2010.2.4>

제28조(연구활동 등 지원) 중앙기록물관리기관의 장은 전문위원회의 심의를 거쳐
대통령기록물의 연구를 수행하는 교육연구기관 등에 대하여 연구비용의 일부를
예산의 범위 안에서 지원할 수 있다.

제29조(벌칙 적용에서의 공무원 의제) 전문위원회의 위원 중 공무원이 아닌 위원은
「형법」 제129조부터 제132조까지의 규정에 따른 벌칙의 적용에서는 공무원으로

본다.

제7장 벌칙

제30조(벌칙) ① 다음 각 호의 어느 하나에 해당하는 자는 10년 이하의 징역 또는 3천만원 이하의 벌금에 처한다.
　　1. 제14조를 위반하여 대통령기록물을 무단으로 파기한 자
　　2. 제14조를 위반하여 대통령기록물을 무단으로 국외로 반출한 자
② 다음 각 호의 어느 하나에 해당하는 자는 7년 이하의 징역 또는 2천만원 이하의 벌금에 처한다.
　　1. 제14조를 위반하여 대통령기록물을 무단으로 은닉 또는 유출한 자
　　2. 제14조를 위반하여 대통령기록물을 무단으로 손상 또는 멸실시킨 자
③ 제19조에 따른 비밀누설의 금지 등을 위반한 자는 3년 이하의 징역이나 금고 또는 7년 이하의 자격정지에 처한다.
④ 중대한 과실로 대통령기록물을 멸실하거나 일부 내용이 파악되지 못하도록 손상시킨 자는 1천만원 이하의 벌금에 처한다.

부칙

제1조(시행일) 이 법은 공포 후 3개월이 경과한 날부터 시행한다.
제2조(대통령기록관의 설치·운영에 관한 특례) 중앙기록물관리기관의 장은 제21조에 따라 대통령기록관의 설치 등에 관한 계획을 행정자치부장관 및 기획예산처장관 등 관계 기관과 협의하여 이 법 시행 후 3개월 내에 수립하여야 하며, 대통령기록관의 설치·운영에 필요한 조치를 강구하여야 한다.
제3조(이 법 시행 전의 대통령기록물의 관리에 관한 특례) ① 대통령기록관의 장은 이 법 시행 전의 전직 대통령, 그 보좌기관·자문기관 및 경호기관이 직무수행과 관련하여 생산한 기록물을 수집하여 관리할 수 있도록 필요한 조치를 하여야 한다.
② 대통령기록관의 장은 제1항에 따른 기록물을 수집하는 경우에는 해당 기록물의 유지·보존에 들어간 비용을 대통령령이 정하는 바에 따라 지급할 수 있다.
제4조 (다른 법률의 개정) 공공기록물 관리에 관한 법률 일부를 다음과 같이 개정한다.

제12조 및 제6장(제31조)을 각각 삭제한다.

부칙 <제9401호, 2009.1.30> (국유재산법)

제1조(시행일) 이 법은 공포 후 6개월이 경과한 날부터 시행한다. <단서 생략>

제2조부터 제9조까지 생략

제10조(다른 법률의 개정) ①부터 <21>까지 생략
  <22> 대통령기록물 관리에 관한 법률 일부를 다음과 같이 개정한다.
  제25조제2항 중 "「국유재산법」 제9조"를 "「국유재산법」 제13조"로 한다.
  <23>부터 <86>까지 생략
제11조 생략

부칙 <제10009호, 2010.2.4>

① (시행일) 이 법은 공포한 날부터 시행한다. 다만, 제18조의 개정규정은 공포 후 6개월이 경과한 날부터 시행한다.

찾아보기

근대 한국학 총서를 내면서

새 천년이 시작된 지도 벌써 몇 해가 지났다. 식민지와 분단국가로 지낸 20세기 한국 역사의 와중에서 근대 민족국가 수립과 민족문화 정립에 애써 온 우리 한국학계는 세계사 속의 근대 한국을 학술적으로 미처 정립하지 못한 채, 세계화와 지방화라는 또 다른 과제를 안게 되었다. 국가보다 개인, 지방, 동아시아가 새로운 한국학의 주요 연구대상이 된 작금의 현실에서 우리가 겪어온 근대성을 다시 한 번 정리하고 21세기에 맞는 새로운 모습으로 탈바꿈시키는 것은 어느 과제보다 앞서 우리 학계가 정리해야 할 숙제이다. 20세기 초 전근대 한국학을 재구성하지 못한 채 맞은 지난 세기 조선학·한국학이 겪은 어려움을 상기해 보면, 새로운 세기를 맞아 한국 역사의 근대성을 정리하는 일의 시급성은 아무리 강조해도 지나치지 않다.

우리 '근대한국학연구소'는 오랜 전통이 있는 연세대학교 조선학·한국학 연구 전통을 원주에서 창조적으로 계승하고자 하는 목표에서 설립되었다. 1928년 위당·동암·용재가 조선 유학과 마르크스주의, 그리고 서학이라는 상이한 학문적 기반에도 불구하고 조선학·한국학 정립을 목표로 힘을 합친 전통은 매우 중요한 경험이었다. 이에 외솔과 한결이 힘을 더함으로써 그 내포가 풍부해졌음은 두말할 나위가 없다. 연세대학교 원주캠퍼스에서 20년의 역사를 지닌 '매지학술연구소'를 모체로 삼아, 여러 학자들이 힘을 합쳐 근대한국학연구소를 탄생시킨 것은 이러한 선배학자들의 노력을 교훈으로 삼은 것이다.

이에 우리 연구소는 한국의 근대성을 밝히는 것을 주 과제로 삼고자 한다. 문학 부문에서는 개항을 전후로 한 근대 계몽기 문학의 특성을 밝히는 데 주력할 것이다. 역사부분에서는 새로운 사회경제사를 재확립하고 지역학 활성화를 위한 원주학 연구에 경진할 것이다. 철학 부문에서는 근대 학문의 체계화를 이끌고 사회과학 분야에서는 학제간 연구를 활성화시키며 근대성 연구에 역량을 축적해 온 국내외 학자들과 학술교류를 추진할 것이다. 이러한 연구들은 일방성보다는 상호 이해와 소통을 중시하는 통합적인 결과물의 산출로 이어질 것이다.

근대한국학총서는 이런 연구 결과물을 집약적으로 정리하기 위해 마련하였다. 여러 한국학 연구 분야 가운데 우리 연구소가 맡아야 할 특성화된 분야의 기초 자료를 수집·출판하고 연구 성과를 기획·발간할 수 있다면, 우리 시대 연구자들뿐만 아니라 학문 후속세대들에게도 편리함과 유용함을 줄 수 있을 것이다. 새롭게 시작한 근대 한국학 총서가 맡은 바 역할을 충분히 할 수 있도록 주변의 관심과 협조를 기대하는 바이다.

연세대학교 원주캠퍼스 근대한국학연구소

지은이 이승일(李昇一)

한양대학교에서 조선총독부 법제정책을 주제로 문학박사학위를 받았으며 한국기록관리학교육원을 수료하였다. 한국국가기록연구원과 국회기록보존소를 거쳐서 한국외대, 한양대, 충남대, 연세대 등에서 강의를 했다. 주요 연구분야는 한국 근대사와 근·현대 기록관리제도이다.

저서로는 『조선총독부 법제 정책-일제의 식민통치와 조선민사령』과 『조선총독부 공문서-일제시기 기록관리와 식민지배』(공저) 등이 있다. 그 밖에 한국 근대 법제사와 한국 기록관리에 관한 여러 편의 논문을 발표했다.

Email : blueat89@hanmail.net

연세근대한국학총서 57　H-012

기록의 역사
한국의 국가기록관리와 아카이브즈

이 승 일 지음

2011년　4월　15일 초판 1쇄 발행

펴낸이 | 오일주
펴낸곳 | 도서출판 혜안

등록번호 | 제22-471호
등록일자 | 1993년 7월 30일

주소 | ⑨ 121-836 서울시 마포구 서교동 326-26번지 102호
전화 | 3141-3711~2 / 팩시밀리 | 3141-3710
E-Mail hyeanpub@hanmail.net

ISBN 978-89-8494-419-0　　93020

값 32,000 원